Stress-sensitief werken in het sociaal domein

Onder redactie van:
Nadja Jungmann
Peter Wesdorp
Tamara Madern

Stress-sensitief werken in het sociaal domein

Inzichten en praktische handvatten voor hulp- en dienstverleners

ISBN 978-90-368-2432-3   ISBN 978-90-368-2433-0 (eBook)
https://doi.org/10.1007/978-90-368-2433-0

© Bohn Stafleu van Loghum is een imprint van Springer Media B.V., onderdeel van Springer Nature 2020
Alle rechten voorbehouden. Niets uit deze uitgave mag worden verveelvoudigd, opgeslagen in een geautomatiseerd gegevensbestand, of openbaar gemaakt, in enige vorm of op enige wijze, hetzij elektronisch, mechanisch, door fotokopieën of opnamen, hetzij op enige andere manier, zonder voorafgaande schriftelijke toestemming van de uitgever.

Voor zover het maken van kopieën uit deze uitgave is toegestaan op grond van artikel 16b Auteurswet j° het Besluit van 20 juni 1974, Stb. 351, zoals gewijzigd bij het Besluit van 23 augustus 1985, Stb. 471 en artikel 17 Auteurswet, dient men de daarvoor wettelijk verschuldigde vergoedingen te voldoen aan de Stichting Reprorecht (Postbus 3060, 2130 KB Hoofddorp). Voor het overnemen van (een) gedeelte(n) uit deze uitgave in bloemlezingen, readers en andere compilatiewerken (artikel 16 Auteurswet) dient men zich tot de uitgever te wenden.

Samensteller(s) en uitgever zijn zich volledig bewust van hun taak een betrouwbare uitgave te verzorgen. Niettemin kunnen zij geen aansprakelijkheid aanvaarden voor drukfouten en andere onjuistheden die eventueel in deze uitgave voorkomen. De uitgever blijft onpartijdig met betrekking tot juridische aanspraken op geografische aanwijzingen en gebiedsbeschrijvingen in de gepubliceerde landkaarten en institutionele adressen.

NUR 752
Basisontwerp omslag: Studio Bassa, Culemborg
Foto omslag: © rcfotostock / stock.adobe.com
Automatische opmaak: Scientific Publishing Services (P) Ltd., Chennai, India

Bohn Stafleu van Loghum
Walmolen 1
Postbus 246
3990 GA Houten

www.bsl.nl

Voorwoord

Stress levert ons van alles op. Het helpt ons bij een sollicitatie aan de focus die we nodig hebben voor gevatte antwoorden of aan de kracht om extra door te trappen op de fiets als we bijna te laat zijn voor de kinderopvang. Anders wordt de stress als het over je bestaanszekerheid gaat. Een onvoorziene rekening terwijl er gisteren al een deurwaarder aan de deur stond. En dan was er ook nog de post van de belastingdienst, iets over toeslagen, een bericht van het CAK over de zorgpremie, de woningcorporatie wacht nog op de huur van de afgelopen twee maanden. Maar er was ook een brief van school over de ouderbijdrage en het schoolreisje. Waar te beginnen?

In de afgelopen jaren hebben de verhalen van inwoners met schulden veel indruk op mij gemaakt. Zowel privé als in mijn werk zie ik hoe geldproblemen gezinnen en relaties ontwrichten, problemen op het werk geven en gezondheidsproblemen veroorzaken. In de daklozenopvang verblijven steeds meer mensen die tot voor kort nog werk en een dak boven het hoofd hadden.

Als wethouder sociale zaken, onderwijs en zorg voel ik een grote verantwoordelijkheid voor de bestaanszekerheid van onze inwoners. Daar begint alles mee: dat je zeker bent van je bestaan en je dagen niet gevuld worden door chronische stress. Want als de stress maar lang genoeg aanhoudt, dan ga je bij de dag leven. Je bent niet meer bezig met wat verstandig is op de lange termijn. Het aantal werkende armen is sinds de eeuwwisseling met 60 % gegroeid en dat zie ik ook in een stad als Dordrecht terug. Ik spreek inwoners die hun uiterste best doen, maar niet meer weten hoe ze met al die rekeningen en berichten van instanties en deurwaarders moeten omgaan: 'Het is te veel, te ingewikkeld en het gaat te snel.' Ze staan elke dag om zeven uur op, brengen hun kinderen naar school en gaan naar hun werk. Zonder uitzicht op verbetering. Dat moet toch anders kunnen?

Namens de gemeenten spreek ik met het kabinet over inkomen en schulden en proberen we afspraken te maken. Waar kunnen wij als gemeenten onze dienstverlening verbeteren? De chronische stress wegnemen zodat er weer ruimte komt voor een actieve en betrokken opvoeding, voor werken aan gezondheid en het halen van certificaten om je arbeidsmarktpositie te verbeteren? Uit rapporten van onder meer Berenschot en de Ombudsman blijkt dat er nog voldoende werk aan de winkel is. Tegelijkertijd blijft het pleisters plakken omdat de belangrijkste oorzaak onvoldoende wordt aangepakt. Wij zijn als overheid de grootste schuldeiser van onze inwoners. Het toeslagensysteem werkt destructief uit op honderdduizenden huishoudens. We creëren bestaansonzekerheid met daarvan afgeleid ontregelende stress die de mensen belemmert om de ingewikkelde situaties waar ze in leven achter zich te laten. Ik zie het in mijn eigen omgeving en het blijkt uit de verhalen als ik meeloop bij de sociale raadslieden, de vrijwilligers van het financieel hulphuis of de afdeling schuldhulpverlening van de sociale dienst. Bijna in alle verhalen speelt de belastingdienst een negatieve hoofdrol. Het is goed dat we als overheden gezamenlijk werken aan een 'Brede Schuldenaanpak', maar hervorming en vereenvoudiging van het belasting- en toeslagenstelsel is dé belangrijkste maatregel tegen schulden en armoede.

De belangrijkste oorzaak kan alleen landelijk worden weggenomen, maar het maakt onze lokale verantwoordelijkheid om onze inwoners zo goed mogelijk te helpen misschien nog wel groter. Financiële problemen spelen in het hele sociaal domein. Wijkteams, jeugdhulpverlening, verslavingszorg en ggz, overal voelen de professionals de stress doorwerken in het klantcontact. Zoals bij veel sociale diensten hing er ook bij ons in Dordrecht vaak een gespannen sfeer in het pand. Je zou het zelfs een 'gestreste' sfeer kunnen noemen. Ik liep geregeld mee bij klantgesprekken en het viel me op dat mensen soms al wat onrustig of opgefokt binnenkwamen voordat je één woord met ze had gewisseld. Mensen waren angstig. Wisten niet wat er boven hun hoofd hing. Waren bang dat ze mogelijk hun uitkering zouden verliezen omdat ze iets verkeerd hadden gedaan. Ook schaamden ze zich vaak voor hun problemen. Niet zelden waren ze bij een eerdere afspraak niet komen opdagen en daarmee werd de drempel om hulp te vragen nog groter.

In 2017 hebben we het over een andere boeg gegooid. Op initiatief van onze bevlogen directeur Yvonne Bieshaar hebben we het pand verbouwd zodat er een volledig andere sfeer ontstond. Mensen werden ontvangen met een goede kop koffie en er waren comfortabele zitjes waar je met een medewerker over je situatie kon praten. De nieuwe indeling, de zachte kleuren en positieve vormgeving van de ontvangstruimte hadden een enorm effect op de mensen in het gebouw. Winston Churchill zei het al in 1943: 'We shape our buildings and afterwards our buildings shape us.' En we boeken resultaat: het aantal geweldsincidenten is met 80 % afgenomen. De volgende stap die we nu zetten gaat over gespreksvoering. We trainen nu onze medewerkers zodat zij zich nog beter realiseren hoe chronische stress doorwerkt op gedrag en hoe ze in die context onze inwoners kunnen motiveren. We willen gesprekken voeren die in de eerste plaats empathisch zijn en daarbij ook helder en duidelijk. Dat elke inwoner zich gezien voelt, weet waar hij op mag rekenen en wat er van hem verwacht wordt. We willen in onze gesprekken stress wegnemen en onze inwoners laten nadenken over hun langetermijndoelen. Doelen die in de dynamiek van chronische stress doorgaans compleet buiten beeld zijn geraakt: een fijnere plek om te wonen, minder drinken of de kinderen in ieder geval hun startkwalificatie laten halen. Ik ben ervan overtuigd dat stress-sensitief werken de norm moet worden in het sociaal domein. Niet alleen voor inwoners met geldzorgen, maar ook voor inwoners die te maken hebben met al die andere stressbronnen, zoals vechtscheidingen of chronische ziekten. Stress-sensitief werken geeft rust in het hoofd, weer vertrouwen voor de toekomst en zorgt ervoor dat over impulsieve keuzes beter wordt nagedacht.

Als we de vicieuze cirkel van chronische stress over geld, wonen, zorg en werk doorbreken, besparen we veel ellende binnen de gezinnen die ermee worstelen en voor ons als samenleving die de rekening betaalt. In Dordrecht zijn we momenteel bezig met een nieuwe visie op maatschappelijke opvang en hebben we onderzocht wat de belangrijkste redenen zijn voor dakloosheid. Daaruit blijkt dat verbroken relaties en financiële problemen met stip de belangrijkste oorzaken van dakloosheid zijn. Een huisuitzetting kost al snel 10.000 euro en een plaats in de crisisopvang meer dan 100 euro per nacht. Als we daarbij nog de kosten optellen van beslagleggingen, ziekteverzuim, ontslag, betalingsregelingen, zorgkosten (verslaving, ggz) en eventuele justitiële kosten (overlast, diefstalletjes), komen we tot duizelingwekkende maatschappelijke kosten. Het is daarom belangrijk dat we onze inwoners zo snel en goed mogelijk helpen en dat ze bij een eerste hulpvraag aan ons als overheid goed geholpen worden om grotere problemen te voorkomen. Dat we ons realiseren dat een groot deel van de mensen waar onze professionals mee samenwerken in chronische stress leven en dat er steeds meer inzichten en handvatten komen om daar beter op aan te grijpen. Als beleidsmaker ben ik daarom blij met de inzichten én handvatten die Nadja Jungmann, Peter Wesdorp en Tamara Madern ons aanreiken om ons werk voor onze inwoners elke dag weer een beetje beter te doen.

Peter Heijkoop
Voorzitter Commissie Participatie, schulden en integratie van de VNG
Wethouder Dordrecht
Portefeuillehouder Sociale Zaken voor de Drechtsteden

Inhoud

1 **Wat is stress-sensitief werken?** 1
Nadja Jungmann en Peter Wesdorp

2 **Stress** 23
Nadja Jungmann, Peter Wesdorp en Arjan van Dam

3 **Bij wie speelt chronische stress?** 43
Nadja Jungmann en Tamara Madern

4 **Instrumenten gericht op doelbereiking** 65
Peter Wesdorp en Nadja Jungmann

5 **Psycho-educatie** 93
Nadja Jungmann, Peter Wesdorp en Susanne Tonnon

6 **Beloningen** 117
Susanne Tonnon en Nadja Jungmann

7 **Coaching Executieve Vaardigheden** 133
Peter Wesdorp en Nadja Jungmann

8 **Leerdoelen stellen** 155
Arjan van Dam en Gera Noordzij

9 **Schriftelijke communicatie** 169
Tamara Madern en Nadja Jungmann

10 **Stress-sensitieve inrichting van ontmoetingsplekken** 193
Nadja Jungmann en Tamara Madern

11 **Geldrust** 211
Roeland van Geuns en Nadja Jungmann

Over de auteurs

Dr. Nadja Jungmann

is bestuurskundige. Ze werkt als adviseur/trainer bij Social Force en is als lector Schulden & Incasso verbonden aan de Hogeschool Utrecht. Ze is gepromoveerd op de effecten van de Wet schuldsanering natuurlijke personen op de minnelijke schuldhulpverlening en is geïnteresseerd in de vraag wat mensen die worstelen met sociale en financiële vraagstukken nodig hebben om de problematieken waar zij mee worstelen achter zich te laten. In de afgelopen jaren trainde Nadja honderden professionals in het sociaal domein en de incasso. In de trainingen die zij geeft leren onder meer jobcoaches, wijkwerkers, jeugdhulpverleners, schuldhulpverleners en incassomedewerkers wat motivatie is, op welke wijze aanhoudende stress motivatie ondermijnt en hoe zij in gesprekken daar effectiever op bij kunnen sturen. Als onderzoeker houdt zij zich onder meer bezig met de vraag hoe het Nederlandse stelsel van schuldhulpverlening werkt, hoe financiële problematiek doorwerkt op andere terreinen zoals gezondheid en arbeidsmarktparticipatie en wat een effectieve uitvoering vraagt van de hulp- en dienstverlening in het sociaal domein. Nadja is in Nederland een autoriteit op het gebied van de schuldhulpverlening en armoedebestrijding, wat blijkt uit de vele projecten die zij op dit terrein heeft uitgevoerd, de vele congressen waar ze spreekt en de ruim zestig publicaties die zij over deze onderwerpen schreef. Samen met haar collega-lector Tamara Madern schreef zij het in het hbo-onderwijs breed ingezette *Basisboek aanpak schulden*. Veel van haar onderzoeken hebben maatschappelijke impact. Zo leidde haar onderzoek naar de uitvoering van de schuldhulpverlening tot het wetsvoorstel voor de Wet gemeentelijke schuldhulpverlening. Andere onderzoeken leidden onder meer tot de inrichting van het landelijk beslagregister en de vereenvoudiging van de beslagvrije voet. In februari 2017 kreeg zij uit handen van minister Bussemaker de prijs 'Lector van het jaar'. Eerder kreeg zij de ROA-impactprijs en werd haar door Bureau Wsnp een erepenning toegekend. Nadja verschijnt ook vaak in de media. Een overzicht van al haar onderzoeken is te vinden op ▶ www.nadjajungmann.nl.

Drs. Peter Wesdorp

is bestuurskundige. Hij werkt als adviseur/trainer bij WhatWorks. Peter is geïnteresseerd in 'wat werkt' en doet veel onderzoek naar de effectiviteit van interventies. Zo ontwikkelde bij voor het Ministerie van Sociale Zaken en Werkgelegenheid de website ▶ www.interventiesnaarwerk.nl waarop re-integratieaanpakken zijn opgenomen. Voor de Raad voor Werk en Inkomen ontwikkelde hij samen met Gilde Re-integratie en de Universiteit van Amsterdam de methode 'Sturen op Zelfsturing' waarin verschillende *evidence-based* gesprekstechnieken zijn samengebracht. Deze methode is inmiddels steeds verder geëvolueerd en via trainingen naar 'praatprofessionals' binnen verschillende werkvelden in het publieke en private domein gebracht. De borging van gespreksvoering is een belangrijk aandachtspunt in zijn werk. Peter publiceert geregeld. Zo schreef hij samen met Nadja Jungmann de publicatie *Mobility Mentoring®* in opdracht van Platform31. Ook spreekt Peter geregeld op congressen.

Dr. Tamara Madern

werkt als zelfstandig adviseur/trainer en als lector Schuldpreventie & Vroegsignalering bij het lectoraat Schulden & Incasso. Het lectoraat is onderdeel van het Kenniscentrum Sociale Innovatie aan de Hogeschool Utrecht. Tamara studeerde Sociaal Juridische Dienstverlening (Hogeschool Utrecht) en

Sociaal Culturele Wetenschappen (Vrij Universiteit). Tijdens en na haar studie werkte Tamara bij het Nibud, eerst in de rol van budgetconsulente en adviseur opleidingen en later als onderzoeker. In 2011 begon zij als buitenpromovenda aan haar dissertatie, in 2015 promoveerde zij aan de Universiteit Leiden. Zij schreef daarvoor de dissertatie met de titel 'Op weg naar een schuldenvrij leven. Gezond financieel gedrag noodzakelijk om financiële problemen te voorkomen'. In haar onderzoeken streeft Tamara ernaar om kennis uit de wetenschap aan de praktijk te verbinden. De focus van haar werk ligt op (voorkomen van) schuldenproblematiek, zowel bij jongeren als bij volwassenen. Hierbij richt ze zich op de redenen waardoor mensen in financiële problemen komen, de gevolgen daarvan en mogelijke oplossingen. Door de samenleving anders in te richten en tegelijkertijd te zorgen dat ook mensen met lichte schulden in beeld komen, kan ons veel ellende en (maatschappelijke) kosten worden bespaard. Inzichten uit de gedragswetenschap spelen hierbij een cruciale rol. Tamara heeft vele publicaties op haar naam staan en is een veelgevraagd spreker. Zij schreef onder andere het lesboek *Basisboek aanpak schulden* samen met Nadja Jungmann en schreef mee aan de Nibud-publicatie *Geld en gedrag, de theoretische basis*. Tamara is bestuursvoorzitter van de Alliantie Vrijwilliger Schuldhulp, bestuurslid van het Landelijk Stimuleringsnetwerk Thuisadministratie en redactielid bij het tijdschrift *Schuldsanering*.

Dr. Susanne Tonnon

is psychologe en werkt als senior onderzoeker bij het lectoraat Schulden & Incasso van de Hogeschool Utrecht. Susanne is gepromoveerd op de implementatie van gezondheidsinterventies aan de Vrije Universiteit in Amsterdam. Haar interesse gaat uit naar het bevorderen van gedragsverandering en de vertaling van theoretische kennis naar de praktijk. Binnen het lectoraat werkt Susanne aan de ontwikkeling en implementatie van interventies, ze geeft regelmatig externe lezingen. Ook geeft Susanne les aan de opleiding Sociaal Juridische Dienstverlening.

Arjan van Dam

is arbeids- en organisatiepsycholoog NIP, coach, trainer, adviseur en heeft een eigen trainings- en adviesbureau, Fidare. Hij begon zijn carrière met het begeleiden en motiveren van werkzoekenden om werk te vinden. Hierbij is hij antwoord gaan zoeken op de vraag wat ervoor zorgt dat sommigen bij tegenslagen opgeven, terwijl anderen blijven doorgaan. Hij vond een antwoord in onderzoeken over doelen die mensen zichzelf stellen. Hieruit blijkt dat mensen die willen leren en daarom leerdoelen stellen, minder last van stress hebben, gelukkiger zijn, meer openstaan voor veranderingen en beter presteren. Over dit onderwerp heeft hij in 2009 een boek geschreven, *De kunst van het Falen*. Hij beschrijft de kunst van het falen als volgt: 'De kunst van het falen is het op zo'n manier met faalervaringen omgaan dat ze je vertrouwen in eigen kunnen niet aantasten en je motivatie niet verlagen. Het is zelfs mogelijk om zo met fouten en faalervaringen om te gaan dat je harder je best gaat doen en je vertrouwen in eigen kunnen groter wordt.' Het boek ontving positieve recensies en kreeg uitgebreid aandacht van onder andere *Intermediair* en *Psychologie Magazine*. Op Managementboek.nl staat de aanbeveling: 'Voor mensen die geïnteresseerd zijn in autonome groei, oftewel de ontwikkeling van mensen, is *De kunst van het falen* een must.' Arjan geeft onder andere trainingen op het gebied van leren, ontwikkelen en persoonlijke effectiviteit en verzorgt individuele coachingstrajecten. Daarnaast doet hij vanuit de Erasmus Universiteit Rotterdam wetenschappelijk (promotie)onderzoek naar de relatie tussen doeloriëntaties, stress en welbevinden.

Dr. Roeland van Geuns

is geograaf en econoom. Hij werkt als lector op de Hogeschool van Amsterdam en als zelfstandig adviseur bij Socialogica. Na zijn promotieonderzoek aan de Universiteit van Amsterdam naar werkloosheid en transitieproblematiek in oude industriegebieden richtte hij samen met twee collegae Regioplan op, een onafhankelijk beleidsonderzoeksbureau in Amsterdam. Binnen Regioplan was Roeland verantwoordelijk voor onderzoek en advies op het terrein van sociale zekerheid en daarbinnen met name voor lokale sociale zekerheidsvraagstukken. In de ruim 25 jaar dat hij partner was van Regioplan deed hij vele tientallen onderzoeken op het terrein van de bijstandswet, werkloosheidsproblematiek, armoede en schulden. Hij schreef daarover vele rapporten, artikelen en bijdragen aan boeken. In 2012 werd Roeland lector aan de Hogeschool van Amsterdam met de opdracht het opzetten en uitbouwen van een lectoraat met als werkgebied armoede en schulden. Vanaf 1 januari 2018 heeft dat lectoraat de naam 'Armoede Interventies'. Inmiddels is de onderzoeksgroep uitgegroeid tot een van de grootste op dit terrein in Nederland. De onderzoek- en ontwikkelprojecten van het lectoraat richten zich op zowel vragen rondom de groepen die met armoede en schulden te maken hebben (zoals mensen met een verstandelijke beperking en jongeren) als op de vraag naar de ontwikkeling en effectiviteit van interventies. Vanuit het lectoraat schreef Roeland inmiddels (mee aan) vele tientallen rapporten, artikelen en andere producten. Recentelijk redigeerde Roeland samen met collegae een bundel op basis van de eerste zes tot zeven jaar lectoraatsonderzoek met lessen over werkzame bestanddelen voor armoede-interventies. Roeland is een veelgevraagd inleider op congressen en andere bijeenkomsten.

Dr. Gera Noordzij

is hoofd van de afdeling sociale- en gedragswetenschappen bij het Erasmus University College (EUC) in Rotterdam, psycholoog, assistent professor, onderzoeker op het gebied van motivatie en zelfregulatie. Het eerste deel van haar werkzame leven was zij werkzaam in verschillende gebieden van de gezondheidszorg als verpleegkundige en manager. Na 25 jaar hard werken vond zij het tijd voor iets waarin zij altijd al geïnteresseerd was, het gedrag van mensen. Daarom is Gera in het tweede deel van haar leven na het behalen van haar bachelor en master in de klinische & gezondheid- en arbeid- & organisatiepsychologie, in 2013 gepromoveerd op het onderwerp 'motivatie en zelfregulatie bij werklozen'. In datzelfde jaar is het EUC opgericht en is zij daar vanaf de start verantwoordelijk geweest voor het onderwijs naast de vele andere taken die komen kijken bij een startende onderwijsinstelling. Op dit moment geeft zij nog steeds verschillende psychologievakken, zij is lid van het managementteam van het EUC, begeleidt PhD studenten, is senior onderzoeker bij BIGr (samenwerking met gemeente Rotterdam op het gebied van gedragsverandering) en zij doet nog steeds onderzoek naar interventies die kunnen helpen bij het verbeteren van motivatie en zelfregulatie en onderzoek naar de noodzakelijke aanpassingen van het academisch onderwijs aan de uitdagingen van de huidige tijd.

Inleiding

De vraag of je het leven aankunt, hangt in hoge mate af van wat er op je pad komt, hoeveel verschillende vraagstukken je naast elkaar hebt op te lossen en welke hulpbronnen je tot je beschikking hebt. Anders verwoord, hangt het in hoge mate af van de verhouding tussen je draagkracht en je draaglast. Als je weinig hulpbronnen hebt, weinig aankunt en er wordt weinig van je gevraagd, kun je een heerlijk en rustig leven hebben. Datzelfde geldt voor degenen die veel aankunnen. Sommige mensen leven van adrenalinekick naar adrenalinekick, houden van een uitdaging en zouden niet anders willen. Maar voor steeds meer mensen lijkt de verhouding tussen hun draagkracht en draaglast uit balans te raken. Er wordt in onze moderne maatschappij meer van hen gevraagd dan ze aankunnen (Center on the Developing Child 2016; Wetenschappelijk Raad voor het Regeringsbeleid (WRR) 2017). Het dagelijks leven is een (te) grote opgave en hulpbronnen zijn beperkt beschikbaar of niet toereikend. Als gevolg daarvan leeft deze groep in aanhoudende zorgen en (chronische) stress. Zeker als er meerdere zaken tegelijk spelen. Werkloosheid, opvoedproblemen, laaggeletterdheid, overgewicht, slechte gezondheid en financiële problemen landen te vaak (in wisselende combinaties) samen achter één voordeur. In die context is het niet vanzelfsprekend dat mensen de regie over het eigen leven (kunnen) nemen. De opgave is te groot en problematieken als schulden en werkloosheid worden niet opgelost.

Wie de actualiteiten volgt, ziet dat het goed gaat in Nederland. We zijn gemiddeld gezond, gelukkig, hoogopgeleid en de werkloosheid is laag (Bijl et al. 2017; Centraal Bureau voor de Statistiek (CBS) 2018a). En toch is dit plaatje maar een deel van het verhaal. Er zijn grote groepen die dagelijks hard moeten werken en zelfs worstelen om hun leven op de rit te houden of te krijgen. Voor de middengroepen geldt dat ze steeds meer inspanningen moeten verrichten om hun levensstandaard te behouden (Engbersen et al. 2017) en voor de minima geldt dat zij onder meer kwetsbaar zijn op de arbeidsmarkt (Hoff et al. 2018). In het sociaal domein leven vraagstukken zoals de toename van het aantal dak- en thuislozen en het groeiende beroep van jongeren op de jeugdhulpverlening (CBS 2016, 2018b). Daarbij zijn er zorgen over het gegeven dat de schuldenproblematiek, ondanks het gunstige economisch tij, nog altijd heel groot is (Schonewille en Crijnen 2018). Directeur Kim Putters van het Sociaal Cultureel Planbureau (SCP) heeft het in dit kader over een veenbrand die in Nederland woedt. Een groeiende groep komt niet mee in onze veranderende maatschappij (Putters 2019). Onzekerheid en chronische stress kenmerken bij hen vaak het dagelijks leven.

In de voornoemde dynamiek komen mensen op enig moment vaak in aanraking met publieke hulp- of dienstverlening. Ze lopen vervolgens tegen het probleem aan dat ze dan vaak niet kunnen leveren wat er van hen gevraagd wordt. Ze missen afspraken, leveren gevraagde stukken niet in, doen niet wat er van hen gevraagd wordt, raken gedemotiveerd of haken af. De paradox van de publieke hulp- en dienstverlening is dat we een beroep zijn gaan doen op zelfregie en eigen verantwoordelijkheid, terwijl dat nu juist is waar mensen door chronische stress minder goed toe in staat zijn. Het is bijna een soort 'entry-exit paradox': je doet een beroep op de publieke hulp- en dienstverlening omdat het je niet lukt om doelgericht gedrag te vertonen en het ontbreken van dat gedrag is vervolgens de oorzaak waardoor je ergens struikelt of gedemotiveerd raakt en zonder structurele oplossing de hulp- en dienstverlening weer verlaat.

Dit boek gaat over de vraag wat mensen met (ingrijpende) sociale en financiële problematiek wel verder helpt binnen de bestaande institutionele context. Over de vraag wat publieke hulp- en dienstverleners deze groep kunnen bieden om meer regie te (kunnen) nemen over het leven als chronische stress gedrag ontregelt. In de afgelopen jaren is er veel geschreven over de doorwerking van chronische stress op gedrag (Mullainathan en Shafir 2013; Babcock 2014; Center on the Developing Child 2016; Jungmann en Wesdorp 2017). Tal van organisaties proberen inmiddels deze inzichten concreet te vertalen naar de werkvloer. Maar wat is dat eigenlijk: 'stress-sensitief werken'? In dit boek wordt geprobeerd om een eerste invulling te geven aan dit beloftevolle concept.

Bij de eerste invulling van dit nieuwe en beloftevolle concept maken we de kanttekening dat de suggesties in dit boek niet impliceren dat er geen belangrijke institutionele opdracht ligt om bijvoorbeeld het systeem van de toeslagen te herzien of ervoor te zorgen dat er voldoende betaalbare huisvesting beschikbaar is. Bij de aanpak van sociale en financiële problematiek ligt er een dubbele opdracht: voorzien in een institutionele context die mensen de kans geeft om te floreren en daarbij, als mensen toch een beroep (moeten) doen op de publieke hulp- en dienstverlening, voorzien in een bejegening die stress-sensitief is.

Literatuur

Babcock, E. (2014). *Using brainscience to create new pathways out of poverty*. Boston: Crittenton Women's Union.
Bijl, R., Boelhouwer, J., & Wennekers, A. (2017). *De sociale staat van Nederland 2017*. Den Haag: Sociaal Cultureel Planbureau.
CBS *zie* Centraal Bureau voor de Statistiek.
Centraal Bureau voor de Statistiek (2016, maart 6). *Aantal daklozen in zes jaar met driekwart toegenomen [nieuwsbericht]*. Geraadpleegd van ▶ https://www.cbs.nl/nl-nl/nieuws/2016/09/aantal-daklozen-in-zes-jaar-met-driekwart-toegenomen.
Centraal Bureau voor de Statistiek (2018a). *Trends in Nederland 2018*. Den Haag: Centraal Bureau voor de Statistiek.
Centraal Bureau voor de Statistiek (2018b, april 30). *Ruim 400 duizend jongeren krijgen jeugdzorg [nieuwsbericht]*. Geraadpleegd van ▶ https://www.cbs.nl/nl-nl/nieuws/2018/18/ruim-400-duizend-jongeren-krijgen-jeugdzorg.
Center on the Developing Child at Harvard University (2016). *Building core capabilities for life: The science behind the skills adults need to succeed in parenting and in the workplace*. Boston: Center on the Developing Child at Harvard University.
Engbersen, G., Snel, E., & Kremer, M. (Red.). (2017). *De val van de middenklasse? Het stabiele en kwetsbare midden*. Den Haag: Wetenschappelijke Raad voor het Regeringsbeleid.
Hoff, S., Goderis, B., Van Hulst, B., & Wildeboer Schut, J. M. (2018). *Armoede in kaart 2018*. Den Haag: Sociaal Cultureel Planbureau.

Jungmann, N., & Wesdorp, P. (2017). *Mobility mentoring®. Hoe inzichten uit de hersenwetenschap leiden tot een betere aanpak van armoede en schulden.* Den Haag: Platform31.

Mullainathan, S., & Shafir, E. (2013). *Schaarste. Hoe gebrek aan tijd en geld ons gedrag bepalen.* Amsterdam: Maven Publishers.

Putters, K. (2019). *Veenbrand. Smeulende kwesties in de welvarende samenleving.* Amsterdam: Uitgeverij Prometheus BV.

Schonewille, G., & Crijnen, C. (2018). *Financiële problemen 2018. Geldzaken in de praktijk. 2018–2019 deel 1.* Utrecht: Nibud.

Wetenschappelijke Raad voor het Regeringsbeleid (2017). *Weten is nog geen doen. Een realistisch perspectief op redzaamheid.* Den Haag: Wetenschappelijke Raad voor het Regeringsbeleid.

Wat is stress-sensitief werken?

Nadja Jungmann en Peter Wesdorp

1.1 Hoe is stress-sensitief werken ontstaan? – 2
1.1.1 Beleidswens: een groter beroep op zelfredzaamheid – 2
1.1.2 Wetenschap: schaarste en stress zetten zelfredzaamheid onder druk – 4
1.1.3 Professionals zitten klem tussen de beleidsopdracht en de wetenschappelijke inzichten – 5
1.1.4 De beleidsopdracht wordt verweven met de wetenschappelijke inzichten – 6

1.2 Wat houdt stress-sensitief werken in? – 7
1.2.1 Bouwstenen van het stress-sensitief werken – 9

1.3 Hoe geven organisaties invulling aan stress-sensitief werken? – 12
1.3.1 Jongerenprojecten in Maastricht en Zaanstad – 12
1.3.2 Maatschappelijke opvang – 13
1.3.3 Vrijwilligers in Almere – 14
1.3.4 Schuldhulpverlening in Rotterdam, Utrecht en Amersfoort – 14
1.3.5 Brede aanpak in Alphen aan den Rijn – 16

1.4 Wat levert stress-sensitief werken op? – 16
1.4.1 Opbrengsten in Nederland – 16
1.4.2 Opbrengsten in de Verenigde Staten – 17

1.5 Wat vraagt de verdere ontwikkeling van stress-sensitief werken? – 20

Literatuur – 21

© Bohn Stafleu van Loghum is een imprint van Springer Media B.V., onderdeel van Springer Nature 2020
N. Jungmann, P. Wesdorp en T. Madern (Red.), *Stress-sensitief werken in het sociaal domein*,
https://doi.org/10.1007/978-90-368-2433-0_1

Tot enkele jaren geleden was de aandacht voor de doorwerking van chronische stress in het sociaal domein niet noemenswaardig. Professionals interpreteerden gemiste afspraken of niet ingeleverde stukken vaak wel in dat licht. Maar de vraag wat het oplevert om er in de uitvoering meer rekening mee te houden, was nauwelijks aan de orde. Inmiddels is stress-sensitief werken een begrip geworden. Tal van gemeenten, wijkteams, instellingen voor maatschappelijke opvang en vrijwilligersorganisaties zijn bezig om de inzichten over chronische stress een plek te geven in hun hulp- en dienstverlening. Stress-sensitief werken is in. Het duikt op allerlei plekken op, maar het ontbreekt aan een heldere uitwerking. Het is een manier van werken, een vorm van bejegenen, die nog in ontwikkeling is. In dit boek wordt stress-sensitief werken vooralsnog gedefinieerd als:

> een bejegeningswijze waarin mensen die leven in een dynamiek van chronische stress compensatie en ondersteuning krijgen op de geringe(re) beschikbaarheid van hun executieve functies zodat zij hun kansen vergroten om hun doelen te bereiken

In dit hoofdstuk wordt uitgewerkt wat de context is waarin stress-sensitief werken is ontstaan, wat de bouwstenen zijn, hoe organisaties die bouwstenen al inzetten en wat er bekend is over de opbrengsten. Dit hoofdstuk wordt afgesloten met een vooruitblik op wat er nodig is voor de verdere ontwikkeling.

1.1 Hoe is stress-sensitief werken ontstaan?

De interesse in stress-sensitief werken is gegroeid in de context van twee belangrijke ontwikkelingen: de verschuivende verhouding tussen burger en overheid en de verspreiding van wetenschappelijke inzichten over de doorwerking van chronische stress op gedrag. De verschuivende verhouding voedde de beleidswens om een groter beroep te doen op de zelfredzaamheid van de burger. De nieuwe wetenschappelijke inzichten agendeerden juist dat we niet te veel moeten vragen van mensen die leven in een dynamiek van aanhoudende stress. Stress-sensitief werken is een antwoord op de spagaat waarin enerzijds de wens leeft om eigen verantwoordelijkheid en zelfredzaamheid als uitgangspunt van het sociaal beleid te nemen, maar waarin er tegelijkertijd een context wordt geboden die mensen met chronische stress helpt toch succesvol te zijn. In deze paragraaf worden de beide ontwikkelingen beschreven om op basis daarvan toe te lichten hoe zij samenkomen in stress-sensitief werken.

1.1.1 Beleidswens: een groter beroep op zelfredzaamheid

Al sinds het begin van de jaren negentig verschuift de verhouding tussen burger en overheid. De overheid doet stappen terug op domeinen zoals zorg, onderwijs, arbeid en inkomen en vraagt van burgers om meer zelf te doen. We moeten regie voeren over ons eigen leven. Het Sociaal Cultureel Planbureau (SCP) onderscheidt in dit kader verschillende verschuivingen (Veldheer et al. 2012). Een eerste verschuiving is de *substitutie van verantwoordelijkheden*: door de rechten op voorzieningen te beperken of doelgroepen scherper te definiëren, moeten groeiende groepen burgers sneller of meer voor zichzelf zorgen. In de afgelopen vijftien jaar speelde dit bijvoorbeeld bij het nabestaandenpensioen, de woonruimteverdeling, de verkorting van de maximale WW-duur van 38 naar 24 maanden en beperkingen in de toegang tot de Wajong en de Sociale Werkvoorziening (Veldheer et al. 2012). Een tweede verschuiving is dat er in combinatie met substitutie van verantwoordelijkheden ook extra wordt ingezet op *disciplinering*: van burgers worden steviger prestaties gevraagd en het niet leveren van die prestaties leidt tot handhaving. Grotere disciplinering is onder meer ingezet bij de inrichting van de gebruikelijke zorg in de Wet maatschappelijke ondersteuning (Wmo) en de aanscherping van de Wet boeten, maatregelen en terug- en invordering sociale zekerheid (Wet BMT) (Veldheer et al. 2012). Ook administratief wordt er steeds meer van burgers gevraagd. We moeten zelf onze zorgverzekeraar uitzoeken en bepalen of en in welke mate we ons aanvullend willen verzekeren. Er worden grote digitale vaardigheden van ons gevraagd en als er onverhoopt betalingsachterstanden ontstaan, krijgen we te maken met bijzonder complexe incassomaatregelen (Jungmann et al. 2012; Van der Vlugt et al. 2013).

De belangrijkste argumenten die de overheid aanvoert voor de verschuivingen zijn bezuinigingen en de morele wens tot burgerschapszin (Veldheer et al. 2012). Deze twee argumenten werden door de Koning verwoord in zijn introductie van de participatiesamenleving in de troonrede van 2013:

» Het is onmiskenbaar dat mensen in onze huidige netwerk- en informatiesamenleving mondiger en zelfstandiger zijn dan vroeger. Gecombineerd met de noodzaak om het tekort van de overheid terug te dringen, leidt dit ertoe dat de klassieke verzorgingsstaat langzaam maar zeker verandert in een participatiesamenleving. Van iedereen die dat kan, wordt gevraagd verantwoordelijkheid te nemen voor zijn of haar eigen leven en omgeving. Wanneer mensen zelf vorm geven aan hun toekomst, voegen zij niet alleen waarde toe aan hun eigen leven, maar ook aan de samenleving als geheel. Zo blijven Nederlanders samen bouwen aan een sterk land van zelfbewuste mensen (Koning Willem-Alexander 2013).

In het sociaal domein kreeg de verschuiving van de verhoudingen en de overgang naar de participatiesamenleving vooral een gezicht door de drie grote decentralisaties. Gemeenten kregen in aanvulling op wat ze allemaal al deden de verantwoordelijkheid voor drie belangrijke wetten, te weten de Wet maatschappelijke ondersteuning (waar delen van de AWBZ in opgingen), de Jeugdwet en de Participatiewet. Met deze stelselherzieningen, die ook wel worden aangeduid als de grote transities, beoogde de Rijksoverheid onder meer dat mensen meer regie op hun eigen leven zouden nemen, waar mogelijk meer voor elkaar zouden zorgen en alleen gebruik zouden maken van professionele zorg als dat echt noodzakelijk is (Transitiecommissie Sociaal Domein 2014). Naast het bevorderen van burgerschapszin werd met de transities nadrukkelijk ook een flinke bezuiniging beoogd. Om deze twee doelen te realiseren moesten gemeenten de uitvoering in het sociaal domein anders organiseren. Veel gemeenten zijn wijk- of sociale teams gaan inrichten. De sociale professionals in die teams kregen de opdracht om met burgers in kaart te brengen wat zij nodig hebben en in welke mate zij daar – al dan niet met hulp van hun omgeving – zelf in zouden kunnen voorzien. Zelfredzaamheid en eigen kracht werden de leidende woorden in de beleidsstukken, waarbij de definitie daarvan in de professionele praktijk vooral werd vertaald als: *geen beroep op professionele ondersteuning* (Verplanke et al. 2002).

1.1.2 Wetenschap: schaarste en stress zetten zelfredzaamheid onder druk

Het thema zelfredzaamheid werd in de jaren 2012–2015 in het sociaal domein niet alleen geagendeerd vanuit de beleidsontwikkeling. Ook vanuit de wetenschap werd er aandacht voor gevraagd. Maar dan juist voor de vraag of we wel zelfredzaamheid mogen verwachten van mensen met grote financiële en sociale problemen. Een eerste bekende aanleiding om daar vraagtekens bij te zetten was de publicatie van het boek *Schaarste* (Mullainathan en Shafir 2013). Daarin leggen twee Amerikaanse hoogleraren uit hoe het komt dat schaarste aan geld of tijd bezit neemt van ons denken en op een negatieve wijze ons gedrag beïnvloedt. In hun terminologie trekt schaarste een wissel op onze bandbreedte en komen we in een tunnelvisie terecht. Anders verwoord bedoelen ze dat schaarste eraan bijdraagt dat we meer bij de dag gaan leven en minder doordachte beslissingen nemen. Onze zelfredzaamheid wordt negatief beïnvloed door – ervaren – schaarste.

Het boek werd wereldwijd een bestseller en de inhoud werd breed herkend door onder meer sociale professionals. Schaarste verklaart waarom mensen die in schulden of armoede leven soms dingen doen die ver weg staan van degenen die hen begeleiden. Denk aan het kopen van een grote nieuwe tv terwijl je problematische schulden hebt of het steeds maar niet inleveren van papieren om bijzondere bijstand aan te vragen terwijl je dat geld zo hard nodig hebt. *Schaarste* riep brede herkenning op maar gaf geen handvatten voor een effectievere uitvoeringspraktijk. In 2014 verscheen een aantal publicaties waarin dat wel gebeurde. In het rapport 'Using brain science to create new pathways out of poverty' legt de directeur van de sociaal-werkorganisatie EMPath in Boston – Elisabeth Babcock – aan de hand van de neurowetenschappen uit hoe het komt dat chronische stress eraan bijdraagt dat we ons minder doelgericht gedragen (Babcock 2014). Ook geeft ze de eerste concrete handvatten hoe deze inzichten ingezet kunnen worden op de werkvloer. Ze vraagt vooral aandacht voor het besef dat chronische stress ertoe leidt dat we onze executieve functies minder tot onze beschikking hebben. Executieve (hersen)functies zijn de denkprocessen die ten grondslag liggen aan doelgericht, probleemoplossend en zelfsturend gedrag. We kunnen wel een beroep doen op zelfredzaamheid maar als we onze executieve functies in mindere mate tot onze beschikking hebben, gaan we niet het modelgedrag vertonen waar de overheid om vraagt. In de paper *Using executive function and related principles to improve the design and delivery of assistance programs for disadvantaged families* doet LaDonna Pavetti van het Center on Budget and Policy Priorities hetzelfde en beschrijft zij aan de hand van voorbeelden een aantal principes die programma's in het sociale domein zouden kunnen helpen om succesvoller te zijn (Pavetti 2014). Zowel Babcock als Pavetti laat zich, naast de inzichten rondom schaarste, inspireren door de inzichten van het Center on the Developing Child dat onderzoek doet naar de effecten van chronische stress op de ontwikkeling van executieve functies bij kinderen en dat vertaalt naar twee-generatie-aanpakken.

Door improductief gedrag in het sociaal domein mede te verklaren als gevolg van chronische stress ontstonden er handelingsperspectieven die meer handvatten boden dan de gecontroleerde experimenten waar het concept schaarste in hoge mate op is gebaseerd. In de reproductie van de onderliggende experimenten (Shah et al. 2012; Mani et al. 2013) wordt er momenteel gezocht naar de hardheid van het concept schaarste (Boswell Dean et al. 2017). Ook als het wetenschappelijke debat hierop nuanceert, blijven de neurowetenschappen een stevige uitleg geven hoe het komt dat chronische stress ons zo ontregelt. Daarmee blijft er een pleidooi bestaan om in de dagelijkse praktijk rekening te houden met de doorwerking van chronische stress.

1.1.3 Professionals zitten klem tussen de beleidsopdracht en de wetenschappelijke inzichten

De vraag is dan alleen hoe je rekening houdt met de doorwerking van chronische stress. In de mooie en met prijzen overladen documentaire *Schuldig* zegt Ron, die uit zijn huis is gezet en met het hele gezin in een te kleine woning inwoont bij zijn schoonouders, op enig moment: 'Luister, als mijn jongen een paar schoenen wil hebben, dan wil ik naar de winkel gaan en als ze 150 zijn, dan koop ik ze gewoon, klaar. Ik vind ze mooi.' (Gould et al. 2016). Hij zegt dit nadat hij net aan de schuldhulpverlening heeft laten weten dat hij en zijn vrouw Ramona niets zien in beschermingsbewind. Voor uitvoerende professionals zijn dit ingewikkelde situaties. Er is een mogelijkheid om mensen verder te helpen, maar in de dynamiek waarin ze leven verkiezen mensen korte- boven langetermijnbelangen. Vaak is dit een dynamiek waarin zorgen en stress het leven overheersen en er dus een enorme wissel wordt getrokken op hun executief functioneren.

Wie beter begrijpt waar zaken zoals een focus op de korte termijn en onverstandiger keuzen vandaan komen, gaat zich steeds beter realiseren welke tegenstelling er zit tussen de beleidsmatige opdracht om een beroep te doen op zelfredzaamheid en de wetenschappelijke inzichten dat die zelfredzaamheid nou juist onder druk komt te staan als mensen te lang te veel zorgen en stress hebben. In de praktijk lijken professionals er vrij bewust voor te kiezen om de beleidsopdracht terzijde te schuiven (Bredewold et al. 2018). Ze bieden wat de burger nodig heeft en zetten het beroep op zelfredzaamheid niet zo fors in als van hen gevraagd wordt. De omslag naar de participatiesamenleving en de daarvan afgeleide dubbele beweging om zowel flink te bezuinigen als een groter beroep te doen op onze burgerschapszin en eigen verantwoordelijkheid, stelt professionals en inmiddels ook steeds meer managers en bestuurders voor een opgave. Hoe kunnen ze vasthouden aan de grondslag van de participatiesamenleving met zelfredzaamheid als uitgangspunt en tegelijkertijd tegemoetkomen aan het groeiende (wetenschappelijk gevoede) besef dat zelfredzaamheid nou juist onderuitgaat als iemand te lang te veel stress en zorgen heeft?

De zoektocht naar een antwoord op deze vraag speelt zich daarnaast af in een context waarin de moderne 21^e eeuwse samenleving steeds meer van ons vraagt en andere vaardigheden van ons vraagt. We leven in een periode van grote maatschappelijke veranderingen. De maatschappij wordt veeleisender en versnelt in haar ontwikkeling (Breedveld en Van den Broek 2004; Putters 2019). Naast een groter beroep op onze zelfredzaamheid kenmerkt deze periode zich ook door globalisering, digitalisering en door flexibilisering van de arbeidsmarkt. De industriële samenleving wordt een kennissamenleving. Lange tijd waren vooral afkomst en fysieke eigenschappen bepalend voor onze levenskansen en daarmee ons toekomstperspectief. Wie in de schoot van de elite werd geboren, bleef meestal tot die groep behoren. Financiële middelen en een kwalitatief goed netwerk waren hulpbronnen die een vooraanstaande positie meestal in stand hielden. De middengroepen steunden lange tijd vooral op andere hulpbronnen. Wie beschikte over voldoende fysieke kracht kon als arbeider jarenlang voldoende verdienen om goed voor het gezin te zorgen.

De maatschappelijke veranderingen zetten de waarde van traditionele hulpbronnen onder druk. We leven in een periode van grote onzekerheden. Diploma's zijn niet meer waardevast, de huizenprijzen fluctueren meer en een baan voor het leven is er eigenlijk niet meer (Engbersen et al. 2017). Er wordt een steeds groter beroep gedaan op onze zelfregie en ontwikkeling. Sterker nog: de hulpbron van onze mentale vermogens wordt belangrijker dan hulpbronnen zoals fysieke kracht of netwerk die ons vroeger toekomstgaranties boden (WRR 2017). Een succesvol leven vraagt vandaag de dag steeds meer om de inzet van 21^e eeuwse vaardigheden zoals plannen, organiseren, flexibiliteit en het reguleren van emoties en verlangens (Center on the Developing Child 2016). Terwijl de drukte van het leven en met name chronische stress de ontwikkeling en inzetbaarheid van die vermogens juist onder druk zetten (Babcock 2014).

1.1.4 De beleidsopdracht wordt verweven met de wetenschappelijke inzichten

In de bestuurskunde worden beleidswijzigingen wel verklaard aan de hand van het model van Kingdon (2003). Dit model gaat ervan uit dat beleidswijzigingen ontstaan vanuit een 'policy window' of in het Nederlands vertaald een 'beleidsraam'. Het idee onder een policy window is dat er alleen wijzigingen optreden in beleid en uitvoering als er drie stromen samenkomen: een probleem, een oplossing en politieke wil.

Het *probleem* in deze context is het gat tussen de beleidsmatige wens om een groot beroep te doen op zelfredzaamheid en de (wetenschappelijke) reflectie daarop dat een grote groep gebruikers van de publieke hulp- en dienstverlening dat nou juist niet kan. De kritiek op het beroep op zelfredzaamheid zwol de afgelopen jaren op tal van plekken aan. Zowel de wijkteams, schuldhulpverlening als de jeugdhulpverlening wordt gevraagd om verantwoording af te leggen over de behaalde resultaten (Bredewold et al. 2018; Inspectie SZW 2018; Tuzgöl-Broekhoven et al. 2018; Weijers 2018). Inmiddels leeft er op tal van plekken onvrede over die resultaten.

In termen van *politieke wil* groeide de afgelopen jaren het besef dat de overheid in de decentralisaties wel erg veel van burgers is gaan vragen. Items in kranten en televisieprogramma's, rapporten en columns stellen het grote beroep op zelfredzaamheid aan de kaak. De vraag was hoe het antwoord zou luiden. Bestuurders en managers voelen steeds steviger dat er een antwoord nodig is op de – mede door bezuinigingen ingegeven – misschien wel wat te hoge ambities. De introductie van de geprotocolleerde aanpak Mobility Mentoring® die is geworteld in de literatuur over chronische stress landde in dat licht op een vruchtbare bodem (Babcock 2014; Jungmann en Wesdorp 2017). Het bood een antwoord – of zoals in de theorie van Kingdon (2003) verwoordt een *oplossing* – voor de groeiende bestuurlijke verlegenheid die begon te ontstaan door de aanzwellende druk en kritiek. Een stress-sensitieve manier van werken houdt de uitgangspunten van zelfredzaamheid en eigen verantwoordelijkheid in stand. Deze manier van werken komt niet aan de beleidsdoelen. En tegelijkertijd biedt ze burgers die een beroep doen op de publieke hulp- en dienstverlening wel een stevige compensatie en ondersteuning op hun verminderd doenvermogen. Met deze nieuwe term omschrijft de Wetenschappelijke Raad voor het Regeringsbeleid (WRR) ons vermogen om doelgericht gedrag in te zetten (WRR 2017). In termen van oplossing betekent het omarmen van stress-sensitief werken voor bestuurders dat managers en professionals de ruimte of zelfs de opdracht krijgen om de inzichten over de doorwerking van chronische stress te vertalen in een steunende en compenserende werkwijze en bejegening. Er komt meer ruimte om met meer compassie te kijken naar burgers die niet doen wat er van hen gevraagd wordt of die zelfs nieuwe problemen creëren terwijl ze werken aan langetermijndoelen, zoals het vinden van een duurzame plek op de arbeidsmarkt, het oplossen van hun schulden of het geven van een stabiele opvoeding aan de kinderen. Managers en professionals krijgen de uitnodiging om echt anders te gaan werken. Stress-sensitief werken is een antwoord op de vraag: hoe verweven we de actuele wetenschappelijke inzichten over de doorwerking van chronische stress in beleid dat rust op pijlers zoals burgerschapszin, eigen verantwoordelijkheid en zelfredzaamheid?

1.2 Wat houdt stress-sensitief werken in?

Het concept van stress-sensitief werken is nog volop in ontwikkeling. Dat geldt zowel voor de wetenschappelijke onderbouwing als voor de praktische uitwerking. In praktische zin beginnen sommige organisaties voorzichtig. Ze informeren bijvoorbeeld hun professionals over de manieren waarop chronische stress kan doorwerken op het denken en doen van hun cliënten. Wie negatief gedrag, zoals het niet inleveren van stukken of een focus op het eigen belang, kan begrijpen in de context van chronische stress, kan er ook meer compassie voor hebben. Andere organisaties gaan (veel) verder. Zij grijpen de inzichten over chronische stress aan voor een fundamentele herijking van hun hulp- en dienstverlening. Ze werken met instrumenten die mensen helpen om langetermijndoelen te stellen, experimenteren met beloningen, geven psycho-educatie en scholen hun uitvoerende professionals in stress-sensitieve coaching. Geïnspireerd door de literatuur

Tabel 1.1 Verschillende niveaus van stress-sensitief werken

bewust	geïnformeerd	getransformeerd
Professionals zijn op de hoogte hoe chronische stress doorwerkt op gedrag. Dit inzichten werken door in de wijze waarop zij naar hun cliënten kijken	Professionals weten hoe chronische stress doorwerkt en beheersen in ieder geval daarop afgestemde coachingsvaardigheden. Zij zetten die in om mensen te motiveren deel te (blijven) nemen aan de aangeboden trajecten	Professionals weten hoe chronische stress doorwerkt, beheersen in ieder geval daarop afgestemde coachingsvaardigheden en verkennen met cliënten wat hun langetermijnwensen en -belangen zijn
Professionals hebben beelden bij de prevalentie (= mate waarin het voorkomt)	Professionals hebben beelden bij de prevalentie (= mate waarin het voorkomt) en zijn alert op signalen	Professionals hebben beelden bij de prevalentie (= mate waarin het voorkomt) en zijn zowel reactief als proactief alert op signalen
In beleidsstukken wordt er opgemerkt dat aanhoudende stress ontregelend kan werken bij de cliëntgroep(en)	In de beleidsstukken is uitgewerkt welke stress-sensitieve elementen ingezet worden om de verschillende vraagstukken of problematieken aan te pakken	In de beleidsstukken is het besef uitgewerkt dat duurzame verbeteringen beginnen bij de wensen, doelen en waarden van de cliënt. Het bereiken van de cliëntdoelen is het middel om het uiteindelijke doel van de hulp- of dienstverlening te bereiken

over het bewustzijn van de gevolgen van trauma's binnen organisaties (MO Department Of Mental Health and Partners 2014) en over de effecten van stress op zelfredzaamheid (Hong 2016) zouden drie verschillende ambitieniveaus kunnen worden onderscheiden, te weten: bewust, geïnformeerd en getransformeerd (zie tab. 1.1). Bij het *bewuste niveau* voorzien organisaties hun professionals van kennis over de wijze waarop chronische stress doorwerkt en hoe vaak het voorkomt (de prevalentie). Doordat professionals de impact begrijpen en zich realiseren dat het waarschijnlijk vaak speelt, kunnen zij met meer compassie samenwerken met hun cliënten. Zij zullen het gedrag van sommigen van hun cliënten minder snel duiden als 'ongemotiveerd' en de samenwerking langer in stand houden.

Bij het *geïnformeerde niveau* gaan organisaties verder dan kennisverspreiding. Ze zetten de kennis over de doorwerking van chronische stress actief in om echt aanpassingen te doen in bestaande werkwijzen. Ze gaan bijvoorbeeld hun medewerkers trainen om stress-sensitief te coachen, gaan sms-jes sturen om de stress-gerelateerde no-show te reduceren, verlagen de drempels om een beroep te kunnen doen op dienstverlening of ze richten hun ontmoetingsruimten anders in, zodat de ontmoetingen zo min mogelijk stress toevoegen bij de cliënten. Bij het geïnformeerde (en bewuste) niveau blijven de organisatiedoelen zoals het verstrekken van schuldregelingen, mensen naar werk toe leiden of ouders aanzetten tot veranderingen in de opvoeding leidend en blijft de gewenste verandering van buitenaf opgelegd. Bij het *getransformeerde niveau* gaan organisaties nog een stap verder. Er zijn nog steeds organisatiedoelen maar daarbij komt ook het besef dat er vaak meer nodig is dan alleen toeleiding naar betaald werk of het oplossen van schulden. Bij het getransformeerde niveau leeft het besef dat er niet zozeer moet worden voorzien in transacties en/of producten zoals een schuldregeling, sollicitatietraining of toekenning bijzondere bijstand. Bij dit niveau leeft het besef dat er een transformatie nodig is naar een situatie waarin mensen zelf (weer) grip op en regie over het leven krijgen.

Organisaties bieden aan cliënten de ondersteuning die zij nodig hebben om hun leven duurzaam te transformeren. De aanpak van schulden, toeleiding naar werk, opvoeding kunnen daar bouwstenen voor zijn. In de transfer wordt niet alleen verkend wat de stip op de horizon van de cliënt is, maar ook wat het doenvermogen van de cliënt is (hoe doelgericht kan de cliënt handelen) en welke ondersteuning of compensatie nodig is ten aanzien van het doenvermogen. Getransformeerd werken grijpt dieper in op de oorzaken en gaat verder dan de aanpak van losse vraagstukken. Het gaat niet alleen om het oplossen van een probleem, maar om het creëren van een toekomst. Het is het oefenen van vaardigheden en het aanleren van routines die nodig zijn om problemen zelf op te kunnen lossen. Het is de arts die niet alleen pillen voorschrijft of die uitlegt wat ziek maakt, maar die ook ondersteunt in het bereiken van een duurzame leefstijlverandering. Getransformeerde hulp- en dienstverlening is ondersteuning die niet alleen probeert om mensen weer aan het werk te brengen maar die parallel daaraan ook (door)werkt aan het verbeteren van iemands arbeidsmarktpositie. Getransformeerde re-integratie wil zeggen dat het besef leeft dat toeleiding naar een onzeker nulurencontract een eerste stap is, maar niet genoeg voor duurzaamheid. Getransformeerde re-integratie blijft – als de cliënt dat wil – bij het nulurencontract langszij totdat iemand die stappen heeft gezet die nodig zijn voor een voldoende stevige arbeidsmarktpositie. Getransformeerde dienstverlening hoeft in die fase zeker niet wekelijks plaats te vinden. Wel wordt er vanaf het begin gewerkt aan het verbeteren van fundamenten om echte stappen naar duurzaamheid te zetten (tab. 1.1).

Er zijn redenen om aan te nemen dat getransformeerde hulp- en dienstverlening op de lange termijn het meeste oplevert. Geïnformeerd, bewust en getransformeerd zijn alle drie invullingen van stress-sensitief werken. Bovenstaande indeling betekent niet dat elke organisatie zich altijd richting getransformeerd werken moet ontwikkelen. Er zijn ook argumenten om voor het geïnformeerde of bewuste niveau te kiezen.

1.2.1 Bouwstenen van het stress-sensitief werken

Het stress-sensitief werken voorziet in bouwstenen die organisaties naar eigen inzicht en in zelfgekozen combinaties kunnen verweven in de eigen manier van werken: instrumenten, coaching van executieve vaardigheden, psycho-educatie, beloningen, schriftelijke communicatie et cetera. Voor bouwstenen zoals psycho-educatie en de instrumenten geldt dat de inzichten over de doorwerking van chronische stress de aanleiding waren om ze te ontwikkelen. Voor bouwstenen zoals beloningen, schriftelijke communicatie en leerdoelen stellen geldt dat die al werden ingezet en zich heel goed verhouden tot de theoretische onderlegger van chronische stress. Stress-sensitief werken is een aanpak in

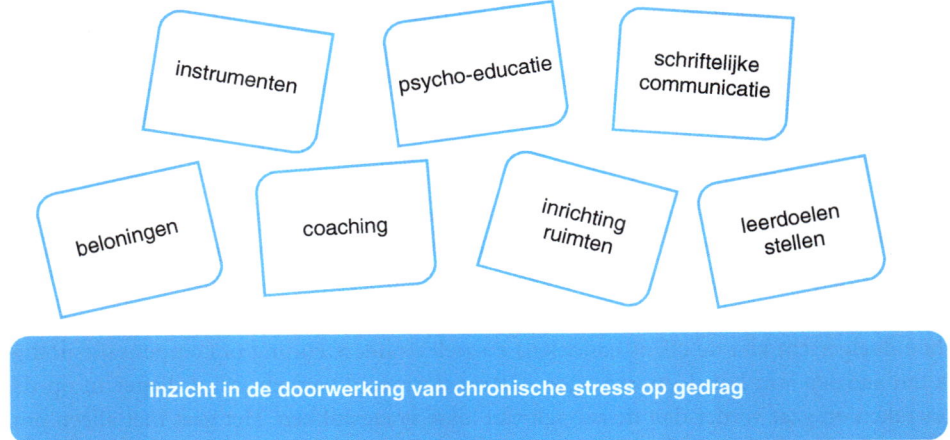

◼ Figuur 1.1   Bouwstenen van stress-sensitief werken in de eerste fase van ontwikkeling

ontwikkeling. De bouwstenen kunnen ingezet worden om organisatiedoelen beter te bereiken of – eigenlijk bij voorkeur – cliënten te helpen om hun levensdoelen te realiseren. De bouwstenen kunnen ingezet worden in een grote herinrichting van de dienstverlening. Tegelijkertijd lenen de bouwstenen zich ook heel goed voor een incrementele (dat wil zeggen in kleine stapjes en na elkaar) invoering. ◼Figuur 1.1 bevat een weergave van de bouwstenen waar stress-sensitief werken in deze fase uit bestaat.

De bouwstenen zijn in dit boek in afzonderlijke hoofdstukken uitgewerkt. Ze worden hieronder elk kort toegelicht in de volgorde waarin ze in het boek staan. Deze volgorde is arbitrair. Het is aan organisaties om, redenerend vanuit de beoogde doelen, uit te werken welke bouwstenen zij in welke volgorde verweven. Een belangrijk uitgangspunt van stress-sensitief werken is dat professionals, vrijwilligers en andere betrokkenen zijn voorgelicht over de wijze waarop chronische stress doorwerkt op gedrag. Inzicht daarin is de basis voor elke bouwsteen. Naast de praktische bouwstenen wordt in het laatste hoofdstuk van dit boek het belang van geldrust nog uitgewerkt. Voor veel cliënten in het sociaal domein geldt dat zij in armoede en problematische schulden leven. Financiële problemen veroorzaken bij veel cliënten veel geldstress. In het afsluitende hoofdstuk is uitgewerkt wat het belang is van geldrust en welke mogelijkheden er zijn om cliënten snel te verwijzen naar een passende voorziening.

1 Instrumenten

Chronische stress leidt er bij veel mensen toe dat ze bij de dag gaan leven en moeite hebben met het stellen van concrete doelen. Er zijn diverse instrumenten beschikbaar die cliënten ondersteunen bij het zelf stellen van hun (lange)termijndoelen. In ▶H. 4 over instrumenten worden er verschillende beschreven. Daarbij wordt ook toegelicht waarom cliëntgerichte instrumenten juist bij mensen die in chronische stress leven zoveel houvast kunnen opleveren. Door de cliënt te stimuleren om de doelen nadrukkelijk zelf te stellen, wordt ook gewerkt aan het eerder aangehaalde doenvermogen.

2 Pyscho-educatie

Wie een afspraak vergeet of stukken – bij herhaling – niet aanlevert, schrijft dat niet altijd direct toe aan de ervaren chronische stress. Psycho-educatie (zie ▶H. 5) richt zich op bewustwording bij de cliënten hoe chronische stress hun doenvermogen kan ondermijnen. Wie gaat begrijpen dat het missen van de afspraak geen toeval was, kan meer interesse krijgen in een strategie om dat een volgende keer te voorkomen. Psycho-educatie is dus eigenlijk een combinatie van bewustwording van de eigen ontregelende dynamiek en het uitwerken van strategieën.

3 Beloningen

Het vooruitzicht van een beloning (zie ▶H. 6) kan cliënten stimuleren om stappen te zetten. Een waardebon, geld of nadrukkelijke waardering kan soms het gat dichten tussen de kortetermijnfocus van veel cliënten en hun langetermijnbelangen. Beloningen zijn een spannend onderdeel van stress-sensitief werken. Zowel bij omstanders als bij cliënten en professionals roepen ze wisselende emoties op. Binnen het stress-sensitief werken is het uitgangspunt dat beloningen een waardevolle toevoeging zijn als de cliënt er vrijwillig gebruik van maakt en de kosten opwegen tegen de uitgespaarde vertragingskosten en/of als de beloningen bijdragen aan het geloof in eigen kunnen van de cliënten.

4 Coaching op executieve vaardigheden

Chronische stress trekt bij veel mensen een wissel op hun executief functioneren. Ze hebben bijvoorbeeld meer moeite om in actie te komen, door te zetten en bij te sturen. In coaching op executieve functies (zie ▶H. 7) wordt er een analyse gemaakt van het functioneren van de cliënt. Er wordt bijvoorbeeld met een beperkt assessment in kaart gebracht wat er goed gaat en op welke functies zij belemmeringen ervaren. Door intensief te coachen op de functies die minder goed zijn ontwikkeld of minder goed ter beschikking staan, kunnen cliënten stappen zetten naar doelgerichter gedrag.

5 Het stellen van leerdoelen

Voor mensen onder chronische stress geldt dat het leveren van prestaties ook vaak extra stress oplevert. Het doet er dan toe wat voor soort doelen iemand stelt. Door leerdoelen te stellen kan ervaren stress verminderd worden. Cliënten werken in kleine stappen aan het verbeteren van bijvoorbeeld hun vaardigheden. Leerdoelen kunnen de motivatie versterken, het vertrouwen in eigen kunnen vergoten en de angst om fouten te maken verminderen (zie ▶H. 8). Deze combinatie maakt het de moeite waard om waar mogelijk met cliënten te werken aan het stellen van leerdoelen.

6 Schriftelijke communicatie

Met een hoofd vol zorgen en stress valt het vaak niet mee om te begrijpen wat er staat in de stukken of mails die je ontvangt. Het is altijd nuttig als brieven opgesteld zijn in eenvoudige taal op bijvoorbeeld B1-niveau. Tegelijkertijd is het de vraag of dat voldoende is. Chronische stress draagt er ook aan bij dat we minder snel in actie komen en sneller opgeven. Door in schriftelijke communicatie ook aandacht te besteden aan activerende elementen, kunnen brieven stress-sensitiever gemaakt worden (zie ▶H. 9).

7 Inrichting van ontmoetingsruimten

De omgevingspsychologie leert ons dat de wijze waarop ruimten zijn ingericht ook van invloed is op de stress die mensen ervaren. Door uit te werken wat er bekend is over stress-reducerende elementen, kan het sociaal domein de eerste stappen gaan zetten naar stress-sensitieve ontmoetingsruimten (zie ►H. 10).

8 Voorzien in geldrust

Voor een groot deel van de cliënten die gebruikmaken van publieke dienstverlening geldt dat zij in armoede en schulden leven. Het creëren van geldrust (zie ►H. 11) is in dat licht vaak een cruciale (eerste) stap om de meest acute stress weg te nemen, meer grip op het leven te krijgen en meer ruimte te creëren om te werken aan duurzame oplossingen. Binnen het sociaal domein zijn er tussen professionals grote verschillen in de mate waarin zij in hun hulp- of dienstverlening gericht werken aan het creëren van geldrust. Door het belang en de mogelijkheden uit te werken, krijgen ook professionals die er (nog) weinig mee doen meer inzicht in de noodzakelijkheid en verwijsopties.

1.3 Hoe geven organisaties invulling aan stress-sensitief werken?

Stress-sensitief werken vindt zijn weg bij een groeiend aantal organisaties in het sociaal domein. Wijkteams, schuldhulpverlening, re-integratie, maatschappelijke opvang, woningcorporaties, tienermoederprojecten en vrijwilligersorganisaties. Ze verweven op heel verschillende manieren de inzichten over chronische stress in hun hulp- en dienstverlening. De eerste organisaties die aan de slag gingen met de inzichten over chronische stress deden dat vooral door toepassing van elementen uit de geprotocolleerde aanpak Mobility Mentoring®. Deze aanpak is ontwikkeld door de Amerikaanse sociaal-werkorganisatie EMPath en wordt in Nederland vanuit Platform31 aangeboden (Jungmann en Wesdorp 2017). In Nederland zijn er (nog) geen organisaties die de hele aanpak uitvoeren. Ze verweven elementen ervan in hun eigen hulp- en dienstverlening. Daarnaast geven organisaties ook op andere eigen manieren invulling aan stress-sensitief werken. Hieronder worden een aantal voorbeelden beschreven van de wijze waarop het stress-sensitief werken gestalte krijgt in het sociaal domein.

1.3.1 Jongerenprojecten in Maastricht en Zaanstad

Droommoeders in Maastricht

De coöperatie Droommoeders is een samenwerkingsverband van welzijnsonderneming voor Maastricht en Heuvelland Trajekt, Kredietbank Limburg, MIK Kinderopvang en bureau Jeugdzorg Limburg. Zij bieden begeleiding aan jonge moeders onder de 26 jaar die geen werk of startkwalificatie hebben. Het project werkt 'Mobility Mentoring® informed' en maakt in dat kader gebruik van de Brug naar zelfredzaamheid® en de daarbij horende doel-actieplannen. Het besef dat de chronische stress jonge alleenstaande werkloze moeders in een overlevingsmodus heeft geplaatst, is een belangrijk vertrekpunt van het project. De moeders solliciteren op een plek in het project en worden uitgedaagd om in die procedure te formuleren waarom ze graag mee willen doen. Degenen die worden toegelaten krijgen twee jaar lang gemiddeld acht uur per week individuele en groepsgewijze begeleiding. In de aanpak worden verschillende bouwstenen uit stress-sensitief werken ingezet. De betrokken professionals zijn geschoold in stress-sensitieve gesprekstechnieken. De jonge moeders worden uitgenodigd om aan de hand van de Brug naar zelfredzaamheid® langetermijndoelen te stellen. Vervolgens verfijnen ze die naar concrete stappen in doel-actieplannen. Ook in de coaching wordt ingespeeld op de doorwerking van chronische stress. Bij de betrokken professionals leeft een groot besef dat deze groep vaak wantrouwender is en vaak een beperkt geloof in eigen kunnen heeft. Door voorspelbaar te zijn en veel te bekrachtigen wordt er in de coaching gewerkt aan dit soort zaken die vaak ook nauw samenhangen met de ervaren chronische stress. Het doel van het traject is het structureel verbeteren van de zelfredzaamheid en zelfzorgzaamheid van moeders en hun kinderen en daaraan gekoppeld het verbeteren van de geluksbeleving.

Zaanstad

De gemeente Zaanstad biedt jongeren die veelal dak- of thuisloos zijn begeleiding om te werken aan stabiliteit. De gemeente heeft ervaringsdeskundigen betrokken bij de uitwerking van de werkwijze. Mede op hun aanwijzingen wordt er in het project niet gesproken over beloningen maar over waarderingen. De betrokken professionals bekrachtigen de jongeren voor de stappen die zij zetten met het geven van waardering. Daarbij hebben de jongeren een pasje waarmee ze in Zaanstad bij verschillende winkels betalingen kunnen verrichten. Vanuit het project stort de gemeente een bedrag op dat pasje als de jongeren specifieke stappen zetten. Voorbeelden van stappen zijn het realiseren van huisvesting of een regeling treffen met schuldeisers en die betalingsregeling nakomen. De gemeente Zaanstad werkt net als de Droommoeders 'Mobility Mentoring® informed'. Geïnspireerd op de Brug naar Zelfredzaamheid® heeft zij een eigen brug ontwikkeld met pictogrammen. Jongeren kunnen dan bijvoorbeeld ten aanzien van huisvesting aangeven waar ze staan. Het instrument heeft daarvoor onderin een pictogram van een mensje bij een vuurton die zich warm houdt op straat en bovenin een mooi huisje. De jongeren kunnen dan zelf aangeven waar ze staan tussen de straat en een stabiel en fijn huis. Het doel van het project is om jongeren die veel problemen hebben de begeleiding te bieden die ze nodig hebben om een stabiel en economisch zelfredzaam bestaan op te bouwen.

1.3.2 Maatschappelijke opvang

Ook in de maatschappelijke opvang groeit de aandacht voor stress-sensitief werken (Akkermans en Huygen 2019). Een belangrijke aanleiding daarvoor is dat financiële problemen veel stress geven en de belangrijkste reden zijn waardoor mensen in de opvang terechtkomen. Daarbij vormen financiële problemen en de daarmee samenhangende geldstress ook een belangrijke belemmering voor uitstroom. Diverse organisaties voor maatschappelijke opvang verkennen hoe zij stress-sensitiever kunnen werken.

1.3.3 Vrijwilligers in Almere

In Almere bieden vrijwilligers van Humanitas ondersteuning aan inwoners die moeite hebben om hun administratie zelf bij te houden en ondersteuning aan inwoners die belemmeringen hebben om toegelaten te worden tot de schulddienstverlening. De afdeling vindt het belangrijk dat vrijwilligers zich realiseren hoe chronische stress doorwerkt bij de deelnemers die zij begeleiden. In dat licht hebben zij hun vrijwilligers geschoold over de doorwerking van chronische stress en worden de vrijwilligers aangemoedigd om deelnemers meer concrete ondersteuning te bieden. Die ondersteuning kan bijvoorbeeld bestaan uit het sturen van een appje of sms'je om een deelnemer ergens aan te helpen herinneren. Het besef dat chronische stress een wissel trekt op het doenvermogen helpt de vrijwilligers om het gedrag van hun deelnemers beter te begrijpen. Een groter begrip draagt bij aan een betere samenwerking.

1.3.4 Schuldhulpverlening in Rotterdam, Utrecht en Amersfoort

In de schuldhulpverlening verweven diverse gemeenten en organisaties de inzichten over chronische stress in de dienstverlening.

Reset Rotterdam

De gemeente Rotterdam heeft in 2019 het beleidsplan 'Reset Rotterdam' (Gemeente Rotterdam 2019) aangenomen. In deze stad zijn er ongeveer 50.000 huishoudens met forse financiële problemen die de weg naar de schuldhulpverlening niet altijd goed vinden. De lokale rekenkamer is daar de afgelopen jaren meerdere malen kritisch over geweest (Rekenkamer Rotterdam 2017, 2019). Met de komst van een nieuw college is er nieuw beleid gekomen dat nadrukkelijk rekening houdt met de negatieve doorwerking van chronische stress. In de inleiding van het aangenomen gemeentelijke beleidsplan staat daarover:

> Schulden hebben nog meer nare trekjes. Door de stress die je ervaart, ga je fouten maken en neem je vaak de verkeerde – kortetermijn- – beslissingen, waardoor je problemen alleen maar groter worden (Gemeente Rotterdam 2019).

In het beleidsplan kondigt het college expliciet aan dat zij inzet op stress-sensitief werken.

> Het is daarom belangrijk dat er in gesprekken in de 'formele' keten en in onze andere communicatie-uitingen niet nog meer stress wordt toegevoegd. Het benaderen en activeren van mensen met schulden moet anders. De nieuwe benadering is gebaseerd op vertrouwen. Dit vraagt om een verandering bij de professionals. Naast de een-op-eengesprekken moeten ook onze communicatie-uitingen – zoals brieven en websites – vertrouwen uitstralen. Deze benadering biedt meer ruimte om samen met Rotterdammers aan een duurzame oplossing voor hun schulden te werken (Gemeente Rotterdam 2019).

Stadsring51 en het Geldloket in Amersfoort

In de gemeente Amersfoort voorzien de Stadsring51 en het Geldloket in schuldhulpverlening en laagdrempelig advies over financiële vragen. Beide organisaties verweven verschillende bouwstenen van stress-sensitief werken in hun dienstverlening. Zo zijn de medewerkers van beide organisaties getraind in stress-sensitieve gesprekstechnieken. In het dagelijks klantcontact worden cliënten veel nadrukkelijker gecoacht op het stellen van langetermijndoelen. Stadsring51 heeft daarnaast de brieven die zij stuurt aangepast en de ontvangstruimte waar mensen zich melden stress-sensitiever ingericht. De hoge balie die gericht is op het voorkomen van agressie heeft plaatsgemaakt voor een warme ontvangst die uitstraalt dat mensen welkom zijn. Om klanten meer grip en inzicht te geven werkt Stadsring51 met 8ting, een app die cliënten meer zicht geeft op het proces waarin zij terechtgekomen zijn. Het uitgangspunt van de app luidt 'aandacht schept beweging' en ondersteunt vooral de communicatie tussen cliënt, schuldhulpverlener en vrijwilliger. Het ingewikkelde proces om te komen tot bijvoorbeeld een schuldregeling, wordt in de app opgedeeld in verschillende programma's (zoals het programma: 'begroting op orde') met daarin de verschillende stappen die gezet moeten worden. De cliënt kan zien welke stappen gezet moeten worden, wat al afgerond is (bijvoorbeeld het inventariseren van alle uitgaven) en wat er nog moet gebeuren. Het overzicht dat zo ontstaat, geeft rust en grip en vermindert daarmee de stress.

Utrecht

De gemeente Utrecht heeft in Gemeente Utrecht 2019 de actieagenda 'Utrechters schuldenvrij' ingezet (Gemeente Utrecht 2019). De actieagenda heeft als motto 'Op tijd erbij, hulp op maat en blijvend uit de schulden' en is opgesteld in samenwerking met onder meer ervaringsdeskundigen, professionals, vrijwilligers en wetenschappers. Stress-sensitief werken is een van de vier leidende principes in de actieagenda. Het besef dat chronische stress een wissel trekt op ons functioneren is terug te zien in tal van onderdelen van de actieagenda. Zo worden professionals uit het sociaal domein actief uitgenodigd om workshops te volgen waarin wordt uitgelegd hoe chronische stress doorwerkt op ons functioneren. Ervaringsdeskundigen kleuren de wetenschappelijke inzichten in, zodat de deelnemers levende beelden krijgen bij de wijze waarop stress ons als het ware kan gijzelen in armoede en schulden. Ook biedt de gemeente Utrecht haar inwoners een Huishoudboekje aan (Bouter 2019). Dit is een voorziening voor mensen die moeite hebben met rondkomen. Inwoners kunnen er vrijwillig voor kiezen om hun inkomen naar de gemeente te laten storten. Deze voorziening zorgt ervoor dat de vaste lasten gegarandeerd betaald worden, ook wanneer er op dat moment niet genoeg geld op de rekening staat. Er is een gemeentelijke buffer van ruim 1.000 euro. Het Huishoudboekje is een oplossing voor mensen die moeite hebben met het betalen van de rekeningen omdat inkomsdelen op verschillende data binnenkomen en er daardoor niet altijd genoeg geld op de rekening staat. Door de rekeningen direct te betalen uit de gemeentelijke buffer, wordt voorkomen dat een kleine achterstand snel oploopt tot een grote schuld. Dat geeft mensen rust. Een derde invulling van stress-sensitief werken is de pilot om ervaring op te doen met beloningen. Als onderdeel van een innovatieve aanpak van schulden gaat de gemeente Utrecht onder meer verkennen wat beloningen kunnen opleveren ter bespoediging van een traject aan inwoners die leven in geldstress.

1.3.5 Brede aanpak in Alphen aan den Rijn

De gemeente Alphen aan den Rijn biedt inwoners die een beroep doen op ondersteuning, onder meer in het kader van de Wmo, Wet gemeentelijke schuldhulpverlening en de Participatiewet, een brede toegang. Inwoners die vraagstukken hebben op meer dan één vlak (meerdere sociale problemen) kunnen terecht voor een brede intake op het Serviceplein. Met een subsidie van ZonMw is onderzocht wat 'Mobility Mentoring® informed' werken oplevert bij inwoners die zich onder meer melden vanwege werkloosheid of problematische schulden (Tonnon et al. 2020). De gemeente Alphen aan den Rijn maakt hierbij gebruik van elementen uit de Mobility Mentoring® -aanpak, zoals de Brug naar Zelfredzaamheid® en doel-actieplannen. De gemeente maakt ook gebruik van 'waarderingen'. Inwoners kunnen voor een aantal vooraf bepaalde acties een waardering krijgen, in de vorm van een cadeaubon, bijvoorbeeld van een witgoedzaak, kledingwinkel of warenhuis.

1.4 Wat levert stress-sensitief werken op?

Stress-sensitief werken is volop in ontwikkeling. In Nederland is er dan ook nog geen breed palet aan onderzoek dat laat zien wat het oplevert. Wel zijn er eerste opbrengsten uit enkele onderzoeken beschikbaar. Daarnaast zijn er opbrengsten beschikbaar uit onderzoeken in andere westerse landen zoals de VS. In deze paragraaf worden de belangrijkste opbrengsten op een rij gezet, in het besef dat de zeggingskracht beperkt is en er meer onderzoek in Nederland nodig is om stevige uitspraken te doen.

1.4.1 Opbrengsten in Nederland

Het besef dat chronische (geld)stress een wissel trekt op ons functioneren was voor onder meer de sociale dienst Drechtsteden, de kredietbank Groningen en Amsterdamse woningcorporaties de aanleiding om aanpassingen door te voeren in hun manier van werken. De aanpassingen werken positief door op het gedrag van de mensen met wie zij samenwerken.

Minder agressie dankzij een warme inrichting

De film *I, Daniel Blake* uit 2016 en de wetenschappelijke inzichten over schaarste (oftewel chronische geldstress) vormden voor de regionale Sociale Dienst Drechtsteden (SDD) de aanleiding om de ontvangstruimte heel anders in te richten. De sfeer 'hier wil je niet wezen' werd ingeruild voor een vriendelijke gastvrouw en een koffiehoek (Boorsma 2018). Met hulp van inzichten uit de hospitalitybranche werden de plastic kuipstoeltjes die aan de grond vastgezet waren en de hoge balies vervangen door een lichte inrichting. Een van de opbrengsten was een afname van het aantal agressie-incidenten van gemiddeld twintig naar vijf in alleen al de eerste twee maanden (De Groot 2018).

Minder no-show en beter betaalgedrag dankzij herinneringen

Ook de kredietbank Groningen ging aan de slag met de inzichten dat chronische stress ons gedrag ontregelt. Ongeveer 12 % van de klanten liet afspraken op kantoor zonder afmelding voorbijgaan. Dit roept de vraag op hoe de no show geduid moet worden. Chronische stress kan er onder meer aan bijdragen dat je vaker dingen vergeet. Een experiment met sms'jes wees uit dat van de klanten die een dag van tevoren werden herinnerd aan hun afspraak nog maar zes procent verstek liet gaan. De herinnering halveerde de no show! (Van der Werf en Schonewille 2017). De kredietbank becijferde deze opbrengst niet alleen als een positief effect voor de klanten maar ook voor de dienst. De herinnering leverde in de uitvoering een tijdswinst op van 4,5 uur. Een experiment bij een Amsterdamse woningcorporatie laat eveneens een positief effect zien van herinneringen bij een groep huurders met een slechte betaalhistorie (Telli et al. 2017). Als je hoofd overloopt door de stress helpt het als de buitenwereld je proactief opzoekt.

In de loop van 2019 en 2020 komen de eerste grotere onderzoeken beschikbaar over de effecten van stress-sensitieve aanpakken. Zo onderzoekt Impuls wat instrumenten uit Mobility Mentoring® opleveren in de erkende aanpak Krachtwerk. Platform31 en de Hogeschool Utrecht voeren een evaluatie uit van de pilot 'Mobility Mentoring® informed werken' in Alphen aan den Rijn (Tonnon et al. 2020). De Hogeschool Utrecht, Hogeschool Windesheim en de VU hebben onderzocht hoe professionals en cliënten de toepassing van psycho-educatie ervaren (Tonnon et al. 2019).

1.4.2 Opbrengsten in de Verenigde Staten

In de stad New Haven in de staat Connecticut is in samenwerking met de Universiteit van Yale het MOMS-programma (Mental Health Outreach for MotherS) ontwikkeld voor moeders die wonen in stedelijke buurten die gekenmerkt worden door armoede, sociale isolatie en criminaliteit. Zo'n 55 % van de moeders onder de armoedegrens vertonen depressieve symptomen. Dit maakt het voor hen lastig hun kinderen te voorzien van de veilige en betrouwbare opvoeding die nodig is voor een goede ontwikkeling van het kind. Deze twee-generatie-aanpak richt zich op het tegengaan van depressie en stress en het ontwikkelen van vaardigheden. Onderdeel van het programma is een stress-managementtraining van acht weken (groepstherapie op basis van cognitieve gedragstherapie). Andere onderdelen waren onder andere de inzet van ervaringsdeskundigen (Community Mental Health Ambassadors) en een inzet op het versterken van executieve functies via cognitieve gedragstherapie, het gebruik van de MoMba® smartphone-app en de training van werkzoek- en ouderschapsvaardigheden. Een vergelijkend onderzoek liet een enorme interventietrouw zien van de deelnemers aan het hele programma (78 % versus 30 % landelijk), een significante afname van depressieve symptomen (76 %), een afname van ouderlijke stress (67 %), een toename van het aantal moeders dat tenminste vijftien uur werkt (15 % bij instroom, 39 % zes maanden na het programma) en een toename van de mogelijkheid om in basaal levensonderhoud te voorzien. Deelnemers laten ook een verbetering van bepaalde executieve functies zien. Ook is binnen New Haven een RCT uitgevoerd met bijzonder positieve resultaten. De dienstverlening wordt zo dicht mogelijk bij de doelgroep aangeboden in onder meer supermarkten en scholen om de logistieke opgave voor deelname te beperken. De MoMba®-app koppelt moeders via chatfuncties aan elkaar om het sociaal isolement te doorbreken, biedt relevante informatie aan (bijvoorbeeld over opvoeding), bevat motiverende teksten en beloont moeders die doelen behalen met virtuele muntjes die zij kunnen inwisselen voor Walmart-cadeaukaarten of kunnen doneren. De aanpak wordt inmiddels in andere steden en staten geïmplementeerd (▶ www.newhavenmomspartnership.org).

De door EMPath in Boston ontwikkelde aanpak Mobility Mentoring® is in de staat Washington drie jaar lang in pilots onderzocht in het kader van het *Early Childhood Education and Assistance Program (ECEAP)*. Inmiddels is besloten deze aanpak voor de hele staat te implementeren (Washington State 2019). De aanpak is daar vanaf 2015 ingezet als armoedeaanpak voor gezinnen met jonge kinderen (4 à 5 jaar). Naast de voortgang op de Brug (Bridge to Child and Family Self-Reliance) is de ontwikkeling van de gezinnen ook vastgesteld met een gevalideerd meetinstrument (Family Strengths and Needs Assessment). Duidelijk is dat de 3.100 gezinnen die ondersteund worden door middel van Mobility Mentoring® significante verbeteringen laten zien op alle levensdomeinen van de brug en dat dit meer is dan alle onderzochte alternatieven. Ze verbeteren hun woonsituatie, werken aan hun ouderschapsvaardigheden, hebben minder ruzie en minder schulden en leven gezonder. Ook is vastgesteld dat ras en etniciteit geen invloed hebben op de uitkomsten en dat de interventie voor iedereen werkzaam is. Deelnemers die ondersteund worden met Mobility Mentoring® geven aan zich meer gerespecteerd te voelen dan deelnemers die andere aanpakken volgen. Meer dan 92 % van de gezinnen die hebben deelgenomen aan het tevredenheidsonderzoek zijn het er (sterk) mee eens dat zij respectvol behandeld worden; in gezinnen die een ander programma aangeboden kregen, is dat 77 %. Gezinnen die ondersteund werden met Mobility Mentoring® geven vaker (ruim 26 %) aan dat zij in staat zijn inmiddels zelf problemen op te lossen dan gezinnen die niet op die manier zijn ondersteund. Ook stellen zij vaker financiële doelen. Dit wordt gezien als een indicatie van het effect op de executieve functies. Eerder (in 2016) was door de universiteit van Brandeis een kosten-batenanalyse uitgevoerd binnen het *vijfjarige Career Family Opportunity (CFO)-programma* van EMPath. Het CFO-programma was erop gericht om deelnemers binnen vijf jaar vanuit tijdelijke huisvesting (shelter) te begeleiden naar eigen huisvesting en economische zelfredzaamheid. Centraal stond de vraag in hoeverre het geld dat gedurende vijf jaar in het eerste cohort deelnemers werd geïnvesteerd uiteindelijk zou worden gecompenseerd met opbrengsten, zoals lagere uitkeringen en toegenomen belastingopbrengsten. Een jaar na afronding van het volledige vijfjarige programma was er een positief rendement (een collectieve besparing) gerealiseerd van 8.000 dollar per gezin. Daarmee betaalt het programma zich in vijf jaar terug. Deze baten waren een optelsom van hogere belastingopbrengsten en een lager gebruik van inkomensvoorzieningen. Niet-tastbare maatschappelijke rendementen, zoals ouderbetrokkenheid bij schoolgaande kinderen, betere conflicthantering in het gezin en betere planningsvaardigheden werden buiten beschouwing gelaten (Prottas en Doupé Gaiser 2016). Platform31 is in Nederland de partner van EMPath voor de implementatie van Mobility Mentoring® (▶www.mobility-mentoring.nl).

In het noorden van de stad Minneapolis in de staat Minnesota worden families met kinderen onder de 18 ondersteund met de Northside Achievement Zone (NAZ). Het is een twee-generatie-aanpak voor gezinnen die in de chronische stress van armoede leven. Het doel is gezinnen zodanig te ondersteunen dat de kinderen uiteindelijk het hbo ('college') halen en dat intergenerationele armoede wordt doorbroken. De aanpak richt zich op het versterken van de vijf beschermende factoren die het gezin moeten helpen om succesvol te zijn (▶www.strengtheningfamilies.net): ouderlijke veerkracht, sociale netwerken, concrete ondersteuning voor basisbehoeften, kennis over ouderschap en kindontwikkeling en sociale en emotionele competenties van kinderen. Ouders committeren zich eraan dat de schoolcarrière van de kinderen topprioriteit is en tekenen daartoe een *College Bound Commitment*. Kenmerk van de aanpak is dat er een zogenoemd ecosysteem van partners rondom de gezinnen wordt gevormd waardoor er een continuüm aan ondersteuning ontstaat. Aan de NAZ nemen meer dan veertig organisaties, waaronder acht scholen, deel die in een database informatie over de gezinnen uitwisselen om hun werkzaamheden af te stemmen. Zogenoemde Family Achievement Coaches (in de regel gerekruteerd uit de buurt of de doelgroep) ondersteunen de gezinnen met het stellen van doelen in Achievement Plans die het hele gezin in een traject naar succes moeten brengen. Zij bevorderen actief het ambitieniveau van het gezin. Ouders krijgen een curriculum aangeboden in de Family Academy waarin, naast onder andere ouderschapsvaardigheden en sollicitatievaardigheden, training wordt gegeven in het versterken van zelfregulatievaardigheden – executieve functies – zodat de gezinnen beter omgaan met lastige situaties (een programma gebaseerd op cognitieve gedragstherapie van drie uur per week gedurende acht weken). Ook een evidence-based training, *College Bound Babies* – waarin ouders van zeer jonge kinderen wordt geleerd hoe zij de ontwikkeling van hun kind kunnen stimuleren – maakt bijvoorbeeld deel uit van het programma. De resultaten van de aanpak worden op basis van een uitgebreide set van prestatie-indicatoren in beeld gebracht, met name voor wat betreft de ontwikkeling van de kinderen. NAZ werkt op basis van een *Seal of Effectiveness* samen met de Universiteit van Minnesota om bewezen effectieve elementen in de aanpak te verwerken. De prestaties bij de gezinnen die deelnemen aan de NAZ zijn significant beter dan van niet-deelnemers (Shelton et al. 2017). Van de NAZ is ook een prospectieve kosten-batenanalyse uitgevoerd waaruit onder andere naar voren komt dat deelname door honderd cliënten de samenleving 16,7 miljoen dollar aan directe baten oplevert en dat iedere in NAZ geïnvesteerde dollar een directe maatschappelijke opbrengst heeft van 6,12 dollar (Diaz et al. 2015). Voor meer informatie, zie ▶www.northsideachievement.org.

Eveneens in Minnesota, maar dan in Ramsey County is het Lifelong Learning Initiative (LLI) ontwikkeld. Dit is een re-integratieaanpak die zich richt op volwassenen. Vanuit de idee dat chronische stress de ontwikkeling hindert van de capaciteit om onder andere te plannen en te organiseren, richt deze aanpak zich op het versterken en oefenen van executieve functies, terwijl mensen werken aan het verkrijgen van een baan waarmee ze hun gezin kunnen onderhouden. Op basis van de Minnesota Department of

Human Services Employability Measures, waarin de voorspellers zijn opgenomen voor het vinden en behouden van een baan, is een Bridge of Strength ontwikkeld naar analogie met de Bridge to Self-sufficiency®. Er is afscheid genomen van traditioneel casemanagement en in plaats daarvan coachen de professionals de cliënten bij het stellen en behalen van hun doelen. Van de aanpak is een procesevaluatie gemaakt die onder andere aangeeft dat de professionals best moeten wennen aan de nieuwe aanpak (geen doelen opleggen, maar cliënten ondersteunen bij zelfgekozen doelen) maar dat die professionals ook aangeven dat cliënten vaker op afspraken komen, dat de samenwerking met cliënten is verbeterd en dat voorheen zeer moeilijk te bewegen cliënten nu doelen behalen. Cliënten geven aan dat zij het fijn vinden om gepusht te worden doelen te behalen, dat zij de positieve krachtgerichte aanpak erg waarderen en dat zij zich voor het eerst betrokken voelen in het proces (Martinson en Cook 2018).

In 2016 is door Brandeis University een kosten-batenstudie uitgevoerd naar de toepassing van de stress-sensitieve aanpak Mobility Mentoring®.

1.5 Wat vraagt de verdere ontwikkeling van stress-sensitief werken?

Stress-sensitief werken is nog volop in ontwikkeling. Dit boek bevat een eerste uitwerking van de manier waarop organisaties er vorm aan geven en het geeft handvatten voor diegenen die ermee aan de slag willen. De opgave voor de komende jaren is om in beeld te brengen wat de verschillende bouwstenen binnen verschillende contexten opleveren en hoe de verschillende bouwstenen verder kunnen worden doorontwikkeld. In dat kader zijn onder meer de volgende lijnen voor de toekomst interessant:

1. Het introduceren van de doenvermogentoets als stress-sensitieve toets van beleid, regelgeving en uitvoering. Dit door de WRR geïntroduceerde instrument op basis van het rapport 'Weten is nog geen doen' kan eraan bijdragen dat het bewustzijn over de effecten van chronische stress en de betekenis daarvan voor dienstverlening worden vergroot (WRR 2017). Dit kan eraan bijdragen dat de bereidheid om stress-sensitief te werken wordt vergroot.
2. Het verder ontwikkelen van het concept stress-sensitief werken, mede op basis van nieuwe wetenschappelijke inzichten vanuit de neurowetenschappen, de epigenetica, de inzichten over vroegkinderlijke stress en trauma's en veerkracht. In de VS wordt deze ontwikkeling wel gebundeld onder het acroniem de NEAR-wetenschappen (Neuroscience, Epigenetics, ACEs and Resilience).
3. Het experimenteren met een getransformeerde aanpak, bijvoorbeeld op het terrein van re-integratie van cliënten met een flinke afstand tot de arbeidsmarkt. De essentie daarvan zou zijn dat doelstellingen niet langer vanuit de systeemwereld worden opgelegd, maar dat wordt aangesloten op betekenisvolle doelen vanuit de leefwereld van de cliënt en op de begeleiding naar die doelen (en het oefenen van executieve functies). Het doel van het experiment zou zijn om te leren van de implementatie en de effecten van een dergelijke aanpak.

4. Het ontwikkelen van een maatschappelijke businesscase. Chronische stress brengt grote maatschappelijke kosten met zich mee, zeker als in de analyse ook intergenerationele aspecten worden betrokken. Het investeren in aanpakken gericht op groepen met chronische stress – zoals armoedeaanpakken – levert mogelijk baten op in een veelheid van domeinen (onderwijs, gezondheidszorg, justitie, belastingen) die de kosten van een gedegen stress-sensitieve aanpak mogelijk kunnen rechtvaardigen.
5. Het leren van en met elkaar van de ervaringen van stress-sensitief werken. Wetenschappelijke kennis en praktisch resultaatonderzoek kan worden ingezet om de uitvoering verder te versterken en burgers te ondersteunen.

Literatuur

Akkermans, C., & Huygen, A. (2019). *Schulden in de opvang en beschermd wonen*. Amersfoort: Federatie Opvang.
Babcock, E. (2014). *Using brainscience to create new pathways out of poverty*. Boston: Crittenton Women's Union.
Boon, P. (2016, 8 Nov). Amerikaanse schuldenaanpak in Nederland. *De Telegraaf*. Geraadpleegd van ▶ https://www.telegraaf.nl/nieuws/1294162/amerikaanse-schuldenaanpak-in-nederland?utm_source=google&utm_medium=organic.
Boorsma, P. (2018). Terwijl u wacht? Sociale dienst Drechtsteden ontvangt klanten tegenwoordig in gezellige zitjes in plaats van in kille spreekkamers. *Sprank*, Divosa, februari pp 28–30.
Boswell Dean, E., Schilbach, F., & Schofield, H. (2017). Poverty and cognitive function. In C. B. Barrett, M. R. Carter, & J. P. Chavas (Eds.). *The Economics of Poverty Traps*. Cambridge: National Bureau of Economic Research.
Bouter, S. (2019, 15 Apr). In de stress uit angst voor schulden. *NRC*. Geraadpleegd van ▶ https://www.nrc.nl/nieuws/2019/04/15/in-de-stress-uit-angst-voor-schulden-a3956955.
Bredewold, F., Duyvendak, J. W., Kampen, T., Tonkens, E., & Verplanke, L. (2018). *De verhuizing van de verzorgingsstaat. Hoe de overheid nabij komt*. Amsterdam: Uitgeverij Van Gennep.
Breedveld, K., & Van den Broek, A. (2004). *De veeleisende samenleving. De sociaal-culturele context van psychische vermoeidheid*. Den Haag: Sociaal Cultureel Planbureau.
Center on the developing child at Harvard University (2016). *Building core capabilities for life: The science behind the skills adults need to succeed in parenting and in the workplace*. Boston: Center on the Developing Child at Harvard University.
De Groot, I. (2018, 7 Maart). Sociale dienst schenkt luxe koffie: Cliënten stuk minder gewelddadig. *Algemeen Dagblad*. Geraadpleegd van ▶ https://www.ad.nl/dordrecht/sociale-dienst-schenkt-luxe-koffie-clienten-stuk-minder-gewelddadig~a283ceac/.
Diaz, J. Y., Gehrig, S., Shelton, E., & Warren, C. (2015). *Prospective return on investment of the Northside achievement zone*. Saint Paul: Wilder Research.
Engbersen, G., Snel, E., & Kremer, M. (Red.). (2017). *De val van de middenklasse? Het stabiele en kwetsbare midden*. Den Haag: Wetenschappelijke Raad voor het Regeringsbeleid.
Gemeente Rotterdam (2019). *Reset Rotterdam. Op weg naar een schuldenvrije generatie Rotterdammers*. Rotterdam: Gemeente Rotterdam. Geraadpleegd van ▶ https://www.rotterdam.nl/nieuws/reset-rotterdam/Reset-Rotterdam.pdf.
Gemeente Utrecht (2019). *Utrechters schuldenvrij. Actieagenda 2019 en verder*. Utrecht: Gemeente Utrecht. Geraadpleegd van ▶ https://www.gemeente.nu/content/uploads/2019/03/Utrechters-schuldenvrij-Actieagenda-2019-en-verder.pdf.
Gould, E. (Red.), Sybling, S. (Red.), & Ploegmakers, M. (producent). (2016). *Schuldig* [documentaire]. Hilversum: Human.
Hong, P. Y. P. (2016). Transforming impossible into possible (TIP): a bottom-up practice in workforce development for low-income jobseekers. *Environment and Social Psychology*, 1(2), 93–104.
Inspectie SZW (2018). *Bijdrage Werk en inkomen aan integrale ondersteuning van jongeren uit de jeugdhulp die 18 worden*. Den Haag: Inspectie SZW.
Jungmann, N., & Wesdorp, P. (2017). *Mobility Mentoring®. Hoe inzichten uit de hersenwetenschap leiden tot een betere aanpak van armoede en schulden*. Den Haag: Platform31.

Jungmann, N., Moerman, A., Schruer, H. D. L. M., & Van den Berg, I. (2012). *Paritas passé? Debiteuren en crediteuren in de knel door ongelijke incassobevoegdheden*. Utrecht/Den Haag: Hogeschool Utrecht, Sociaal Raadslieden en Koninklijke Beroepsorganisatie van Gerechtsdeurwaarders.

Kingdon, J. W. (2003). *Agendas, alternatives and public policies* (2nd revised edition). New York: Pearson Education Limited.

Koning Willem-Alexander (2013, 17 Sep). *Troonrede 2013*. Geraadpleegd van ▶ https://www.rijksoverheid.nl/documenten/toespraken/2013/09/17/troonrede-2013.

Mani, A., Mullainathan, S., Shafir, E., & Zhao, J. (2013). Poverty impedes cognitive function. *Science, 341*(6149), 976–980.

Martinson, K. & Cook, R. (2018). *Ramsey County Lifelong Learning Initiative: Implementation Report*, OPRE Report# 2018-93, Washington, DC: Office of Planning, Research and Evaluation, Administration for Children and Families, U.S. Department of Health and Human Services.

MO Department of Mental Health and Partners (2014). *Missouri model: A developmental framework for trauma-informed care*. Jefferson City, Missouri: Missouri Department of Mental Health.

Mullainathan, S., & Shafir, E. (2013). *Schaarste. Hoe gebrek aan tijd en geld ons gedrag bepalen*. Amsterdam: Maven Publishers.

Pavetti, L. (2014). *Using executive function and related principles to improve the design and delivery of assistance programs for dis-advantaged families*. Los Angeles, CA: Sol Price Center for Social Innovation.

Prottas, J., & Doupé Gaiser M. (2016). *CFO Return on Investment, evaluation of Crittenton Women's Union's Career Family Opportunity (CFO) Program*. Waltham, MA: Brandeis University.

Putters, K. (2019). *Veenbrand. Smeulende kwesties in de welvarende samenleving*. Amsterdam: Uitgeverij Prometheus BV.

Rekenkamer Rotterdam (2017). *Hulp buiten bereik. Effectiviteit van het schulddienstverleningsbeleid*. Rotterdam: Rekenkamer Rotterdam.

Rekenkamer Rotterdam (2019). *Kredietbank Rotterdam: het blijft balanceren. Hoe gaat het anno 2019 met de toegang tot de schuldhulpverlening in Rotterdam?* Rotterdam: Rekenkamer Rotterdam.

Shah, A. K., Mullainathan, S., & Shafir, E. (2012). Some consequences of having too little. *Science, 338*(6107), 682–685. ▶ https://doi.org/10.1126/science.1222426.

Shelton, E., Warren, C., & Gehrig, S. (2017). *NAZ 2016 Annual Report, including accomplishments over five years as a Promise Neighborhood*. Saint Paul, Minnesota: Wilder Research.

Telli, S., Van der Laan, J., & Van Geuns, R. (2017). *Huurachterstanden voorkomen door SMS-jes? Een onderzoek naar de effecten van herinnerings-smsjes bij betalingsachterstanden*. Amsterdam: Hogeschool van Amsterdam.

Tonnon, S., Jungmann, N., & Lako, D. (2020). *Mobility Mentoring in Alphen aan den Rijn. Procesevaluatie*. Utrecht/Den Haag: Hogeschool Utrecht/Platform31.

Tonnon, S., Van der Meulen, B., Jungmann, N., Koopman-Visser, P., Visscher, A., & Ten Dam, J. (2019). *Psycho-educatie bij de aanpak van financiële problemen*. Utrecht/Zwolle: Hogeschool Utrecht/Windesheim.

Transitiecommissie Sociaal Domein (2014). *Rapportage Transitiecommissie Sociaal Domein*. Den Haag: Transitiecommissie Sociaal Domein. Geraadpleegd van: ▶ https://www.transitiecommissiesociaaldomein.nl/documenten/rapporten/2015/april/30/eerste-rapportage-tsd.

Tuzgöl-Broekhoven, A., Atalikyayi, R., Ten Berge, E., Van den Berg, W., & Hanse, D. (2018). *Een open deur. Onderzoek naar de toegankelijkheid van de gemeentelijke schuldhulpverlening*. Den Haag: De Nationale Ombudsman.

Van der Vlugt, Y. M., Van den Berg, W. C. P., & Van Steenbergen, M. M. (2013). *In het krijt bij de overheid. Verstandig invorderen met oog voor maatschappelijke kosten*. Den Haag: De Nationale Ombudsman.

Van der Werf, M., & Schonewille, G. (2017). *Opkomst verhogen met een SMS. Een experiment bij de Groningse Kredietbank*. Utrecht: Nibud.

Veldheer, V. Jonker, J-J., Van Noije, L., & Vrooman, C. (2012). *Een beroep op de burger. Minder verzorgingsstaat, meer eigen verantwoordelijkheid?* Den Haag: Sociaal Cultureel Planbureau.

Verplanke, L., Engbersen, G., Duyvendak, J. W., Sprinkhuizen, A., Tonkens, E., & Van Vliet, K. (2002). *Open deuren: sleutelwoordenboek lokaal sociaal beleid*. Utrecht: NIZW/Verwey Jonker instituut.

Washington State, Department of Children, Youth, and Families (2019). *Mobility Mentoring® outcomes report 2017–2018*. Oplympia, Washington State: Department of Children, Youth, and Families.

Weijers, I. (2018). Een onsje minder eigen kracht en zelfredzaamheid mag wel. *Sociale vraagstukken* Geraadpleegd van ▶ https://www.socialevraagstukken.nl/een-onsje-minder-eigen-kracht-en-zelfredzaamheid-mag-wel/.

WRR (2017). *Weten is nog geen doen. Een realistisch perspectief op redzaamheid*. Den Haag: Wetenschappelijke Raad voor het Regeringsbeleid.

Stress

Nadja Jungmann, Peter Wesdorp en Arjan van Dam

2.1 Hoe beïnvloedt chronische stress ons vermogen om doelgericht te handelen? – 25

2.2 Hoe komt het dat chronische stress ons doelgerichte gedrag ondermijnt? – 29
2.2.1 Executieve functies stellen ons in staat tot doelgericht handelen – 29
2.2.2 Bij een stressreactie worden onze executieve functies als het ware on hold gezet – 30
2.2.3 Een stressreactie ontstaat langs twee wegen – 35
2.2.4 Chronische stress is vaak een kluwen aan stressprikkels – 35
2.2.5 Chronische stress brengt ons in een negatieve spiraal – 36
2.2.6 Chronische stress werkt ook door op onze gezondheid(sbeleving) – 37

2.3 De doorwerking van chronische stress in onze kindertijd op ons volwassen leven – 37
2.3.1 Ons stress-systeem ontwikkelt zich in hoge mate in onze kindertijd en adolescentie – 38
2.3.2 Hoe werkt chronische stress door op het functioneren als volwassene? – 40

2.4 De betekenis van de wetenschappelijke inzichten voor het stress-sensitief werken – 40

Literatuur – 40

© Bohn Stafleu van Loghum is een imprint van Springer Media B.V., onderdeel van Springer Nature 2020
N. Jungmann, P. Wesdorp en T. Madern (Red.), *Stress-sensitief werken in het sociaal domein*,
https://doi.org/10.1007/978-90-368-2433-0_2

De voordeur vaker opendoen voor deurwaarders dan voor vrienden en familie, als dakloze telkens weer een slaapplek moeten zoeken, de dagelijkse angst dat hij je in een driftbui weer alle hoeken van de kamer laat zien of al jaren geen werk kunnen vinden en het gevoel hebben steeds meer achterop te raken. Voor veel cliënten die hulp zoeken in het sociaal domein geldt dat de problemen waar ze mee worstelen hen dagelijks en continu in beslag nemen. Ze leven in aanhoudende stress. Op zichzelf is stress een waardevolle reactie. Het is een natuurlijke reactie die we als mens delen met alle andere dieren. Stress is nadrukkelijk geen psychische aandoening (Barlow en Rapee 2014). Het komt voort uit onze omgeving en de wijze waarop wij daarop reageren. Het helpt ons om met een hyperfocus ons kind te zoeken als we het in een winkelcentrum uit het oog verliezen of om ons zo goed mogelijk voor te bereiden op een sollicitatiegesprek. Gezonde spanning helpt ons verder. Chronische stress trekt daarentegen een wissel op ons functioneren en zet onze levensvaardigheden onder druk (McEwen 2007; Mani et al. 2013; Riccio en Wiseman 2016; Center on the Developing Child 2016). We vergeten van alles, zijn snel geëmotioneerd, overzien problemen niet en hebben moeite met in actie komen en doorzetten. We vinden het vaak lastig om verder gelegen doelen voor ogen te houden, negatieve gevoelens over het uitstellen of negeren van onmiddellijke behoeftes uit te schakelen en creatieve manieren te vinden om om te gaan met uitdagingen. Daarbij hebben we, als we te lang te veel stress ervaren, de neiging om er te snel vanuit te gaan dat dingen misgaan of niet lukken. Ook hebben we de neiging om vervolgens de consequenties van negatieve gebeurtenissen als zwaarder of groter in te schatten dan waarschijnlijk het geval zal zijn (Barlow en Rapee 2014). Dat geldt ook voor de mensen die te maken hebben gehad met vroegkinderlijke stress ('early life stress') en als gevolg daarvan een belemmerde hersenontwikkeling hebben doorgemaakt met als gevolg minder zelfregulatie en minder goed ontwikkelde executieve functies (Pijpers et al. 2019; Center on the Developing Child 2016).

Cliënten die gebruikmaken van hulp- en dienstverlening in het sociaal domein verwoorden de doorwerking van aanhoudende stress onder meer zoals weergegeven in ◘ fig. 2.1.[1]

In de afgelopen jaren is er veel kennis beschikbaar gekomen over de negatieve effecten van chronische stress op ons functioneren (Pittman en Karle 2015; Center on the Developing Child 2016; Babcock 2018) De inzichten helpen ons om te begrijpen waarom het voor veel cliënten zo moeilijk is om hun problematiek op te lossen. Ze helpen ons om te begrijpen hoe het komt dat financiële en sociale problematiek vaak een haast gijzelende werking heeft. De nieuwe inzichten berusten op het besef dat ons stress-systeem helemaal niet goed is toegerust op het moderne leven (Hoogendijk en De Rek 2017). Het is geëvolueerd om te reageren op acute levensbedreigende situaties en niet op een

---

[1] In dit boek worden citaten gebruikt van cliënten die zijn verzameld in het kader van de ZonMw-evaluatie 'Mobility Mentoring® informed werken' in Alphen aan den Rijn van Platform31 en de Hogeschool Utrecht, onderzoek naar de effecten van psycho-educatie van de Hogeschool Utrecht, Hogeschool Windesheim en de Vrije Universiteit, onderzoek naar drempels die lager opgeleiden ervaren bij het gebruik van publieke dienstverlening door de Hogeschool Utrecht voor Instituut GAK en de masterscriptie van Marije Huijting in het kader van haar research master bij het departement Bestuurs- en Organisatiewetenschap van de Universiteit Utrecht.

Figuur 2.1 Weergave van citaten van cliënten die leven in chronische stress

aanhoudende stroom ontregelende prikkels. In dit hoofdstuk is uitgewerkt hoe chronische stress in onze moderne maatschappij doorwerkt op het dagelijks functioneren en hoe dat komt. Lezers die vooral geïnteresseerd zijn in de wijze waarop chronische stress doorwerkt op ons functioneren kunnen na ▶ par. 2.1 doorbladeren naar ▶ H. 3. Degenen die ook willen begrijpen hoe het komt dat chronische stress zo stevig doorwerkt, kunnen ook de achterliggende paragrafen doornemen. In de laatste paragraaf is uitgewerkt wat de risico's zijn van chronische stress voor kinderen en jongvolwassenen. Voor het hele hoofdstuk geldt dat het van belang is om in het achterhoofd te houden dat de kennis over de wijze waarop stress ons gedrag beïnvloedt nog volop in ontwikkeling is. De kans is groot dat de actuele inzichten in de komende jaren in meer of mindere mate nog worden bijgestuurd of verfijnd.

2.1 Hoe beïnvloedt chronische stress ons vermogen om doelgericht te handelen?

Om het leven aan te kunnen hebben we een aantal levensvaardigheden nodig. We moeten kunnen plannen en organiseren, focus houden, in staat zijn tot zelfcontrole, ons bewust zijn van onze situatie en onze belangen en flexibel kunnen reageren als de omstandigheden wijzigen (Center on the Developing Child 2016). Het zijn deze vaardigheden die ons in staat stellen om toch die baan aan te nemen waar we niet veel zin in hebben, direct kinderopvang te regelen en een oplossing te zoeken als de betaling van de eerste kinderopvangtoeslag wat langer op zich laat wachten dan verwacht. Onze levensvaardigheden stellen ons in staat tot wat wetenschappers ook wel zelfregulatie noemen (Zimmerman en Schunk 2011). Dankzij onze zelfregulatie houden we controle als het leven met al haar onverwachte wendingen aan ons voorbijtrekt. Er zit alleen een ingewikkeld addertje onder het gras. Als het leven te lang te veel van ons vraagt en we te lang te veel stress ervaren, dan neemt onze zelfregulatie juist af. Financiële problemen, huiselijk geweld, langdurige werkloosheid of te lang te weinig slaap kunnen bijvoorbeeld onze levensvaardigheden danig ondermijnen. Met als gevolg dat we minder goed worden in het reageren op wat er op ons pad komt (Babcock 2014; Center on the Developing Child 2016). Om te begrijpen hoe dat komt, helpt het om eerst wat meer te leren over de wijze waarop ons handelen überhaupt tot stand komt.

Als je goed functioneert, wordt je handelen afwisselend bepaald door je intentionele en automatische processen. Intentionele processen omvatten de bewuste activiteit om een plan te maken, te bepalen welke stappen we daarvoor moeten zetten en daadwerkelijk in actie te komen. Het wordt in de literatuur ook wel omschreven als ons doelgerichte gedrag of ons top-downproces (Posner en Rothbart 1998). Naast intentionele processen wordt ons gedrag ook gereguleerd door automatische processen. Niet alles wat we doen is weloverwogen. In een acute situatie worden onze intentionele processen als het ware terzijde geschoven. De automatische processen nemen dan de leiding om de dreiging af te wenden. Je kunt het vergelijken met het vliegen op een automatische piloot (automatische processen) en dat de piloot (intentionele processen) niets meer hoeft te doen. Dit gebeurt bijvoorbeeld als we in een split second inschatten dat er iemand probeert in te breken. Dankzij onze automatische processen gaan we dan niet analyseren maar handelen. We gaan schreeuwen, iemand bellen of rennen naar boven. We schieten in een reflex om de acute situatie onder controle te krijgen. Doorgaans doen we dit door gedrag te vertonen dat in de wetenschappelijke literatuur wordt omschreven als vechten, vluchten of bevriezen. Onze automatische processen helpen ons om adequaat te reageren op onverwachte en bedreigende situaties zoals een heel boze partner die erop los slaat of een tosti-ijzer dat in brand vliegt. Als onze automatische processen de overhand hebben, dan handelen we impulsief of anders verwoord eerder bottom-up (◘fig. 2.2) (Bargh et al. 2001).

Zelfregulatie komt tot stand in een afgewogen samenspel van onze intentionele en automatische processen (Blais et al. 2010; Center on the developing child 2016). We zetten ze in juiste verhouding in door enerzijds niet te veel aandacht te besteden aan het maken van plannen terwijl we ons anderzijds niet alleen laten leiden door externe prikkels. De juiste verhouding stelt ons in staat om op de automatische piloot af te handelen wat weinig overweging vraagt en daardoor ruimte te creëren om na te denken en door te zetten. Het helpt ons om ook onze langetermijndoelen te realiseren. *Aandacht* is de verdeler die ervoor zorgt dat we onze intentionele (overdachte) en automatische (impulsgestuurde) processen in de juiste verhouding inzetten (Center on Developing Child 2016). Aandacht bepaalt waar we ons op richten, of we een plan maken of in een reflex schieten.

Chronische stress ondermijnt de werking van onze aandacht. Als de stress lang genoeg aanhoudt en hevig genoeg is, zetten we onze intentionele en automatische processen niet meer in de juiste verhouding in. De automatische processen krijgen de overhand (Blais et al. 2010). We gaan impulsief handelen, krijgen meer moeite om emoties

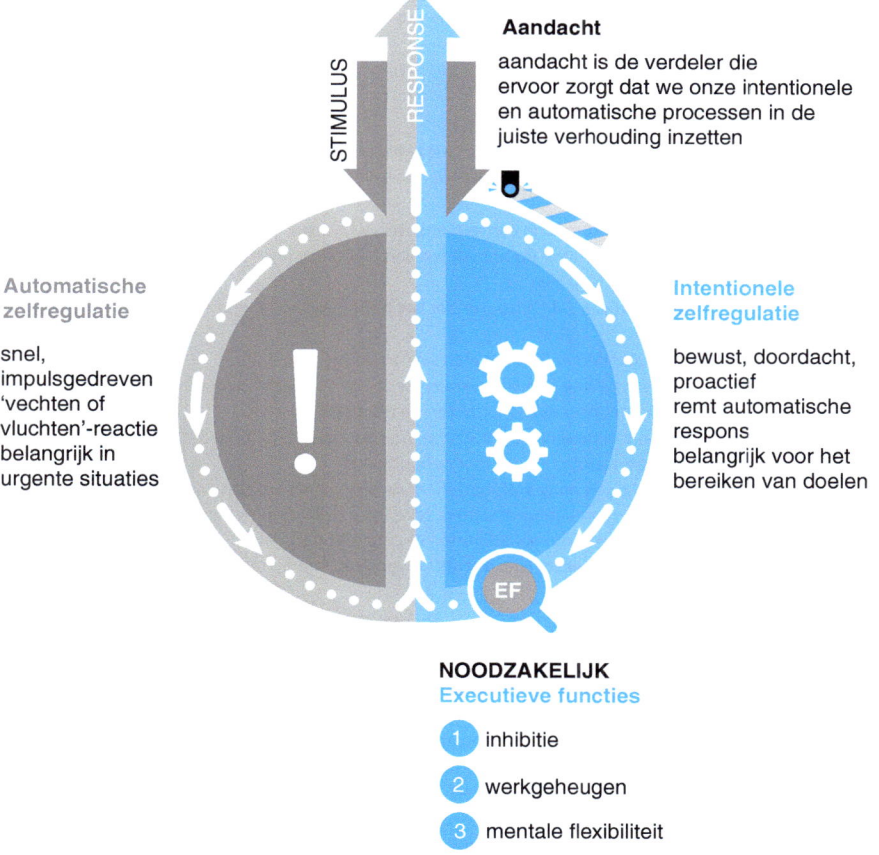

Figuur 2.2 Weergave van het samenspel van onze automatische en intentionele processen die samen onze zelfregulatie vormen. Bron: Center on the Developing Child (2016)

en verlangens te reguleren en stellen vaak nauwelijks nog (langetermijn)doelen. Als we wel doelen stellen, dan is het maar de vraag of we een doordacht plan uitwerken om ze te bereiken en of we voldoende nadenken over de langetermijnconsequenties van onze doelen en ons handelen. Voor veel cliënten geldt dat als de automatische processen de overhand hebben genomen, zij bij de dag gaan leven, nieuwe problemen creëren en vaak het inzicht verliezen dat zij de bestuurder van hun eigen leven zijn. De automatische processen werken prima als je op de vlucht moet gaan voor een inbreker of in andere kortdurende gevaarlijke situaties, maar ze werken niet meer goed als je lichaam dag in, dag uit ervaart dat er gevaar is. Dus als je chronisch het gevoel hebt dat je in gevaar bent, dan raakt je lichaam ontregeld.

Maar hoe komt het dan dat we chronische stress ervaren? Dat komt door de manier waarop wij reageren op de situaties die we tegenkomen. Meer psychologisch geduid is stress de overtuiging dat we de uitdagingen die op ons afkomen – de eisen die het leven op een bepaald moment aan ons stelt – misschien niet (meer) aankunnen (McIntosh en Horowitz 2018). Lazarus en Folkman (1984) definiëren stress in dit licht als 'a particular

Tabel 2.1 Doorwerking chronische stress. Bron: Babcock (2018)

denken	wie in chronische stress leeft heeft doorgaans meer problemen met het …
	– volgen van mondelinge aanwijzingen – vasthouden van aandacht en focus (makkelijk afgeleid zijn) – optimaliseren van gedrag of beslissingen in prikkelrijke omgevingen (de beste beslissingen nemen) – meewegen van toekomstige consequenties van beslissingen in het heden – onthouden van informatie en het volgen van complexe instructies (om bijvoorbeeld meerdere zaken te regelen) – goed organiseren van zaken waaronder het bijhouden van taken en in het oog houden van bezittingen – opstellen van plannen en het behalen van doelen – nadenken over logische alternatieven en keuzes en opties bedenken – omgaan met concurrerende prioriteiten en multitasken – zo organiseren van taken en opdrachten dat deadlines gehaald worden – ontwikkelen van vaardigheden door oefening – toepassen van lessen en vaardigheden uit de ene context in een andere context – begrijpen van geschreven opdrachten, tabellen en diagrammen alsmede je weg vinden naar nieuwe plekken door routekaarten et cetera te gebruiken – omgaan met (onverwachte) life events en veranderingen in regelgeving of in wat er van je verwacht wordt
reguleren	wie in chronische stress leeft heeft doorgaans meer problemen met het …
	– hebben van voldoende zelfvertrouwen, zelfwaardering, vasthoudendheid en het voelen van eigenaarschap – beheersen van impulsief en risicovol gedrag – uitstellen van verlangens en behoeften – beheersen van reacties op stressvolle of bedreigende situaties – weer kalmeren na stressvolle of bedreigende gebeurtenissen – vasthouden aan een plan als zich nieuwe prikkels aandienen (volhouden ook als er zorgen of wanhoop worden gevoeld) – begrijpen van ons eigen gedrag en onze motivatie alsmede het begrijpen van het gedrag en de overwegingen van anderen (je EQ of sociale competenties) – effectief kunnen samenwerken met een ander of in teams of groepen – bouwen van, onderhouden en gebruiken van sociale netwerken – aannemen van tips en feedback of het opvolgen van advies

relationship between the person and the environment that is appraised by the person as taxing or exceeding his or her resources and endangering his or her well-being'. Volgens deze definitie ervaren we stress als we inschatten dat we onvoldoende bronnen tot onze beschikking hebben om te voldoen aan wat de omgeving van ons vraagt. Wanneer we dit ervaren, komen de automatische processen naar de voorgrond en verdwijnen de intentionele processen naar de achtergrond. Hierdoor lopen we dan tegen problemen aan die we niet zouden ervaren als de intentionele processen op de voorgrond zouden zijn. In tab. 2.1 is uitgewerkt hoe chronische stress bij veel cliënten doorwerkt in hun denken en doen (Babcock 2018).

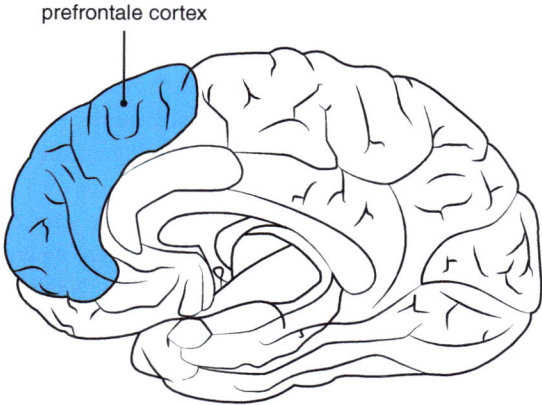

Figuur 2.3 Visuele weergave prefrontale cortex

2.2 Hoe komt het dat chronische stress ons doelgerichte gedrag ondermijnt?

Weten dat chronische stress van invloed is op de inzet van onze intentionele en automatische processen, maakt nog niet dat we begrijpen hoe dat komt. Daarvoor helpt het om eerst iets meer te leren over de levensvaardigheden die ons aanzetten tot doelgericht gedrag. Onze levensvaardigheden wortelen in wat ook wel onze executieve functies worden genoemd.

2.2.1 Executieve functies stellen ons in staat tot doelgericht handelen

Onze executieve functies liggen besloten in onze prefrontale cortex (Smidts en Huizinga 2017; Smidts 2018). Dit is de buitenste laag, ongeveer zo dik als de schuimlaag van een helm, van het voorste gedeelte van ons brein (zie ▸ fig. 2.3). De hersenen hebben met een beetje fantasie wel wat weg van een walnoot. Het kronkelige geheel bestaat uit verschillende onderdelen, die we ook wel kwabben noemen. De prefrontale cortex heeft een belangrijke taak in het samenvoegen van de verschillende informatiestromen uit de kwabben en het aansturen van de verschillende kwabben. De prefrontale cortex wordt daarom ook wel vergeleken met een dirigent. De executieve functies die daar besloten liggen, gebruiken we onder meer om doelen te stellen, situaties te analyseren, beslissingen te nemen, emoties en verlangens te reguleren en het gedrag in te zetten dat nodig is om de gestelde doelen te bereiken. De prefrontale cortex wordt wel beschouwd als het meest ontwikkelde deel van ons brein. Het is verantwoordelijk voor ons bewustzijn en geeft uitvoering aan belangrijke cognitieve, emotionele en motivationele processen. We onderscheiden ons met dit belangrijke deel in wezenlijke mate van andere dieren.

Onderzoekers delen executieve functies op verschillende manieren in. Werkgeheugen, impulsbeheersing en flexibiliteit worden wel aangemerkt als de drie belangrijkste executieve functies (Diamond 2013; Goldstein en Naglieri 2014; Dawson en Guare 2010; Center on the Developing Child 2016). Je *werkgeheugen* geeft je de mogelijkheid om gedurende korte tijd informatie vast te houden en te bewerken. Je kunt aan meerdere dingen tegelijkertijd te denken. Je *impulsbeheersing* stelt je in staat om je gedachten en impulsen te controleren, zodat je in staat bent om verleidingen, afleidingen en gewoontes te weerstaan. Dit helpt je om focus te houden, na te denken over je acties voordat je handelt en vasthoudend te zijn. *Flexibiliteit* stelt je in staat om te schakelen, je aan te passen aan veranderende vragen of regels, omstandigheden, prioriteiten of perspectieven.

Sitskoorn (2016) heeft de indeling van Goldstein en Naglieri (2014) enigszins bewerkt en onderscheidt twaalf executieve functies die ten grondslag liggen aan onze levensvaardigheden: aandacht richten, emoties reguleren, flexibel zijn, onderdrukken van ongewenst gedrag, activiteiten opstarten, organiseren, plannen, monitoren, werkgeheugen gebruiken, reëel zelfbeeld vormen, situaties en anderen inschatten, belangen van anderen meewegen. ◘Tabel 2.2 bevat een overzicht van deze twaalf functies met daarbij een toelichting op wat ze inhouden en uitleg hoe een verminderde beschikbaarheid kan doorwerken op ons gedrag.

Onze executieve functies liggen dus in onze prefrontale cortex en staan als een soort mengpaneel bij iedereen anders afgesteld. Zo vergeet de een van alles maar kan zijn emoties uitstekend reguleren, terwijl de ander daar meer moeite mee heeft maar juist een ster is in het onthouden en toepassen van informatie.

2.2.2 Bij een stressreactie worden onze executieve functies als het ware on hold gezet

Om te begrijpen hoe chronische stress ons gedrag beïnvloedt, helpt het om naast de prefrontale cortex ook kennis te maken met andere delen van het brein: de thalamus, hypothalamus, amygdala en de hippocampus. Zij maken onderdeel uit van wat ook wel ons limbisch systeem wordt genoemd, dat gelegen is tussen onze cortex en onze hersenstam (◘fig. 2.4) (Sapolsky 2004, 2010).

Thalamus

Ons begrip van de wereld en de interpretatie van wat we meemaken begint bij onze zintuigen. Continu ruiken, voelen, proeven, horen en zien we dingen. Al die zintuigelijke waarnemingen geven we door aan onze thalamus, een onderdeeltje in onze hersenen dat wel wordt omschreven als het centraal station van ons brein (Pittman en Karle 2015). De thalamus ontvangt informatie en stuurt die naar verschillende andere plekken van het brein om te bewerken. De informatie wordt onder meer naar verschillende delen van onze cortex gestuurd en naar onze amygdala.

Amygdala

De amygdala bestaat uit twee losse amandelvormige deeltjes die diep in onze hersenen liggen. Ze vormt emotionele herinneringen en roept ze op. Een belangrijke functie van de amygdala is daarbij om alle informatie die binnenkomt in een split second te beoordelen

◼ **Tabel 2.2** De twaalf executieve functies die Sitskoorn (2016) onderscheidt. Bron: Jungmann en Madern (2017)

executieve functie	toelichting	wijze waarop verminderde beschikbaarheid kan uitwerken
1. aandacht kunnen richten, vasthouden, verdelen en loslaten	je bent bij machte om te bepalen waar je aandacht aan besteedt en hoe lang je dat doet	– wel beginnen aan een aanvraag voor toeslagen maar die niet afmaken – blijven piekeren over je tiener die blowt en daardoor op je werk onderpresteren
2. emoties reguleren	je bent in staat je emoties zo te sturen dat je doelen kunt bereiken	– uitvallen tegen een incassomedewerker die je daardoor geen passende betalingsregeling meer gunt – het zo stom vinden dat je vijf sollicitaties per week moet verrichten dat je ze uit boosheid niet uitvoert
3. flexibel zijn als zaken veranderen	je bent in staat om plannen te herzien bij tegenslagen of onvoorziene gebeurtenissen. Je bent ook in staat om nieuwe informatie in een plan te verwerken	– meebewegen met je ex-partner als die vanwege een nieuwe baan vraagt om bijstelling van de omgangsregeling – als het kopieerapparaat bij de supermarkt stuk is geen ander apparaat zoeken waardoor je de deurwaarder niet de stukken stuurt die hij nodig heeft om de beslagvrije voet te berekenen
4. onderdrukken van ongewenst gedrag	je reageert niet direct op alle prikkels in je omgeving, maar je denkt voordat je handelt	– als de onderbuurman de muziek weer eens hard aanzet als vergelding de vuilniszakken over het balkon in zijn achtertuin kieperen – direct gaan schelden als de politie je staande houdt omdat je zonder helm reed
5. activiteiten opstarten	je begint aan activiteiten zonder uitstelgedrag en op een efficiënte manier	– je gaat werk zoeken op de avond voordat je het overzicht met sollicitatieactiviteiten bij het UWV moet uploaden in je werkportal – je gaat pas kinderopvang zoeken als de baby een week of twee oud is en je bijna weer aan het werk gaat
6. zaken organiseren	je bent in staat om het dagelijks leven in te richten rondom goedwerkende systemen	– de post ligt op allerlei plekken, waarbij een deel wel is opengemaakt en een deel niet – je schrijft afspraken nergens op en zet ze ook niet in je telefoon, je hoopt dat je ze onthoudt
7. plannen	je bent in staat om jezelf een doel te stellen en te bedenken welke stapjes je moet zetten om daar te komen. Je bent in dat kader ook in staat om hoofd- en bijzaken te scheiden	– je bent wekelijks te laat bij de kinderopvang omdat je telkens na je werk wel weer iets bedenkt dat je 'dringend' moet doen (zonnebrand kopen, pakketje terugsturen etc.) – om een vaste aanstelling te krijgen moet je een praktijkexamen halen en ziet wel hoe ver je komt

Tabel 2.2 De twaalf executieve functies die Sitskoorn (2016) onderscheidt. Bron: Jungmann en Madern (2017) (vervolg)

executieve functie	toelichting	wijze waarop verminderde beschikbaarheid kan uitwerken
8. zaken bijhouden (monitoren)	je bent in staat om bij te houden in hoeverre je ten aanzien van een plan op schema ligt en je weet wat je nog moet doen	– je hebt nergens opgeschreven dat de Hogeschool in de maand mei een dubbel bedrag aan collegegeld afschrijft en hebt in die maand dus niet genoeg geld op je rekening staan – je hebt met de dokter besproken dat het voor je gezondheid heel belangrijk is om vijf kilo af te vallen maar het lukt je niet om eraan te denken dat je daarvoor regelmatig even op de weegschaal moet gaan staan
9. werkgeheugen gebruiken	je bent in staat om belangrijke informatie te onthouden. Je bent in staat om zaken die je leerde te verweven in toekomstig gedrag	– de brief van de deurwaarder dat je nog vijf dagen de tijd hebt om beslag op je inkomen te vermijden wel lezen, maar de dagen daarna er niet aan denken om contact op te nemen – thuis achter de computer geen idee meer hebben wat die vriendelijke dame je nou heeft uitgelegd over de inschrijving die je moet verrichten op de site ▶ werk.nl
10. een reëel zelfbeeld vormen	je bent in staat om in te schatten wat je wel en niet kunt	– de jeugdhulpverlener toezeggen dat je helderder kaders gaat stellen aan je kinderen terwijl je eigenlijk geen idee hebt hoe dat moet – de dame die je vanwege de huurachterstand opzoekt vanuit een vroegsignaleringsproject zeggen dat je de schulden wel op eigen kracht oplost
11. situaties en anderen inschatten	je kunt je verplaatsen in de gedachten en overwegingen van anderen	– je zit onderuitgezakt en met een petje over je ogen tegenover je jobcoach (en realiseert je niet dat dit niet echt een gemotiveerde indruk maakt) – je stoort je mateloos aan de buurman omdat die je telkens weer vraagt of de muziek na half elf in de avond wat zachter mag
12. het belang van anderen meewegen	je bent in staat om ook de belangen van anderen een plek te geven in je overwegingen	– niet bereid zijn om aan het begin van de dag af te spreken met je wijkwerker terwijl je wel tijd hebt en het haar een heel eind omfietsen scheelt – niet willen flexen op je werkplek, waardoor jij rustig kunt werken en je collega die hetzelfde werk doet de hele dag gestoord wordt door langslopende mensen

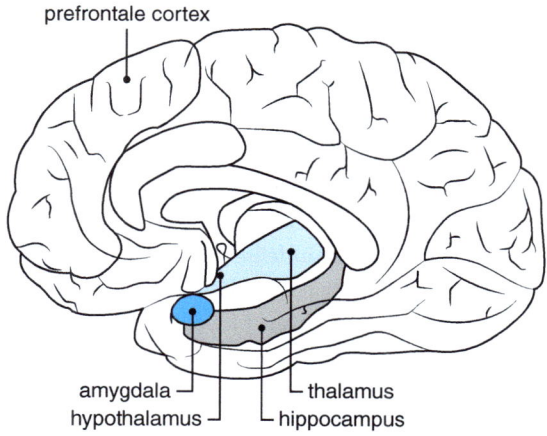

Figuur 2.4 Weergave van de belangrijke onderdelen in onze hersenen bij stress

op de dimensie veilig of niet veilig (Pittman en Karle 2015). De amygdala toetst de informatie in samenwerking met de hippocampus onder meer aan eerdere belevingen. Als de amygdala inschat dat een situatie veilig is, dan laat ze de (prefrontale) cortex bewerken en analyseren. Maar als de amygdala inschat dat de situatie onveilig is, dan zet ze ons stress-systeem in werking. Dat levert ons op dat we direct kunnen handelen en bij fysieke gevaren ons vege lijf kunnen redden. De keerzijde van ons goed ontwikkelde stress-systeem is dat het onze executieve functies in de prefrontale cortex als het ware on hold zet (Le Doux 1996; Liston et al. 2009). Ons vermogen om onder meer logisch te redeneren, consequenties te overzien en emoties te reguleren neemt stevig af als de amygdala een situatie als vijandig beschouwt. In een stressreactie is alle inzet gericht op het achter ons laten van de acute situatie. Daarbij wordt geen analyse gemaakt of de wijze waarop we dat doen verstandig is op de lange termijn. Dat de amygdala zoveel invloed heeft, kan onder meer verklaard worden uit het gegeven dat er meer verbindingen lopen van de amygdala naar de cortex dan van de cortex naar de amygdala (LeDoux en Schiller 2009).

Om direct in actie te komen en de beschermende functie in te kunnen vullen, zijn de verbindingen in onze hersenen zo aangelegd dat informatie van de thalamus altijd eerst aankomt in de amygdala en pas daarna bij de kwabben in de cortex (Armony et al. 1995). Als de amygdala een stressreactie inzet, dan is zij het analyserende deel in onze prefrontale cortex dus voor. Of anders gezegd: de amygdala is de cortex te snel af. De cortex komt niet meer aan analyseren toe, onze denkprocessen worden stilgelegd zodat alle energie kan gaan naar de handelingen om de situatie in het hier en nu onder controle te krijgen (LeDoux en Schiller 2009; Liston et al. 2009). Dit verklaart ook waarom we soms met wat verwondering op ons eigen handelen of onze eigen schrikreactie terugkijken. Dat we achteraf vinden dat we best iets vriendelijker hadden kunnen doen tegen die maatschappelijk werker die ons opzocht vanwege de huurachterstand. We hebben er weinig grip op dat we nogal vijandig worden zodra er zich een vreemde meldt in de lange rij deurwaarders die aan onze deur voorbijtrekt.

Hypothalamus

Als de amygdala aanleidingen ziet om in actie te komen, activeert zij onze hypothalamus. Die communiceert bliksemsnel met het lichaam via het autonome zenuwstelsel dat bestaat uit een sympathisch en parasympatisch deel (McEwen 2007). Het sympathische deel fungeert als gaspedaal en zet de acute stressrespons in gang (vechten of vluchten). Het parasympatische deel fungeert als rem die wordt bediend als het gevaar geweken is. De hypothalamus stuurt na een alarmsignaal van de amygdala direct een signaal naar de bijnierschors waar onmiddellijk adrenaline wordt aangemaakt en aan het bloed wordt afgegeven. Hierdoor raakt het lichaam in verhoogde staat van paraatheid. De ademhaling, hartslag, bloeddruk en bloedsuikerspiegel worden verhoogd. De pijngrens, spierspanning en alertheid worden eveneens verhoogd en het immuunsysteem wordt geactiveerd. De werking van de zintuigen wordt scherper en het geheugen zorgt voor een scherpe herinnering van de situatie. Op die manier is het lichaam klaar om met de stressvolle situaties om te gaan en voorbereid op mogelijke verwondingen of infecties. Klaar om te vechten, te vluchten of te bevriezen. Dit alles gebeurt binnen een fractie van een seconde. Nog voor we ons bewust zijn van wat er gebeurt, springen we bijvoorbeeld al weg voor een aanstormende auto.

Na de eerste golf adrenaline activeert de hypothalamus het tweede deel van de stressreactie, die bekend staat als de HPA-as (Hellhammer en Hellhammer 2008) als het gevaar nog niet geweken is.[2] Dit deel zorgt ervoor dat het 'gaspedaal' als het ware ingedrukt blijft. Cortisol zorgt ervoor dat de verhoogde staat van paraatheid en activatie (arousal) zonodig gehandhaafd blijft en dat de energie op de juiste plaats vrijkomt.

Terwijl de stressreactie wordt ingezet vindt er tot op zekere hoogte binnen de prefrontale cortex wel een analyse plaats. Daar wordt meer rationeel beoordeeld wat de aard en de ernst van de stressor is en welke actie passend is. De prefrontale cortex remt desgewenst secundair de stressreactie af door de gedachten en de aandacht te sturen, reacties te overwegen en te kiezen, de hoofd- van bijzaken te scheiden en waarnemingen te beoordelen. Maar de eerste twee delen van de stressreactie worden al geactiveerd voordat de prefrontale cortex zijn werk heeft gedaan. Dit zorgt ervoor dat we in levensbedreigende situaties direct kunnen handelen en overleven zonder dat de prefrontale cortex de reactie vertraagt.

Hippocampus

Als het gevaar geweken is komt het parasympatische deel in actie en wordt de stressreactie afgeremd. De hippocampus speelt een cruciale rol bij het terugdringen en normaliseren van het cortisolniveau. Hij remt de door de hypothalamus opgezweepte stressreactie. Daarnaast vervult de hippocampus een belangrijke rol bij het opslaan van herinneringen (geheugen).

---

2   De HPA-as is de Engelstalige afkorting voor de interactie tussen hypothalamus, hypofyse en bijnierschors. In het Engels: hypothalamus, pituitary gland, adrenal glands. Het hormoon CRF uit de hypothalamus stimuleert de afgifte van het hormoon ACTH door de hypofyse, wat de afgifte van het hormoon cortisol door de bijnieren stimuleert.

2.2.3 Een stressreactie ontstaat langs twee wegen

Een stressreactie kan zowel ontstaan door onze eigen gedachten als door externe onverwachte situaties die ons schrik aanjagen. In de literatuur worden deze twee wegen naar stress wel aangeduid met de cortex-gestuurde of amygdala-gestuurde stressreactie (Pittman en Karle 2016). Bij de cortex-gestuurde stressreactie is ons gepieker en het zorgen maken de belangrijkste aanjager van ons stress-systeem. Bijvoorbeeld, een wijkwerker heeft je gezegd dat ze de klappen die je kind soms krijgt moet melden bij Veilig Thuis. Je maakt je enorme zorgen over wat er komen gaat en je gedachten blijven maar malen. Je kunt niet stoppen met denken en voelt je steeds meer ontregeld. Bij de amygdala-gestuurde stressreactie wordt ons stress-systeem niet geactiveerd door gedachten, maar door een plotselinge doorgaans onvoorziene situatie. Bijvoorbeeld, je rijdt in gedachten op de snelweg en moet plots heel hard remmen. Terwijl je alweer gas geeft, voel je je hart bonzen. Voor beide wegen geldt dat het processen zijn die razendsnel plaatsvinden, vaak binnen een fractie van een seconde.

2.2.4 Chronische stress is vaak een kluwen aan stressprikkels

Veel cliënten in het sociaal domein worstelen met een kluwen van acute, chronische en gestapelde stressbronnen die elkaar afwisselen en over elkaar heen buitelen (Serido et al. 2004; Hoogendijk en De Rek 2017; Pijpers et al. 2019). Een acute stressbron is een eenmalige ingrijpende gebeurtenis met korte maar hevige impact. Dat je bijvoorbeeld je tas met je portemonnee, telefoon en tablet in de bus laat staan. Chronische stressbronnen zijn de slepende processen die continu kleinere en grotere stressprikkels afgeven, zoals vechtscheidingen, een ongelukkig huwelijk, of een chronische ziekte. Gestapelde stressbronnen zijn relatief kleine gebeurtenissen en situaties die in zichzelf niet heel stressvol zijn. Ze worden als stressvol ervaren door het telkens terugkerende karakter. Denk bijvoorbeeld aan dagelijkse files, geluidsoverlast van de buren of steeds maar post krijgen waarmee je weer wat moet doen. Het is het dagelijkse gedoe dat als het te lang aanhoudt en te lang kleine stressreacties opwekt toch kan optellen.

Een leven gevuld met sociale en financiële problematiek brengt allerlei stressprikkels teweeg. Het stress-systeem is op een gegeven moment continu in meer of mindere mate aan het werk. Er is geen rust en dat is wat ons op enig moment opbreekt in ons handelen. Een extra complicatie daarbij is dat de hoeveelheid stressprikkels in deze moderne tijd alleen maar toeneemt (Hoogendijk en De Rek 2017). Social media dagen ons uit om de buitenwereld telkens weer te laten zien hoe goed het met ons gaat. De continue stroom aan advertenties zet ons aan tot kopen en laat mensen die nauwelijks rond kunnen komen continu voelen welke beperkingen hun budget met zich meebrengt. Social media zoals Facebook, Instagram, Snapchat en WhatsApp geven onze omgeving 24 uur per dag toegang tot ons. Een boze ex kan ons dag en nacht bestoken met berichtjes die, zelfs als we ze niet beantwoorden, allerlei stressvolle gevoelens kunnen opwekken. En het gegeven dat we steeds meer regie moeten nemen over ons eigen leven leidt ertoe dat we telkens weer keuzen moeten maken: welke zorgverzekering, welke telefoonprovider, wel of geen merkschoenen. Keuzestress (Schwartz 2016) is een nieuw fenomeen dat flink kan doorwerken op ons welbevinden en zeker als er ook allerlei andere stressvolle zaken spelen die de nodige cortex-gestuurde stress-reacties kunnen opwekken.

2.2.5 Chronische stress brengt ons in een negatieve spiraal

Zoals eerder aangehaald is er niets mis met stress. Sterker nog: stress helpt ons om het leven op de rit te houden. Als ons stress-systeem wordt geactiveerd omdat de amygdala een situatie als bedreigend inschat, dan worden we alert, krijgen we focus en kunnen we snel en krachtig handelen of ons juist bijzonder stil houden. Zodra het gevaar geweken is, remt de hippocampus de reactie af en krijgt de prefrontale cortex weer de leiding. Onze levensvaardigheden nemen weer de regie over het leven terug en de amygdala heeft ons behoed voor allerlei ellende. Als ons stress-systeem echter bij herhaling wordt geactiveerd, kan de hippocampus overbelast raken. De stressreactie wordt niet gedimd en onze prefrontale cortex wordt als het ware buitenspel gezet. Het ontbreken van bijsturing in de vorm van bijvoorbeeld kalmerende gedachten, maakt dat de amygdala alarm blijft slaan en de hypothalamus aan blijft zetten tot onze stressreactie. Chronische stress kan ons op deze wijze in een dynamiek brengen waarin we misschien wel beschikken over die cruciale levensvaardigheden (executieve functies) maar waarin we ze op dat moment niet goed kunnen gebruiken.

Neurobiologe Nikki Korteweg verwoordt de impact van chronische stress op onze prefrontale cortex als volgt: 'Aanhoudende, jarenlange stress heeft een verwoestende werking op het letterlijke opperhoofd van onze bovenkamer: het hersengebied achter het voorhoofd. En dat is juist het gedeelte dat de regie heeft over de rest van onze grijze massa, en over ons leven.' (Korteweg 2017)

Als de chronische stress maar lang genoeg aanhoudt, kan dit zelfs doorwerken op de architectuur van ons brein (Pascial-Leone et al. 2005; Maha et al. 2016; Korteweg 2017). Hoge concentraties stresshormonen werken onder meer door op het functioneren van onze prefrontale cortex, hippocampus en amygdala. In grote delen van de prefrontale cortex trekken de dendrieten – de vertakte uitlopers van hersenzenuwcellen – zich terug. Ook de uitlopers van deze dendrieten worden korter of verdwijnen, waardoor hersencellen en hersendelen niet meer goed met elkaar in contact staan. De prefrontale cortex kan het limbisch brein en de hersenstam dan niet meer goed reguleren. Emoties zijn niet stabiel, plannen worden chaotisch en concentratie en focus zijn moeilijk op te brengen (McEwen 1999; Korteweg 2018).

Ook de hippocampus lijdt onder de invloed van hoge concentraties van het stresshormoon cortisol (Wingenfeld en Wolf 2014; Kim et al. 2015). De hippocampus vervult een centrale rol voor ons geheugen en voor het reguleren van onze stress. Door het ontbreken van de gewenste rem op de stressrespons blijft het cortisolniveau hoog en functioneert de hippocampus niet zoals die zou moeten.

Naast de hippocampus beïnvloedt chronische stress ook de amygdala (McEwen et al. 2015). De reactie op chronische stress is daar omgekeerd. Er komen meer dendrieten aan de hersencellen. Chronische stress leidt ertoe dat de amygdala overgevoelig wordt, waardoor we in veel meer dingen een bedreiging zien en dus steeds sneller een stressreactie inzetten en een verhoogd cortisolniveau veroorzaken. We worden daardoor angstiger of agressiever (Korteweg 2018; McEwen 2006). We ontwikkelen als het ware een hypersensitiviteit voor gevaar. Dit manifesteert zich in reacties die, gezien de omstandigheden, overdreven en niet gerechtvaardigd kunnen zijn. Bovendien kan de prefrontale cortex de amygdala minder goed in bedwang houden.

Het inzicht dat chronische stress kan doorwerken in de architectuur van ons brein onderstreept het belang van stressreductie bij aanpakken in het sociaal domein. Het onderstreept ook het belang van coaching en andere stress-sensitieve bouwstenen om bij te sturen op de ingrijpende processen die kunnen plaatsvinden in onze bovenkamer. Het is nooit te laat om mensen een context en ondersteuning te bieden die hen helpt om hun levensvaardigheden (weer) beter in te zetten (Center on the Developing Child 2016). Ons brein wordt gevormd door wat we meemaken en waar we op oefenen. Het verandert door de ervaringen die we opdoen (LeDoux 2002). Ons brein is flexibel en kan zich ons hele leven lang ontwikkelen (Pittmann en Karle 2015).

2.2.6 Chronische stress werkt ook door op onze gezondheid(sbeleving)

Dit boek richt zich primair op de doorwerking van chronische stress op ons gedrag. De doorwerking is echter breder. Chronische stress werkt ook negatief door op ons immuunsysteem, ons hart- en vaatstelsel en onze stofwisseling (Segerstrom en Miller 2004; Rabasa en Dickson 2016). Chronische stress kan bijdragen aan het ontstaan van ernstige lichamelijke en psychische aandoeningen, zoals depressie, overgewicht en hart- en vaatziekten (McEwen 2008; McEwen en Wingfield 2010; McEwen 2017a, b, 2018). Stress-sensitief werken richt zich vooralsnog vooral op ons cognitief en emotioneel functioneren, op de overhand die onze automatische processen nemen en de doorwerking daarvan op ons vermogen om te plannen, na te denken en te handelen. Tegelijkertijd is het in het dagelijks contact met cliënten van belang dat we ons realiseren dat de doorwerking van chronische stress verder gaat. Dat het geen toeval is dat cliënten vaak fysieke klachten hebben, verkouden zijn of met andere gezondheidsvraagstukken worstelen. De bekende stressonderzoeker Robert Sapolsky zegt daarover:

> Stressgerelateerde ziektes ontstaan voornamelijk doordat we zo vaak een fysiologisch systeem activeren dat geëvolueerd is om te reageren op acute fysieke noodsituaties. Wij schakelen het daarentegen maanden achter elkaar in, wanneer we piekeren over hypotheken, relaties en promoties.
> (De Jongh 2010)

2.3 De doorwerking van chronische stress in onze kindertijd op ons volwassen leven

De manier waarop we reageren op een stressvolle situatie wordt onder meer beïnvloed door de wijze waarop ons stress-systeem zich in onze (vroege) kindertijd en adolescentie heeft ontwikkeld. In de afgelopen jaren is er veel literatuur beschikbaar gekomen over de impact van chronische stress in deze periode (Center on the Developing Child 2014; Pijper et al. 2019). De belangrijkste boodschap van deze literatuur is dat hevige aanhoudende chronische stress, zeker als het ons ontbreekt aan een liefdevolle omgeving, levenslang kan doorwerken. Dit kan ertoe leiden dat we op latere leeftijd sneller en heftiger reageren op een stressvolle situatie en dat onze stressreactie langer aanhoudt. Daarbij werkt het ook door op de kans op psychische aandoeningen, lichamelijke ziekten en een ongezonde leefstijl (Pijper et al. 2019). Het is de moeite waard om in de context van het stress-sensitief werken ook beelden te hebben bij de impact van chronische stress in onze jeugd. Inzicht in de doorwerking kan ons helpen om het gedrag van degenen waar we mee samenwerken beter te begrijpen. Het besef dat cliënten die opgroeiden in vroegkinderlijke stress heftiger en langduriger kunnen reageren op stressvolle situaties is een extra argument om in het sociaal domein na te denken over het belang van stress-sensitief werken.

In het vervolg van deze paragraaf wordt om te beginnen toegelicht hoe ons stress-systeem zich ontwikkelt. Vervolgens wordt toegelicht hoe (chronische) vroegkinderlijke stress op die ontwikkeling kan doorwerken. Een belangrijke notie bij deze paragraaf is dat er enerzijds heel stevige wetenschappelijke inzichten zijn dat stress levenslange sporen in het functioneren kan nalaten. Anderzijds laat onderzoek ook zien dat er grote verschillen zijn tussen kinderen als het gaat om de doorwerking. Vroegkinderlijke stress brengt allerlei risico's met zich mee, maar is nadrukkelijk geen voorspeller voor een (te) scherp afgesteld stress-systeem en minder goed ontwikkelde executieve functies (Francis et al. 2002; Bredy et al. 2003; McEwen en Gianaros 2011; Center on the Developing Child 2014). Wie opgroeit in vroegkinderlijke stress kan wel degelijk een heel evenwichtig ontwikkeld stress-systeem hebben en goed ontwikkelde executieve functies. Daarbij is het van belang om ook bij dit hoofdstuk in het achterhoofd te houden dat het op latere leeftijd moeilijker is en langer duurt, maar dat in principe iedereen kan werken aan het verbeteren van zijn of haar executief functioneren (Chapman et al. 2016; Center on the Developing Child 2016).

2.3.1 Ons stress-systeem ontwikkelt zich in hoge mate in onze kindertijd en adolescentie

De ontwikkeling van ons stress-systeem begint al in de baarmoeder en gaat door tot het eind van onze adolescentie. Wie als kind leert omgaan met milde of matige stress bouwt aan een veerkrachtig systeem. Een eerste schooldag, een keer gepest worden of een moeder die een tijdje naar het ziekenhuis moet. Het zijn situaties die stress geven maar ons ook leren dat het leven onverwachte en soms onaangename zaken brengt. Wie opgroeit in warmte en stabiliteit leert ermee omgaan. Een jeugd met veel positieve uitdagingen en af een toe een milde of matig stressvolle ervaring biedt een context om onze executieve functies goed te ontwikkelen. Kinderen die echter opgroeien in chronische en hevige stress lopen risico's. Zeker als het hen ontbreekt aan die eerder genoemde warme en steunende omgeving. Chronische stress kan dan juist een scherp afgesteld stress-systeem

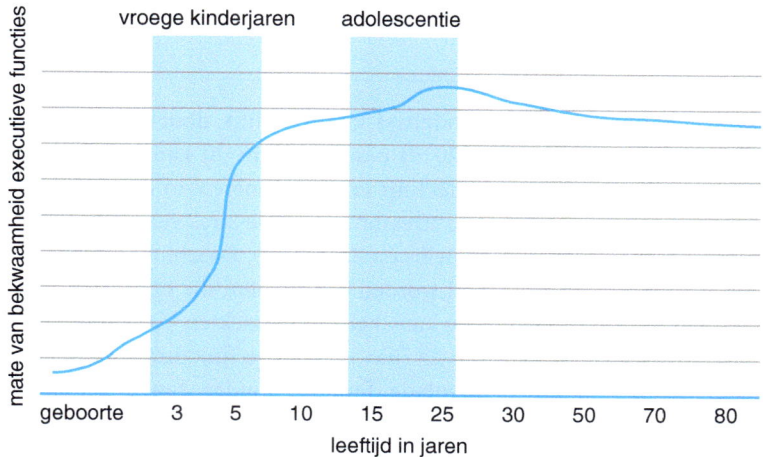

Figuur 2.5 Weergave van de ontwikkeling van executieve functies naar leeftijd. Bron: Center on the Developing Child (2018)

opleveren met minder goed ontwikkelde executieve functies. Zoals eerder genoemd, overmatige stress kan doorwerken in de architectuur van een zich ontwikkelend brein (Center on Developing child 2014; Noble et al. 2015). Pijper et al. vergelijken de doorwerking van die andere architectuur met wat er kan gebeuren met een huisdier.

> Als je het goed opvoedt, goed verzorgt en de juiste aandacht geeft, heb je er veel plezier aan. Wanneer je dat niet doet, kan datzelfde huisdier ontaarden in een problematisch monster dat veel schade in je huis kan aanrichten.

De ontwikkeling van ons stress-systeem en onze executieve functies zijn nauw aan elkaar verwant. Executieve functies ontwikkelen we door te oefenen. We worden niet geboren met executieve functies maar ontwikkelen die vanaf onze geboorte. In de ontwikkelcurve van onze executieve functies is te zien dat we een enorm snelle ontwikkeling doormaken tussen ons derde en zesde levensjaar en zo aan het eind van onze tienertijd. Figuur 2.5 bevat een weergave van de ontwikkelcurve van onze executieve functies.

Chronische stress belemmert een goede aanleg van onze executieve functies. Wie opgroeit in bedreigende situaties is niet bezig zich te bekwamen in functies zoals werkgeheugen, aandacht en impulscontrole, maar oefent vooral het stress-systeem (Blair en Raver 2012). Een aanhoudende stroom stressvolle situaties maakt dat het stress-systeem telkens weer geactiveerd wordt. Onze hersenen werken eigenlijk heel simpel, we worden goed in wat we vaak doen. Dus als we leven in rust en regelmaat en veel oefenen op executieve functies zoals doorzetten en volhouden, dan bekwamen we ons daarin. We leren om ons te richten op onze langetermijnbelangen en te werken aan langetermijndoelen. Als we daarentegen vaak het stress-systeem aanzetten, dan worden we heel goed in het ontwaren van mogelijke gevaren en het direct handelen. We gaan bij de dag leven en reageren op de prikkels die voorbijkomen. Sterker nog: een scherp afgesteld stress-systeem kan ons zelfs in actie brengen als er eigenlijk helemaal geen bedreigingen zijn. We leven van situatie naar situatie.

2.3.2 Hoe werkt chronische stress door op het functioneren als volwassene?

Hevige chronische stress in onze kindertijd kan dus flink doorwerken op ons functioneren als volwassene. Pijper et al. (2019) beschrijven in dit kader onder meer dat het stressnetwerk in ons brein qua architectuur en functioneren zo kan worden beïnvloed dat het gevoeliger reageert op nieuwe stressbronnen. De stressreactie wordt dan sneller geactiveerd en houdt langer aan (De Bellis en Zisk 2014). Daarbij kunnen onze metabole en vegetatieve systemen zo beïnvloed worden dat cliënten die opgroeien in chronische hevige stress een aanmerkelijk grotere kans hebben op ziekten (De Bellis en Zisk 2014). In cognitieve zin bestaat de kans dat zij hun executieve functies minder goed ontwikkelen en daarvan afgeleid hun zelfregulatie. Emoties houden dan langer aan doordat er minder goede verbindingen zijn gevormd met de prefrontale cortex. Dit opperhoofd van onze hersenen kan daardoor de rol van commandocentrum minder goed vervullen (Fareri en Tottenham 2016).

2.4 De betekenis van de wetenschappelijke inzichten voor het stress-sensitief werken

Stress-sensitief werken rust op de actuele wetenschappelijke inzichten dat chronische stress ons functioneren ondermijnt. Of cliënten nou opgroeiden in chronische stress of daar op latere leeftijd in terechtkwamen, stress is een factor om serieus te nemen. Het is een persoonlijke ervaring die ons uitnodigt om de stress die cliënten ervaren niet te bagatelliseren. Als een cliënt zich ergens ernstige zorgen over maakt, is dat aanleiding genoeg om er serieus aandacht aan te besteden. Onze stress-netwerken zijn verschillend afgesteld. Een situatie waar de een zijn wenkbrauwen nog niet voor optilt, kan de ander in een ontregelende stressreactie brengen. Daarbij helpen de inzichten ons aan een fundament om stress-sensitief te werken. Wie begrijpt dat cliënten die chronische stress ervaren executief ontregeld zijn, krijgt haast vanzelf interesse in onder meer instrumenten die hen helpen om langetermijndoelen te stellen, psycho-educatie om hen een groter inzicht in het eigen functioneren te brengen of beloningen als aanvulling op een beperkte zelfregulatie.

Literatuur

Armony, J. L., Servan-Schreiber, D., Cohen, J. D., & LeDoux, J. E. (1995). An anatomically constrained neural network model of fear conditioning. *Behavioral Neuroscience, 109*, 246–257.

Babcock, E. (2014). *Using brainscience to create new pathways out of poverty*. Boston, MA: Crittenton Women's Union.

Babcock, E. (2018). *Using brain science to transform human services and increase personal mobility from poverty*. Washington D.C.: US Partnership on Mobility from Poverty.

Bargh, J. A., Gollwitzer, P. M., Lee-Chai, A., Barndollar, K., & Trötschel, R. (2001). The automated will: Nonconscious activation and pursuit of behavioral goals. *Journal of Personality and Social Pschycology, 81*(6), 1014–1027.

Barlow, D. H., & Rapee, R. M. (2014). *10 steps to mastering stress. A lifestyle approach, updated edition*. Oxford: Oxford University Press Inc.
Blair, C., & Raver, C. C. (2012). Child development in the context of adversity: Experimental canalization of brain and behavior. *American Psychologist, 67*(4), 309.
Blais, C., Harris, M. B., Guerrero, J. V., & Bunge, S. A. (2010). Rethinking the role of automaticity in cognitive control. *Quarterly Journal of Experimantal Psychology, 29,* 1–9.
Bredy, T. W., Humpartzoomian, R. A., Cain, D. P., & Meaney, M. J. (2003). Partial reversal of the effect of maternal care on cognitive function through environmental enrichment. *Neuroscience, 118*(2), 571–576.
Center on the Developing Child at Harvard University (2014). *Excessive stress disrupts the architecture of the developing brain*. (Working Paper No. 3 Updated Edition). Boston, MA: Center on the Developing Child at Harvard University.
Center on the Developing Child at Harvard University (2016). *Building core capabilities for life: The science behind the skills adults need to succeed in parenting and in the workplace*. Boston, MA: Center on the Developing Child at Harvard University.
Center on the Developing Child at Harvard University (2018). *Building the core skills youth need for life; a guide for education and social service practitioners*. Boston, MA: Center on the Developing Child at Harvard University.
Chapman, S. B., Aslan, S., Spence, J. S., Keebler, M. W., DeFina, L. F., Didehbani, N., et al. (2016). Distinct brain and behavioral benefits form cognitive vs. physical training: A randomized trial in ageing adults. *Frontiers in Human Neuroscience, 10,* 338.
Dawson, P., & Guare, R. (2010). *Executieve functies bij kinderen en adolescenten, een praktische gids voor diagnostiek en interventie*. Amsterdam: Hogrefe.
De Belis, M. D., & Zisk, A. (2014). The biological effects of childhood trauma. *Child and Adolescent Psychiatric Clinics of North America, 23*(2), 185–222.
De Jongh, R. (2010). *Wat doet stress met ons lichaam en brein?* Geraadpleegd van ▶ https://www.psychologiemagazine.nl/artikel/wat-doet-stress-met-ons-lichaam-en-brein/.
Diamond, A. (2013). Executive functions. *Annual Review of Psychology, 64,* 135–168.
Fareri, D. S., & Tottenham, N. (2016). Effects of early life stress on amygdala and striatal development. *Developmental Cognitive Neuroscience, 19,* 233–247.
Francis, D., Diorio, J., Plotsky, P. M., & Meaney, M. J. (2002). Environmental enrichment reverses the effects of maternal separation on stress reactivity. *Journal of Neuroscience, 22*(18), 7840–7843.
Goldstein, S., & Naglieri, J. A. (Red.). (2014). *Handbook of executive functioning*. New York, NY: Springer-Verlag.
Hellhammer, D. H., & Hellhammer, J. (2008). *Stress: The brain-body connection*. Basel: Karger.
Hoogendijk, W., & De Rek, W. (2017). *Van big bang tot burn out; het grote verhaal over stress*. Amsterdam: Uitgeverij Balans.
Jungmann, N., & Madern, T. (2017). *Basisboek aanpak schulden*. Groningen/Houten: Noordhoff Uitgevers.
Kim, E. J., Pellman, B., & Kim, J. J. (2015). Stress effects on the hippocampus: A critical review. *Learning & Memory, 22*(9), 411–416.
Korteweg, N. (2017). *Een beter brein; kan hersenwetenschap ons slimmer maken?* Amsterdam: Atlas Contact.
Korteweg, N. (2018). Zo werkt je gestresste brein. *NRC*. Geraadpleegd van ▶ https://www.nrc.nl/nieuws/2018/09/07/dit-is-je-gestresste-brein-a1615705.
Lazarus, R. S., & Folkman, S. (1984). *Stress, appraisal, and coping*. New York, NY: Springer.
LeDoux, J. E. (1996). *The emotional brain: The mysterious underpinnings of emotional life*. New York, NY: Simon and Schuster.
LeDoux, J. E. (2002). *Synaptic self: How our brains become who we are*. New York, NY: Viking.
Ledoux, J., & Schiller, D. (2009). The human amygdala: Insights from other animals. In P. J. Whalen & E. A. Phelps (Eds.), *The human amygdala* (pp. 43–60). New York: Guilford Press.
Liston, C., McEwen, B. S., & Casey, B. J. (2009). Psychological stress reversibly disrupts prefrontal processing and attentional control. *Proceedings of the National Academy of Sciences of the United States of America, 106*(3), 912–917.
Maha, L., Szabuniewicz, C., & Fiocco, A. J. (2016). Can anxiety damage the brain? *Current Opinions in Psychiatry, 29,* 56–63.
Mani, A., Mullainathan, S., Shafir, E., & Zhao, J. (2013). Poverty impedes cognitive function. *Science, 341*(6149), 976–980.

McEwen, B. S. (1999). Stress and hippocampal plasticity. *Annual Review of Neuroscience, 22*(1), 105–122.
McEwen, B. S. (2006). Protective and damaging effects of stress mediators: Central role of the brain. *Dialogues in Clinical Neuroscience, 8*(4), 367–381.
McEwen, B. S. (2007). Physiology and neurobiology of stress and adaptation: Central role of the brain. *Physiological Reviews, 87,* 873–904.
McEwen, B. S. (2008). Central effects of stress hormones in health and disease: Understanding the protective and damaging effects of stress and stress mediators. *European Journal of Pharmacology, 583*(2–3), 174–185.
McEwen, B. S. (2017a). Neurobiological and systemic effects of chronic stress. *Chronic Stress, 1,* 1–18.
McEwen, B. S. (2017b). Central role of the brain in stress and adaptation: Allostasis, biological embedding and cumulative change. In G. Fink (Ed.), *Stress: Concepts, cognition, emotion and behavior. Handbook of stress* (pp. 39–55). Amsterdam: Academic Press Elsevier.
McEwen, B. S. (2018). Redefining neuroendocrinology; Epigenetics of brain-body communication over the life course. *Frontiers in Neuroendocrinology, 49,* 8–30.
McEwen, B. S., & Gianaros, P. J. (2011). Stress- and allostasis-induced brain plasticity. *Annual Review of Medicine, 62,* 431–445.
McEwen, B. S., & Wingfield, J. C. (2010). What's in a name? Integrating homeostasis, allostasis and stress. *Hormones and Behavior, 57*(2), 105–111.
McEwen, B. S., Bowles, N. P., Gray, J. D., Hill, M. N., Hunter, R. G., Karatsoreos, I. N., et al. (2015). Mechanisms of stress in the brain. *Nature Neuroscience, 18*(10), 1353–1363.
McIntosh, D., & Horowitz, J. (2018). *Stress, de psychologie van het omgaan met druk; praktische oplossingen om druk om te zetten in positieve energie.* Uithoorn: Karakter.
Noble, K. G., Houston, S. M., Brito, N. H., Bartsch, N., Kan, H., Kuperman, J. M., et al. (2015). Family income, parental education and brain structure in children and adolescents. *Nature Neuroscience, 18*(5), 773–778.
Pascual-Leone, A., Amedi, A., Fregni, F., & Merabet, L. B. (2005). The plastic human brain cortex. *Annual Review of Neuroscience, 28,* 377–401.
Pijpers, F., Vanneste, Y., & Feron, F. (2019). *Stress bij kinderen: Hoe houden we het gezond; stress bezien vanuit de jeugdgezondheidszorg.* Utrecht: Nederlands Centrum Jeugdgezondheid.
Pittman, C. M., & Karle, E. M. (2015). *Rewire your anxious brain. How to use the neuroscience of fear to end anxiety, panic & worry.* Oakland: New Harbinger Publications.
Pittman, C. M., & Karle, E. M. (2016). *Rewire your anxious brain: How to use the neuroscience of fear to end anxiety, panic & worry.* Oakland: New Harbinger Publications.
Posner, M. I., & Rothbart, M. K. (1998). Attention, self-regulation and consciousness. *Philosophical Transactions of the Royal Society B, 353*(1377), 1915–1927.
Rabasa, C., & Dickson, S. (2016). Impact of stress on metabolism and energy balance. *Current Opinion in Behavioral Sciences, 9,* 71–77.
Riccio, J. A., & Wiseman, M. (2016). *The 'FSS-X' demonstration: Combining an executive skills coaching model with financial incentives to improve economic advancement for families with housing subsidies.* Ongepubliceerde paper. New York, NY: MDRC.
Sapolsky, R. M. (2004). *'Why zebras don't get ulcers' An updated guide to stress, stress-related diseases, and coping.* New York: W.H. Freeman & Co.
Sapolsky, R. M. (2010). *Stress and your body, course guidebook.* Chantilly: The Teaching Company.
Schwartz, B. (2016). *The paradox of choice. Why more is less, evised editon.* New York, NY: HarperCollins Publishers Inc.
Segerstrom, S., & Miller, G. (2004). Psychological stress and the humane immune system: A meta-analytic study of 30 years of inquiry. *Psychological Bulletin, 130,* 601–630.
Serido, J., Almeida, D., & Wethington, E. (2004). Chronic stressors and daily hassles: Unique and interactive relationships with psychological distress. *Journal of Health and Social Behavior, 45,* 17–33.
Sitskoorn, M. (2016). *IK De beste versie van jezelf. Ontwikkel je hersenen en bereik je doelen met het EFFECT-programma.* Deventer: Vakmedianet.
Smidts, D. (2018). *Zelfsturing in de klas. Over aandacht, executieve functies en rust.* Amsterdam: Nieuwezijds.
Smidts, D., & Huizinga, M. (2017). *Gedrag in uitvoering, over executieve functies bij kinderen en pubers.* Amsterdam: Nieuwezijds.
Wingenfeld, K., & Wolf, O. T. (2014). Stress, memory, and the hippocampus. *Frontiers of Neurology and Neuroscience, 34,* 109–120.
Zimmerman, B., & Schunk, D. H. (Eds.). (2011). *Handbook of self-regulation of learning and performance.* Routledge, Taylor/Francis Group: New York/London.

Bij wie speelt chronische stress?

Nadja Jungmann en Tamara Madern

3.1 Weergave 1: prevalentie van ervaren (chronische) stress – 45
3.1.1 Chronische stress in Nederland – 45
3.1.2 Chronische stress in internationaal perspectief – 46

3.2 Weergave 2: chronische stress in biomarkers – 47

3.3 Weergave 3: prevalentie door een (te) grote optelsom aan opgaven – 48
3.3.1 Theorie van soorten kapitaal – 49
3.3.2 Het kapitaal is scheef verdeeld: forse verschillen in uitgangspositie – 52

3.4 Weergave 3: specifieke problematieken geven een hoog risico op chronische stress – 56
3.4.1 Armoede- en schuldenproblematiek – 56
3.4.2 Relatiebreuken – 58
3.4.3 Een geschiedenis met trauma's – 58

3.5 Gebruikers van publieke ondersteuning hebben relatief vaak chronische stress – 59

3.6 Het beroep op onze cognitieve vaardigheden wordt alleen maar groter – 59

Literatuur – 60

© Bohn Stafleu van Loghum is een imprint van Springer Media B.V., onderdeel van Springer Nature 2020
N. Jungmann, P. Wesdorp en T. Madern (Red.), *Stress-sensitief werken in het sociaal domein*,
https://doi.org/10.1007/978-90-368-2433-0_3

Het moderne leven doet een groot beroep op ons. Zo wordt er van ons verwacht dat we online belastingaangifte doen, verzekeringen afsluiten en onze financiën bijhouden. Ook als we een laag inkomen hebben dat afkomstig is uit wel zeven verschillende bronnen die op heel verschillende momenten uitkeren. Er wordt van ons verwacht dat we zo veel mogelijk de zorg voor onze naasten op ons nemen als zij hulpbehoevend worden. Dat we economisch zelfstandig zijn en onze kinderen een stabiel en warm thuis geven. Er wordt steeds meer van ons gevraagd en niet iedereen kan dat in gelijke mate aan. Het valt niet mee om aan alle verwachtingen te voldoen. Zeker niet als er problemen spelen op domeinen zoals werk, zorg of financiën. Zodra er het nodige naast elkaar speelt, vraagt het leven al snel meer dan de meesten aankunnen en steekt stress de kop op. Een korte periode van stress kan ons helpen om problemen te lijf te gaan en orde op zaken te stellen. Maar als de problemen te lang aanhouden, dan bestaat het risico dat stress chronisch wordt. In dit hoofdstuk wordt verkend hoeveel mensen in chronische stress leven.

Een belangrijke eerste notie bij chronische stress is dat het niet alleen speelt bij mensen die arm of kwetsbaar zijn. Het kan iedereen overkomen dat er te lang een te groot beroep op je wordt gedaan. In de wetenschappelijke literatuur lijkt er geen overzicht beschikbaar te zijn van het aantal Nederlanders dat leeft in (chronische) stress. Onderzoeken naar de ontwikkeling van stress richten zich doorgaans op specifieke groepen zoals werknemers, studenten of mantelzorgers. Deze specifieke onderzoeken laten over het algemeen een toename zien van onze psychische belasting. Zo laat de Arbobalans van TNO (2018) een toename zien van burn-outklachten van 11 % in 2007 naar 16 % in 2017. En studenten rapporteren een toename van emotionele uitputting als gevolg van de prestatiedruk (Schmidt en Simons 2013; De Boer 2017). Daarbij wordt ook wel de verwachting uitgesproken dat de stress die we ervaren de komende jaren nog toeneemt. Zo verwacht het Sociaal Cultureel Planbureau (SCP 2016) dat we de komende 25 jaar te maken gaan krijgen met meer dynamiek. Er zal van ons gevraagd worden dat we nadrukkelijker onze eigen levenspaden uitstippelen en dat we (nog) meer de regie over ons eigen leven nemen (Van den Broek et al. 2016). Dit vraagt in een context van een verzorgingsstaat die steeds verder wordt ontmanteld dat we goed ontwikkelde en beschikbare executieve functies inzetten. De vraag of je het redt in de moderne maatschappij hangt steeds meer af van de vraag of je kan omgaan met de veeleisendheid en dynamiek, of anders verwoord: van je executief functioneren. Dit is door de Wetenschappelijke Raad voor het Regeringsbeleid ook wel verwoord als ons doenvermogen (WRR 2017). Het SCP waarschuwt in dit kader voor een verschuiving van de '*haves en havenots*' naar '*cans en cannots*' (Van den Broek et al. 2016).

Chronische stress is best ingewikkeld om te onderzoeken. Het is een subjectieve ervaring. Wat de een stress geeft, doet dat niet bij de ander. En daarbij kan je stressysteem 'aan' staan terwijl je dat zelf niet door hebt (Barlow en Rapee 2014). In een zelfrapportage zal je in dat geval geen stress rapporteren terwijl die er wel is. Stress is in die zin een vrij lastig fenomeen. Toch zijn er wel bronnen die ons kunnen helpen om een globaal beeld te krijgen van de (chronische) stress die wordt ervaren. In dit hoofdstuk worden die bronnen op vier manieren weergegeven. De eerste weergave is een beschrijving van wat mensen zelf rapporteren aan ervaren stress. We beschrijven wat mensen daarover zeggen in delen van Nederland en in Duitsland, Groot-Brittannië en de

VS (▶par. 3.1). De tweede weergave is een beschrijving van onderzoek naar biomarkers. Dat wil zeggen: de mate waarin onderzoekers de aanwezigheid van stresshormonen kunnen vaststellen in bijvoorbeeld bloed of haar (▶par. 3.2). Lezers die voldoende hebben aan een globaal beeld kunnen hierna ook door naar de praktische hoofdstukken waar dit boek verder uit bestaat. Lezers die geïnteresseerd zijn in nadere verdieping kunnen ook de derde en vierde benadering van chronische stress nog doornemen. De derde weergave is een uitwerking dat er een groep Nederlanders is waar stressvolle omstandigheden cumuleren (Vrooman et al. 2014) De vierde weergave is een beschrijving vanuit specifieke problematieken (▶par. 3.4). Zo rapporteren onder meer mensen die in problematische schulden leven, die worstelen met een vechtscheiding of die een geschiedenis hebben met trauma's bovenmatig vaak dat zij chronische stress ervaren. In de vijfde paragraaf van dit hoofdstuk worden de vier weergaven in onderlinge samenhang beschouwd om te concluderen dat we weliswaar niet weten hoeveel procent van de Nederlanders worstelt met (de doorwerking van) chronische stress, maar dat aangenomen mag worden dat mensen die gebruikmaken van de publieke hulp- en dienstverlening bovenmatig vaak chronische stress ervaren. In de laatste paragraaf worden de conclusies nog geplaatst in ontwikkeling van onze maatschappij.

3.1 Weergave 1: prevalentie van ervaren (chronische) stress

Zowel in Nederland als in het buitenland zijn er onderzoeken uitgevoerd waarvoor mensen zijn bevraagd over de stress die zij ervaren alsmede wat de belangrijkste stressbronnen zijn. In Nederland bieden de gezondheidsenquêtes uit de regio's Westland en Den Haag ons in dat kader enige beelden. Internationaal vullen onderzoeken uit onder meer Duitsland, Groot-Brittannië en de VS die beelden aan. Belangrijke gemeenschappelijke delers in de onderzoeken zijn dat stress toeneemt naarmate het inkomen lager is, dat werk, financiën en gezondheid de belangrijkste stressoren zijn en dat vrouwen gemiddeld vaker dan mannen (chronische) stress rapporteren.

3.1.1 Chronische stress in Nederland

Er lijken geen landelijke cijfers beschikbaar te zijn over de prevalentie van chronische stress. Er wordt wel aandacht aan besteed in regionale onderzoeken door gemeentelijke gezondheidsdiensten (GGD). Zo blijkt uit onderzoek in de regio Den Haag dat 24 % van de inwoners in de vier weken voorafgaand aan de enquête heel veel stress ervaarde. In de regio Westland was dat 16 % (Van der Elst 2018). In beide regio's wordt heel veel stress vaker ervaren door: vrouwen, mensen in de leeftijd 19–34, mensen van niet-westerse afkomst, met een lagere opleiding, mensen die grote moeite hebben met rondkomen en die alleenstaand zijn. In de regio Zuidoost Brabant rapporteert 17 % van de inwoners dat zij in de vier weken voor de enquête veel stress heeft ervaren (GGD Brabant-Zuidoost 2018).

Er lijkt een duidelijke relatie te zijn tussen stress en rondkomen. In de regio Haaglanden geeft bij de groep die goed kan rondkomen 13 % aan dat zij heel veel stress ervaart, terwijl in de groep die grote moeite heeft om rond te komen 56 % grote ervaren stress

■ **Tabel 3.1** Percentage inwoners (19 tot en met 64 jaar) dat in de regio Haaglanden heel veel stress ervaart naar geslacht, leeftijd, etnische afkomst, opleiding, rondkomen en burgerlijke staat. Bron: Van der Elst (2018)

achtergrondkenmerken	%		achtergrondkenmerken	%	
A. geslacht			**D. opleiding**		
man	19	a	laag	24	
vrouw	24	a	midden	22	
			hoog	20	a
B. leeftijd					
19 t/m 34	24	a	**E. rondkomen**		
35 t/m 49	21		geen moeite	12	a
50 t/m 64	18	a	geen moeite, maar opletten op uitgaven	18	a
			enige moeite	32	a
C. etnische afkomst			grote moeite	56	a
autochtoon	17	a			
westers	24		**F. burgerlijke staat**		
niet-westers	29	a	gehuwd, samenwonend	17	a
			ongehuwd, gescheiden, weduwe/weduwnaar	27	a
totaal				21	

[a] Het percentage in deze categorie wijkt significant af van de andere categorieën.

rapporteert. ■Tabel 3.1 bevat een weergave van achtergrondkenmerken en de mate waarin men veel stress ervaart in de regio Haaglanden.

De belangrijkste stressbronnen die mensen opgeven zijn werk, relatie/familie, financiën en gezondheid (■fig. 3.1). In de gemeente Alphen aan den Rijn is er in het kader van de pilot Mobility Mentoring® gemeten in welke mate mensen die een beroep doen op de schuldhulpverlening, participatiewet en de Wmo hun executieve functies tot hun beschikking hebben (Tonnon et al. 2020). Uit die meting komt het beeld naar voren dat deze groep haar executieve functies in mindere mate tot haar beschikking heeft. Zij scoort het meest afwijkend op de functies organiseren, plannen en werkgeheugen.

3.1.2 Chronische stress in internationaal perspectief

Het gebrek aan inzicht in de prevalentie van chronische stress is niet typisch Nederlands. Er zijn meer landen waar het ontbreekt aan landelijke cijfers en zeker aan inzicht in de ontwikkeling van chronische stress. Zo beveelt de Britse Mental Health Foundation (2018) aan dat er een landelijke meting zou moeten komen van de ontwikkeling van de

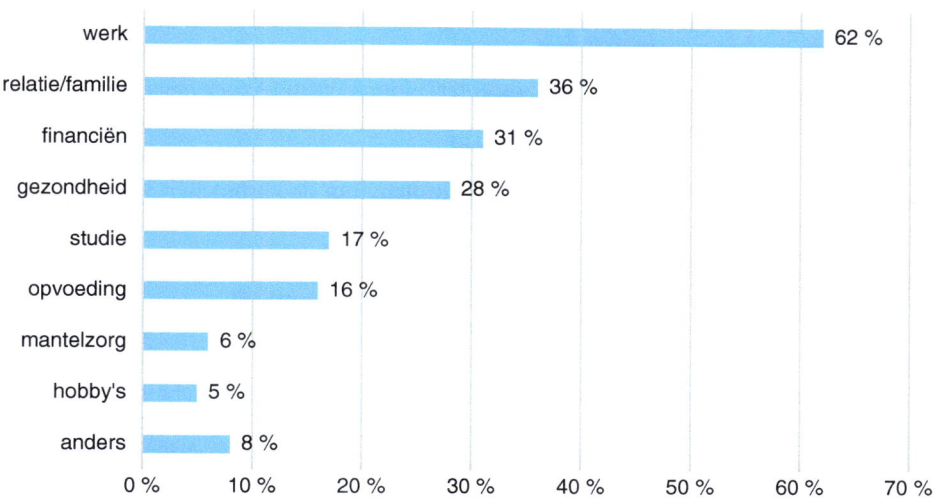

□ Figuur 3.1 Bronnen die inwoners (19 tot en met 64 jaar) van de regio Haaglanden in de vier weken voorafgaand aan het moment van onderzoek veel stress hebben gegeven. Bron: Van der Elst (2018)

ervaren (chronische) stress. Zonder te impliceren dat onderstaande gegevens een complete weergave zijn van de internationale prevalentie, bieden inzichten uit Duitsland, Groot-Brittannië en de VS wel een bevestiging van de beelden uit de regio's Westland, Den Haag en Zuidoost Brabant. De belangrijkste bevestigingen zijn: (Die Techniker 2016; American Psychological Association 2017, 2018; Mental Health Foundation 2018):

- *Stress wordt breed ervaren*: In zowel Duitsland, Groot-Brittannië als de VS geven veel mensen aan dat zij last hebben van stress. In Duitsland geeft 23 % van de mensen aan dat zij langdurig aanhoudende stress ervaren. In Groot-Brittannië heeft 80 % van de mensen elke week wel een keer stress en geeft 8 % aan in hevige aanhoudende stress te leven. In de VS geeft driekwart van de Amerikanen aan dat zij in de afgelopen maand stress hebben ervaren en bijna de helft heeft daarvan ook wakker gelegen.
- *Er is een relatie tussen stress en inkomen c.q. de sociaal-economische status*: In zowel Duitsland, Groot-Brittannië als de VS rapporteren mensen met een lager inkomen, schulden en/of een lagere sociaal-economische status gemiddeld meer stress dan degenen met meer financiële ruimte.
- *Werk, geld en gezondheid zijn de belangrijk(st)e stressoren*: In zowel Duitsland, Groot-Brittannië als de VS worden deze drie bronnen als de belangrijk(st)e stressoren genoemd.
- Vrouwen in alle bovengenoemde landen rapporteren vaker (aanhoudende) stress dan mannen.
- Er zijn binnen deze landen (aanzienlijke) verschillen tussen de regio's in de ervaren stress.

3.2 Weergave 2: chronische stress in biomarkers

Behalve door het hanteren van vragenlijsten (zelfrapportage) kan een indicatie van het stressniveau van mensen ook worden verkregen met behulp van zogenoemd biomarkeronderzoek. Er worden dan metingen verricht aan de hand van meetbare biologische kenmerken. Het voordeel van deze manier van onderzoek doen is dat het een objectief beeld oplevert. Waar biomarkeronderzoek naar stress voorheen fysiologisch van aard was (bloeddruk en hartslag), maakt recenter biomarkeronderzoek gebruik van biochemische markers zoals hormonen. In ▶H. 2 is uitgewerkt dat cortisol een belangrijk stresshormoon is in het kader van chronische stress. Dit hormoon kan in principe in het speeksel, het bloed en het haar worden aangetroffen. Om de chroniciteit van stress vast te stellen wordt vaak gebruikgemaakt van een haarmonster, omdat daarmee de gecumuleerde blootstelling aan cortisol in kaart kan worden gebracht (Stalder en Kirschbaum 2012).

In Noord-Amerika zijn verhoogde haarcortisolniveaus aangetroffen bij volwassenen met een lage sociaal-economische status (Cohen et al. 2006). Dit is recentelijk ook aangetoond voor de kinderen van ouders met een lage sociaal-economische status (Vaghri et al. 2013; Ursache et al. 2017). Ook in Nederland is dergelijk onderzoek verricht naar kinderen en is eveneens een positief verband tussen sociaal-economische status en verhoogde haarcortisolniveaus aangetroffen die wordt toegeschreven aan chronische stress (Vliegenthart et al. 2015; Rippe et al. 2015). Het onderzoek van Vliegenthart et al. (2015) heeft haarcortisolniveaus van kinderen in arme en rijke wijken vergeleken en toonde chronisch hogere cortisolniveaus al vanaf jonge leeftijd aan. In vergelijkbaar onderzoek in de VS werd de conclusie getrokken dat de hogere cortisolniveaus worden veroorzaakt door instabiliteit in een huishouden, niet zozeer door een laag inkomen of financiële beperkingen (Brown et al. 2019). Hogere cortisolniveaus blijken samen te hangen met chaos in de huishoudens waar de betreffende kinderen opgroeien. De onderzoekers benadrukken in dit licht dat het van belang is om armoede nadrukkelijk te zien als een groter geheel dan alleen een tekort aan geld. Het gebrek aan stabiliteit en de stress die dat veroorzaakt wordt aangewezen als de voornaamste ontregelende factor.

3.3 Weergave 3: prevalentie door een (te) grote optelsom aan opgaven

Een derde manier om de prevalentie van chronische stress in beeld te brengen is door na te gaan hoe groot de groepen zijn waar stressvolle omstandigheden accumuleren. In dat kader laat het SCP-rapport 'Verschil in Nederland' (Vrooman et al. 2014) bijvoorbeeld zien dat er twee groepen zijn met een bovenmatige optelsom aan opgaven en belemmeringen. Denk in dit kader bijvoorbeeld aan de optelsom van een laag inkomen, een hoog BMI, een klein netwerk en een slechte gezondheid. De groepen die te maken hebben met dit soort ingewikkelde optelsommen maken samen bijna een derde uit van de Nederlandse bevolking (Vrooman et al. 2014). Deze groepen hebben zoveel op hun bordje dat mag worden aangenomen dat er in ieder geval bij een substantieel deel chronische stress speelt die hun doenvermogen onder druk zet. De groepen zijn in kaart gebracht door een theoretisch model over levenskansen empirisch te toetsen. Het model wordt in ▶par. 3.3.1 toegelicht. In ▶par. 3.3.2 wordt uitgewerkt welke groepen in de empirische toetsing in beeld komen en wat hen kenmerkt.

3.3.1 Theorie van soorten kapitaal

In het onderzoek *Verschil in Nederland* (Vrooman et al. 2014) heeft het SCP een theoretisch model uitgewerkt waarmee de verschillen tussen groepen in Nederland zichtbaar worden. Een belangrijk onderdeel van het model is een onderscheid in verschillende soorten kapitaal: persoonlijk, economisch, cultureel en sociaal. De optelsom van wat we binnen deze dimensies aan kapitaal hebben is van (grote) invloed op onze levenskansen, percepties en gedrag en daarvan afgeleid op onze levensuitkomsten. Wie de bril van deze kapitaalsoorten opzet, ziet dat er groepen zijn die in het leven een optelsom aan opgaven en belemmeringen hebben die – zeker in hun onderlinge samenhang – bij veel mensen tot de nodige stress en zorgen leiden. Terwijl andere groepen juist binnen alle soorten kapitaal ruim voorzien zijn. Wie hoger opgeleid is, een breed netwerk heeft, heel digivaardig en gezond is, staat in het leven voor een andere opgave dan iemand die binnen al deze kapitaalsvormen laag scoort (Vrooman et al. 2014). De toegevoegde waarde van de kapitaalsbril is dat die verder gaat dan de enkelvoudige samenhangen waar tal onderzoeken doorgaans op wijzen. Zo weten we bijvoorbeeld dat een kwart van de mensen die gebruikmaakt van schuldhulpverlening ook gezondheidsklachten heeft (Jungmann et al. 2014). We weten dat er in de context van huiselijk geweld vaak geldzorgen zijn (Bekken 2018) en we weten dat een derde van de mensen met een bijstandsuitkering ook gebruikmaakt van psychische zorg (Einerhand en Ravesteijn 2017). Maar samenhang is nog geen inzicht in de optelsom. Welk deel van de mensen met een bijstandsuitkering en psychische problemen heeft daarnaast maar een klein sociaal netwerk, overgewicht en geringe digitale vaardigheden? En hoe werkt die optelsom door in de stress en zorgen die het leven hen brengt en daarmee op hun doenvermogen?

In het hierboven genoemde rapport (Vrooman 2014) geeft prof. Cok Vrooman een mooi overzicht van de verschillende causale mechanismen die onderzoekers aanwijzen bij het verklaren van maatschappelijke verschillen. Zo wijst de (neo)marxistische verklaring naar de segmenterende werking van bezit. Je kansen in het leven worden in deze visie primair bepaald door de vraag of je wieg staat in een bezittende of niet-bezittende klasse. Dit is een heel andere kijk op verschillen dan de moderniseringstheorie waarin wordt aangenomen dat verschillen tot stand komen op basis van ervaring en persoonlijke kwaliteiten zoals intelligentie en doorzettingsvermogen of de visie van Bourdieu die betoogt dat met name cultureel kapitaal bepalend is voor de mogelijkheden om je levenskansen te verzilveren.

Bij het overzicht dat hij schetst, trekt Vrooman (Vrooman 2014) de conclusie dat de theorieën heel diverse beelden hebben over het ontstaan van verschillen en dat er geen sprake lijkt te zijn van een integrerende ontwikkeling naar een gedeelde visie. Om toch tot een werkbaar concept te komen dat ons een bril geeft om de maatschappelijke verschillen te begrijpen, voegt hij belangrijke elementen uit de verschillente theorieën samen in een praktisch model. De centrale aanname onder zijn model luidt dat de kansen die we in het leven krijgen en hetgeen het leven ons uiteindelijk brengt (in hoge mate) bepaald wordt door de optelsom van het persoonlijke, economische, culturele en sociale kapitaal dat we hebben. Deze optelsom van kapitaal plaats hij terecht in een context waarin ook *institutionele gegevens* zoals de heersende wetgeving, *drivers* zoals

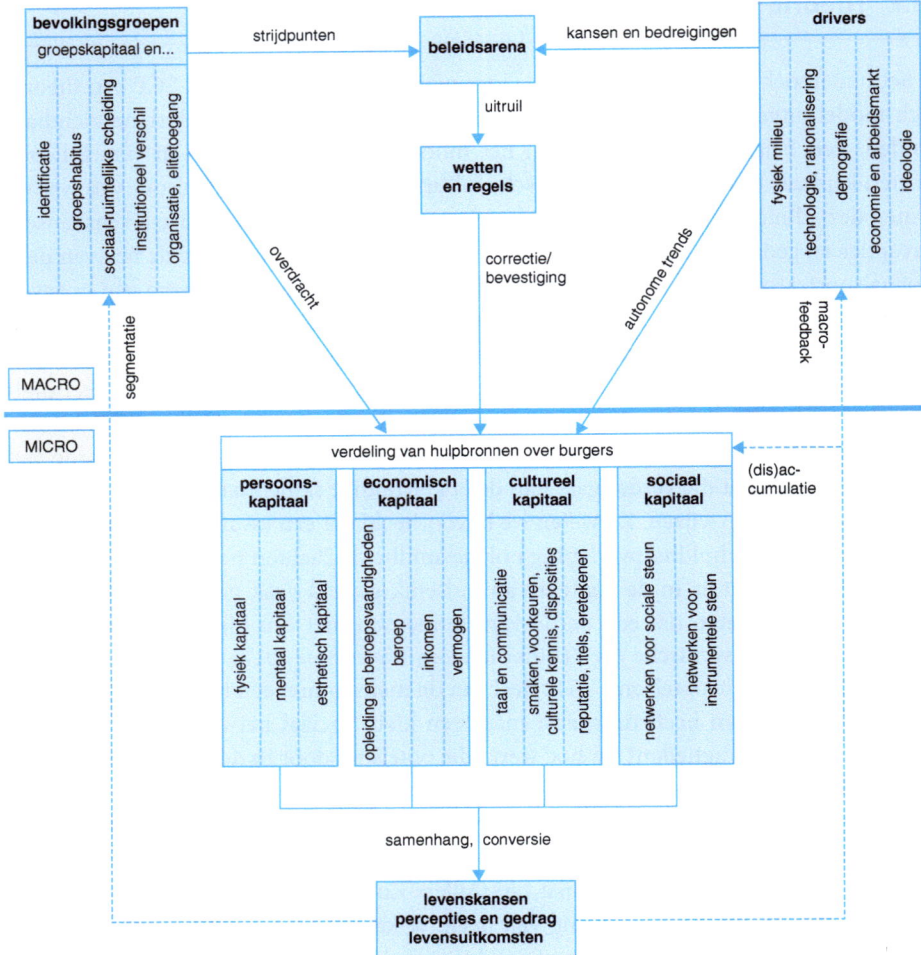

◘ **Figuur 3.2** Verschil in Nederland: Theoretisch model. Bron: Vrooman (2014)

de ontwikkeling van technologie en arbeidsmarkt en *groepskapitaal* zoals sociaal-ruimtelijke scheiding (achterstandswijken etc.) een rol spelen (zie ◘fig. 3.2).

Het model van Vrooman en de empirische toetsing die het SCP daarop uitvoerde is interessant omdat het inkleurt dat de kans dat je leeft in een dynamiek van flinke stress niet alleen te maken heeft met de life-events die je tegenkomt en je eigen stressgevoeligheid, maar ook met de groep waar je toe behoort. Met een gering kapitaal is het leven een stuk pittiger dan als je ruim bedeeld bent.

In het model worden vier soorten kapitaal onderscheiden die hierna apart worden toegelicht (Vrooman 2014):

— *persoonskapitaal* heeft betrekking op persoonlijke zaken die ons in het leven voor- of nadelen kunnen opleveren. In het model wordt in dit kader onderscheid gemaakt tussen (Vrooman 2014);

- *fysiek kapitaal*: hieronder worden zaken verstaan zoals de wijze waarop mensen hun gezondheid ervaren en het gemak waarmee zij bijvoorbeeld een trap op lopen;
- *mentaal kapitaal*: hieronder worden zaken verstaan zoals hoe intelligent je bent en hoe goed je bent in doelen stellen, doorzetten en emoties en verlangens reguleren. Deze kapitaalvorm gaat dus over doenvermogen;
- *esthetisch kapitaal*: kenmerken die je voor een ander aantrekkelijk maken.

In het model zijn alle drie de soorten kapitaal contextafhankelijk: ze zijn waardevoller naarmate ze in de omgeving meer gewaardeerd worden. Je kunt wel heel slim zijn (mentaal kapitaal) maar als een werkgever iemand zoekt om zware dozen te tillen, dan kijkt hij meer naar je fysiek dan naar je mentaal kapitaal (Vrooman 2014).

Economisch kapitaal heeft betrekking op de economische waarde van je bezit en opleiding(sniveau). Er wordt in het model onderscheid gemaakt tussen (Vrooman 2014):
- *opleiding en beroepsvaardigheden*: de opleiding die je genoten hebt opent deuren naar bepaalde beroepen of houdt die juist gesloten. In termen van kapitaal is de ene mbo- of hbo-opleiding dus meer waard dan de andere;
- *beroep*: het beroep dat je hebt, biedt meer of minder kansen in het leven. In het ene beroep heb je bijvoorbeeld meer mogelijkheden om carrièrestappen te zetten en op termijn meer te verdienen dan in het andere beroep. Dit geldt ook voor de ruimte die je op je werk hebt om bijvoorbeeld als er een live-event speelt daarmee om te gaan. In het ene beroep krijg je makkelijker zorgverlof of ruimte om onder werktijd telefoontjes te plegen dan in het andere beroep;
- *inkomen*: het geld dat iemand maandelijks krijgt of dat er in een huishouden binnenkomt uit salaris, uitkering, pensioen et cetera.
- *vermogen*: het vermogen dat een persoon of huishouden heeft in geld waar je bij kunt, goederen of bijvoorbeeld overwaarde op een huis.

Cultureel kapitaal heeft betrekking op het beheersen van codes, talen en gebruiken die door anderen herkend worden en die ons voor- of nadelen opleveren. Er wordt in het model onderscheid gemaakt tussen (Vrooman 2014):
- *taal en communicatie*: deze vorm van kapitaal heeft betrekking op de taal die je spreekt (foutloos Nederlands of juist veel grammaticale fouten), een eventueel dialect dat in je voor- of nadeel werkt, maar ook je digitale vaardigheden, woordenschat en het beheersen van bijvoorbeeld Engels als tweede taal. Het zijn allemaal aspecten die je voor- en nadelen kunnen opleveren in het verzilveren van je levenskansen;
- *smaken, voorkeuren, culturele kennis en disposities*: aansluiting op andere mensen vindt onder meer plaats via smaken, voorkeuren en culturele kennis. Als je bijvoorbeeld niet weet dat je bij een sollicitatie een ander een hand geeft en pas gaat zitten als die ander je een plek aanbiedt, dan heeft dat direct impact op de kans dat je de baan krijgt;
- *reputatie, titels en eretekenen*: je aanzien, titels en eventuele prijzen zijn van invloed op de beelden die anderen van je hebben. De wijze waarop anderen naar je kijken kan voor- en nadelen hebben en is net als het persoonskapitaal vaak

contextafhankelijk. In de beveiligingsbranche hebben ze misschien meer interesse in je banden met de lokale motorclub dan in je masterdiploma, terwijl het bestuur van de lokale kunstvereniging in de zoektocht naar een nieuw bestuurslid de omgekeerde interesse zal hebben.

Sociaal kapitaal heeft betrekking op de waarde van je sociale verbanden. Er wordt in het model onderscheid gemaakt tussen (Vrooman 2014):
- *netwerken voor sociale steun*: je sociale steun is het luisterend oor van bijvoorbeeld je vrienden, familie, buren en collega's. Ieder mens heeft behoefte aan betrokkenheid en eenzaamheid trekt een flinke wissel op ons welzijn. We krijgen allemaal met life-events te maken. Mensen die naar je luisteren en je steunen kunnen een verschil maken in de wijze waarop je het doorleven van een event ervaart. En daarmee ook in hoeveel stress een event je geeft;
- *netwerken voor instrumentele steun*: naast steun helpt het ons ook als ons netwerk praktische ondersteuning biedt. Als je een buurman hebt die je lamp kan vervangen, een oom die je met je belastingaangifte helpt en je hebt een moeder die direct inspringt als er een kind ziek is, sta je als alleenstaande moeder voor een minder stressvol bestaan dan als je al deze zaken zelf moet regelen terwijl je geen idee hebt hoe je dat kunt doen.

Een belangrijke aanname onder het model is dat de verschillende kapitaalsoorten niet tot elkaar herleid kunnen worden en/of elkaar domineren (Vrooman 2014). Wel ligt het voor de hand dat er samenhang is. Zo is het voor iemand die de Nederlandse taal niet machtig is (op dat aspect is er dan gering taalkapitaal) een hele opgave om diploma's te halen. En zonder diploma's is het weer een hele opgave om een goed inkomen en daarvan afgeleid een voldoende vermogen op te bouwen om in het leven tegen een stootje te kunnen.

In de context van dit boek wordt de aanname dat de verschillende kapitaalsoorten elkaar niet domineren naar de toekomst toe wel enigszins ter discussie gesteld. Een gering doenvermogen trekt een wissel op je executief functioneren (WRR 2017). Wie meer moeite heeft om doelen te stellen, door te zetten en emoties en verlangens te reguleren staat voor een grotere opgave om onder meer opleidingen te voltooien, goed voor de eigen gezondheid te zorgen en een sociaal netwerk op te bouwen en bij te houden. In die zin kan doenvermogen, dus mentaal kapitaal, wel degelijk worden gezien als een dominerende kapitaalsoort.

3.3.2 Het kapitaal is scheef verdeeld: forse verschillen in uitgangspositie

Bij een beschouwing van ons doenvermogen en daarvan afgeleid de verkenning wat er nodig is om te voorzien in effectieve bejegening in de hulp- en dienstverlening is het interessant om na te gaan hoe de verschillende soorten kapitaal in Nederland verdeeld zijn. Een belangrijk kenmerk van ons doenvermogen is immers dat als het leven te veel van ons vraagt dat doenvermogen afneemt (WRR 2017, Center on the developing child 2016). Maar wat vraagt het leven eigenlijk van ons? Of anders verwoord: hoe is het kapitaal in Nederland verdeeld en wat betekent dat voor de opgaven waar mensen in het dagelijks leven voor staan? Om de verschillen in kapitaal tussen groepen Nederlanders te meten heeft het SCP de in de vorige paragraaf beschreven soorten kapitaal geoperationaliseerd en de verdeling in kaart gebracht (Boelhouwer et al. 2014). Zo is fysiek kapitaal bijvoorbeeld gemeten door mensen te bevragen op hun lichamelijke kracht, lenigheid en uithoudingsvermogen. Deze zaken zijn niet alleen algemeen bevraagd, maar ook specifiek gemaakt door bijvoorbeeld te vragen of iemands gezondheid een belemmering vormt bij het traplopen.

De empirische toetsing van het SCP-model levert een interessant beeld op van de mate waarin zaken (die stressvol kunnen zijn) zoals gezondheidsproblemen, laag inkomen en een beperkt netwerk bij bepaalde groepen Nederlanders samenvallen of – misschien scherper geformuleerd – ophopen (Boelhouwer et al. 2014). Zo scoort de groep met het minste kapitaal het laagst op de variabelen: onderwijsniveau, arbeidsmarktpositie, fysieke gesteldheid, BMI, leefstijl, digitale vaardigheden, beheersing van het Engels, omvang van het netwerk, aantal personen waar ze persoonlijke zaken mee kunnen bespreken en de beschikbaarheid van een instrumenteel netwerk. Daarbij scoren ze op de aspecten inkomen, vermogen, esthetisch en mentaal weliswaar niet als laagste maar eveneens heel laag. Kortom: er is een groep die op meerdere dimensies flinke opgaven heeft in het leven. Het SCP noemt deze groep het *precariaat*, ze is kwetsbaar en heeft veel belemmeringen om het leven goed op de rit te krijgen en te houden. Deze groep staat voor opgaven die bij de meeste mensen de nodige stress en zorgen teweegbrengen en dit zet hun doenvermogen gemiddeld genomen waarschijnlijk flink onder druk (Boelhouwer et al. 2014).

In ◘ fig. 3.3 die is ontleend aan het SCP-rapport (Boelhouwer et al. 2014) is te zien hoe het kapitaal – vertaald in daarmee samenhangende indicatoren – verdeeld is over zes te onderscheiden groepen Nederlanders: gevestigde bovenlaag, jongere kansrijken, werkende middengroep, comfortabel gepensioneerden, onzekere werkenden en het eerder genoemde precariaat. ◘ Figuur 3.3 laat zien dat het precariaat en onzekere werkenden een cumulatie van variabelen hebben die maakt dat het leven voor hen vaak een hele opgave is. Een belangrijke conclusie die het SCP in dat licht trekt, is dat er in Nederland geen sprake is van een harde tweedeling maar eerder van een zachte tweedeling met diverse middengroepen (Vrooman et al. 2014). Dit is een conclusie die de WRR in zijn rapport over de middenklasse in andere woorden nog eens herhaalde (Engbersen et al. 2017).

Het precariaat maakt ongeveer 15 % uit van de Nederlandse bevolking (Boelhouwer et al. 2014). In deze groep zijn veel mensen lager opgeleid, ze hebben weinig inkomen en weinig vermogen. In zowel de Nederlandse enquêtes naar (chronische) stress als in internationale enquêtes worden relaties gevonden tussen inkomen en aanhoudende stress: hoe lager het inkomen, hoe meer stress mensen gemiddeld hebben. Mede in dat licht mag worden aangenomen dat deze groep die het SCP de naam precariaat heeft gegeven gemiddeld veel meer stress heeft dan de andere groepen. Het SCP noemt deze groep precariaat om aan te geven 'dat deze groep er relatief slecht aan toe is: ze blijft op alle terreinen achter en leidt een onzeker bestaan.' (Boelhouwer et al. 2014).

Hoofdstuk 3 · Bij wie speelt chronische stress?

	gevestigde bovenlaag	jongere kansrijken	werkende middengroep	comfortabel gepensioneerden	onzekere werkenden	precariaat
onderwijs	1	2	3	5	4	6
inkomen	1	4	2	3	6	5
relatie arbeidsmarkt	3	2	1	5	4	6
vrij vermogen	1	5	3	2	6	4
woningvermogen	2	5	3	1	6	4
fysiek	2	1	3	4	5	6
esthetisch	2	1	4	3	6	5
mentaal	1	3	4	2	6	5
BMI	2	1	3	4	5	6
aantal contacten	1	5	2	4	3	6
persoonlijke zaken bespreken	2	1	3	4	5	6
instrumenteel netwerk	1	2	5	3	4	6
leefstijl	1	2	4	3	5	6
digitale vaardigheden	3	1	2	5	4	6
Engels	2	1	3	5	4	6

Figuur 3.3 De zes groepen Nederlanders, naar onderliggende indicatoren, bevolking 18 jaar en ouder, 2014 (in rangordes). Bron: Boelhouwer et al. (2014).

De mensen die vallen in de groep 'onzekere werkenden' lijken veel op het precariaat (Boelhouwer et al. 2014). Ook zij zijn kwetsbaar en scoren slecht op de verschillende variabelen. Wel zijn ze gemiddeld iets gezonder, wat hoger opgeleid en ze hebben vaak een net wat groter netwerk. Esthetisch en mentaal scoren ze daarentegen juist wat lager dan het precariaat. Ze zijn dus niet alleen kwetsbaar vanwege hun arbeidsmarktpositie. In deze groep zitten werkende armen, maar ook mensen met een uitkering die werk zoeken zitten in deze groep. De arbeidsmarktpositie van deze groep is zwak. 'Aanhaken op de arbeidsmarkt is geen vanzelfsprekendheid en een relatief groot deel van de werkenden heeft een tijdelijke baan', aldus het SCP-rapport (Boelhouwer et al. 2014, pag. 292). Deze groep maakt 14 % uit van de Nederlandse bevolking. Samen met het precariaat (15 %) kan dus over een derde van de bevolking gezegd worden dat zij te maken hebben met een combinatie van variabelen die het op de rit krijgen en houden van het leven tot een hele opgave maakt en dat stress vaak een rol zal spelen (Boelhouwer et al. 2014).
De kwetsbaarheid van deze twee groepen is ook zichtbaar als de indicatoren vertaald worden naar de vier soorten kapitaal. De verdeling van de vier soorten kapitaal laat zien dat het precariaat en de onzekere werkenden aanmerkelijk minder kapitaalkrachtig zijn

3.3 · Weergave 3: prevalentie door een (te) grote optelsom aan opgaven

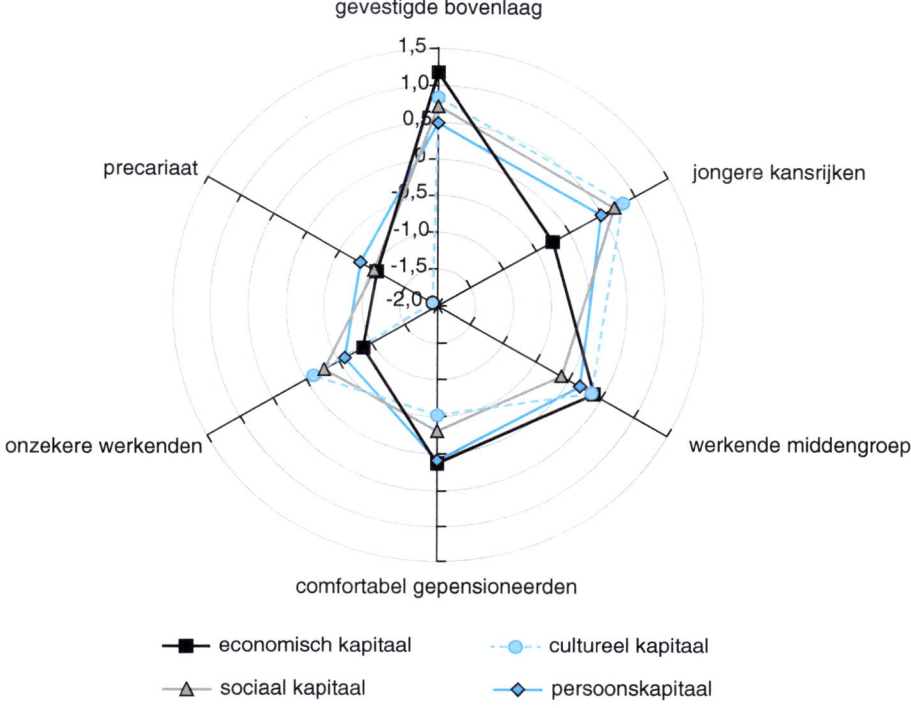

Figuur 3.4 Verdeling van de vier kaptitaalvormen over de zes groepen, bevolking van 18 jaar en ouder, 2014 (in indexscores, gemiddelde = 0). Bron: Boelhouwer et al. (2014)

dan de andere vier groepen. De onzekere werkenden lijken weliswaar in hun cultureel en sociaal kapitaal nog wel wat op de groep 'comfortabel gepensioneerden'. Maar in termen van economisch kapitaal scoren zelfs de 'jongere kansrijken' (veel studenten en net afgestudeerden) hoger dan de onzekere werkenden (Boelhouwer et al. 2014) (fig. 3.4).

Een interessante meer algemene notie die uit het onderzoek naar voren komt, is dat er bij alle zes de groepen een duidelijke relatie is tussen het gemiddelde kapitaal en het beroepsniveau: hoe hoger het beroepsniveau is hoe hoger het gemiddeld kapitaal van de groep. Beroepsniveau lijkt dus ook de andere vormen van kapitaal op te stuwen (Boelhouwer et al. 2014). Deze notie onderstreept het belang van de aandacht voor investeringen in opleiding en carrièreplanning bij lagere inkomensgroepen in stress-sensitieve bejegeningen zoals Mobility Mentoring® (Jungmann en Wesdorp 2017). De kans om duurzame (financiële) stabiliteit te bereiken wordt groter naarmate iemand in aanmerking komt voor hogere beroepen. Een hoger inkomen komt dan ook binnen bereik, wat op basis van de stress-enquêtes uit de vorige paragraaf aangemerkt kan worden als een factor die aanhoudende stress kan beperken.

3.4 Weergave 3: specifieke problematieken geven een hoog risico op chronische stress

Een derde manier om de prevalentie van chronische stress in beeld te brengen is door specifieke problematieken te beschouwen die een hoog risico op chronische stress in zich dragen. Er zijn tal van problematieken waarvan bekend is dat ze de mensen die ermee te maken hebben vaak veel zorgen en stress brengen. In deze paragraaf zijn er drie kort uitgewerkt: armoede en schuldenproblematiek, conflictueuze relatiebreuken (vechtscheidingen) en een verleden met meerdere trauma's. Als je door de bril van deze problematieken kijkt, zie je weer andere groepen dan via de bril van de groepen Nederlanders zoals uitgewerkt in de vorige paragraaf. Ook bij deze bril geldt dat armoede- of schuldenproblematiek, een vechtscheiding of trauma's niet per se betekenen dat mensen leven in chronische stress. Wel geldt bij deze groepen hetzelfde als bij het precariaat en de onzekere werkenden: de omstandigheden geven een vruchtbare voedingsbodem voor chronische stress.

3.4.1 Armoede- en schuldenproblematiek

Bijna 10 % van de Nederlandse huishoudens heeft een inkomen onder de lage inkomensgrens[1] (CBS 2018) en ongeveer 20 % heeft betalingsproblemen (Schonewille en Crijnen 2018). Bij een op de tien huishoudens is de schuldenproblematiek zo problematisch dat er bijvoorbeeld beslag ligt op het inkomen of dat de huur of hypotheek niet op tijd kan worden betaald. Armoede en financiële problemen kunnen een flinke wissel trekken op het doenvermogen (Tiemeijer 2016; WRR 2017).

In de context van economische voorspoed lijken er twee ontwikkelingen gaande te zijn. Enerzijds zijn er signalen dat armoede- en financiële problematiek afneemt. Zo daalde bij het Bureau Kredietregistratie (BKR) bijvoorbeeld het aantal huishoudens met een hypotheekachterstand van 113.000 in 2015 naar 80.000 in 2018 (BKR 2018). En ook het percentage huishoudens dat in armoede leeft, lijkt te dalen (Hoff et al. 2018). Anderzijds zijn er signalen dat de armoede en schuldenproblematiek zich bij een (kleiner wordende) groep juist verdiept. Het aantal huishoudens dat vier jaar of langer van een laag inkomen moest rondkomen nam toe, van 3,2 % in 2016 naar 3,3 % in 2017 (CBS 2018). En ten aanzien van de schuldenproblematiek constateert het Nibud een toename van serieuze betalingsproblemen, zoals afsluiting van energie of beslag op het inkomen (Schonewille en Crijnen 2018).

---

1   De lage-inkomensgrens is een grens die het CBS hanteert. De grens geeft een vast koopkrachtbedrag in de tijd weer en is afgeleid van het bijstandsniveau voor een alleenstaande in 1979. Dit bedrag wordt geïndexeerd en is aangepast voor andere huishoudtypen. Om een beeld te geven: de grens voor een alleenstaande was in 2017 1.040 euro per maand, 1.380 euro voor een alleenstaande ouder met één kind en 1.960 euro voor een paar met twee kinderen. Zie ▶ www.cbs.nl voor meer informatie.

3.4 · Weergave 3: specifieke problematieken geven een hoog risico op chronische stress

Armoede- en zeker schuldenproblematiek is een bron van chronische stress (Mullainathan en Shafir 2013; Tiemeijer 2016; Jungmann en Wesdorp 2017). De stress heeft tal van oorzaken en je kunt er niet even uit ontsnappen. De problemen en zorgen zijn er elke dag weer. Voor sommigen zelfs jarenlang. Voorbeelden van stressoren bij armoede zijn: de vele bronnen van inkomsten die op verschillende momenten uitbetalen terwijl de huur en energie op een vast moment betaald moeten worden (WRR 2017), de onduidelijkheden of verkregen bedragen juist berekend zijn en niet terugbetaald moeten worden en natuurlijk de puzzel om het dagelijks leven vorm te geven van een budget waarin eigenlijk niets tegen mag zitten. Voorbeelden van stressoren bij schuldenproblematiek zijn onder meer de grote variëteit aan incassobevoegdheden (Jungmann et al. 2012; Van der Vlugt et al. 2013; Tuzgöl-Broekhoven et al. 2019), het grote risico om bij beslag op het inkomen of de uitkering te weinig over te houden, de moeite die het kost om hulp te krijgen bij gemeenten (Jungmann et al. 2014; Jungmann en Kruis 2014; Tuzgöl-Broekhoven et al. 2018) en de lange tijd die het duurt als er een traject wordt opgestart voordat mensen echt weer rust krijgen. Daarbij staat schuldenproblematiek doorgaans niet op zichzelf. Huishoudens met (problematische) schulden maken vaker gebruik van meerdere voorzieningen uit het sociaal domein (45 %) dan wanneer er geen schulden zijn (17 %) (Pommer et al. 2018).

Armoede- en schuldenproblematiek vraagt – zeker in de samenhang met andere problemen – mentaal ontzettend veel van mensen. Als je moet rondkomen van 6 euro per dag, dan mag er niets misgaan. Je moet elke dag weer nadenken over wat je in huis hebt en wat je daar aan boodschappen bij kunt kopen. De kapper is een luxe, net als nieuwe kleding. Een uitnodiging voor een sollicitatiegesprek is in deze context al snel eerder een probleem en bron van stress dan een kans. Want hoe zorg je ervoor dat je er op het gesprek ook een beetje verzorgd uitziet? Daarnaast is er in de afgelopen jaren een waaier aan incassobevoegdheden ontstaan. Naast beslag op het inkomen en de inboedel heeft met name de overheid veel extra bevoegdheden gekregen. Zo mag de overheid bedragen tot 1.000 euro zonder aankondiging van je bankrekening schrijven, levert een achterstand van zes maanden op je zorgpremie een maandelijkse 'boete' op van 25 euro en kan het niet betalen van een boete voor fietsen zonder licht, als je geen actie onderneemt, escaleren tot een week gijzeling in een gevangenis. Wie leeft in armoede- en schuldenproblematiek leeft van dag tot dag en heeft vaak een hoofd vol zorgen. Chronische stress is bij deze groep eerder regel dan uitzondering.

Het lectoraat Schulden & Incasso van de Hogeschool Utrecht heeft onderzoek gedaan naar stressklachten bij financiële problemen (Madern et al. 2019). 58 % van de Nederlanders geeft aan in de maand voorafgaande aan het onderzoek stress te hebben ervaren door hun financiële situatie. 19 % ervaarde zelfs wekelijks of dagelijks stress. Van de groep Nederlanders met ernstige schuldenproblematiek heeft circa de helft in de afgelopen maand stress ervaren door hun financiële situatie. Bij de groep zonder schulden is dat 10 %. De financiële stress uit zich onder andere door lichamelijke klachten. 28 % van de Nederlanders zegt dat hun financiële situatie hen minimaal eens per week last bezorgt in de vorm van fysieke klachten (lichamelijk gespannen, moeilijk slapen en hoofdpijn). Ook in de internationale literatuur wordt beschreven dat grote financiële problemen bijdragen aan hevige stress (Meltzer et al. 2012).

3.4.2 Relatiebreuken

Ongeveer een op de drie relaties loopt stuk. 11 % van de vrouwen die geboren werden tussen 1940 en 1945 had op 40-jarige leeftijd een relatiebreuk achter de rug. Van de vrouwen die tussen 1970 en 1975 werden geboren geldt dat voor 30 % (CBS 2016). De impact van een relatiebreuk kan heel groot zijn. Zeker als je de breuk niet wilt, niet zag aankomen en/of samen kinderen hebt op te voeden. Per jaar maken naar schatting 70.000 kinderen een relatiebreuk mee. In de afgelopen jaren nam niet alleen het aantal relatiebreuken flink toe, maar ook het aantal situaties waarin ouders vechtend uit elkaar gaan. De rechtspraak schat dat ongeveer 20 % van de relatiebreuken waar kinderen bij betrokken zijn uitmondt in een flink gevecht (Baracs en Vreeburg- Van der Laan 2014; De Rechtspraak 2016).

De impact van een conflictueuze relatiebreuk (ook wel vechtscheiding genoemd) is enorm voor zowel ouder als kind. Continue strijd, onzekerheid en loyaliteitsvraagstukken kunnen voor beiden een grote bron van chronische stress zijn (Van Peer 2018). Onderzoek laat zien dat een conflictueuze relatiebreuk bijdraagt aan psychische spanningen, vijandigheid en een verminderd geluksgevoel (Kelly en Emery 2003). De terugkerende destructieve conflicten en misverstanden die zich in die context telkens weer ontwikkelen, spelen daar een heel belangrijke rol bij (Cohen en Levite 2012). Ex-partners gaan vaak meer drinken en roken, minder gezond eten en minder slapen. De ex-partners maken gemiddeld genomen vaker gebruik van hulp- en dienstverlening en het sociale netwerk dunt vaak uit. Een conflictueuze relatiebreuk is een context waarin chronische stress zich makkelijk opbouwt.

Scheiden en de impact daarvan werd lange tijd gezien als een privévraagstuk. Maar met de groei van het aantal vechtscheidingen en de groeiende kennis over de negatieve effecten op de betrokken kinderen en ex-partners (Visser 2016) wordt overheidsbemoeienis steeds vanzelfsprekender (Platform 'Scheiden zonder Schade' 2018). Conflictueuze relatiebreuken kunnen leiden tot jarenlange chronische stress die doorwerkt op tal van levensdomeinen van ouder en kind.

3.4.3 Een geschiedenis met trauma's

Een optelsom van traumatische ervaringen heeft invloed op onze stressbeleving. Zowel in Nederland als in de Verenigde Staten heeft zo'n 11 % van de volwassenen gedurende de jeugd vier of meer traumatische ervaringen meegemaakt (Kuiper et al. 2010). Dat is zorgelijk, omdat onderzoek naar stressvolle ervaringen in je jeugd (Adverse Childhood Experiences (ACE's)) laat zien dat als kinderen vier of meer van deze traumatische ervaringen meemaken ze een grotere kans hebben op een slechtere gezondheid, er vaker een ongezondere levensstijl op nahouden, maatschappelijk gezien minder succesvol zijn en gemiddeld tien jaar eerder overlijden (Pijpers et al. 2019).

Nederlands onderzoek laat zien dat kinderen de volgende vijf traumatische gebeurtenissen het vaakst meemaken: gescheiden ouders (25 %), emotioneel verwaarloosd (12,9 %), emotioneel mishandeld (12,2 %), lichamelijk mishandeld (8,5 %), getuige geweest van geweld tussen ouders/opvoeders (7,5 %) (TNO 2016). Onderzoek onder kinderen uit groep 7 en 8 laat zien dat naarmate het aantal traumatische gebeurtenissen groter is, kinderen een gemiddeld lagere kwaliteit van leven rapporteren en zich gemiddeld minder fit en gezond voelen (Vink et al. 2016). Een onderzoek onder jonge volwassen mannen tussen de 18 en 27 met multiproblematiek liet zien dat zij gemiddeld 3,6 traumatische gebeurtenissen hadden meegemaakt en dat problemen in het psychologisch functioneren met name gerelateerd konden worden aan emotioneel misbruik en emotionele verwaarlozing (Van Duin et al. 2018). In eerder onderzoek naar de gevolgen van kindermishandeling werd een relatie gelegd tussen ACE's en een verhoogde zorgconsumptie en ziekteverzuim (Speetjens et al. 2016).

3.5 Gebruikers van publieke ondersteuning hebben relatief vaak chronische stress

De vorige vier paragrafen hebben ons geleerd dat er weliswaar geen eenduidig antwoord is te geven op de vraag hoeveel Nederlanders er met chronische stress worstelen, maar dat het – hoe je er ook naar kijkt – een substantiële groep is. Daarbij ligt het in de rede dat gebruikers van professionele ondersteuning in het sociaal domein vanwege de aard van hun ondersteuningsvragen bovenmatig vaak worstelen met chronische stress. In 2016 maakte 2 miljoen mensen gebruik van professionele ondersteuning (Pommer et al. 2018). Samen vormen zij 1,8 miljoen huishoudens. Deze aantallen vertegenwoordigen ongeveer 12 % van de Nederlanders en 23 % van de huishoudens. Bijna de helft van de huishoudens die gebruikmaakt van ondersteuning in het sociaal domein maakt gebruik van meerdere wetten (zoals de Wet maatschappelijke ondersteuning, Participatiewet, Wet gemeentelijke schuldhulpverlening en/of de Jeugdwet). Het SCP concludeert in haar overallrapportage sociaal domein (Pommer et al. 2018, pag. 12) 'dat voorzieningen in het sociaal domein gebruikt worden door mensen waar ze voor bedoeld zijn: kwetsbare mensen met een minder goede kwaliteit van leven'.

3.6 Het beroep op onze cognitieve vaardigheden wordt alleen maar groter

In 2013 kondigde de Koning in de troonrede de hervorming aan van de verzorgingsstaat naar de participatiesamenleving waarin een groter beroep wordt gedaan op eigen verantwoordelijkheid en zelfredzaamheid (Koning Willem-Alexander 2013). Deze overgang vraagt meer regie van burgers en doet daarmee een groter beroep op onze mentale vaardigheden. De overgang naar de participatiemaatschappij wordt ingegeven door een combinatie van ontwikkelingen, waaronder verdergaande individualisering en grote bezuinigingsopgaven (Van den Broek et al. 2016). De overgang vindt plaats in een tijdsgewricht van versnelling en grote technologische ontwikkelingen. Algemeen wordt aangenomen dat we momenteel een transitie doormaken die qua ingrijpendheid wel wordt vergeleken met de industriële revolutie. In dat licht mogen we aannemen dat wat er (cognitief) van ons gevraagd wordt de komende periode alleen maar meer wordt.

In de toekomstverwachting *Blik vooruit* (Vermeij et al. 2016) schetst het SCP ontwikkelingen die ons dagelijks leven naar hun idee het meest gaan beïnvloeden: *meer dynamiek, individuele levenspaden* en een groter nadruk op *eigen regie*. Met meer dynamiek wordt bedoeld dat verbanden waarin we functioneren mede door de technologische veranderingen steeds losser worden. De relaties met werkgevers, opleidingen en onze dierbaren veranderen. We schakelen steeds sneller tussen de plekken waar we zijn en de plekken waar we contact mee hebben via beeld en geluid. We voeren activiteiten steeds meer op een zelfgekozen moment uit en krijgen daarmee ook een steeds grotere opdracht om zelf te zorgen voor zaken zoals voldoende rust. Samenhangend met de nieuwe mogelijkheden wordt er een groeiend beroep op ons gedaan om ons individuele levenspad uit te stippelen. Opleidingen gaan bijvoorbeeld steeds meer modules aanbieden. We moeten veel meer keuzen maken die ons verder of juist achterop helpen. Ook de arbeidsmarkt wordt dynamischer. We hebben vaker kortere betrekkingen, al dan niet in loondienst of als zelfstandige. Gebaande carrièrepaden waarin je van jongste bediende via een uitvoerende functie doorgroeit naar een managementrol worden minder standaard. In de grotere dynamiek kunnen we lang niet altijd overzien wat ons helpt om op ons individuele levenspad te bereiken wat we beogen. Daarbij draagt de grotere dynamiek eraan bij dat we posities niet alleen sneller verwerven, maar ook sneller weer (kunnen) verliezen. Meer dynamiek en individueler levenspaden leggen een grotere nadruk op eigen regie. Als je niet meer vanzelfsprekend deel uitmaakt van een klas, afdeling of buurt, aan wie spiegel je je dan (Vermeij et al. 2016)?

Het SCP schets in haar vooruitblik de kansen van de bovenstaande ontwikkelingen, maar uit ook de nodige zorgen (Vermeij et al. 2016). Zorgen die gedeeld worden door onder meer het Rijksinstituut voor Volksgezondheid en Milieu (2018). We krijgen meer vrijheid en ruimte om ons leven vorm te geven. Apps en andere middelen kunnen ons helpen in het reguleren van het leven. Technologie biedt kansen om ons doelgerichte gedrag te structureren. Maar tegelijkertijd wordt het beroep dat de moderne maatschappij op individuen doet zo groot dat als we geen passende context creëren met appjes en andere middelen, een te grote groep de nieuwe positie en verantwoordelijkheden niet (meer) aankan. De belangrijkste zorgen die het SCP in dit kader uit, zijn dat niet iedereen in voldoende mate in staat zal zijn de eigen regie te pakken en dat het leven door de grotere onzekerheden en dynamiek een stuk stressvoller wordt.

De verwachting is dus dat de aankomende jaren de druk alleen nog maar zal toenemen en dat de samenleving alleen nog maar meer druk legt op de executieve functies. Als we niet oppassen, betalen de meest kwetsbare groepen daar de rekening voor.

Literatuur

American Psychological Association (2017). *Stress in America. Coping with change. Stress in America™ Survey.* Washington D.C., V.S.: American Psychological Association.

American Psychological Association (2018). *Stress in America: Generation Z. Stress in America™ Survey.* Washington D.C., V.S.: American Psychological Association.

Baracs, M. N., & Vreeburg- van der Laan, E. J. M. (2014). *Vechtende ouders, het kind in de knel. Adviesrapport over het verbeteren van de positie van kinderen in vechtscheidingen.* Den Haag: De Kinderombudsman.

Literatuur

Barlow, D. H., & Rapee, R. M. (2014). *10 steps to mastering stress. A lifestyle approach, updated editon*. Oxford: Oxford University Press Inc.

Bekken, F. (2018). *Geld en geweld. Armoede en schulden in afhankelijkheidsrelaties*. Amsterdam: SWP uitgeverij.

Boelhouwer, J., Gijsberts, M., & Vrooman, C. (2014). Nederland in meervoud. In C. Vrooman, M. Gijsberts & J. Boelhouwer (Red.), *Verschil in Nederland*. Den Haag: Sociaal en Cultureel Planbureau.

Brown, E. D., Anderson, K. E., Garnett, M. L., & Hill, E. M. (2019). Economic instability and household chaos relate to cortisol for children in poverty. *Journal of Family Psychology, 34*(6), 629–639.

Bureau Kredietregistratie (2018, november 7). *Opnieuw flinke afname van huiseigenaren met betalingsachterstand op hun hypotheek [nieuwsbericht]*. Geraadpleegd van ▸ https://perskamer.bkr.nl/opnieuw-flinke-afname-van-huiseigenaren-met-betalingsachterstand-op-hun-hypotheek/.

Center on the Developing Child at Harvard University (2016). *Building core capabilities for life: The science behind the skills adults need to succeed in parenting and in the workplace*. Boston: Center on the Developing Child at Harvard University.

Centraal Bureau voor de Statistiek (2016, december 2). *Meer stellen gaan op jonge leeftijd uit elkaar [nieuwsbericht]*. Geraadpleegd van ▸ https://www.cbs.nl/nl-nl/nieuws/2016/48/meer-stellen-gaan-op-jonge-leeftijd-uit-elkaar.

Centraal Bureau voor de Statistiek (2018, november 12). *Meer huishoudens met risico op armoede in 2017 [nieuwsbericht]*. Geraadpleegd van ▸ https://www.cbs.nl/nl-nl/nieuws/2018/46/meer-huishoudens-met-risico-op-armoede-in-2017.

Cohen, O., & Levite, Z. (2012). High-conflict divorced couples: Combining systemic and psychodynamic perspectives. *Journal of Family Therapy, 34*, 387–402.

Cohen, S., Doyle, W. J., & Baum, A. (2006). Socioeconomic status is associated with stress hormones. *Psychosomatic Medicine, 68*, 414–420.

De Boer, T. (2017). *Van succes-student naar stress-student. Hoe groot is het probleem?* Utrecht: Landelijke Studenten Vakbond (LSVb).

De Rechtspraak (2016). *Visiedocument. Rechtspraak (echt)scheiding ouders met kinderen*. Utrecht: de Rechtspraak.

Die Techniker (2016). *Entspann dich Deutschland. TK-Stressstudie 2016*. Hamburg, Duitsland: Die Techniker.

Einerhand, M., & Ravesteijn, B. (2017). Psychische klachten en de arbeidsmarkt. *Economisch Statistische Berichten, 102*(4754), 2–4.

Engbersen, G., Snel, E., & Kremer, M. (2017). *De val van de middenklasse? Het stabiele en kwetsbare midden*. Den Haag: Wetenschappelijke Raad voor het Regeringsbeleid.

GGD Brabant Zuid-Oost (2018). *Volwassenmonitor. 19 t/m 64 jarigen. 2016–2017*. GGD Brabant Zuid-Oost.

Hoff, S., Goderis, B., Van Hulst, B., & Wildeboer Schut, J. M. (2018). *Armoede in kaart 2018*. Den Haag: Sociaal Cultureel Planbureau.

Jungmann, N., & Kruis, G. (2014). *Het verhaal achter de cijfers. De doorstroming van de minnelijke schuldhulpverlening naar de wettelijke schuldsanering*. Utrecht/Amsterdam: Hogeschool Utrecht/Regioplan.

Jungmann, N., & Wesdorp, P. (2017). *Mobility Mentoring. Hoe inzichten uit de hersenwetenschap leiden tot een betere aanpak van armoede en schulden*. Den Haag: Platform31.

Jungmann, N., Moerman, A., Schruer, H. D. L. M., & Van den Berg, I. (2012). *Paritas passé? Debiteuren en crediteuren in de knel door ongelijke incassobevoegdheden*. Utrecht/Den Haag: Hogeschool Utrecht, Sociaal Raadslieden en Koninklijke Beroepsorganisatie van Gerechtsdeurwaarders.

Jungmann, N., Lems, E., Vogelpoel, F., Van Beek, G., & Wesdorp, P. (2014). *Onoplosbare schuldsituaties*. Utrecht: Hogeschool Utrecht.

Kelly, J., & Emery, R. (2003). Children's adjustment following divorce: Risk and resilience perspectives. *Family Relations, 52*, 352–362.

Koning Willem-Alexander (2013, 17 september). *Troonrede 2013*. Geraadpleegd van ▸ https://www.rijksoverheid.nl/documenten/toespraken/2013/09/17/troonrede-2013.

Kuiper, R. M., Dusseldorp, E., & Vogels, A. G. C. (2010). *A first hypothetical estimate of the Dutch burden of disease in relation to negative experiences during childhood*. Leiden: TNO.

Madern, T., Van Teeffelen, L., & Jungmann, N. (2019). De impact van financiële problemen. In R. F. Feenstra, M. A. Broeders & Ph. W. Schreurs (Red.), *De curator en de failliet*. Deventer: Wolters Kluwer.

Meltzer, H., Bebbington, P., Brugha, T., Farrell, M., & Jenkins, R. (2012). The relationship between personal debt and common mental disorders. *European Journal of Public Health, 23*, 108–113.

Mental Health Foundation (2018). *Stress: Are we coping?* London: Mental Health Foundation.

Mullainathan, S., & Shafir, E. (2013). *Schaarste. Hoe gebrek aan tijd en geld ons gedrag bepalen*. Amsterdam: Maven Publishers.

Pijpers, F., Vanneste, Y., & Feron, F. (2019). *Stress bij kinderen: Hoe houden we het gezond; stress bezien vanuit de jeugdgezondheidszorg*. Utrecht: Nederlands Centrum Jeugdgezondheid.

Platform 'Scheiden zonder Schade' (2018). *Scheiden … en de kinderen dan? Agenda voor actie*. Den Haag: Platform 'Scheiden zonder Schade'.

Pommer, E., Boelhouwer, J., Eggink, E., Marangos, A. M., & Ooms, I. (2018). *Overall rapportage sociaal domein 2017. Wisselend bewolkt*. Den Haag: Sociaal en Cultureel Planbureau.

Rijksinstituut voor Volksgezondheid en Milieu (2018). *Volksgezondheid toekomstverkenning 2018. Een gezond vooruitzicht. Synthese*. Utrecht: Rijksinstituut voor Volksgezondheid en Milieu.

Rippe, R. C. A., Noppe, G., Windhorst, D. A., Tiemeier, H., Van Rossum, E. F.C., Jaddoe, et al. (2015). Splitting hair for cortisol? Associations of socio-economic status, ethnicity, hair color, gender and other child characteristics with hair cortisol and cortisone. *Psychoneuroendocrinology, 66*, 56–64.

Schmidt, E., & Simons, M. (2013). *Psychische klachten onder studenten*. Utrecht: Landelijke Studenten Vakbond.

Schonewille, G., & Crijnen, C. (2018). *Financiële problemen 2018. Geldzaken in de praktijk. 2018–2019 deel 1*. Utrecht: Nibud.

Speetjens, P., Thielen, F., Ten Have, M., De Graaf, R., & Smit, F. (2016). Kindermishandeling: Economische gevolgen op de lange termijn. *Tijdschrift voor Psychiatrie, 58*, 706–711.

Stalder, T., & Kirschbaum, C. (2012). Analysis of cortisol in hair – State of the art and future directions. *Brain, Behavior and Immunity, 26*, 1019–1029.

Tiemeijer (2016). *Eigen schuld? Een gedragswetenschappelijk perspectief op problematische schulden*. Den Haag: Wetenschappelijke Raad voor het Regeringsbeleid.

TNO (2016) *Jongerenrapport Ik heb al veel meegemaakt*. Jongerentaskforce Augeo.

TNO (2018). *Arbobalans 2018. Kwaliteit van de arbeid, effecten en maatregelen in Nederland*. Leiden: TNO.

Tonnon, S., Jungmann, N., & Lako, D. (2020). *Mobility Mentoring in Alphen aan den Rijn. Procesevaluatie*. Utrecht/Den Haag: Hogeschool Utrecht/Platform31.

Tuzgöl-Broekhoven, A., Van den Berg, W., Rusman, D., & Van Vliet, C. (2019). *Invorderen vanuit het burgerperspectief. Een onderzoek naar de knelpunten die burgers ervaren bij het invorderen van schulden door de overheid*. Den Haag: De Nationale Ombudsman.

Tuzgöl-Broekhoven, A., Atalikyayi, R., Ten Berge, E., Van den Berg, W., & Hanse, D. (2018). *Een open deur. Onderzoek naar de toegankelijkheid van de gemeentelijke schuldhulpverlening*. Den Haag: De Nationale Ombudsman.

Ursache, A., Merz, E. C., Melvin, S., Meyer, J., & Noble, K. G. (2017). Socioeconomic status, hair cortisol and internalizing symptoms in parents and children. *Psychoneuroendocrinology, 78*, 142–150.

Van Duin, L., Bevaart, F., Zijlmans, J., Luijks, M. A., Doreleijers T. A. H., Wierdsma, A. L., et al. (2018). The role of adverse childhood experiences and mental health care use in psychological dysfunction of male multi problem young adults. *European Journal of Child and Adolescent Psychiatry, 14*, ▶ https://doi.org/10.1007/s00787-018-1263-4.

Van Peer, C. (Red.). (2018). *De impact van een (echt)scheiding op kinderen en ex-partners*. Brussel: Centrum voor Bevolkings- en Gezinsstudies.

Van den Broek, A., Van Campen, C., De Haan, J., Roeters, A., Turkenburg, M., & Vermeij, L. (2016). *De toekomst tegemoet. Leren, werken, zorgen, samenleven en consumeren in het Nederland van later*. Den Haag: Sociaal en Cultureel Planbureau.

Van der Elst, M. (2018). *Lichamelijke en psychosociale gezondheid. Resultaten uit de gezondheidsenquête 2016*. Den Haag: GGD Haaglanden.

Van der Vlugt, Y. M., Van den Berg, W. C. P., & Van Steenbergen, M. M. (2013). *In het krijt bij de overheid. Verstandig invorderen met oog voor maatschappelijke kosten*. Den Haag: De Nationale Ombudsman.

Vaghri, Z., Guhn, M., Weinberg, J., Grunau, R. E., Yu, W., & Hertzman, C. (2013). Hair cortisol reflects socio-economic factors and hair zinc inpreschoolers. *Psychoneuroendocrinology, 38*(3), 331–340.

Vermeij, L., Roeters, A., Van den Broek, A., Van Campen, C., Turkenburg, M., De Haan, J., et al. (2016). De Blik vooruit. In A. Van den Broek, C. Van Campen, J. De Haan, A. Roeters, M. Turkenburg & L. Vermeij (Red.), *De toekomst tegemoet. Leren, werken, zorgen, samenleven en consumeren in het Nederland van later*. Den Haag: Sociaal en Cultureel Planbureau.

Vink, R., Pal, S., Van der Eekhout, I., Pannebakker, F., & Mulder, T. (2016). *Ik heb al veel meegemaakt: Ingrijpende jeugdervaringen (ACE) bij leerlingen in groep 7/8 van het regulier basisonderwijs*. Leiden: TNO.

Visser, M. (2016). *The impact of destructive parental conflict on children and their families. The role of parental availability, mother child emotion dialogues, and forgiveness* (diss). Amsterdam: Vrije Universiteit.

Vliegenthart, J., Noppe, G., Van Rossum, E., Koper, J. W., Raat, H., & Akker, E. (2015). Socioeconomic status in children is associated with hair cortisol levels as a biological measure of chronic stress. *Psychoneuroendocrinology, 65*, 9–14.

Vrooman, C. (2014). Visies op verschil. In C. Vrooman, M. Gijsberts & J. Boelhouwer (Red.), *Verschil in Nederland*. Den Haag: Sociaal en Cultureel Planbureau.

Vrooman, C., Gijsberts, M., & Boelhouwer, J. (2014). *Verschil in Nederland*. Den Haag: Sociaal en Cultureel Planbureau.

Wetenschappelijke Raad voor het Regeringsbeleid (2017). *Weten is nog geen doen. Een realistisch perspectief op redzaamheid*. Den Haag: Wetenschappelijke Raad voor het Regeringsbeleid.

Instrumenten gericht op doelbereiking

Peter Wesdorp en Nadja Jungmann

4.1 Wat maakt instrumenten relevant in een context van chronische stress? – 66
4.1.1 Een op transformatie gerichte doelgeoriënteerde benadering – 66

4.2 Wat zijn voorbeelden van instrumenten en waar zijn ze voor in te zetten? – 69
4.2.1 Doel – 71
4.2.2 Plan – 80
4.2.3 Doen – 84
4.2.4 Evalueren en indien nodig herzien – 86

4.3 Welke effecten mag je verwachten? – 86

4.4 Wat vergt implementatie? – 88
4.4.1 Ontwikkel instrumenten die passen bij de doelgroep en de context – 88
4.4.2 Creëer de randvoorwaarden om de instrumenten goed in te zetten – 88
4.4.3 Monitor proces én uitkomsten – 88
4.4.4 Werk uit wie welk instrument inzet – 89
4.4.5 Gebruik reeds ontwikkelde aanpakken – 89

Literatuur – 89

© Bohn Stafleu van Loghum is een imprint van Springer Media B.V., onderdeel van Springer Nature 2020
N. Jungmann, P. Wesdorp en T. Madern (Red.), *Stress-sensitief werken in het sociaal domein*,
https://doi.org/10.1007/978-90-368-2433-0_4

Cliënten die in chronische stress leven hebben behoefte aan ondersteuning om doelen te stellen en te bereiken. Dit vraagt van de publieke hulp- en dienstverlening een context die niet afstraft, maar die daar rekening mee houdt. Een context die onze executieve functies ondersteunt of versterkt. Een context waarbinnen een cliënt zijn zelfsturing zo veel mogelijk kan vormgeven. Onderdeel van die context zijn instrumenten, hulpmiddelen en technieken die mensen helpen bij het stellen en bereiken van doelen en het oplossen van problemen. Chronische stress heeft immers tot gevolg dat doelgericht gedrag lastig is. Mensen vallen vooral terug in routines en gewoonten die niet per se bijdragen aan of zelfs ook maar bedoeld zijn voor het oplossen van problemen (Carlock 2011). Een gestrest brein vindt bewust, doelgericht en zelfgereguleerd gedrag, waarbij een relatie wordt gelegd tussen een actie en een uitkomst in een veranderende context, vaak heel moeilijk (Schwabe et al. 2012). Instrumenten gericht op doelbereiking kunnen cliënten stippen op de horizon bieden en ondersteuning bij het uitwerken van de stappen die nodig zijn om daar te komen. Ze kunnen naast ondersteuning ook bijdragen aan het versterken van de executieve vaardigheden die essentieel zijn om doelen te bereiken (Pavetti 2014; Anderson et al. 2017). Bovendien kunnen instrumenten een rol spelen bij het opbouwen en aanleren van nieuwe routines en gewoonten waardoor cliënten vaker het gedrag kunnen gaan vertonen dat hen helpt in het oplossen van hun problemen en het bereiken van hun doelen (Neal et al. 2013).

4.1 Wat maakt instrumenten relevant in een context van chronische stress?

In het Engels worden instrumenten gericht op doelbereiking wel aangeduid als *brain scaffolds*: 'breinstutten' of 'het brein in de steigers' (Wood et al. 1976; Murray en Hamoudi 2016). De stutten of steigers compenseren de zwaktes van het brein en benutten de sterktes. De essentie van instrumenten gericht op doelbereiking is dat ze ondersteuning bieden, doelgericht zijn en in principe tijdelijk zijn. Het idee is dat de stutten verwijderd worden naar de mate waarin het brein er, mede onder invloed van het afnemen van de stress en neuroplasticiteit, weer in slaagt de functies zelf te vervullen. Daarvoor is het belangrijk om instrumenten in te zetten in een context die gericht is op stressreductie en oefening van het executief functioneren. Slim ontwikkelde instrumenten ondersteunen dat proces, in nauwe samenhang met de wijze waarop de coaching plaatsvindt (Derr et al. 2019). Zie over coaching ▶ H. 7.

4.1.1 Een op transformatie gerichte doelgeoriënteerde benadering

Voor veel cliënten die worstelen met chronische stress geldt dat de stress veroorzaakt wordt door een optelsom van problemen in diverse leefdomeinen. In die context levert een enkele transactie in de vorm van bijvoorbeeld een schuldregeling, opvoedcursus of een werkervaringsplek niet altijd genoeg op. Een cliënt komt wellicht uit de schulden, leert nieuwe opvoedtechnieken of vindt werk, maar als er nog andere problemen spelen en de chronische stress aanhoudt, is het de vraag wat de enkele transactie op de lange termijn oplevert. Het besef dat chronische stress een wissel trekt op ons vermogen om doelen te stellen en te realiseren vormde in de afgelopen jaren voor diverse organisaties de aanleiding om instrumenten te ontwikkelen die cliënten die worstelen met chronische stress helpen in het proces van doelbereiking, om specifieker te zijn: te helpen bij de stappen van het bepalen van de doelen, het maken van de plannen, het in actie komen en het monitoren of de ingezette acties de cliënt aan de beoogde doelbereiking helpen. De instrumenten zijn geworteld in onder meer de hersenwetenschappen, psychologie en andere gedragswetenschappen. Het vertrekpunt van de instrumenten is het besef dat bij cliënten die in chronische stress leven het executief functioneren onder druk staat. Voorbeelden van organisaties die toonaangevende instrumenten hebben ontwikkeld zijn EMPath, Mathematica en MDRC. In hun denken is de oorzaak van veel sociale problematiek mede gelegen in gebrekkige zelfregulatie en zwak ontwikkelde of ter beschikking staande executieve functies. Vanuit dit denken werken deze organisaties om duurzame resultaten te realiseren steeds meer aan programma's die gericht zijn op *transformatie* in plaats van op *transactie*. Waarbij programma's gericht op transformatie actief en intensief inzetten op het ontwikkelen van vaardigheden als onderdeel van de geboden ondersteuning.

Veel publieke hulp- en dienstverlening is gericht op het verstrekken van transacties: een opvoedcursus, een schuldregeling of bijvoorbeeld een werkervaringsplek. De instrumenten die in deze context ingezet worden zijn gericht op de professional om hem of haar te ondersteunen bij het uitvoeren van het proces dat aan de transactie ten grondslag ligt. Bij instrumenten gericht op transactie kan gedacht worden aan aanvraagformulieren, diagnose-instrumenten en plannen van aanpak die professionals ondersteunen bij het invulling geven aan het casemanagement. Bij een samenwerking geworteld in transacties is er sprake van een top-downbenadering vanuit de systeemwereld. Organisaties streven eigen doelen na en de relatie met cliënten is daarop gericht. Critici wijzen erop dat dergelijke relaties cliënten in een afhankelijke, machteloze en hopeloze positie brengen (Hong 2016). Bovendien is er in een op transacties gerichte werkwijze vaak geen of weinig ruimte voor maatwerk. Er is een proces en van cliënten wordt verwacht dat zij de stappen zetten die vanuit dat proces gevraagd worden.

Wie gebrekkige zelfregulatie en onvoldoende ontwikkelde of ter beschikking staande executieve functies als vertrekpunt neemt in de ontwikkeling van de hulp- en dienstverlening maakt andere keuzes. Het begint met een andere probleemanalyse. Het is namelijk geen toeval dat cliënten zowel zonder werk zitten als schulden hebben als moeite met de opvoeding van de kinderen. Onder deze problemen wordt een gemeenschappelijke deler gezien: belemmeringen in het executief functioneren en daardoor moeite met doelgericht gedrag. Deze probleemanalyse nodigt uit om niet zozeer aan te grijpen op de problematiek (schulden, werkloosheid etc.), maar op de (beïnvloedbare) onderliggende oorzakelijke factor (belemmeringen in executief functioneren). Hulp- en dienstverlening wordt dan niet langer gericht op het verrichten van transacties, maar op de behoefte aan transformatie. De behoefte aan verbeteringen in het executief functioneren om op alle levensdomeinen beter in staat te zijn om doelen te stellen, plannen te maken, in actie te komen en te monitoren of de ingezette acties leiden tot de beoogde resultaten. De opdracht van professionals is bij transformatie niet om een proces uit te voeren, maar om cliënten verder te helpen in het leven. Om hen bij te staan in het verbeteren van hun zelfregie en executief functioneren, zodat ze in staat zijn om op een effectieve manier om te gaan met wat er zoal op hun pad komt. Het doel van transformatie is om cliënten zo te begeleiden dat zij in staat zijn om tegenslagen op te vangen en de eigen situatie duurzaam stabiel te houden. Hulp- en dienstverlening die gericht is op transformatie heeft behoefte aan een ander soort instrumenten en coaching. Te weten: instrumenten en coaching die cliënten verder helpen. Instrumenten in een op transformatie gerichte aanpak hebben als doel om cliënten te ondersteunen om de eigen langetermijndoelen te formuleren, om de doelen om te zetten in plannen en vervolgens in actie te (kunnen) komen. In dit hoofdstuk worden instrumenten behandeld die gericht zijn op cliënten bij al deze noodzakelijke stappen in doelbereiking. In ▶H. 7 is uitgewerkt wat er van coaching gevraagd wordt als de stap wordt gezet van werken vanuit transacties naar werken aan transformatie.

In een relatie geworteld in transacties wordt succes vaak gedefinieerd in termen van de tijdigheid en de accuraatheid van de transacties, in plaats van het resultaat voor de burger (Walker en Fishman 2016). Losse voorzieningen en disciplines bieden naast elkaar transacties aan, 'voor elk probleem een loket'. Er ontbreekt in de hulp- en dienstverlening een holistisch perspectief op het leven van de cliënt. Voor professionals betekent een op transacties gerichte relatie vaak dat er een grote nadruk ligt op administratieve vastlegging. Als er met instrumenten gewerkt wordt, dan zijn deze doorgaans gericht op het blootleggen van barrières uit het verleden. De toekomstwensen en belangen van de cliënt vallen buiten beeld.

Deze manier van werken staat in contrast met een op transformatie-gerichte benadering waarin langetermijn-levensdoelen centraal staan die verder gaan dan een enkele transactie (schuldenvrij, aan het werk etc.). Bij een dergelijke doelgeoriënteerde benadering worden vaardigheden aangeleerd zodat gedrag uit iemand zelf ontstaat en er een duurzame basis voor de toekomst wordt gecreëerd. De hulp- of dienstverlening rust niet op een vaste set transacties (acties of producten) maar op de wensen, behoeften en belangen van cliënten. Instrumenten worden ingezet om cliënten te ondersteunen hun leven duurzaam te transformeren. De rol van de betrokken professionals is vooral coachend. Met instrumenten die gericht zijn op transformatie wordt het doenvermogen ondersteund en geoefend. Door hier routines in te ontwikkelen, versterkt de cliënt de vaardigheden die essentieel zijn voor zelfredzaamheid in verschillende levensdomeinen en voor transformatie (Center on the Developing Child 2016; Cavadel et al. 2017).

In een op transformatie gerichte benadering staat het stellen van doelen door de cliënt centraal. Deze benadering onderscheidt zich dan ook van de op transactie gerichte benadering van traditioneel casemanagement door het belang dat wordt gehecht aan het werken aan voor de cliënt betekenisvolle doelen. Doelen worden (bottom-up) door de cliënt gesteld en niet opgelegd door de hulp- of dienstverlening. Dit is ook zichtbaar in de manier waarop de instrumenten worden ingezet. De instrumenten zijn niet primair bedoeld voor professionals om zich bijvoorbeeld een beeld te vormen van de problemen die het behalen van de doelen van de organisatie in de weg staan. De instrumenten zijn bedoeld voor de cliënt, om overzicht te krijgen en van daaruit doelen te stellen en aan

□ **Tabel 4.1** Overzicht van verschillen tussen een aanpak geworteld in transacties en een aanpak gericht op transformatie

	transactie	transformatie
Wie stelt het doel	de organisatie (werk vinden, schulden oplossen, kinderen stabiele opvoeding geven etc.)	de cliënt (weer grip krijgen, geen zorgen en stress meer hebben)
Wat is de invulling van de professionele rol	casemanagement: de cliënt helpen om het proces te doorlopen	coaching: de cliënt ondersteunen om eigen doelen te stellen en die te bereiken met daarbij nadrukkelijke aandacht voor de ontwikkeling en/of versterking van executieve functies
Wat is de reikwijdte van doelen	vooral gericht op de grondslag van de organisatie (werk vinden, schulden oplossen, kinderen stabiele opvoeding geven etc.)	brede set aan doelen die nodig zijn om (weer) grip op het leven te krijgen en duurzame stabiliteit te realiseren
Aan wie zijn de instrumenten dienend	de professional (diagnose-instrument, aanvraag formulier etc.)	de cliënt (instrument om doelen te stellen op meerdere levensdomeinen, doelactieplannen etc.)
Wat wordt er geleverd	losse producten zoals een opvoedcursus, budgetbeheer of een werkervaringsplek	een integrale benadering die pas stopt als de cliënt – voor zover mogelijk – de regie over het eigen leven (weer) duurzaam in handen heeft

het bereiken ervan te werken. Het idee is dat de cliënt daarmee vaardigheden oefent en ontwikkelt die belangrijk zijn om duurzaam zelfredzaam te worden. Door de doelen van hulp- of dienstverlening te verbinden met de betekenisvolle doelen van de cliënt wordt ook binnen voorzieningen die overheidsdoelen nastreven succes verwacht (Martinson en Cook 2018). Pilots in onder meer de VS laten zien dat een op transformatie gerichte doelgeoriënteerde benadering zich in de praktijk ook goed laat integreren met voorzieningen die rusten op wettelijke kaders zoals het bestrijden van werkloosheid, schulden, verslavingen en schooluitval (Martinson en Cook 2018; Washington State 2019).

□Tabel 4.1 bevat een samenvatting van de verschillen in benadering tussen een op transactie gerichte en een op transformatie gerichte werkwijze.

4.2 Wat zijn voorbeelden van instrumenten en waar zijn ze voor in te zetten?

In ▶ H. 2 is uitgewerkt dat chronische stress de werking van de executieve functies belemmert en dus de regulatie vanuit de prefrontale cortex verzwakt. Vanuit een evolutionair perspectief wordt gedacht dat executieve functies bedoeld zijn om doelen te bereiken en eventuele problemen die zich daarbij voordoen op te lossen (Zelazo et al. 1997). Doelbereiking is het proces waarmee we de brug slaan tussen een intentie of wens en een

◘ **Tabel 4.2** Overzicht van de executieve functies waarop in de verschillende fasen van doelbereiking een beroep wordt gedaan

stappen in het doelbereikingsproces	belangrijkste in te zetten executieve functies	uitkomst
stap 1: bepalen doel	metacognitie, werkgeheugen	het vaststellen van betekenisvolle en haalbare doelen
stap 2: uitwerken plan	plannen, organiseren/prioriteren, tijdmanagement, werkgeheugen	– het ontwikkelen van een plan met concrete stappen om de doelen te bereiken – het anticiperen op obstakels
stap 3: doen	taakinitiatie, inhibitie, tijdmanagement, volgehouden aandacht, werkgeheugen, organiseren, doorzetten	het plan uitvoeren en daaraan vasthouden
stap 4: evalueren en indien nodig herzien	metacognitie, flexibiliteit, werkgeheugen	– de voortgang bewaken en eventueel het plan bijstellen – het herzien van de doelen en plannen naar aanleiding van de progressie die is geboekt

uitkomst. In het proces van doelbereiking bedenken we een doel, maken we een plan, komen we in actie en evalueren we of de ingezette acties ons brengen wat we beogen. Voor al deze stappen in doelbereiking hebben we executieve functies nodig (die in een context van chronische stress verminderd beschikbaar zijn). ◘Tabel 4.2 bevat een overzicht van de executieve functies die nodig zijn in de verschillende stappen van het doelbereikingsproces. Waarbij doelbereiking ook wel wordt aangeduid met de term zelfsturing (Derr et al. 2018).

Chronische stress trekt een wissel op de inzetbaarheid van onze executieve functies. Dat verklaart waarom je als professional soms een cliënt tegenover je kunt hebben die oprecht heel gemotiveerd overkomt maar toch niet doet wat er moet gebeuren. Het gegeven dat we voor de verschillende stappen verschillende executieve functies nodig hebben, verklaart ook waarom er cliënten zijn die het überhaupt niet lukt om in actie te komen, terwijl de eerste stappen in het doelbereikingsproces bij anderen soms zo vlotjes verlopen. Chronische stress trekt bij ons allemaal een wissel op een eigen manier. Met instrumenten gericht op doelbereiking krijgen cliënten de ondersteuning die ze nodig hebben.

In de volgende paragrafen worden de stappen uit het proces van doelbereiking nader uitgewerkt en voorzien van instrumenten.

4.2.1 Doel

Doelen verbinden cliënten met hun toekomst. Ze geven richting aan acties (en daarmee aan het leven). Binnen het stress-sensitief werken past een doelstellingsproces dat door de cliënt wordt geleid en door de professional wordt gefaciliteerd. Hiermee wordt bedoeld dat cliënten de doelen stellen, daarbij ondersteund door de professional. Wanneer doelen door de cliënt zelf gekozen en voor de cliënt zelf betekenisvol zijn, zal de cliënt meer gemotiveerd zijn. Het stellen van doelen is voor cliënten met chronische stress vaak niet eenvoudig. Zij vinden het vaak lastig over een toekomst na te denken die verder reikt dan de oplossing van hun onmiddellijke probleem. Soms hebben cliënten nog helemaal niet op die manier over hun leven nagedacht of geloven zij niet (meer) dat een positieve toekomst nog voor hen is weggelegd (Copestake en Camfield 2010). Het is dan ook belangrijk dat professionals een positieve verwachting bij de toekomst van de cliënt hebben en die zo veel mogelijk weten over te dragen op de cliënt (Babcock 2018).

Een manier om de eerste stap van het doelstellingsproces te faciliteren is door cliënten uit te dagen om binnen een beperkte tijd zo veel mogelijk betekenisvolle en haalbare doelen op verschillende levensdomeinen op te noemen en van daaruit een selectie te maken. Deze techniek heet 'goal storming'. Hiervoor kunnen werkbladen maar bijvoorbeeld ook geeltjes of *sticky notes* worden gebruikt. Het helpt om cliënten een bepaalde tijdshorizon mee te geven, bijvoorbeeld twee jaar. Zodat zij kunnen nadenken over wat zij op dát moment bereikt hopen te hebben. Wie leeft in chronische stress moet soms weer leren dromen. ◘Figuur 4.1 bevat een voorbeeld van een 'goal storming'-format.

Een 'goal storming' geeft een eerste beeld en leent zich goed bij een eerste ontmoeting. Om cliënten verder en gerichter te ondersteunen kunnen andere instrumenten worden gebruikt die een specifieker overzicht geven van belangrijke aandachtsgebieden of levensdomeinen waarbinnen doelen kunnen worden gesteld. Levensdomeinen zoals gezondheid, geld, huisvesting, opleiding, sociale relaties, familie en werk. Met gerichtere instrumenten kunnen cliënten op ideeën gebracht worden over domeinen waarvoor zij doelen kunnen stellen.

Een voorbeeld van een gerichter instrument is 'Stepping Stones to Success'. Het is ontwikkeld door het Amerikaanse onderzoeksinstituut Mathematica in het kader van een re-integratieaanpak op basis van doelbereiking: GOAL4IT™. Met het instrument 'Stepping Stones to Success' maken cliënten voor elf levensdomeinen een analyse van de situatie, van de dingen die goed gaan, de dingen die aandacht behoeven en de dingen die helemaal niet goed gaan. Met het in kaart brengen van de dingen die goed gaan, komen ook de krachten in beeld (◘fig. 4.2). Het originele instrument voorziet in een kleurscharkering van rood aan de linkerkant naar groen aan de rechterkant. Daarmee ziet de cliënt in een oogopslag in welke kleurzone hij of zij per levensdomein zit.

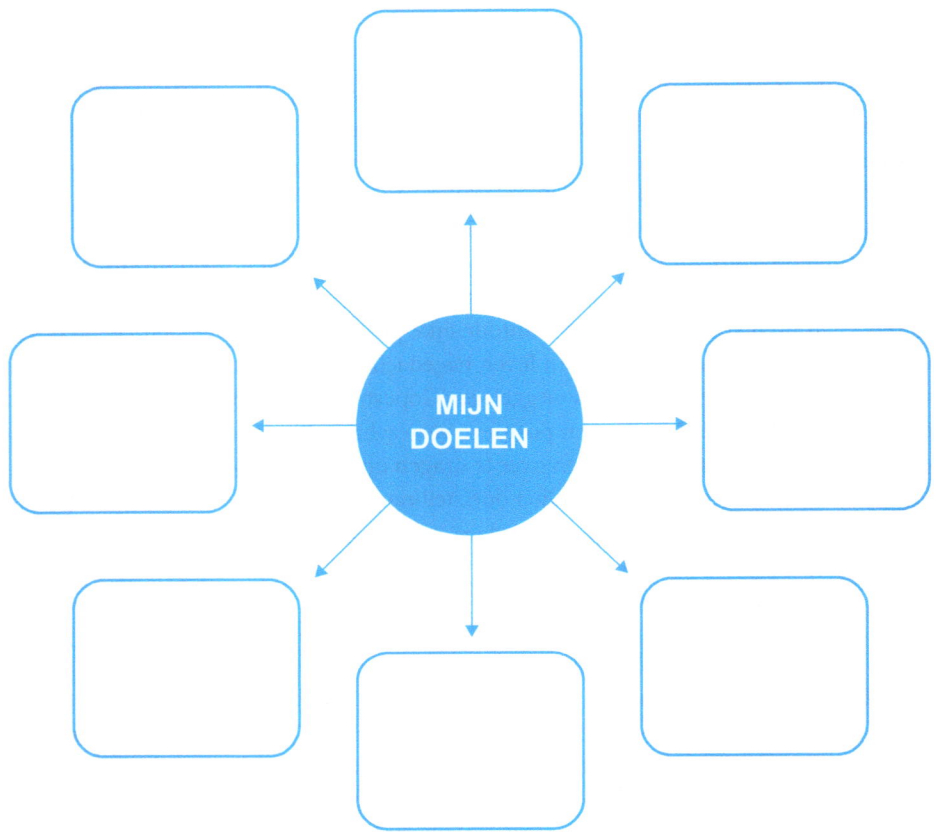

◘ **Figuur 4.1** Voorbeeld van een 'goal storming'-format. Bron: Center on Budget and Policy Priorities (2018)

Door de in Boston gevestigde organisatie Empathways (kortweg EMPath) is op basis van hetzelfde gedachtegoed het instrument 'Bridge to Self-Sufficiency®' ontwikkeld als onderdeel van de op de aanpak van armoede gerichte interventie Mobility Mentoring® (Babcock 2014; Jungmann en Wesdorp 2017). Deze brug omvat levensdomeinen die relevant zijn in het kader van economische zelfredzaamheid. De metaforische brug maakt de oversteek mogelijk tussen de oever van armoede naar de oever van zelfredzaamheid en rust op vijf pijlers (levensdomeinen) en acht subpijlers. De brug biedt in één oogopslag een overzicht van vijf levensdomeinen en ondersteunt daarmee onder meer de metacognitie van de klant die als het ware met enige afstand naar zijn leven leert kijken, kan nadenken over de samenhang tussen levensdomeinen en betekenisvolle doelen kan stellen. Ook kan met de Brug de ontwikkeling in de tijd inzichtelijk worden gemaakt (◘ fig. 4.3).

Instrumenten zoals 'Stepping stones to Success' en de 'Bridge to Self-Sufficiency®' helpen cliënten die worstelen met de doorwerking van chronische stress om breder, fundamenteler en doordachter naar hun leven te kijken dan zij doorgaans vanuit zichzelf doen. De instrumenten dagen hen uit om na te denken over wat ze willen bereiken en waarom. Cliënten krijgen de gelegenheid om een alternatieve meer hoopvolle visie op het leven te verkennen. Er wordt geen druk uitgeoefend om direct heel specifieke doelen te stellen.

4.2 · Wat zijn voorbeelden van instrumenten en waar zijn ze voor in te zetten?

Stepping Stones to Success

MY NAME _____   **DATE** __/__/__

1 What is your overall stress level right now? (FILL IN A CIRCLE)

I am VERY stressed! ○ ○ ○ ○ ○ ○ ○ I am not stressed at all.

2 Where do you feel you and your family currently are in these Life Areas? (FILL IN A CIRCLE IN EACH PATHWAY ROW)

	AREA OF SIGNIFICANT NEED	AREA OF NEED	STABLE, BUT COULD IMPROVE	THRIVING	
HOUSING ▲	My family doesn't have housing. ○	○	○	○ We have stable and safe housing.
DEPENDENT CARE ▲	We have no child care. ○	○	○	○ We have reliable child care and a reliable back up plan.
TRANSPORTATION ▲	We have no transportation. ○	○	○	○ We have reliable transportation and a back up plan.
PERSONAL WELL-BEING ▲	My personal well-being needs my attention. ○	○	○	○ I am doing well and am fully able to work.
FAMILY WELL-BEING ▲	Family challenges interfere with my progress. ○	○	○	○ My family is doing well and supports me.
SOCIAL SUPPORT ▲	I have no social support or my network is not supportive. ○	○	○	○ I have consistent and effective social support.
FINANCIAL HEALTH ▲	My income is not enough to cover my basic living expenses. ○	○	○	○ My income is stable, I am current on my bills, I have money for saving or spending.
LEGAL ▲	I work certain jobs or I have lost jobs because of my legal issues. ○	○	○	○ I have no current legal issues.
EDUCATION/ TRAINING ▲	I don't have a high school diploma, GED or entry-level certificate. ○	○	○	○ I have a degree or industry recognized certificate(s) in a high demand occupation.
JOB SEARCH/ SKILLS ▲	I don't know where to find work; the jobs I apply for don't hire me. ○	○	○	○ I am being invited to interviews and/or I have been offered a job.
EMPLOYMENT ▲	I am working in a survival job that I don't like or I am not working. ○	○	○	○ I love my job!

3 What is going on in your life that you want your coach to know about?

4 Is there something specific that you want to talk about during this meeting with your coach?

5 Do we need to update any of your information? (Example: address, phone number, email, employment, etc.)

◘ **Figuur 4.2** Stepping Stones to Success. Bron: Derr et al. (2018) *In dit boek is het instrument opgenomen in blauwtinten. Het originele instrument voorziet in een kleurscharkering van rood aan de linkerkant naar groen aan de rechterkant. Daarmee ziet de cliënt in een oogopslag in welke kleurzone hij of zij per levensdomein zit*

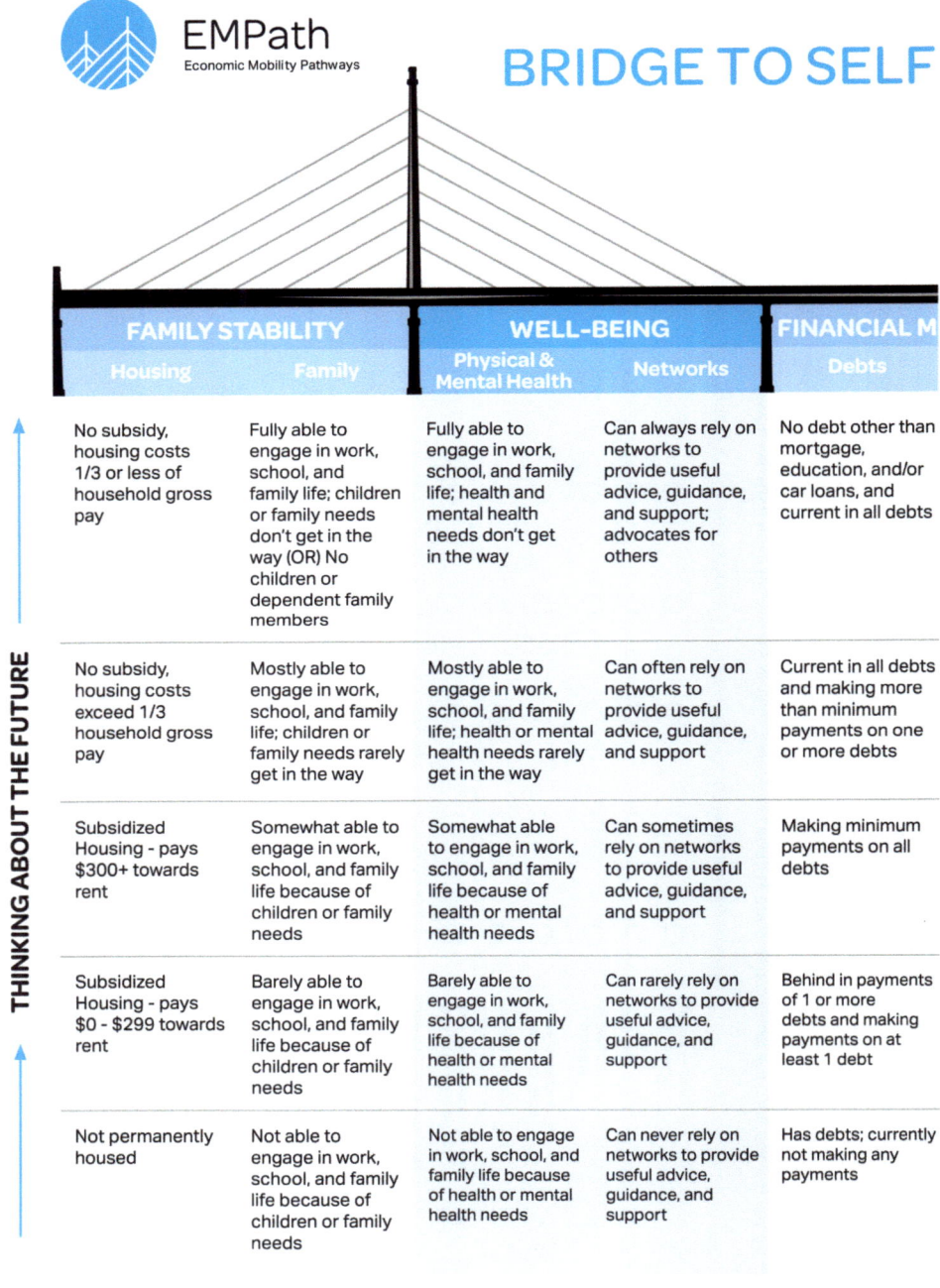

Figuur 4.3 Brug naar Zelfredzaamheid. Deze versie werd door EMPath gehanteerd in de zomer van 2019. Bron: Babcock (2012) *In dit boek is het instrument opgenomen in blauwtinten. Het origineel is opgebouwd in de kleur groen*

4.2 · Wat zijn voorbeelden van instrumenten en waar zijn ze voor in te zetten?

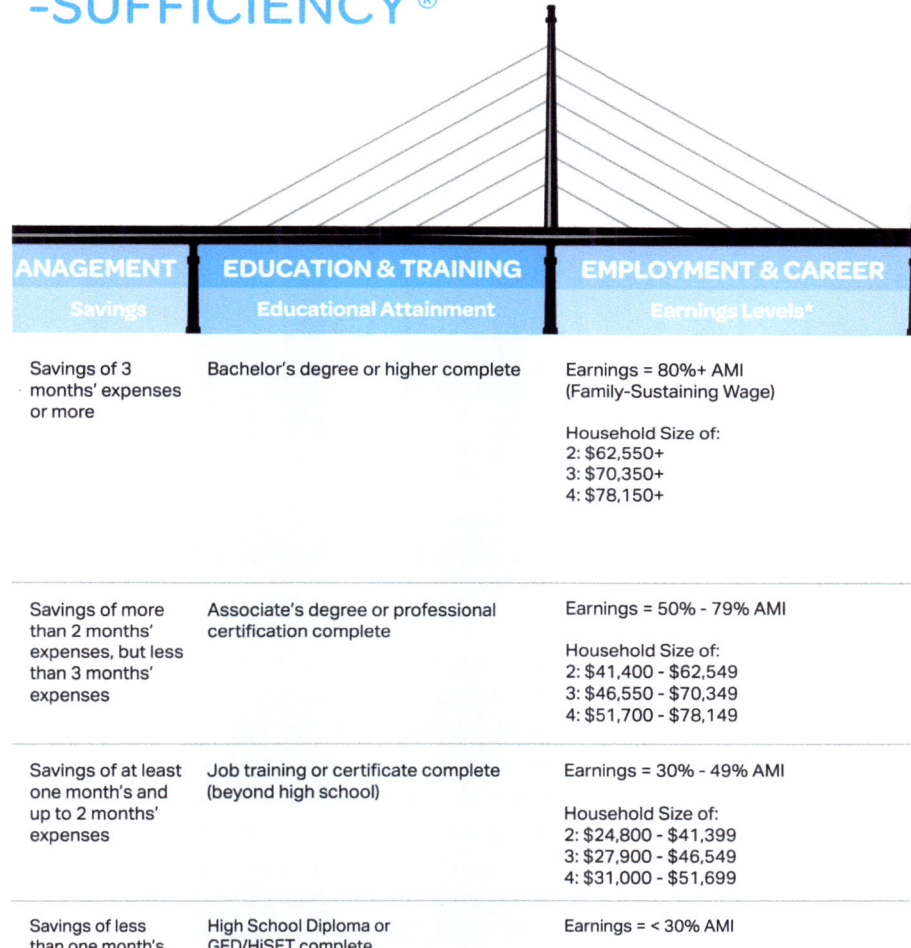

–SUFFICIENCY®

...ANAGEMENT Savings	EDUCATION & TRAINING Educational Attainment	EMPLOYMENT & CAREER Earnings Levels*
Savings of 3 months' expenses or more	Bachelor's degree or higher complete	Earnings = 80%+ AMI (Family-Sustaining Wage) Household Size of: 2: $62,550+ 3: $70,350+ 4: $78,150+
Savings of more than 2 months' expenses, but less than 3 months' expenses	Associate's degree or professional certification complete	Earnings = 50% - 79% AMI Household Size of: 2: $41,400 - $62,549 3: $46,550 - $70,349 4: $51,700 - $78,149
Savings of at least one month's and up to 2 months' expenses	Job training or certificate complete (beyond high school)	Earnings = 30% - 49% AMI Household Size of: 2: $24,800 - $41,399 3: $27,900 - $46,549 4: $31,000 - $51,699
Savings of less than one month's expenses	High School Diploma or GED/HiSET complete	Earnings = < 30% AMI Household Size of: 2: <$24,800 3: <$27,900 4: <$31,000
No savings	Less than High School Diploma or GED/HiSET	Not currently employed

*Income ranges are for Suffolk County, MA. Data from HUD's 5/14/17 AMI tables

NS IN CONTEXT

© 2018 Economic Mobility Pathways. All rights reserved. Version V

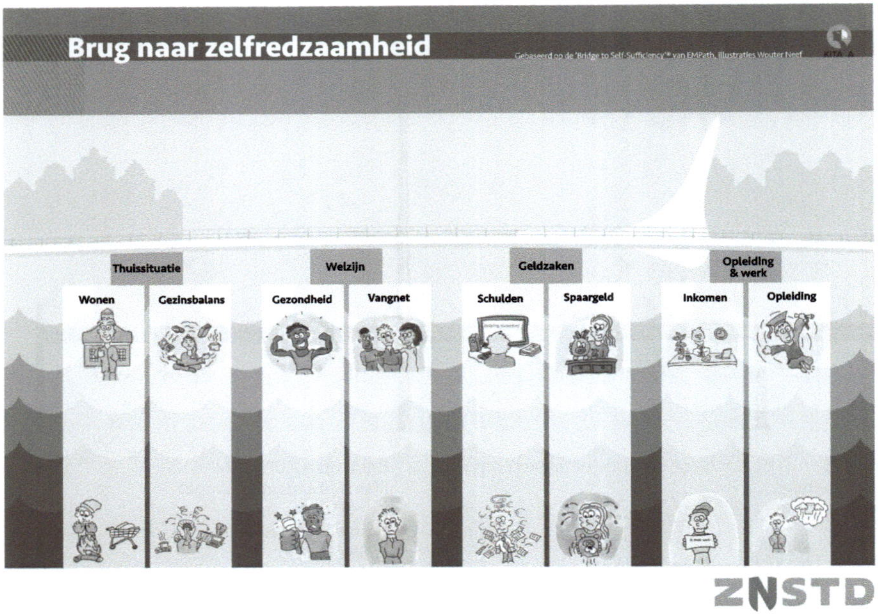

▶ **Figuur 4.4** De door Zaanstad ontwikkelde Brug geïnspireerd op de 'Bridge to Self-Sufficiency®' uit de aanpak Mobility Mentoring® *Het origineel is vormgegeven in kleur*

In Nederland is Platform31 de samenwerkingspartner van EMPath. Platform31 biedt organisaties de mogelijkheid om lid te worden en met een licentie gebruik te maken van een Nederlandse versie van de 'Bridge to Self-Sufficiency®'. De gemeente Zaanstad heeft in dat kader de Brug doorontwikkeld voor een project dat specifiek gericht is op jongeren. De Zaanse brug nodigt jongeren uit om te bepalen welke positie ze innemen op verschillende levensdomeinen. In tegenstelling tot de Amerikaanse 'Bridge to Self-Sufficiency®' zijn de tussenposities niet heel specifiek uitgewerkt, maar worden de jongeren uitgenodigd om die zelf in te vullen. Die uitnodiging helpt hen om de eigen situatie te doordenken en te bepalen waar ze aan willen werken en waarom. ▶Figuur 4.4 bevat een weergave van de Brug die de gemeente Zaanstad in dat kader heeft ontwikkeld.

Instrumenten zoals 'Stepping stones to Success' en de 'Bridge to Self-Sufficiency® delen een opzet waarbij een cliënt wordt gevraagd om de eigen positie te bepalen op voor hem of haar relevante levensdomeinen. Afhankelijk van de doelgroep ligt het voor de hand om die domeinen te kiezen die het meest relevant zijn. Zo heeft EMPath ook een Brug voor kinderen ontwikkeld, die wordt ingezet binnen een intergenerationele armoedeaanpak en die vooral uitgaat van mijlpalen in de ontwikkeling van kinderen (Babcock en Ruiz de Luzuriaga 2016). Vanuit de door de cliënt geïdentificeerde posities kan bekeken worden welke doelen mensen willen stellen. Professionals nodigen cliënten uit om een evaluatie te maken van de huidige situatie en de posities die zij zouden willen innemen. Daarbij nodigen professionals de cliënt uit om na te denken over de samenhang tussen de levensdomeinen en de doelen die in dat licht het belangrijkste zijn om als eerste na te streven. Bijvoorbeeld het besef dat het vinden en vasthouden van betaald werk vraagt dat je goede opvang voor de kinderen hebt georganiseerd. De instrumenten bieden in een oogopslag inzicht waar je als cliënt staat op de verschillende levensdomeinen en waar je per pijler zou willen staan. Ze ondersteunen daarmee de executieve functie metacognitie. De cliënt wordt in staat gesteld om, los van de onmiddellijke problematiek, van enige afstand – op een metaniveau – naar het leven te kijken.

Een derde voorbeeld van een instrument gericht op het stellen van doelen is ontwikkeld door het arbeidsbureau van de staat Californië (Employment Services Bureau). Deze organisatie heeft in de doorontwikkeling van haar aanpak van CalWorks 1.0 naar CalWorks 2.0 nadrukkelijk gekozen voor een op transformatie gerichte doelgeoriënteerde benadering. In CalWorks 1.0 lag de nadruk op het realiseren van de doelen van het Employment Services Bureau. Cliënten moesten zich aan regels houden en de doelen nastreven die het arbeidsbureau had geformuleerd. In CalWorks 2.0 is het roer omgegooid. De doelen en behoeften van de cliënten hebben een centrale plek gekregen in de samenwerking en deze worden verbonden met de doelstellingen van het arbeidsbureau. Ten behoeve van deze omslag van een transactionele naar een transformatieve relatie is er een kaart ontwikkeld waarop de voor werk relevante levensgebieden zijn opgenomen. Met deze kaart kunnen cliënten vaststellen waar ze staan en welke levensgebieden verbetering behoeven, zodat zij doelen kunnen stellen (Employment Services Bureau 2019) (◘ fig. 4.5).

Goede doelen stellen is een kunst. Om motiverend te zijn, dienen doelen niet alleen betekenisvol te zijn maar ook haalbaar en aantrekkelijk. Dit vraagt om te beginnen dat doelen zelfgekozen zijn. Een opgelegd doel is zelden motiverend (Ryan en Deci 2002). Ook dienen ze voldoende specifiek te zijn zodat duidelijk is hoeveel en welke acties gepland moeten worden om het doel te bereiken. Dit geeft ook meer zicht op de verwachtte tijd en moeite die gepaard zal gaan met het bereiken van het doel. Daarnaast maken specifieke doelen het mogelijk te zien of er vooruitgang wordt geboekt en of bijsturing nodig is. Binnen Mobility Mentoring® wordt er in dat kader aan gehecht dat doelen SMART (Specific, Measurable, Attainable, Relevant, Time-bound) zijn (Babcock en Ruiz De Luzuriaga 2016; Jungmann en Wesdorp 2017).

Ver weg gelegen doelen worden vertaald naar dichterbij gelegen doelen (ook wel omschreven als een vertaling van distale naar proximale doelen). De reden daarvoor is dat een dichtbij gelegen doel dat op de korte termijn behaald kan worden motiverender werkt dan een langetermijndoel. Onderzoek laat in dit kader zien dat kortetermijndoelen vaker worden behaald als ze verbonden zijn met betekenisvolle langetermijndoelen (Miller en Brickman 2004). Het voorgaande betekent dat het dus soms nodig is om de langetermijndoelen zoals weer aan het werk komen of schuldenvrij worden, vertaald moeten worden naar kortetermijndoelen zoals weten hoe je een mooi cv opmaakt of kunnen rondkomen van weekgeld.

Er zijn ook wel instrumenten ontwikkeld om cliënten te ondersteunen bij veelvoorkomende opgaven waarbij een langetermijndoel zoals stabiele huisvesting omgezet moet worden naar korteretermijndoelen. ◘ Figuur 4.6 bevat een voorbeeld van een zogenaamde roadmap die de Amerikaanse onderzoeksorganisatie MDRC heeft

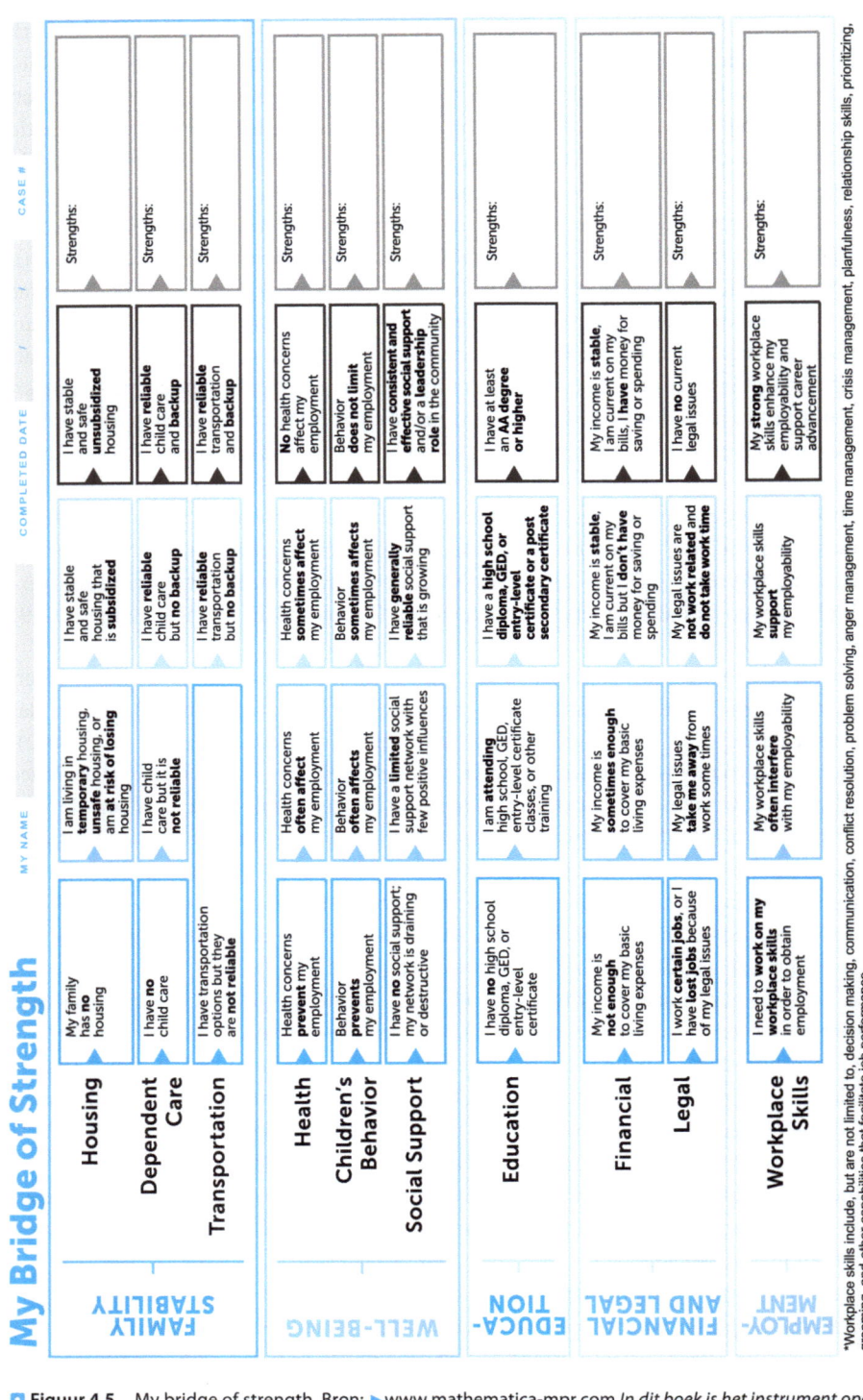

Figuur 4.5 My bridge of strength. Bron: ▶ www.mathematica-mpr.com *In dit boek is het instrument opgenomen in blauwtinten. Het origineel voorziet in een kleurscharkering van rood aan de linkerkant naar groen aan de rechterkant. Daarmee ziet de cliënt in een oogopslag in welke kleurzone hij of zij per levensdomein zit*

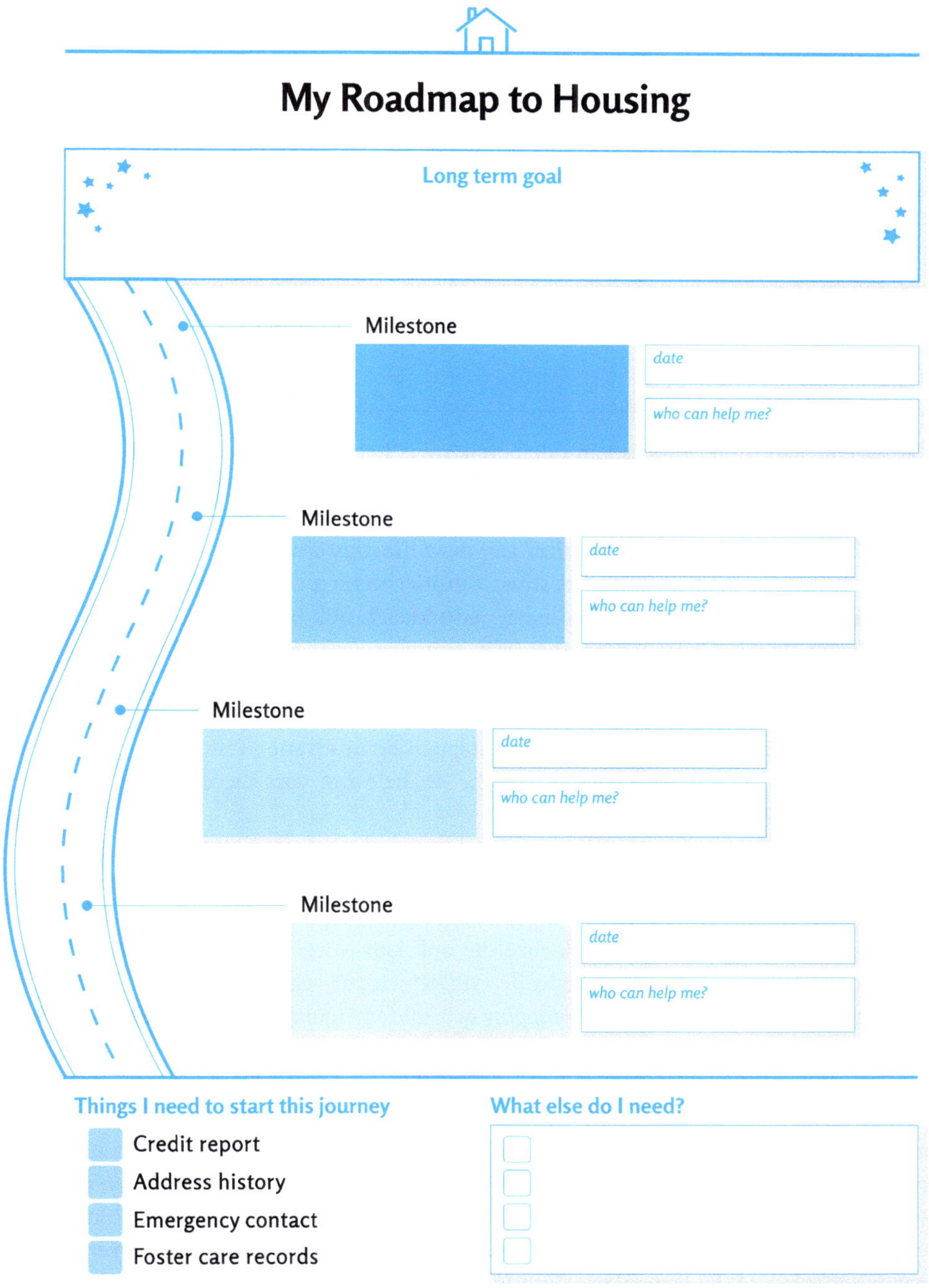

Figuur 4.6 Roadmap to Housing om cliënten te ondersteunen om het grote doel van stabiele huisvesting op te delen in kleinere doelen. Bron: Dechausay (2018) *Het originele instrument is in verschillende kleuren opgemaakt*

ontwikkeld om cliënten te laten uitwerken welke kortetermijndoelen er nodig zijn om het langetermijndoel van stabiele huisvesting te realiseren.

In ▸H. 8 is uitgewerkt dat het in een stress-sensitieve aanpak nuttig kan zijn om leerdoelen in te zetten in plaats van prestatiedoelen. In de hier beschreven Amerikaanse aanpakken worden niet zozeer leerdoelen geformuleerd, maar wordt uitgewerkt wat iemand wil bereiken. In de coaching op de uitgewerkte doelen worden mensen aangemoedigd om zich in te zetten waarbij problemen en tegenslagen gezien worden als leermomenten (Dweck 2007, 2018). Met andere woorden: doelen worden SMART gesteld in de instrumenten en ze worden in de coaching besproken als leerdoelen.

4.2.2 Plan

De tweede stap in het proces van doelbereiking is het maken van een plan. Een plan is eigenlijk de routekaart om een doel te bereiken. Bij het maken van een plan wordt er een beroep gedaan op executieve functies zoals prioriteren, tijdmanagement en werkgeheugen. Chronische stress maakt de inzet van deze functies lastiger. Om die reden kan het zinvol zijn om in het kader van het stress-sensitief werken cliënten niet alleen te ondersteunen bij het stellen van doelen maar nadrukkelijk ook bij het maken van een plan. In een plan staat het invullen van het 'wat, wanneer, waar en hoe' centraal. Het doel is het vertrekpunt van het plan, en daarbinnen worden de kleinere haalbare stappen onderscheiden én de hulpbronnen die nodig zijn om de stappen te kunnen zetten. Het idee is dat de vertaling van een doel in kleine stappen de motivatie versterkt, doordat kleine stappen eerder haalbaar zijn en dus vaker de beleving van succes zullen opleveren (Cavadel et al. 2017).

Een werkwijze die kan worden ingezet om een doel te vertalen in behapbare stappen is achterwaarts plannen (*backward planning*) (Jooyoung et al. 2017). Hierbij wordt vertrokken vanuit het doel en vervolgens nagedacht over de stappen die nodig zijn om dat doel te halen. Het is een werkwijze die ook kan worden ingezet wanneer cliënten bepaalde deadlines moeten halen. In de GPDR/-aanpak van Pavetti wordt in dat licht wel het instrument van *backward mapping* gebruikt. ◻Figuur 4.7 is een weergave van dat instrument.

Om de gestelde doelen te bereiken is het stellen van subdoelen van belang maar niet voldoende. Onderdeel van een bruikbaar plan is ook dat op een rij wordt gezet welke acties een cliënt gaat verrichten in welke volgorde en op welke momenten. Chronische stress trekt namelijk ook een wissel op het vermogen om in actie te komen en een logische volgorde van acties te bedenken. Om cliënten te ondersteunen om (sub)doelen te vertalen in acties zijn er instrumenten beschikbaar die wel worden omschreven met de naam actieplan of doelactieplan. Deze instrumenten maken een plan uitvoerbaar door er details in op te nemen over hoe en wanneer de stappen gezet worden. Een actieplan wordt ontwikkeld met een korte tijdshorizon. Het bevat de mijlpalen op weg naar het uiteindelijke doel. Dat kan betekenen dat een (doel)actieplan bij lange na niet alle stappen bevat om het doel te bereiken. Dat er bij het bereiken van een subdoel een nieuw

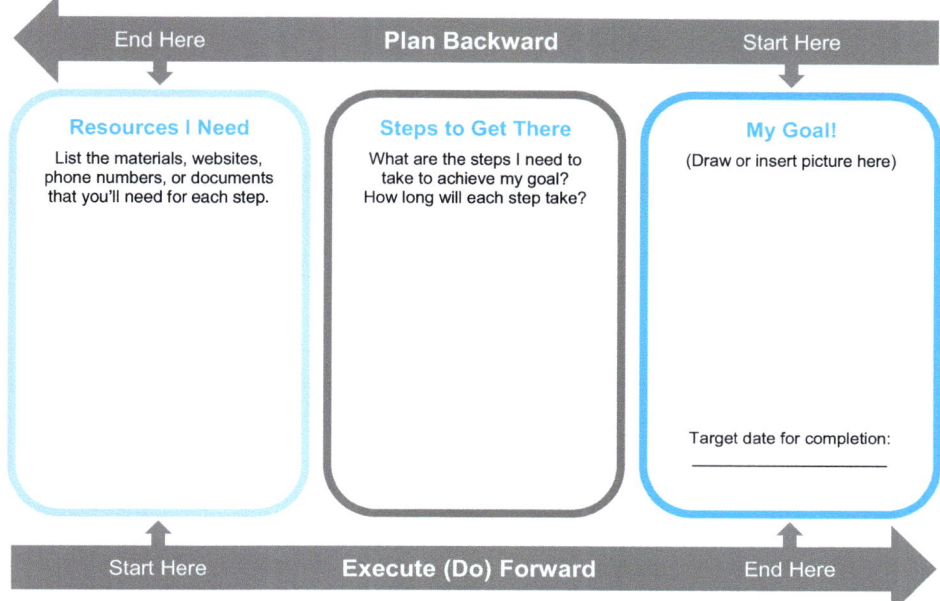

□ **Figuur 4.7** Voorbeeld van een instrument voor backward mapping. Bron: Center on Budget and Policy Priorities (2018)

(doel)actieplan moet worden opgesteld. De (doel)actieplannen vormen in een aanpak gericht op transformatie de rode draad in de coaching en begeleiding van de cliënt. Geïnspireerd door de literatuur over de doorwerking van chronische stress heeft de Kredietbank Limburg voor haar cliënten 'Mijn plan' ontwikkeld, zie □fig. 4.8. Het is een eenvoudig A4-formulier dat cliënten helpt om hun stappen te operationaliseren. De inzet van een doelactieplan is in Nederland niet nieuw. In de als effectief erkende interventie Krachtwerk spelen doelactieplannen ook een belangrijke rol (Wolf 2016).

Een (doel)actieplan is doorgaans een algemeen formulier dat ingezet kan worden voor het inzetten van allerlei acties. Het plan van de Kredietbank Limburg wordt ingezet in de context van de aanpak van (problematische) schulden. Er zijn ook tal van algemene (doel)actieplannen in omloop die ingezet kunnen worden voor het bereiken van doelen in alle levensdomeinen. De belangrijkste uitnodiging onder (doel)actieplannen is dat professionals het vermogen van cliënten om een plan te maken niet onderschatten. We hebben al snel het idee dat het wel goed komt als we iemand vertellen wat hij moet doen. Daarbij lopen we het risico dat we onderschatten dat chronische stress maakt dat we informatie moeilijker opnemen, vaker dingen vergeten en meer moeite hebben om daadwerkelijk te gaan handelen. Door (doel)actieplannen in te zetten in de begeleiding krijgen cliënten begeleiding die structureert op het executief functioneren. □Figuur 4.9 bevat een algemeen doelactieplan.

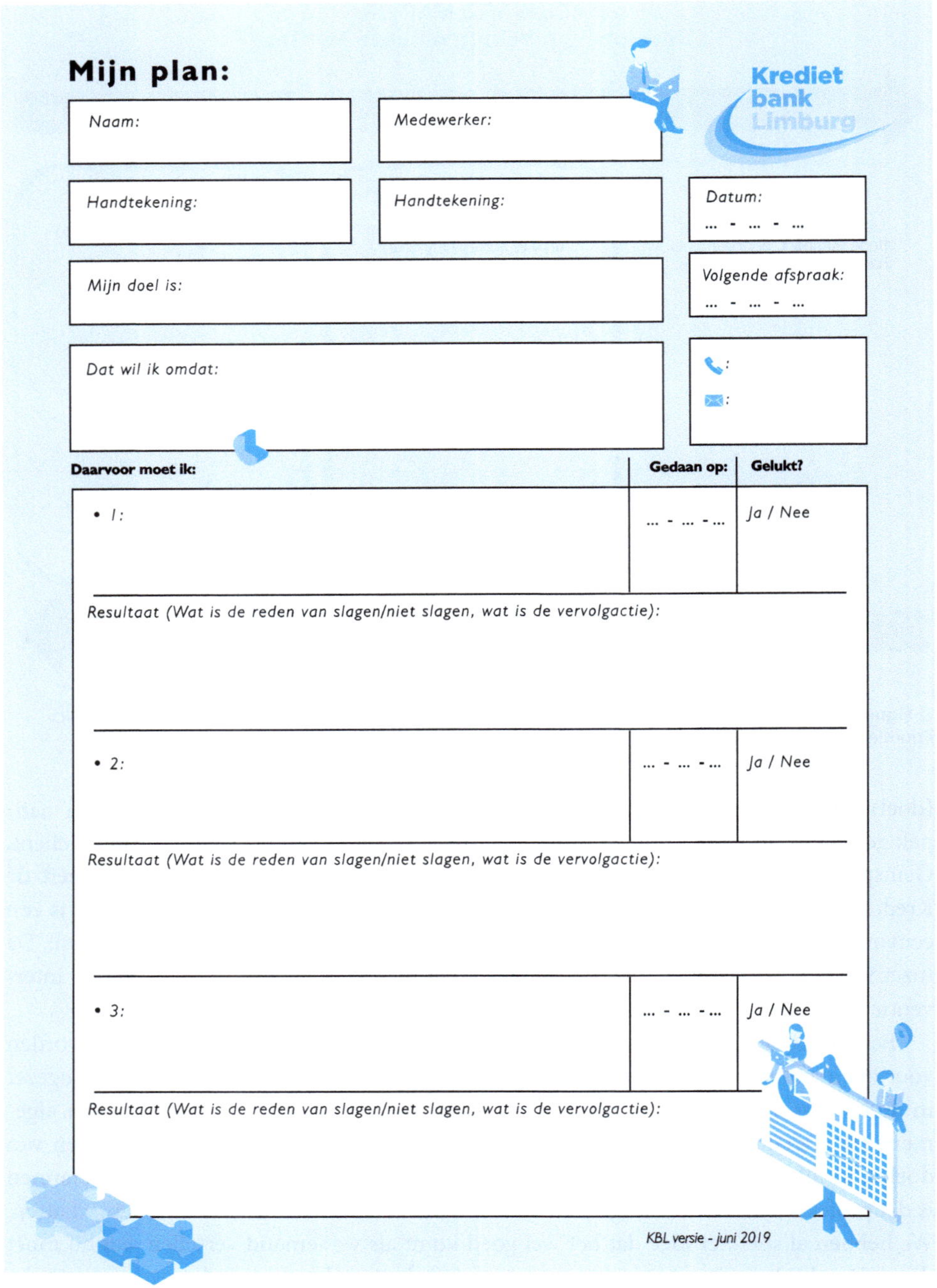

Mijn plan:

Kredietbank Limburg

Naam:

Medewerker:

Handtekening:

Handtekening:

Datum:
... - ... - ...

Mijn doel is:

Volgende afspraak:
... - ... - ...

Dat wil ik omdat:

☎ :
✉ :

Daarvoor moet ik:	Gedaan op:	Gelukt?
• 1:	... - ... - ...	Ja / Nee

Resultaat (Wat is de reden van slagen/niet slagen, wat is de vervolgactie):

• 2:	... - ... - ...	Ja / Nee

Resultaat (Wat is de reden van slagen/niet slagen, wat is de vervolgactie):

• 3:	... - ... - ...	Ja / Nee

Resultaat (Wat is de reden van slagen/niet slagen, wat is de vervolgactie):

KBL versie - juni 2019

◘ **Figuur 4.8** Mijn plan van Kredietbank Limburg. Bron: Kredietbank Limburg *In de originele versie is het plan opgemaakt in aantrekkelijke kleuren*

| DAY ONE | Worksheet | **MY ACTION PLAN** |

Name_____ Today's Date_____

Review Date and Time_____

My Goal:
Why I want to do it:
Why it's important to me:

Steps I'm Taking This Week			
What I will do	When I will do it (date and time)	Things I need to take with me	Where I will go and how I will get there

Obstacles and Solutions	
What Could Get in the Way	My Solution

Figuur 4.9 Voorbeeld van een doelactieplan. Bron: Pavetti et al. (2018)

De doordenking van mogelijke obstakels

Een belangrijk onderdeel van een doordacht plan is de uitwerking hoe eventuele obstakels worden overwonnen. Daartoe kunnen twee technieken worden ingezet: mentaal contrasteren om (mogelijke) obstakels te identificeren en implementatie-intenties om ze te lijf te gaan. Mentaal contrasteren is een proces waarin een cliënt de gewenste toekomst afzet tegen de huidige realiteit. Door de gewenste toekomst te overdenken wordt de motivatie versterkt. Vervolgens wordt de cliënt uitgenodigd om te bedenken welke obstakels hij of zij (mogelijk) tegenkomt. Zo worden toekomst en realiteit aan elkaar gekoppeld. Vervolgens wordt de cliënt uitgenodigd om voor de mogelijke obstakels een als-danplan te formuleren. Dit is een plan waarbij je bedenkt wat je tegenkomt (de 'als') en wat je dan gaat doen (de 'dan'). Als-danplannen kunnen cliënten die moeite hebben om in actie te komen ondersteunen om te doen wat nodig is (Derr et al. 2019). In het Engels heet deze methode WOOP (Wish, Outcome, Obstacle, Plan). In het Nederlands wordt deze soms vertaald in WISH (Wensen, Inbeelden, Struikelblokken en Handelen). De methode is ontwikkeld door professor Oettingen van de Universiteit van New York en bevordert dat mensen eerst denken en dan doen, wanneer zij doelen trachten te bereiken. De methode kan ondersteund worden met daartoe ontwikkelde instrumenten (Oettingen 2015). Figuur 4.10 bevat een weergave van een dergelijk instrument.

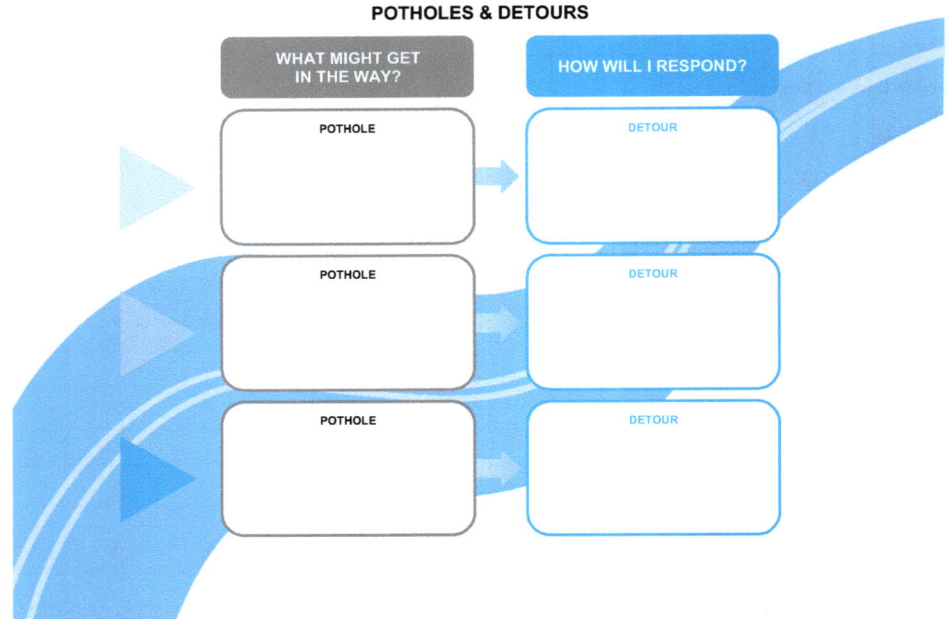

☐ **Figuur 4.10** Instrument Potholes & Detours ter ondersteuning van het ontwikkelen van implementatie-intenties. Bron: Center on Budget and Policy Priorities (2018) *In dit boek is het instrument opgenomen in blauwtinten. Het originele instrument is in kleur opgemaakt*

Het helpt cliënten als de als-danplannen vervolgens een plek krijgen in het eerder genoemde doelactieplan. Ze ondersteunen daarmee de cognitieve flexibiliteit van de cliënt. De Kredietbank Limburg geeft daar op een andere mooie manier invulling aan door in het plan op te nemen wat de vervolgactie is als de eerste actie niet het beoogde resultaat oplevert.

4.2.3 Doen

De derde stap in het proces van doelbereiking is het doen. Deze stap doet een groot beroep op de zelfregulatie. Zelfregulatie vraagt de inzet van een fors aantal executieve functies zoals taakinitiatie, inhibitie, tijdmanagement, volgehouden aandacht, werkgeheugen, organiseren, doorzetten. Zie voor een nadere uitwerking hiervan ▶ H. 2.

Ten aanzien van het doen kan een professional vooral ondersteunen op de voorbereiding en indien nodig praktisch ondersteunen bij de uitvoering. Ondersteuning kan in allerlei vormen worden geboden. ☐Tabel 4.3 bevat een overzicht van mogelijke manieren om te ondersteunen.

Instrumenten om het doen te ondersteunen kunnen heel praktisch zijn. ☐Figuur 4.11 bevat daar een voorbeeld van.

Tabel 4.3 Overzicht van manieren om te ondersteunen bij het stellen van doelen en het maken van een plan

strategie	uitwerking
voorbereiden	De professional loopt met de cliënt het plan door en helpt de cliënt om manieren te bedenken om zichzelf te herinneren aan bepaalde stappen.
herinneren	De professional helpt de cliënt door hem of haar aan acties te herinneren, bijvoorbeeld per sms of e-mail.
praktisch ondersteunen	De professional voorziet de cliënt van praktische ondersteuning zoals een agenda.
aanmoedigen	De professional moedigt de cliënt aan om in actie te komen waarbij er bijvoorbeeld ook wordt nagedacht over strategieën om te bedenken hoe onplezierige taken toch plezierig of dragelijk kunnen worden.
belonen en waarderen	De professional geeft beloningen, erkenning of waardering om de cliënt te stimuleren (zie in dat kader ▶ H. 6).
oefenen	De professional biedt aan de cliënt de gelegenheid om belangrijke vaardigheden te oefenen en daardoor te versterken.
netwerk betrekken	Hulpbronnen uit de omgeving worden gemobiliseerd, bijvoorbeeld een goede vriend of behulpzame buur.

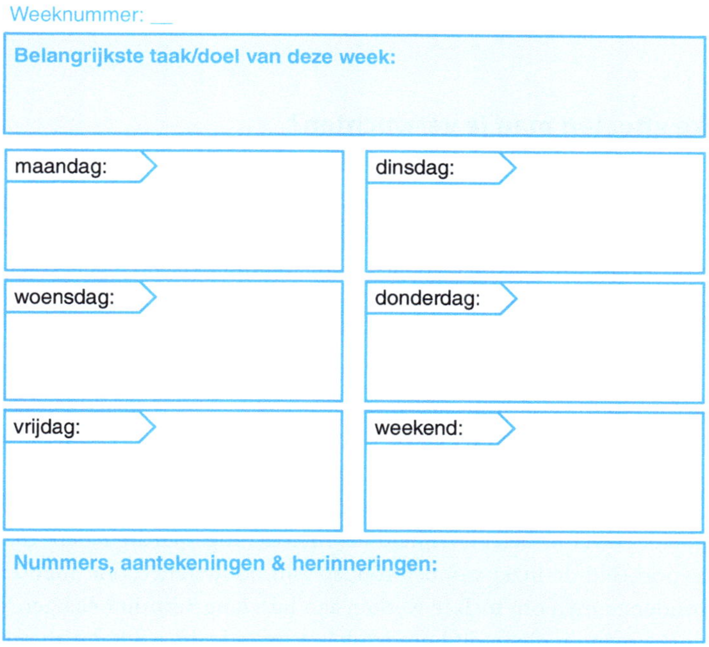

Weeknummer: __

Belangrijkste taak/doel van deze week:

maandag:

dinsdag:

woensdag:

donderdag:

vrijdag:

weekend:

Nummers, aantekeningen & herinneringen:

Figuur 4.11 Weekagenda om cliënten te ondersteunen

4.2.4 Evalueren en indien nodig herzien

De laatste stap in het proces van doelbereiking is het evalueren en eventueel bijstellen. Doelen en plannen zijn vaak niet in één keer goed uitgewerkt. Het leven van alledag brengt nieuwe en onvoorziene uitdagingen met zich mee. Door in de begeleiding telkens de vooruitgang te bespreken, houdt de cliënt overzicht over waar hij of zij staat en, zeker zo belangrijk: ziet hij of zij wat er al wel bereikt is. Het is daarbij helpend om in gesprekken over het bereiken en herzien van mijlpalen en doelen krachtgerichte en oplossingsgerichte vragen te gebruiken, zodat de nadruk niet zozeer ligt op wat er misging maar op wat er al wel is bereikt. Door het gesprek met die focus te voeren wordt het ook mogelijk om ten aanzien van eventuele mislukkingen te denken in termen van wat ervan geleerd is. Bij het evalueren is het ook van belang dat er om te beginnen wordt besproken wat wél goed ging en van welke krachten gebruik is gemaakt. En om pas daarna in te gaan op die zaken die anders gingen dan gepland, wat daarvan de oorzaak was, welke strategie wel gaat werken om het doel alsnog te bereiken en welke hulpbronnen daarbij behulpzaam kunnen zijn. Een evaluatie kan leiden tot het bijstellen van een (doel)actieplan maar ook tot een bijstelling van de doelen. De behandelde instrumenten kunnen ook daarbij weer van dienst zijn. In een op transformatie gerichte benadering past dat een evaluatiegesprek altijd gevoerd wordt vanuit de positie en belangen van de cliënt. Net als voor doelen in de eerste aanleg geldt ook voor een herijking dat een cliënt vooral in beweging komt als de gestelde doelen en uitgewerkte plannen hem of haar verder brengen.

4.3 Welke effecten mag je verwachten?

De op transformatie gerichte doelgeoriënteerde benadering is relatief nieuw in het sociaal domein. Met deze benadering wordt vooral beoogd om echte en duurzame impact te realiseren in de levens van cliënten, zodat zij op enig moment op eigen kracht of met zo min mogelijk duurzame ondersteuning het leven (weer) oppakken. De in dit hoofdstuk behandelde instrumenten kunnen ingebed worden in bredere interventies of aanpakken die gericht zijn op het realiseren van een organisatiedoel, zoals een veilige opvoedomgeving, het vinden van betaald werk of het oplossen van schuldenproblematiek. Nieuw is de oproep aan professionals om de eigen voorziening (jeugdhulpverlening, re-integratie of schuldhulpverlening) in te bedden in de langetermijndoelen van de cliënt. Dit vraagt, zeker als er sprake is van wettelijke kaders zoals de Participatiewet, de nodige professionele lenigheid, zowel in beleidsvrijheid als in coachingsvaardigheden. Instrumenten, maar ook bijvoorbeeld de inzet van beloningen zijn bouwstenen om mensen die bij de dag leven te ondersteunen om toch te werken aan hun langetermijnbelangen.

Voor de instrumenten die in dit hoofdstuk behandeld zijn, geldt dat zij gebaseerd zijn op wetenschappelijke literatuur uit de neuro- en gedragswetenschappen en dat ze derhalve theoretisch goed onderbouwd zijn. Ten aanzien van een aantal instrumenten is ook al wel onderzoek gedaan. Zo laat onderzoek zien dat het formuleren van doelen en het maken van implementatie intenties een positief effect heeft binnen verschillende contexten (Gollwitzer en Oettingen 2011). Datzelfde geldt voor de combinatie van mentaal contrasteren en implementatie-intenties (Duckworth et al. 2013).

Er zijn ook al wel evaluaties uitgevoerd van aanpakken die doelgeoriënteerd zijn en gericht op transformatie. Zo is in Ramsey County in de staat Minnesota een procesevaluatie uitgevoerd om in kaart te brengen wat de nieuwe aanpak in re-integratieprogramma's oplevert (Martinson en Cook 2018). Voor veel consulenten is het zoeken hoe je de grotere doelen van cliënten verbindt aan de doelen van de eigen organisaties. In de procesevaluatie rapporteren de meeste consulenten dat zij de nieuwe aanpak een vooruitgang vinden ten opzichte van de eerdere, op transactie gerichte, directievere aanpakken. De consulenten rapporteren dat ze de instrumenten makkelijk vinden in gebruik (85 %) en dat instrumenten inderdaad de cliënten ondersteunen om zelf doelen en strategieën te ontwikkelen. De instrumenten helpen de cliënten om te werken aan doelen van de organisatie waar de consulenten voor werken (gericht op re-integratie), maar helpen ook om te werken aan de randvoorwaarden om de re-integratie te laten slagen, zoals een stabiele woonsituatie en kinderopvang. Voor aanpakken als CalWorks 2.0 en Goal4It® geldt dat ze uitgebreid geëvalueerd worden, maar dat de resultaten daarvan in 2019 nog niet bekend waren. In het ontwikkelen van deze aanpakken worden zogenoemde rapid-learningmethoden en rapid-cycle-evaluaties ingezet om snel stukjes van de interventies in de praktijk te testen (Derr et al. 2017).

Een tweede op transformatie gerichte doelgeoriënteerde benadering die goed is onderzocht is Mobility Mentoring®. De staat Washington heeft deze aanpak drie jaar lang in pilots onderzocht en besloten deze voor de hele staat te implementeren (Washington State 2019). De aanpak is daar vanaf 2015 ingezet als armoede-aanpak voor gezinnen met jonge kinderen (4 à 5 jaar). Naast de voortgang op het daarvoor ontwikkelde instrument 'Bridge to Child and Family Self-Reliance' is de ontwikkeling van de gezinnen vastgesteld met een gevalideerd meetinstrument, de 'Family Strengths and Needs Assessment'. De gezinnen die ondersteund werden met de aanpak Mobility Mentoring® laten meer significante verbeteringen zien op alle levensdomeinen dan de gezinnen die op een alternatieve wijze werden begeleid. Ze verbeteren hun woonsituatie, werken aan hun ouderschapsvaardigheden, hebben minder ruzie, minder schulden en leven gezonder. Ook is vastgesteld dat ras en etniciteit geen invloed hebben op de uitkomsten en dat de interventie voor iedereen werkzaam is. De aanpak Mobility Mentoring® rust nadrukkelijk op een basishouding bij professionals die is gericht op transformatie in plaats van op transactie. Die houding is terug te zien in het gegeven dat deelnemers aan de Mobility Mentoring® -aanpak aangeven zich meer gerespecteerd te voelen dan deelnemers die andere aanpakken volgen. Meer dan 90 % van de gezinnen die hebben deelgenomen aan het tevredenheidsonderzoek zijn het er (sterk) mee eens dat zij respectvol behandeld worden, in vergelijking met de 77 % van de gezinnen die een ander programma volgden. Gezinnen die ondersteund werden met Mobility Mentoring® geven ook vaker aan dat zij inmiddels zelf in staat zijn om nieuwe problemen aan te pakken en op te lossen (ruim 26 % vaker). Daarnaast stellen ze ook vaker financiële doelen. Dit wordt gezien als een indicatie van het effect op de executieve functies.

4.4 Wat vergt implementatie?

Bij de overgang naar een op transformatie gerichte doelgeoriënteerde benadering kan het helpen om aandacht te besteden aan de volgende zaken.

4.4.1 Ontwikkel instrumenten die passen bij de doelgroep en de context

Instrumenten zijn een middel om de cliënt te ondersteunen bij het stellen van zijn of haar eigen doelen. Ze zijn geen doel op zich en niet primair bedoeld om het proces van de professional te ondersteunen. Implementatie vraagt dan ook dat een instrumenten worden afgestemd op de doelgroep en de context waarin die doelgroep wordt ontmoet. Dat betekent dat ze bijvoorbeeld moeten worden toegesneden op voor de cliënt meest relevante levensdomeinen, op het taal- en begripsniveau van de cliënt. Zo heeft de gemeente Zaanstad bijvoorbeeld een apart instrument gemaakt voor haar project voor jongeren. Door middel van kort cyclisch leren (*rapid cycle learning*) in pilots kunnen instrumenten in de praktijk worden toegesneden op de cliënten, alvorens te worden opgeschaald naar bredere implementatie. Het verdient aanbeveling om net als in Zaanstad de cliënten actief bij het ontwikkelproces te betrekken.

4.4.2 Creëer de randvoorwaarden om de instrumenten goed in te zetten

De inzet van instrumenten vraagt training. Het is belangrijk dat professionals begrijpen hoe chronische stress doorwerkt op gedrag en waarom instrumenten ter ondersteuning van het proces van doelbereiking zo belangrijk zijn. Een goede training behelst meer dan een technische toelichting op hoe je een instrument inzet. Het rendement van een instrument hangt ook in hoge mate samen met de coachingsvaardigheden van een professional en de mate waarin deze behendig is in gesprekstechnieken. In dit kader ligt het voor de hand om professionals die met instrumenten werken nadrukkelijk ook te trainingen en coachen op hun coachingsvaardigheden en, zeker in de eerste periode na de introductie van instrumenten, te voorzien van intervisie en andere activiteiten waarin de inzet van de instrumenten wordt geborgd.

4.4.3 Monitor proces én uitkomsten

In een aanpak gericht op transactie ligt de nadruk vaak op het monitoren van procesindicatoren zoals de doorlooptijd van een traject en het aantal opgelegde sancties. In een transformationele inrichting van dat contact is het juist belangrijk de uitkomsten voor de cliënt te monitoren: behalen cliënten *hun* eigen doelen? Leren zij zelfstandiger met problemen omgaan? Ontwikkelen zij zich op verschillende levensdomeinen? Ontmoeten zij vaak dezelfde struikelblokken? Zijn zij geholpen met de voorzieningen die worden aangeboden? Door dit te monitoren kan bepaald worden of het instrumentarium doet wat het moet doen.

4.4.4 Werk uit wie welk instrument inzet

Waar rond een cliënt wordt samengewerkt in ketens, netwerken of in teams wordt ook de vraag relevant wie welk instrument inzet. Wie stelt de doelen met de cliënt? Wie werkt de actieplannen uit binnen welk levensdomein? Wie monitort de voortgang, houdt het overzicht over alle acties en voert eventueel regie? Een effectief en efficiënt gebruik van de instrumenten vergt een duidelijke taakverdeling in een lokaal sociaal domein.

4.4.5 Gebruik reeds ontwikkelde aanpakken

In Nederland is er steeds meer aandacht voor het mogelijk maken van benodigd maatwerk. Zie initiatieven rond de 'omgekeerde toets' van StimulanSZ en de 'maatwerksystematiek' van het Instituut voor Publieke Waarden. Bij het eerste initiatief staat veel meer 'de bedoeling' van de wet centraal. Bij het tweede initiatief ligt de nadruk op het rendement en de betrokkenheid van de cliënt. Hoewel deze initiatieven nu vooral worden ingepast in een benadering gericht op transactie, laten deze initiatieven zich ook goed – en misschien zelfs wel beter – combineren met een transformationele invulling van de relatie tussen overheid en burger. Het loont om bij een overgang naar een aanpak gericht op transformatie in de implementatie door te gaan op reeds ontwikkelde en beproefde aanpakken.

Literatuur

Anderson, M. A. J., Kauff, F., & Cavadel, E. W. (2017). *Improving outcomes among employment program participants through goal attainment: A conceptual framework*. OPRE report #2017-90. Washington, DC: Office of Planning, Research, and Evaluation, Administration for Children and Families, U.S. Department of Health and Human Services.

Babcock, E. D. (2012). *Mobility Mentoring®*. Boston: Economic Mobility Pathways formerly Crittenton Women's Union.

Babcock, E. D. (2014). *Using brain science to design new pathways out of poverty*. Boston: Economic Mobility Pathways formerly Crittenton Women's Union.

Babcock, E. D. (2018). *Harnessing the power of high expectations: Using brain science to coach for breakthrough outcomes*. Boston: Economic Mobility Pathways.

Babcock, E. D., & Ruiz De Luzuriaga, N. (2016). *Families disrupting the cycle of poverty: Coaching with an intergenerational lens*. Boston: Economic Mobility Pathways.

Carlock, R. (2011). *Executive functions: A review of the literature to inform practice and policy*. Cambridge, MA: Center on the Developing Child at Harvard University.

Cavadel, E., Kauff, J., Anderson, M. A, McConnell, S., & Derr, M. (2017). *Self-regulation and goal attainment: A new perspective for employment programs*. Washington, DC.: Office of Planning, Research and Evaluation, Administration for Children and Families, U.S. Department of Health and Human Services.

Center on Budget and Policy Priorities (2018). *Goal, Plan, Do, Review and Revise (GPDR/R) An executive finction-informed goal achievement framework for use in human service programs*. Washington DC: Center on Budget and Policy Priorities.

Center on the Developing Child at Harvard University (2016). *Building core capabilities for life: The science behind the skills adults need to succeed in parenting and in the workplace*. Cambridge, MA.

Copestake, J., & Camfield, L. (2010). Measuring multidimensional aspirations gaps: a means to understanding cultural aspects of poverty. *Development Policy Review, 28*(5), 617–633.

Dechausay, N. (2018). *The future of executive-skills coaching and behavioral science that serve teens and young adults. Lessons from the Annie E. Casey Foundation's pilot project*. New York: MDRC Cabs.

Derr, M., McCay, J., & Dunn, R. (2018). *Lifelong learning initiative: Goal4 It! Pro™*. Washington DC: Mathematica Policy Research.

Derr, M., McCay J., & Kauff, J. F. (2019*). Improving employment outcomes: Using innovative goal-oriented strategies in TANF programs*. OPRE report #2019-40. Washington, DC: Office of Planning, Research and Evaluation, Administration for Children and Families, U.S. Department of Health and Human Services.

Derr M., Person A., & McCay, J. (2017). *Learn, Innovate, Improve (LIÂ²): Enhancing programs and improving lives (practice brief)*. OPRE report 2017-108. Washington DC: Mathematica Policy Research.

Duckworth, A., Kirby, T., Oettingen, G., & Gollwitzer, A. (2013). From fantasy to action: Mental Contrasting With Implementation Intentions (MCII) improves academic performance in children. *Social Psychological and Personality Science, 4*(6), 745–753.

Dweck, C. (2007). The perils and promises of praise. *Educational Leadership, 65*(2), 34–39.

Dweck, C. (2018). *Mindset. Verander je manier van denken om je doelen te behalen*. Amsterdam: SWP Uitgeverij BV.

Employment Services Bureau (2019). *Creating a path to self-sufficiency, 2019 update*. San Jose, CA: Department of Employment and Benefit Services.

Gollwitzer, P. M., & Oettingen, G. (2011). Planning promotes goal striving. In K. D. Vohs & R.F. Baumeister (Eds.), *Handbook of self-regulation* (2nd ed., pp. 162–185). New York, NY: The Guilford Press.

Hong, P. Y. P. (2016). Transforming impossible into possible (TIP): A bottom-up practice in workforce development for low-income jobseekers. *Environment and Social Psychology, 1*(2), 93–104.

Jooyoung, P., Lu, F., & Hedgcock, W. (2017). Relative effects of forward and backward planning and goal pursuit. *Psychological Science, 28*(11), 1620–1630.

Jungmann, N., & Wesdorp, P. (2017). *Mobility mentoring®. Hoe inzichten uit de hersenwetenschap leiden tot een betere aanpak van armoede en schulden*. Den Haag: Platform31.

Martinson, K., & Cook, R. (2018). *Ramsey county lifelong learning initiative: Implementation report*. OPRE report # 2018-93, Washington, DC: Office of Planning, Research and Evaluation, Administration for Children and Families, U.S. Department of Health and Human Services.

Miller, R. B., & Brickman, S. J. (2004). A model of future-oriented motivation and self-regulation. *Educational Psychology Review, 16*, 9–33.

Murray, D. W., & Hamoudi, A. (2016). *A brief on self-regulation and toxic stress: How do acute and chronic stress impact the development of self-regulation?* OPRE report #2016-83. Washington, DC: Office of Planning, Research and Evaluation, Administration for Children and Families, U.S. Department of Health and Human Services.

Neal, D. T., Wood, W., & Drolet, A. (2013). How do people adhere to goals when willpower is low? The profits (and pitfalls) of strong habits. *Journal of Personality and Social Psychology, 104*(6), 959–975.

Oettingen, G. (2015). *Rethinking positive thinking, inside the new science of motivation*. Londen: Penguin Putnam.

Pavetti, L. (2014). *Using executive function and related principles to improve the design and delivery of assistance programs for dis-advantaged families*. Washington D.C.: Center on Budget and Policy Priorities.

Pavetti, L., Uccellani, V., & Stanley, M. (2018, 12 en 13 maart). Evidence to practice: Goal achievement in CallWORKs 2.0 [presentatie]. Santa Barbara, CA.

Ryan, R. M., & Deci, E. L. (2002). An overview of self-determination theory: An organismic-dialectical perspective. In E. L. Deci & R. M. Ryan (Eds.), *Handbook of self-determination research* (pp. 3–33). Rochester, New Yorl State: The University of Rochester Press.

Schwabe, L., Tegenthoff, M., Höffken, O., & Wolf, O. I. T. (2012). Simultaneous glucocorticoid and noradrenergic activity disrupts the neural basis of goal-directed action in the human brain. *Journal of Neuroscience, 32*(30), 10146–10155.

Walker, B. J., & Fishman, T. (2016). Transformational human services: Moving to a new paradigm. *Policy & Practice, 74*(4), 158–162.

Washington State, Department of Children, Youth, and Families (2019). *Mobility Mentoring® outcomes report 2017–2018*. Oplympia, Washington State: Department of Children, Youth, and Families.

Wolf, J. (2016). *Krachtwerk; methodisch werken aan participatie en zelfregie*. Bussum: Coutinho.

Wood, D., Bruner, J., & Ross, G. (1976). The role of tutoring in problem solving. *Journal of Child Psychology and Child Psychiatry, 17*, 89–100.

Zelazo, P. D., Carter, A., Reznick, J. S., & Frye, D. (1997). Early development of executive function: A problem-solving framework. *Review of General Psychology, 1*(2), 198–226.

Psycho-educatie

Nadja Jungmann, Peter Wesdorp en Susanne Tonnon

5.1 Wat maakt psycho-educatie relevant in een context van chronische stress? – 94

5.2 Wat is psycho-educatie? – 96
5.2.1 Stap 1 Interesse wekken en toelichten wat stress doet – 97
5.2.2 Stap 2 Zelfreflectie op de doorwerking van chronische stress op het eigen gedrag – 105
5.2.3 Stap 3 Uitwerken strategieën en hulpmiddelen – 107
5.2.4 Stap 4 Evalueren en bijstellen van de ingezette strategieën en/of hulpmiddelen – 110

5.3 Welke effecten mag je verwachten? – 111

5.4 Wat vraagt implementatie? – 112
5.4.1 Beschouw psycho-educatie als middel om motivatie en geloof in eigen kunnen te vergroten – 112
5.4.2 Nodig professionals uit om ook na te denken over wat het hen oplevert – 112
5.4.3 Leid professionals op zodat zij stressgerichte psycho-educatie goed kunnen inzetten – 113
5.4.4 Zorg dat professionals goed geschoold zijn in gesprekstechnieken en coaching – 113
5.4.5 Regisseer de inzet van psycho-educatie gericht op de doorwerking van chronische stress – 114

Literatuur – 114

© Bohn Stafleu van Loghum is een imprint van Springer Media B.V., onderdeel van Springer Nature 2020
N. Jungmann, P. Wesdorp en T. Madern (Red.), *Stress-sensitief werken in het sociaal domein*,
https://doi.org/10.1007/978-90-368-2433-0_5

Wie leeft in chronische stress heeft niet altijd door wat dat betekent voor het dagelijks functioneren. Psycho-educatie kan mensen helpen om te ontdekken wat de aanhoudende stress met hen doet en in dat licht ondersteunende strategieën of hulpmiddelen in te zetten. Daarbij kan psycho-educatie mensen leren wat het verschil is tussen chronische stress en wat in de literatuur wel eusstress wordt genoemd. Dit is de positieve stress die ons helpt om datgene te doen dat ons verder helpt. In de context van stress-sensitief werken is psycho-educatie een middel om mensen te helpen hun (lange)termijndoelen te realiseren. Psycho-educatie is een samenvoeging van de woorden psychotherapie en educatie. Doorgaans omvat psycho-educatie het overdragen van kennis of informatie in combinatie met het aanreiken of aanleren van vaardigheden en/of het uitwerken en inzetten van strategieën of hulpmiddelen. Onderzoeken naar de toegevoegde waarde van stressgerichte psycho-educatie laten positieve effecten zien (Van Daele et al. 2012).

In het sociaal domein is het geven van psycho-educatie geen gemeengoed. Er wordt in de jeugdzorg al wel aandacht aan besteed, maar vaker wordt het overgelaten aan het zorgdomein. In de domeinen van bijvoorbeeld de ggz en de verslavingszorg onderscheidt psycho-educatie zich van therapie door het doel dat ermee wordt nagestreefd. De therapie richt zich op de behandeling van de ziekte, verslaving of stoornis terwijl psycho-educatie zich richt op het begrip van het eigen functioneren. Psycho-educatie is in die domeinen vaak wel een belangrijke (eerste) stap in een behandeltraject. Motivatie voor een behandeling kan vergroot worden als patiënten door psycho-educatie de samenhang tussen hun problemen en hun ziektebeeld of verslaving beter begrijpen. Het idee om in het sociaal domein te gaan voorzien in stressgerichte psycho-educatie is geworteld in de veronderstelling dat mensen van wie het doelgerichte gedrag belemmerd wordt door chronische stress, baat kunnen hebben bij groter zelfinzicht en ondersteunende strategieën en hulpmiddelen.

Psycho-educatie gericht op chronische stress is geworteld in de door Meichenbaum ontwikkelde stress-inoculatietraining (Meichenbaum 1985). Inoculatie (inenting) is een medische term die gebruikt wordt in de betekenis van immuniseren (zoals een grieppik). Het idee onder de stress-inoculatieaanpak is dat een beperkte blootstelling aan stress ons kan leren hoe we ook goed blijven functioneren onder stevigere stressvolle omstandigheden. Inoculatietrainingen worden bijvoorbeeld ingezet bij hulpdiensten (politie, brandweer, ambulance, eerstehulpartsen) en het leger, om het functioneren onder condities van stress te verbeteren en om posttraumatische stressstoornissen te voorkomen.

In dit hoofdstuk wordt om te beginnen uitgewerkt wat de inzet van stressgerichte psycho-educatie in een context van chronische stress relevant maakt. Vervolgens is uitgewerkt hoe professionals er invulling aan kunnen geven. Het hoofdstuk sluit af met tips voor organisaties die ermee aan de slag willen gaan.

5.1 Wat maakt psycho-educatie relevant in een context van chronische stress?

Psycho-educatie gericht op het begrijpen van de impact van stress kan een brug slaan tussen het (model)gedrag dat van mensen wordt verwacht en de door stress negatief beïnvloede mogelijkheden die ze daartoe hebben.

Verwoord in concrete doelen is psycho-educatie erop gericht dat mensen:
- gaan begrijpen hoe chronische stress hun vermogen om hun doelen te bereiken ondermijnt;
- interesse krijgen in het wegnemen van de stressbronnen en, als dat niet op korte termijn mogelijk is, in het inzetten van strategieën en hulpmiddelen die hen gaan helpen om hun (lange)termijndoelen (vaker) te bereiken;
- een (groter) gevoel van controle en invloed ontwikkelen en minder stress ervaren.

Het beoogd resultaat is dat mensen door toepassing van strategieën en hulpmiddelen en waar mogelijk een andere ervaring van stress beter in staat worden gesteld om hun problemen aan te pakken.

Daarbij kan psycho-educatie ook voor professionals van grote waarde zijn. Met subsidie van het programma 'Schouders Eronder' hebben de lectoraten 'Schulden & Incasso' en 'De gezonde stad' geëxperimenteerd met 'psycho-educatie in de schuldhulpverlening' (Tonnon et al. 2019). Professionals die deelnamen aan de pilots rapporteren dat zij door de toepassing nieuwe zaken ontdekken die relevant zijn voor de begeleiding die zij bieden. Zo vertelden professionals al tijdens de training die als opmaat voor het evaluatieonderzoek werd gegeven onder meer het volgende:

> Ik heb psycho-educatie toegepast bij een meneer die altijd heel netjes zijn spullen aanlevert en heel gemotiveerd meewerkt. Ik had eigenlijk niet gedacht dat het veel zou opleveren maar wilde het gewoon eens proberen. Toen ik vroeg of hij veel stress en zorgen had, werd hij eigenlijk meteen emotioneel. Hij had altijd heel veel sociale contacten maar spreekt inmiddels alleen zijn ouders nog. Hij had een eigen bedrijf maar is zijn geloof dat hij zijn plek in de maatschappij terugvindt ook wel kwijt. Ik had geen idee dat dit bij hem speelde en realiseerde me dat hij om het leven op te pakken echt meer nodig heeft dan alleen mijn hulp om een schuldregeling te treffen. Ik heb hem in contact gebracht met het wijkteam.

> Ik ben in gesprek gegaan met een mevrouw die vaak haar afspraken niet nakomt en die ook vaak afzegt. Toen ik vertelde dat veel mensen met problematische schulden vaak ook best veel stress hebben, beaamde ze dat meteen. Ze begon te vertellen over de impact die haar vechtscheiding op haar heeft. Ik wist wel dat er in die hoek iets speelde, maar realiseerde me niet dat het zoveel impact heeft dat ze mede daardoor afspraken bij mij verzuimt. We hebben daarop besproken hoe ze kan proberen om de vechtscheiding minder door te laten werken op ons traject. Ik had zonder dit stukje psycho-educatie echt niet door dat die vechtscheiding zo belangrijk is in mijn werk met haar.
> Toen ik de vraag stelde of ze veel stress en zorgen heeft en wat dat met haar doet ontstond er een heel mooi gesprekje. Ik werk al anderhalf jaar met deze mevrouw samen en dat gaat eigenlijk best goed. Toch vertelde ze me allerlei dingen die ik me echt niet had gerealiseerd. Ik ben daardoor milder naar haar gaan kijken. Ze voelde dat misschien ook wel, want aan het eind zei ze: 'Ik heb nu pas het idee dat je echt aandacht voor me hebt.'

Het geven van psycho-educatie over de effecten van chronische stress kan dus normaliserend, verhelderend en accepterend werken. Als je bijvoorbeeld afspraken vergeet, kan het heel geruststellend zijn als je hoort dat je gedrag ook kan voortkomen uit de aanhoudende stress. Het biedt gevoelens van erkenning en biedt perspectief. Mensen mogen afscheid nemen van het idee dat ze 'gewoon zo zijn'. Het besef dat chronische stress een negatieve wissel trekt op ons gedrag biedt ruimte voor ambitie: 'ik wil toewerken naar een context waarin het me beter lukt om afspraken na te komen, stukken in te leveren en binnen mijn budget te leven.' Door het (soms improductieve) denken en doen te duiden in termen van chronische stress krijgen cliënten erkenning zonder dat het gedrag wordt goedgekeurd. Hiermee kan schaamte worden verkleind en de bereidheid tot het accepteren van ondersteuning worden vergroot.

Stress bij cliënten is iets dat door veel professionals in het sociaal domein wordt herkend, maar lang niet altijd wordt besproken. En zoals in een van de bovenstaande voorbeelden kan het ook zo zijn dat er makkelijk overheen gekeken wordt bij iemand die gewoon goed meewerkt aan het traject. Stressgerichte psycho-educatie kan eraan bijdragen dat cliënten zich gezien voelen. Dit is een belangrijk werkend bestanddeel in effectieve samenwerkingsrelaties (Menger 2018). Naarmate chronische stress wordt herkend en erkend ontstaat ook een referentiekader waarmee de cliënt belevingen en ervaringen beter kan verwoorden.

Mensen die kampen met chronische stress kunnen het perspectief op de eigen kracht verliezen. In contacten met professionals verzuchten zij dan bijvoorbeeld 'dat kan ik gewoon niet' of 'dat is gewoon niet voor mij weggelegd'. Psycho-educatie kan perspectief brengen als cliënten zich gaan realiseren hoe de chronische stress hen hindert in het bereiken van hun doelen. Als ze patronen in hun gedrag niet meer zien als persoonlijke falen maar als onderdeel van de dynamiek waar ze in leven. Een van de cliënten die is geïnterviewd in de eerdergenoemde pilots zei daarover:

> De uitleg, hoe het in elkaar zat. Dingen waar je last van kreeg. Ik heb wel eens van die momenten toen en toen gebeurde dat en dat kwam door stress. Van tevoren had ik nooit die koppeling kunnen maken. Heel veel duidelijkheid geeft dat.

Wie het niet op tijd inleveren van stukken of het vergeten van afspraken kan zien als samenhangend met de chronische stress krijgt ook weer perspectief. Het wordt de moeite waard om de stress onder controle te krijgen en beter te worden in het bereiken van de (lange)termijndoelen.

5.2 Wat is psycho-educatie?

Psycho-educatie staat in het sociaal domein nog in de kinderschoenen. In de jeugdzorg wordt wel gewerkt met de Window of Tolerance (zie ▶ par. 5.2.1) en via de pilots van de Hogescholen Utrecht en Windesheim vindt psycho-educatie haar weg in de schuldhulpverlening en arbeidsintegratie. In deze paragraaf wordt op basis van zowel literatuur als de (eerste) ervaringen in het sociaal domein uitgewerkt hoe stressgerichte psycho-educatie vorm kan worden gegeven. Deze beschrijving is een eerste aanzet, die de komende jaren verder doorontwikkeld kan worden.

Psycho-educatie gericht op het beter begrijpen van de doorwerking van chronische stress is een beperkte interventie die aanvullend is op een bestaande methodiek of werkwijze. Het idee is dat de interventie in eerste aanleg een minuut of twintig in beslag neemt en dat de doorwerking van stress en de strategieën en hulpmiddelen daarna op gezette tijden weer kort besproken worden als onderdeel van het lopende traject. De theoretische onderbouwing van de interventie is onder meer geworteld in de door Lazarus en Folkman uitgewerkte definitie van stress. Deze komt er kort gezegd op neer dat stress ontstaat als er meer van ons wordt gevraagd dan we aankunnen (Lazarus en Folkman 1984). Zie ook ▶H. 2. Wie vanuit ondersteunende strategieën en hulpmiddelen inzet, geworteld in het begrip hoe chronische stress doorwerkt, kan meer grip op het eigen functioneren krijgen. Meichenbaum (2007) onderscheidt in dat kader binnen psycho-educatie drie belangrijke fasen die elkaar ook kunnen overlappen: een conceptuele educatieve fase (onderwijzen), een fase om vaardigheden op te doen (leren) en een fase gericht op het blijven inzetten van het aangeleerde (consolideren). Vertaald naar het sociaal domein zijn deze fasen in voorliggend hoofdstuk uitgewerkt in vier concrete stappen. ◘Tabel 5.1 bevat een overzicht van de stappen en de handvatten die daar in dit hoofdstuk bij worden gegeven.

De stappen worden hieronder nader uitgewerkt.

5.2.1 Stap 1 Interesse wekken en toelichten wat stress doet

Veel cliënten herkennen hun improductieve gedrag niet (direct) als typisch stressgerelateerd gedrag. Impulsaankopen, het niet nakomen van afspraken of fysieke klachten zoals hoofd- of buikpijn verklaren ze al snel uit praktische omstandigheden. 'Ik had toch een nieuwe telefoon nodig?!' of 'Het overkomt iedereen toch wel eens dat hij iets vergeet?' Om te kunnen toelichten hoe aanhoudende stress kan doorwerken in gedrag, moeten professionals eerst een gespreksmoment creëren. In deze paragraaf wordt geschetst wat het meest voor de hand liggende moment lijkt om psycho-educatie in te zetten en wat manieren zijn waarop professionals een algemene toelichting kunnen geven op de wijze waarop aanhoudende stress kan doorwerken. Pas als de stap van interesse wekken en toelichten is gezet, zijn cliënten er doorgaans aan toe om te reflecteren op het eigen gedrag. De stap interesse wekken en toelichten wordt hier in twee substappen toegelicht.

In de evaluatie van psycho-educatie in de schuldhulpverlening (Tonnon et al. 2019) geven cliënten aan dat zij het belangrijk vinden dat er vanaf het begin van het traject aandacht wordt besteed aan de doorwerking van chronische stress. Professionals zijn wisselend in hun beoordeling van het juiste moment. Ze onderschrijven de wens van cliënten dat het nuttig is om er zo snel mogelijk in te voorzien. Daarbij plaatsen ze de kanttekening dat het soms te veel is om in een intake ook al aandacht te besteden aan de doorwerking van chronische stress en dat je als professional er ook niet over wilt beginnen als je nog niet zeker weet of je iemand moet doorverwijzen.

Tabel 5.1 Samenvatting van de stappen die gezet worden bij het geven van psycho-educatie

stappen	stap 1	stap 2	stap 3	stap 4
doel van de stap	interesse wekken en toelichten hoe aanhoudende stress negatief kan doorwerken op gedrag	zelfreflectie door cliënt op de doorwerking op het eigen gedrag	uitwerken van strategieën en hulpmiddelen	evalueren en bijstellen van de strategieën en hulpmiddelen
manier om doel te bereiken	In gesprek gaan met de cliënt, al dan niet met improductief gedrag als aanleiding. Inzetten van een praatplaat, metafoor of Window of Tolerance.	De cliënt laten verkennen wat hij of zij al dan niet herkent aan ontregelende doorwerking van de aanhoudende stress op het eigen gedrag. Bij deze stap kan desgewenst een tweede praatplaat ingezet worden.	De cliënt uitnodigen om vanuit de geïdentificeerde negatieve doorwerkingen te bedenken wat hem of haar kan helpen. De cliënt geeft, al dan niet met hulp van de professional, antwoord op de vraag hoe hij/zij er minder last van kan hebben.	De cliënt uitnodigen om te bespreken in hoeverre de bedachte strategieën zijn ingezet en wat ze opleveren. Als de strategieën onvoldoende opleveren stap drie opnieuw uitvoeren.
aandachtspunten	De professional stelt geen diagnose. De cliënt verkent of hij of zij aanhoudende stress ervaart en wat het zou kunnen opleveren om daar (meer) aandacht aan te besteden. De professional geeft veel ruimte door bijvoorbeeld zinnetjes te gebruiken zoals: *misschien speelt dit bij jou helemaal niet.*	Vraag door op de ontregelende doorwerkingen die de cliënt noemt. Hoe beter de cliënt voor ogen heeft hoe hij/zij er last van heeft, des te interessanter wordt het voor de cliënt om strategieën te bedenken.	Geef de cliënt de ruimte om eigen strategieën en hulpmiddelen te bedenken. Geef als aanvulling, als dit wordt gevraagd, suggesties die de cliënt kan afwegen.	Het kan cliënten helpen als professionals normaliseren dat je niet altijd doet wat je je voorneemt. Het is belangrijk dat cliënten geen oordeel van de professional voelen en zich uitgenodigd voelen om strategieën en hulpmiddelen eventueel te herijken.

Substap 1: Interesse wekken

Het is in de praktijk even zoeken wat het handigste moment is. Het meest geschikte moment lijkt te zijn: zo vroeg mogelijk maar niet eerder dan verondersteld effectief. Met 'zo vroeg mogelijk' wordt bedoeld dat het in het kader van een vruchtbare samenwerkingsrelatie tussen cliënt en professional loont om zo snel mogelijk met een cliënt in gesprek te gaan. Onderwerp van gesprek is dan de vraag in hoeverre bij hem of haar chronische stress aan de orde is. En eveneens de vraag in hoeverre en hoe die chronische stress negatief doorwerkt op het gedrag dat nodig is om de problematiek waarvoor hulp wordt geboden aan te pakken. Door er zo snel mogelijk over in gesprek te gaan is er nog geen historie opgebouwd waarin de cliënt improductief gedrag vertoont zoals afspraken missen, stukken niet inleveren en andere gedragingen. Bij het idee van een vroege inzet moet overigens aangetekend worden dat in de ontwikkelfase van de interventie in de schuldhulpverlening professionals het gesprek ook wel zijn aangegaan met cliënten waar zij al langer mee samenwerken en dat er ook op dat moment door professionals nuttige opbrengsten ervaren werden.

Met 'verondersteld effectief' wordt bedoeld dat er voor een vruchtbare inzet van psycho-educatie een bepaalde rust nodig is om met elkaar in gesprek te gaan. Er moet voor de cliënt voldoende ruimte zijn om in gesprek met de professional het eigen gedrag te analyseren (zelfreflectie) en te bedenken welke strategieën of hulpmiddelen iemand wil inzetten. De hectiek waar cliënten soms in leven, kan een goede reden zijn om de inzet van psycho-educatie op te schuiven. Psycho-educatie in een context van een dreigende afsluiting van energie of uithuisplaatsing van een kind ligt, in deze ontwikkelfase van de interventie, dus (nog) niet voor de hand.

Als een professional ervoor kiest om psycho-educatie in te zetten, dan is het de vraag of een cliënt (al) gedrag vertoont dat stressgerelateerd kan zijn. Een belangrijk uitgangspunt van psycho-educatie is overigens dat sociale professionals geen artsen zijn en dus ook geen diagnoses stellen. Een hoofdpijn eenvoudig wegschrijven als een stressgerelateerde klacht is onverantwoord, er kunnen ook andere medische oorzaken zijn. Ook als een cliënt aangeeft dat hij of zij geen stress ervaart, vervallen daarmee de volgende stappen van psycho-educatie. Het uitgangspunt van psycho-educatie is dat cliënten worden uitgenodigd om een *eigen* antwoord te formuleren op de vraag of aanhoudende stress hun doelgerichte gedrag ondermijnt en als dat zo is, worden uitgenodigd om – al dan niet samen met de professional – na te denken over de vraag welke strategieën en hulpmiddelen kunnen ondersteunen. Om bij cliënten te verkennen of zijzelf überhaupt het idee hebben dat zij last hebben van aanhoudende stress kunnen professionals bijvoorbeeld de volgende openingszinnen gebruiken.

> **Mogelijke openingszin als de cliënt *(nog) geen gedrag* vertoont dat makkelijk te linken is aan aanhoudende stress**
> 'Veel mensen in jouw situatie hebben de nodige stress en zorgen door … (*hier de situatie invullen: hun financiële problemen, de dreiging van een uithuisplaatsing van een kind, etc.*). Mag ik je vragen wat deze situatie met jou doet?'

> **Mogelijke openingszin als de cliënt wel gedrag vertoont dat makkelijk te linken is aan aanhoudende stress**
> 'Ik werk meer samen met mensen die wel eens (*hier het improductieve gedrag benoemen zoals: afspraak vergeten, papieren niet aanleveren, etc.*). Als ik met hen in gesprek ga, dan vertellen ze me soms dat ze ook wel veel stress en zorgen hebben. Mag ik eens vragen wat deze situatie met jou doet?'

Substap 2: Bespreken hoe chronische stress kan doorwerken in gedrag

De tweede substap heeft als doel om cliënten voor te lichten over de manier waarop chronische stress doorwerkt op gedrag en wat het verschil is met de zogenaamde eustress, oftewel stress die ons juist verder brengt. Met deze stap wordt beoogd dat cliënten kennisnemen van de manieren waarop stress kan doorwerken op gedrag. Er is in deze stap dus nog geen sprake van zelfreflectie en ook niet van het uitdenken van strategieën of hulpmiddelen. Professionals kunnen op verschillende manieren aan cliënten toelichten hoe stress gedrag kan beïnvloeden. Er worden hier drie manieren beschreven:

1. een praatplaat gebruiken;
2. uitleggen hoe stress gedrag beïnvloedt aan de hand van metaforen;
3. gebruikmaken van het model van de Window of Tolerance.

Manier 1: Een praatplaat gebruiken

Een eerste manier om toe te lichten hoe stress doorwerkt, is door te beschrijven wat we vaak doen als we (te) veel stress hebben. Professionals kunnen een dergelijke beschrijving al pratend geven of daarbij gebruikmaken van bijvoorbeeld een praatplaat. In het kader van de eerder aangehaalde experimenten met psycho-educatie in de schuldhulpverlening hebben onderzoekers en professionals samen praatplaten ontwikkeld. De praatplaat biedt de professionals een handvat om het gesprek aan te gaan. Zij hoeven veelvoorkomende doorwerkingen niet uit hun hoofd te leren en kunnen met een praatplaat makkelijk een verkennend gesprek aangaan. Door de praatplaat, die is uitgewerkt op een A4, voor te leggen aan de cliënt kan deze zelf nagaan of hij of zij gedrag herkent dat mogelijk stressgerelateerd is. Een voordeel van een praatplaat is dat er niet van professionals wordt gevraagd dat zij de fysiologische en neurowetenschappelijke onderbouwing rondom stress heel precies in hun hoofd hebben. De praatplaat richt zich niet op de oorzaken maar op de doorwerking van chronische stress (■ fig. 5.1).

In de evaluatie van de pilots psycho-educatie in de schuldhulpverlening geven zowel de cliënten als de professionals aan dat de praatplaat van waarde is (Tonnon et al. 2019). De praatplaat zet cliënten aan het denken en wordt soms ook wel als confronterend ervaren. Cliënten zeiden over de praatplaat onder meer het volgende:

» Niemand kon het mij aanpraten, maar nu herkende ik het zelf en kon ik er niet meer omheen.

» Die praatplaat, daar had ik meteen iets aan. En ik had ook meteen het gevoel dat er in mijn achterban meerdere mensen waren die hier iets aan hadden. Aan één persoon heb ik de plaat laten zien en die heeft hem meegenomen naar zijn huisarts. Die persoon kon ook moeilijk praten en die kon zo meteen laten zien van dit ben ik wel en dit ben ik niet.

» Ik ben gaan zien dat stress je brein ongezond maakt, waardoor je verkeerde beslissingen neemt. Het is heel fijn om daarover te praten. Dat deed ik altijd wel, maar meestal hield ik dan de helft weer achterwege. Van dat is niet zo belangrijk, laat maar. Maar dat hoopt dan wel allemaal op. Het is nu weer wat rustiger in mijn hoofd. Ik kan weer iets helderder nadenken, zeg maar. Normaal werd ik heel boos en moest alles er weer uit en direct aan iedereen vertellen. En dat hoeft nu niet meer.

Figuur 5.1 Praatplaat 1, ontwikkeld ten behoeve van psycho-educatie in de schuldhulpverlening

> Puur dat je even met iemand kan praten die weet hoe het zit, dat vermindert de stress.

Professionals zeiden over het gebruik van de praatplaat onder meer (Tonnon et al. 2019):

> Je krijgt meer informatie boven tafel, mensen vertellen meer over wat er aan de hand is. Mensen melden zich bij ons en hebben aan de voorkant heel erg een idee van wat wij doen. En het is heel makkelijk om dat te bevestigen eigenlijk, door je standaardverhaaltje uit te pluizen. Je verwijst ze door, je verwijst ze door, je verwijst ze door. Bam, volgende. En doordat je het nu wel aanhaakt, hoor je ineens veel meer en kun je dus eigenlijk je dienstverleningsproces netter opzetten.

> Wel moet het steeds maatwerk blijven. Het is zoeken wanneer een cliënt er wel wat aan heeft en wanneer niet.

Manier 2 Uitleggen wat stress doet aan de hand van metaforen

In plaats van een praatplaat kunnen professionals de doorwerking van chronische stress ook schetsen aan de hand van metaforen. Een metafoor is een korte vertelling die cliënten, die in metaforen kunnen denken, stimuleert om met enige afstand naar het eigen handelen te kijken. Een goede metafoor heeft daarnaast als voordeel dat er met een verhaal samenhang wordt aangebracht in de aangereikte informatie. Dankzij de samenhang kunnen cliënten een goede metafoor beter onthouden (Lyddon et al. 2001). In het dagelijks taalgebruik zijn we rondom stress snel geneigd om als metafoor te gebruiken dat ons 'emmertje overloopt' of dat de 'rek eruit is'. In de stressliteratuur worden weleens een elastiek en een leeuw als metafoor gebruikt.

1 Het elastiek   Een eerste metafoor voor de doorwerking van stress komt van een van de grondleggers van de stressleer, Seyle. Hij introduceerde elastiek als metafoor om uit te leggen dat verschillende maten van stress verschillend uitwerken op ons gedrag (Maté 2008). Seyle spande een elastiek tussen zijn duimen, liet dat slap hangen en vergeleek dat met de situatie waarin mensen in rust zijn. Vervolgens rekte hij het elastiek een stukje uit en vergeleek dat met de situatie waarin iemand normaal functioneert en meerekt met wat er op dat moment van hem of haar gevraagd wordt. Dat is ons optimaal functioneren. We bewegen mee met wat er op ons pad komt. We zijn flexibel. Vervolgens rekte hij het elastiek te ver uit en vergeleek dat met de situatie van te veel stress. In die situatie is er geen ruimte meer om mee te bewegen. En als er meer druk komt, knapt het elastiek. Als het elastiek te gespannen staat, is het dus van groot belang om terug te gaan naar de optimale rek waarbij er ruimte is om heen en weer te gaan tussen wat minder en wat meer rek.

2 De leeuw   Een tweede metafoor die wel gebruikt wordt is die van de leeuw (De Wit 2017). Daarmee kunnen professionals aan cliënten twee belangrijke stressnoties uitleggen. De eerste notie is dat we belangrijke processen, zoals advies aannemen of opties verkennen, uitschakelen als we in een stressreactie schieten. De tweede notie is dat als ons stress-systeem te lang te hevig geactiveerd wordt, het ook actief blijft als er geen reden meer is voor stress. De metafoor van de leeuw speelt zich af op de Afrikaanse Savanne.

> **Stressnotie 1: in een stressreactie handelen we niet weloverwogen**
> Je loopt door een Afrikaanse Savanne en je geniet van de omgeving. Het gras staat er mooi bij en je geniet van alle dieren die je ziet. Plotseling hoor je geritsel en zie je in een ooghoek dat er een leeuw op je afrent. Je schrikt. Je stressmechanisme wordt geactiveerd. Je hart gaat sneller slaan, je spieren spannen zich aan en je focust je op het gevaar. Je rent zo snel als je kunt naar de dichtstbijzijnde boom en klimt erin. Als je hoog genoeg bent, merk je dat je veilig bent. De leeuw kan niet klimmen. Althans daar ga je op dit moment van uit. Je hart bonst nog in je keel en je spieren trillen na. Langzaam maar zeker kom je weer een beetje tot rust. Het stressmechanisme heeft ervoor gezorgd dat je jezelf in veiligheid kon brengen. Door te vluchten heb je de situatie zo veranderd dat een langere stressreactie niet meer nodig is. Je schakelt terug en opeens vraag je je af of ze echt niet kunnen klimmen ….

Dit voorbeeld illustreert twee zaken. Om te beginnen een normale stressreactie. Er is een acuut gevaar en we gaan iets doen. In dit geval rennen. Dat is een reflex waar geen afweging onder ligt. Bij de inzet van de reflex is het weldenkende deel van onze hersenen als het ware even gedimd (zie ▶H. 2). Daar zitten ook risico's aan. In Afrika zijn er zowel gebieden waar leeuwen in bomen klimmen als gebieden waar ze dat niet doen. In de ideale situatie vraag je je voor je gaat rennen eerst af of je je in een klimgebied bevindt en of een boom dan de slimste uitweg is. Maar in een stressreactie schakel je het weldenkende gedeelte van je hersenen als het ware even uit. Het is dus zeker geen gegeven dat we onder stress in een 'verstandige' reflex schieten.

De wissel die stress op ons functioneren trekt, wordt nog groter als de stress blijft en chronisch wordt. Ook dat kan worden geïllustreerd met deze metafoor.

> **Stressnotie 2: bij chronische stress blijft ons systeem ook zonder acute dreiging actief**
> Stel dat de leeuw niet klimt en onder de boom blijft wachten tot je er op enig moment misschien uitvalt. Je weet niet hoe lang dat gaat duren en hoe lang je het volhoudt om in de boom te blijven zitten. Je merkt dat je gestrest blijft. Gelukkig vertrekt de leeuw op een gegeven moment. Hij kan twee kanten op lopen: de weidse vlakte op of naar het struikgewas in de buurt. Hij kiest de weidse vlakte en als hij heel ver weg is, klim je naar beneden. Toch schrik je enorm als je al vrij snel daarna wederom geritsel hoort. Verstandelijk weet je dat de leeuw weg is, maar je stress-systeem is zo overbelast geraakt dat het je bij het minste signaal weer in een stressmodus brengt.

Dit tweede deel van het verhaal kan helpend zijn om te begrijpen dat te lang te veel stress eraan kan bijdragen dat we overprikkeld raken. Dat we in een modus van chronische stress niet meer per se rationeel handelen. We gaan dan vaak bij de dag leven en prikkelgestuurd. Dat wat op ons pad komt, krijgt de meeste aandacht en we gaan van situatie naar situatie. We verliezen ons vermogen om te sturen. We lopen telkens weg zodra we geritsel in de bosjes horen. We gaan niet in een rechte lijn naar huis, maar het geritsel in het struikgewas bepaalt welke route we afleggen. We raken de sturing in ons eigen leven kwijt.

Manier 3: Window of Tolerance

Een derde manier om de impact van stress te bespreken is door het model Window of Tolerance te gebruiken. In dat model wordt er wat dieper ingegaan op de fysiologische en neurowetenschappelijke inzichten over de impact van stress. In Nederland wordt dit model vooral in de jeugdzorg gebruikt en ook wel aangeduid met de term 'spanningsraam'. Het model is ontwikkeld door de Amerikaanse (kinder)arts Dan Siegel in het kader van traumatherapie, maar is ook breder toepasbaar (Siegel 1999; Ogden et al. 2006). Het model gaat uit van drie stadia van functioneren: onderprikkeld, normaal en overprikkeld. Om goed te functioneren is het van belang om ervoor te zorgen dat we in ons normale doen zijn. In die modus zijn onze gevoelens en emoties beheersbaar. Ze staan ons denken niet in de weg.

Als we onder- of overprikkeld zijn, functioneren we slechter. Wie onderprikkeld is, voelt zich vaak lusteloos, komt niet in actie en laat zaken op zijn beloop. Wie overprikkeld is, voelt zich doorgaans zo enorm gespannen dat gedrag in hoge mate wordt ingegeven door reflexen (vechten, vluchten of bevriezen). Professionals die het raamwerk uitleggen aan cliënten nodigen hen doorgaans ook meteen uit om te verkennen in welk van de drie gebieden ze zich doorgaans bevinden. Wie zichzelf in het overprikkelde gebied plaatst, zegt daarmee eigenlijk ook dat het van belang is om daar iets aan te doen.

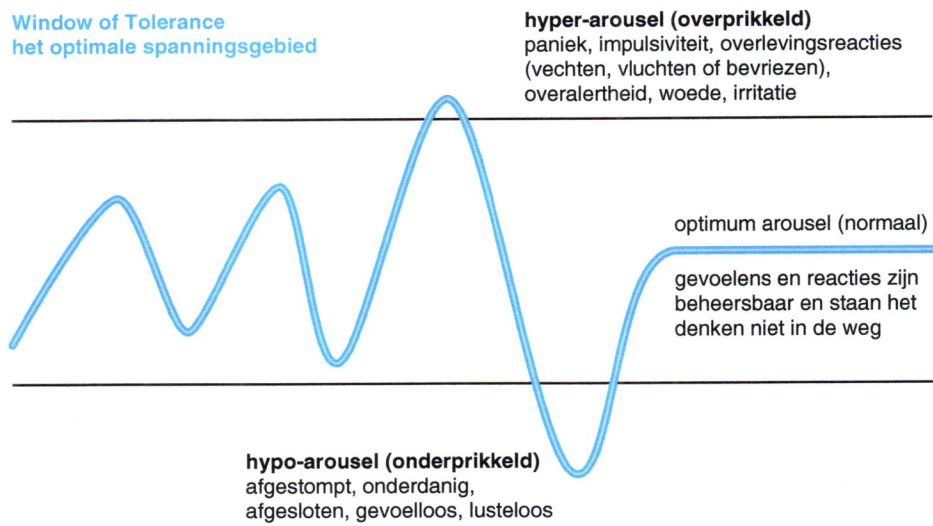

◻ **Figuur 5.2** Visuele weergave van Window of tolerance. Bron: Mulders (2018)

De bandbreedte van de Window of Tolerance verschilt van persoon tot persoon. Chronische stress en traumatische ervaringen kunnen de Window of Tolerance verkleinen. Wie dat herkent, realiseert zich dat hij of zij het tegenwoordig moeilijker vindt om kalm en gefocust te blijven en eerder uit balans raakt. Stressreducerende activiteiten kunnen de Window of Tolerance soms juist vergroten (◻fig. 5.2).

De drie spanningsgebieden brengen elk ander gedrag met zich mee. Door met cliënten in kaart te brengen in welk deel van het window zij zich doorgaans bevinden, kan verkend worden of er reden is om te werken aan stressreductie of juist aan het creëren van prikkels. Het model van de Window of Tolerance is in Nederland ook uitgewerkt in een heel handig en toegankelijk boekje met illustraties die onder meer het toelichtende gesprek kunnen faciliteren (Koster en Sterenborg 2015) (◻tab. 5.2).

Als cliënten moeite hebben om te bedenken hoe heftig de stress is die ze ervaren, kan het nuttig zijn om hen uit te nodigen om de mate waarin zij stress ervaren een tijdje bij te houden (Barlow en Rapee 2014). Op de website Treatments That Work (▶www.oup.com/us/ttw) is onder de link 'forms and worksheets' bijvoorbeeld een formulier te vinden dat mensen gedurende een periode kunnen invullen om te ontdekken hoe vaak en hoeveel stress ze ervaren. Het formulier is te vinden bij de tab Cognitive-Behavioral Stress Management: Workbook, onder de naam 'daily self-monitoring sheet'. Van de cliënt wordt gevraagd om op het formulier per dag te noteren hoe laat de stress ongeveer begon en wanneer de stress weer afnam. Daarbij wordt van de cliënt gevraagd om op een schaal van 0 tot 8 de intensiteit van de stress te noteren alsmede wat de stress veroorzaakte en welke fysieke reactie de cliënt ervaarde. Door dit formulier een tijdje in te vullen kunnen cliënten ontdekken wat de stress bij hen aanwakkert en hoe zij reageren. Dit inzicht kan helpen bij het bedenken van strategieën om de stress beter aan te kunnen.

◫ **Tabel 5.2** Overzicht van signalen dat je over- of onder prikkeld bent of dat de spanning optimaal is, de drie delen van het Window of Tolerance. Bron: Mulders (2018)

overprikkeld	gezonde spanning	onderprikkeld
– op je hoede zijn – alert of waakzaam zijn – versnelde of onregelmatige hartslag – een 'kloppend' hoofd – racende gedachten – zweten – het gevoel dat er een strakke band om je hoofd zit – een droge mond – onrust in het lichaam – kriebels in de buik – strakke schouders – kiezen op elkaar geklemd – overvallen worden door allerlei emoties	– ontspannen spieren – rustige ademhaling – kalme hartslag – bewustzijn van de omgeving – helder kunnen nadenken – kalmte – contact met anderen hebben – grenzen aangeven – zich in het hier en nu voelen – aandacht er goed bij kunnen houden – met tegenslagen kunnen omgaan – met negatieve emoties kunnen omgaan – jezelf zijn	– een verdoofd gevoel – een gevoel van vervreemding naar anderen – verwarring – het gevoel geblokkeerd te zijn – langzame hartslag – terugtrekken van andere mensen – leegheid – vermoeidheid – dufheid – verveling – slappe spierspanning en weinig kracht – staren – instorten – aandacht steeds meer naar binnen, op de eigen gevoelens en op piekergedachten

5.2.2 Stap 2 Zelfreflectie op de doorwerking van chronische stress op het eigen gedrag

Na de eerste stap waarin de professional aan de hand van bijvoorbeeld een praatplaat, metafoor of de Window of Tolerance heeft toegelicht hoe chronische stress kan doorwerken op gedrag is de cliënt aan zet. Dit is de tweede stap in psycho-educatie, die in een gesprek soms ook wel overlapt met de eerste stap. Het doel van deze tweede stap is om cliënten te laten reflecteren op het eigen gedrag. Ze worden uitgenodigd om antwoord te geven op de vraag in welke mate ze stress ervaren en hoe dat doorwerkt op hun gedrag. Cliënten hebben soms het idee dat hun emoties en reacties niet zijn te sturen. Dat idee klopt niet. Wel vraagt het een flinke inspanning om er beter mee om te leren gaan (Barlow en Rapee 2014).

Ook in deze tweede stap is het van belang dat professionals zich terughoudend opstellen. Professionals stellen geen diagnose maar nodigen cliënten uit om zichzelf de vraagt te stellen: heb ik het idee dat ik last heb van (aanhoudende) stress en zo ja hoe werkt dat dan bij mij uit? Een belangrijk uitgangspunt hierbij is dat psycho-educatie draait om de eigen analyse van de cliënt. De bril van aanhoudende stress geeft een verklaring voor de moeite die cliënten ervaren bij het bereiken van doelen. In deze stap van de zelfreflectie loont het als professionals helder blijven over de betekenis van het inzicht dat stress doelgericht gedrag ondermijnt. Het inzicht geeft een verklaring, geen vrijbrief. De verklaring kan wel bijdragen aan de ambitie om de doorwerking van chronische stress op het eigen gedrag te beperken. In die zin kan de verklaring bijdragen

Figuur 5.3 Praatplaat 2, ontwikkeld om cliënten te laten uitwerken hoe chronische stress hun gedrag beïnvloedt en welke strategie of hulpmiddel hen daarbij kan helpen

aan het vergoten van de motivatie om te bedenken welke strategieën en hulpmiddelen ondersteuning kunnen bieden om de (lange)termijndoelen toch te bereiken. Professionals helpen zichzelf en hun cliënt als ze op de volgende wijze praten over psycho-educatie en over het nut van de zelfreflectie:

» Door na te gaan hoe stress jouw vermogen om doelen te stellen ontregelt, kun je manieren bedenken waarop je die toch zo goed mogelijk behaalt.

In de psycho-educatie in de schuldhulpverlening is er ten behoeve van deze tweede stap een tweede praatplaat ontwikkeld. Deze stelt cliënten in staat om vast te stellen van welke doorwerking ze het meeste last hebben. De praatplaat is weliswaar ontwikkeld om in te zetten in de schuldhulpverlening, maar leent zich ook prima om in te zetten in andere vormen van ondersteuning, zoals de re-integratie, jeugdhulpverlening of wijkgericht werk. De praatplaat biedt cliënten ondersteuning om te bepalen van welke stressgerelateerde gedragingen ze het meeste last hebben en wat in dat kader strategieën zijn die hen verder helpen. Door de gedragingen te koppelen aan de strategieën levert deze praatplaat een verbinding op tussen de tweede en derde stap binnen psycho-educatie, te weten zelfreflectie en strategieën uitwerken (◘ fig. 5.3).

Een alternatief voor de praatplaat is om de cliënt op een rij te laten zetten welke negatieve effecten de stress op het dagelijks leven heeft en welke positieve effecten er komen als de chronische stress het gedrag niet meer zou ondermijnen. Bijvoorbeeld aan de hand van deze voor- en nadelenlijst (Barlow en Rapee 2014).

negatieve effecten in mijn leven door de chronische stress	positieve effecten in mijn leven als ik geen last meer heb van chronische stress

5.2.3 Stap 3 Uitwerken strategieën en hulpmiddelen

De derde stap in psycho-educatie omvat het uitdenken van strategieën en hulpmiddelen. De beste strategie is om de stressbron weg te nemen of er beter mee om te leren gaan. Het wegnemen van de stressbron is alleen lang niet altijd mogelijk. Problematische schulden, werk- of dakloosheid zijn niet van vandaag op morgen opgelost. Door de doorwerking van de stress beter te begrijpen en er beter mee om te gaan, kunnen cliënten mogelijk wel het aandeel vergroten dat zijzelf hebben in de oplossing. Wie beter in staat is om doelen te stellen, strategieën te bedenken en in actie te komen, kan de lange weg van het aanpakken van sociale problemen vaak toch net weer wat sneller afleggen.

Strategieën kunnen betrekking hebben op manieren om de beleefde stress te reduceren maar ook op manieren om beter om te gaan met de doorwerking. Dit kan op tal van manieren. Hierna zijn drie richtingen uitgewerkt: compenseren op de cognitieve doorwerking, omgaan met de emotionele doorwerking en activiteiten die ervaren stress reduceren. Onderstaand overzicht is bedoeld als inspiratie en is dus geen volledig overzicht.

1 Compenseren op de cognitieve doorwerking

Bij de eerste optie bedenkt de cliënt – al dan niet met hulp van de professional – strategieën of hulpmiddelen om te compenseren op de doorwerking van de chronische stress. Cliënten zeggen bijvoorbeeld dat ze door de ervaren stress steeds van alles vergeten en het overzicht kwijt zijn. Strategieën om daarop te compenseren kunnen dan bijvoorbeeld zijn: stappenplannen, als-danplannen of reminders (zie ◘ tab. 5.3).

In de literatuur worden stappenplannen, als-danplannen en reminders ook wel probleemgerichte strategieën genoemd. Ze zijn vooral nuttig als de stressbron niet weggenomen kan worden terwijl de stress wel ons gedrag ondermijnt (Meichenbaum 2007). Onderzoek bij de Kredietbank Groningen liet in dit kader bijvoorbeeld zien dat de no show bij afspraken halveerde dankzij het versturen van sms'jes (Van der Werf en Schonewille 2017).

2 Omgaan met de emotionele doorwerking

Chronische stress kan ook doorwerken op emotieregulatie. Daarbij is stress een subjectieve ervaring (Lazarus en Folkman 1984). Hoeveel stress je ervaart, hangt af van de situatie en je beleving. Emotieregulatie richt zich op de ervaringskant. Cliënten geven bijvoorbeeld aan dat ze maar blijven piekeren of na een stressvolle situatie moeite

Tabel 5.3	Strategieën voor compenseren op de cognitieve doorwerking
strategie	uitwerking
stappenplan	Door doelen op te delen in kleine stapjes wordt een doel overzichtelijker. Een heldere volgorde van te verrichten activiteiten helpt cliënten om te blijven overzien wat er van hen gevraagd of verwacht wordt. Het gegeven dat je weet wat je te doen staat en dat je gelooft dat je het kunt, helpt je om in beweging te komen.
als-dan plan	In de literatuur wordt een als-danplan ook wel een implementatie-intentie genoemd. Je bedenkt hoe je gaat reageren als een specifieke situatie zich voordoet of als een specifiek moment aanbreekt. Door vooraf te bedenken hoe je in een bepaalde situatie acteert, vergroot je de kans dat je gaat doen wat je moet doen. Een voorbeeld van een als-danplan is: als mijn professional me vraagt om iets te doen, dan zet ik die opdracht direct in mijn agenda.
reminder	Wie veel vergeet, kan baat hebben bij reminders. Cliënten kunnen zelf reminders organiseren (programmeren in hun telefoon) of hun netwerk vragen om in reminders te voorzien. Er zijn ook steeds meer organisaties in het sociaal domein die cliënten reminders sturen om hen te ondersteunen.

hebben om weer rustig te worden. Strategieën om daarop te compenseren kunnen dan bijvoorbeeld zijn: aanvaarding, vermijding of cognitieve herbeoordeling (Aldao et al. 2010) (zie tab. 5.4).

3 Activiteiten om het ervaren stressniveau te reduceren

Als de stressbron niet weggenomen kan worden, kan het nuttig zijn om te proberen de ervaren stress te verlagen. Dit heeft alleen zin als een cliënt er zelf interesse in heeft. Voorlichting over wat zaken zoals bewegen, ademhalingsoefeningen en mindfulness zoal opleveren kan bijdragen aan het vergroten van de interesse. Hierna zijn een enkele voorbeelden opgenomen van zaken die positief kunnen uitwerken op de ervaren stress.

Bewegen
Lichaamsbeweging reduceert de stressgevoelens die we ervaren. Chronische stress kan ertoe leiden dat de interesse om te bewegen afneemt. Diverse onderzoeken laten zien dat wekelijks bewegen de ervaren stress juist (flink) kan reduceren (Scherder 2014; De Vries 2017b; Puterman et al. 2018).

Dankbaarheid
Er is ook onderzoek dat laat zien dat mensen die elke dag (bijvoorbeeld voor het slapen) op een rij zetten wat er goed gaat en waar ze dankbaar voor zijn minder stress ervaren (Krejtz et al. 2016).

Slapen
Wie veel stress ervaart, doet er goed aan om te proberen om in ieder geval goed te slapen. Onderzoek naar slapen en werkstress laat bijvoorbeeld zien dat wie veel piekert, slechter slaapt en daardoor juist meer stress gaat ervaren (Van Laethem 2017). Te weinig slaap trekt een wissel op het functioneren dat door stress toch al onder druk staat. Zo nemen we als we te weinig slaap krijgen ook slechtere beslissingen (Schott et al. 2011).

Tabel 5.4 Strategieën voor omgaan met de emotionele doorwerking

strategie	uitwerking
aanvaarding	Wie continu 'vecht' tegen dat wat niet te beïnvloeden is maar wel continu stress geeft, kan uitgeput raken. Het kan mensen helpen als zij hun situatie aanvaarden. Psychologen zetten daarvoor ook wel *acceptance and commitment therapy* (ACT) in.
vermijding	Bij vermijding ontwikkelen mensen een strategie om niet continu met een stressbron geconfronteerd te worden. Wie in een vechtscheiding zit en dag in, dag uit ontregeld raakt door het app-verkeer kan de ex vertellen dat hij of zij voortaan nog maar twee keer per week reageert op een mail. Daarmee wordt doorbroken dat de stressbron dag in, dag uit aanwezig is.
cognitieve herbeoordeling	Onze emotionele beleving wordt mede beïnvloed door de manier waarop we een situatie interpreteren. Door situaties realistischer in te schatten, kunnen ze soms minder stressvol worden. Wie een situatie als minder stressvol kan beschouwen, zal minder stress ervaren en daardoor beter functioneren (Crum et al. 2013; McGonnigal 2016). Deze strategie is geworteld in de cognitieve gedragstherapie. Op de eerder aangehaalde site van Treatment That Work is ook een worksheet te vinden die mensen kan helpen bij het beter inschatten van situaties.
structureren van momenten	Cliënten die veel piekeren kunnen er soms baat bij hebben om met zichzelf piekermomenten per dag te bepalen. Bijvoorbeeld in de ochtend van acht tot halfnegen en in de avond van acht tot halfnegen. Vaste piekermomenten kunnen cliënten soms helpen om nare gedachten die gedurende de dag opkomen weg te duwen naar een later moment en zo meer ruimte in de dag te brengen.
affirmaties	Affirmaties zijn korte bekrachtigende en positieve zinnetjes die je tegen jezelf zegt als een soort mantra (Cohen en Sherman 2014). We hebben allemaal gedachten die automatisch, onbewust ontstaan. Wanneer dat negatieve gedachten zijn, kunnen ze ons gevoel en gedrag negatief beïnvloeden. Een cliënt kan bijvoorbeeld worstelen met het gevoel dat het hem toch niet lukt. Een affirmatie is dan het positieve zinnetje dat de cliënt – met jouw hulp – zelf bedenkt en tegen zichzelf zegt zodra de stressgevende gedachte 'het lukt me toch niet' opduikt. Het idee onder affirmaties is dat onze negatieve gedachten stress kunnen opwekken en dat we die emoties kunnen reguleren door er positieve gedachten voor in de plaats zetten.
batenanalyse	Vanuit een evolutionair perspectief is chronische stress niet alleen negatief. Het kan ook ons lichamelijk en mentaal functioneren verbeteren. Bijvoorbeeld doordat de stress ons in staat stelt om uitdagingen aan te gaan en te overleven. Daarbij kan een stressvolle periode (en zelfs traumatische ervaringen) leiden tot stressgerelateerde persoonlijke groei, in termen van het vergroten van weerbaarheid, taaiheid en bewustzijn, het verbreden van perspectief, het versterken van vaardigheden en het ontdekken van prioriteiten, het verdiepen van relaties en het versterken van de betekenis van het leven (Baumeister et al. 2012). Als cliënten stress niet alleen beschouwen als een last maar het ook kunnen zien als een proces van groei en baten, hebben zij doorgaans minder last van de doorwerking.

Muziek luisteren

Diverse onderzoeken laten zien dat het luisteren naar muziek van invloed is op de stress die we ervaren. Muziek werkt ontspannend, vooral als we zelf kunnen uitkiezen waar we naar willen luisteren (Pelletier 2004; Lesiuk 2008; Scherder 2017).

Mindfulness

In de afgelopen jaren is er steeds meer aandacht gekomen voor de baten die mindfulness kan hebben voor mensen die (chronische) stress ervaren. Diverse onderzoeken tonen aan dat mindfulness positief uitwerkt op ervaren stress (Jain et al. 2007; Davis en Hayes 2011; Sharma en Rush 2014; Gu et al. 2015; Janssen et al. 2018).

Ontspanningsoefeningen

Diverse onderzoeken waaronder meta-analyses (Manzoni et al. 2008; Varvogli en Darviri 2011) laten zien dat ontspanningsoefeningen zoals uitgewerkt in progressieve relaxatie (Jacobson 1987) of autogene training kunnen bijdragen aan het verlagen van het ervaren stressniveau (Schultz en Luthe 1959).

Sociale steun

De nabijheid van steunende anderen kan eraan bijdragen dat mensen situaties als minder stressvol ervaren (Southwick et al. 2016). Dit is een interessant inzicht, omdat mensen die chronische stress ervaren nog wel eens de neiging hebben om zich juist terug te trekken uit sociale contacten.

Wanneer welke strategie of hulpmiddel

Wat het meest voor de hand ligt, hangt af van de situatie. De beste aanpak is in alle gevallen om de stressbron zo snel mogelijk weg te nemen. Bij problematiek in het sociaal domein is dat alleen vaak makkelijker gezegd dan gedaan. Als eliminatie van de stressor niet tot de mogelijkheden behoort, ligt het voor de hand om met de cliënten te verkennen welke strategie of hulpmiddel het meest aanspreekt.

5.2.4 Stap 4 Evalueren en bijstellen van de ingezette strategieën en/of hulpmiddelen

Het uitwerken van een strategie of het bedenken van een hulpmiddel wil niet meteen zeggen dat we doen wat we ons hebben voorgenomen. Een groot deel van ons gedrag is geautomatiseerd en aanhoudende stress draagt eraan bij dat het de nodige moeite kost om ons te zetten tot het uitvoeren van de bedachte strategie of tot het ook echt inzetten van het hulpmiddel. Na het uitdenken is het dan ook van belang om in het traject te blijven bespreken in welke mate het lukt om de strategie of het hulpmiddel ook daadwerkelijk in te zetten (Meichenbaum 2007). Als de strategieën of hulpmiddelen niet tot de gewenste effecten leiden, ligt het voor de hand dat de derde stap (uitwerken strategieën of inzetten hulpmiddelen) herhaald wordt met als doel een andere invulling.

5.3 Welke effecten mag je verwachten?

Het is niet mogelijk om een algemeen antwoord te geven op de vraag wat psycho-educatie oplevert. In verschillende velden is aangetoond dat ze van toegevoegde waarde is (Saunders et al. 1996; Hammerfald et al. 2006). Bij toepassing in de schuldhulpverlening rapporteren cliënten en professionals een positief oordeel (Tonnon et al. 2019). Cliënten rapporteren dat ze meer begrip en steun voelen omdat de stress die ze elk dag zo sterk ervaren nu aandacht krijgt. Ze voelen zich gezien door de professional en gaan hun eigen gedrag beter begrijpen. Professionals onderschrijven wat cliënten zeggen en voegen daaraan toe dat de psycho-educatie voor hen op twee extra manieren rendement oplevert. Om te beginnen krijgen ze door de doorwerking van chronische stress te bespreken meer begrip voor cliënten. Ze begrijpen beter dat het vergeten van afspraken of boos worden geen tekenen zijn van te weinig motivatie maar van grote onmacht geworteld in chronische stress. Professionals rapporteren dat ze door dit inzicht minder snel geïrriteerd raken en meer geduld opbrengen als zaken niet lopen zoals beoogd. Een tweede opbrengst is dat ze aangeven dat ze dankzij het bespreken van de doorwerking van chronische stress ook informatie krijgen die hen anders niet bereikt had. De professionals zien dus baten van psycho-educatie voor zowel de cliënten als voor henzelf.

Het onderzoek in de schuldhulpverlening is een eerste verkenning. Het is van belang om op te merken dat er geen eenduidig beeld is van wat psycho-educatie oplevert. Er is met name veel onderzoek beschikbaar over de effecten op mensen met verschillende beperkingen of (psychiatrische) stoornissen zoals autisme, ADHD, angststoornissen en depressie. Studies richten zich in die context doorgaans op het beter leren omgaan met de beperking of het bevorderen van behandeltrouw. Daar waar psycho-educatie met andere interventies wordt vergeleken, is psycho-educatie niet per definitie effectiever, maar vaak wel goedkoper (Geist et al. 2000).

De onderzoeken die laten zien dat psycho-educatie van toegevoegde waarde is, geven onder meer aan dat het van belang is dat het aanbod aansluit op het ontwikkelingsniveau en de vraag van de cliënt. Zo is bij mensen met een licht verstandelijke beperking (LVB) en stoornissen als autisme vaak meer informatie en herhaling nodig dan bij volwassenen zonder beperking. Ook hebben mensen met een LVB of andere beperking vaak meer moeite om de aangereikte inzichten te veralgemeniseren en in andere contexten in te zetten. Het ligt voor de hand dat mensen die leven in een dynamiek van aanhoudende stress ook behoefte hebben aan meer informatie en herhaling en meer moeite hebben om wat ze aangereikt krijgen ook in een andere context in te zetten. Immers, de dynamiek van aanhoudende stress maakt dat we informatie minder goed tot ons kunnen nemen, minder goed leren en minder goed worden in de bewerking daarvan.

Specifiek ten aanzien van stress wijst onderzoek uit dat psycho-educatie effectief is, maar dat er aandacht moet zijn voor de mate waarin de vaardigheden ook op langere termijn worden vastgehouden (Van Daele et al. 2012; Regehr 2018). Het lijkt vooral van groot belang dat de strategieën en de uitwerking daarvan permanent onderwerp van gesprek zijn. Een probleem bij het vaststellen van de effectiviteit is dat psycho-educatie eigenlijk altijd aanvullend is op reguliere therapie of behandeling. De effectiviteit van de psycho-educatie is dan dus ook altijd gerelateerd aan de effectiviteit van het reguliere traject.

Psycho-educatie in het sociaal domein staat in de kinderschoenen. Dit betekent dat het van belang is om het niet alleen met interesse te ontvangen maar om ook kritisch te zijn. Voor elke interventie geldt dat die in potentie ook meer kwaad dan goed kan doen. Zo bleek uit een onderzoek naar psycho-educatie en behandeltrouw bij antidepressiva dat de psycho-educatie onbedoeld vooral tot bijwerkingen leidde. In het onderzoek werd onderzocht wat mensen na zes weken nog wisten van de educatie gericht op het gebruik van antidepressiva. De psycho-educatie had geen positieve effecten maar leidde er onbedoeld wel toe dat de onderzoeksgroep maar liefst twee keer zoveel bijwerkingen rapporteerden als mensen in de controlegroep (John et al. 2016). In dit specifieke geval praatte psycho-educatie mensen dus klachten aan zonder dat daar opbrengsten tegenover stonden.

5.4 Wat vraagt implementatie?

Psycho-educatie lijkt een beloftevolle bouwsteen van stress-sensitief werken. Op basis van de eerste evaluatie in de schuldhulpverlening en andere literatuur lijkt het erop dat psycho-educatie cliënten inzicht en strategieën kan bieden. Tegelijkertijd geldt net als bij veel andere bouwstenen van stress-sensitief werken dat doorontwikkeling gewenst is. Organisaties die met psycho-educatie aan de slag willen, doen er in dat licht goed aan om de volgende punten ter harte te nemen.

5.4.1 Beschouw psycho-educatie als middel om motivatie en geloof in eigen kunnen te vergroten

Een risico van psycho-educatie kan zijn dat organisaties het zien als een oplossing voor cliënten die hun afspraken niet nakomen. De inzet is dan om minder last te hebben van het improductieve gedrag dat aanhoudende stress teweegbrengt. Dat is een ander doel dan het bij de cliënt vergroten van de motivatie en het geloof in eigen kunnen. De doorwerking van stress is stevig en 'een gesprekje psycho-educatie' zal vaak niet genoeg zijn. Door psycho-educatie vooral in te zetten als middel om motivatie en geloof in eigen kunnen te vergroten, kan ook de waarde ervan gezien worden als die twee zaken toenemen maar het een cliënt nog niet lukt om deze om te zetten in doelgericht gedrag.

5.4.2 Nodig professionals uit om ook na te denken over wat het hen oplevert

Psycho-educatie is gericht op het versterken van het doelgerichte gedrag van cliënten. Voor veel professionals is het best een stap om in een traject of programma met mensen te verkennen of en zo ja in welke mate zij last hebben van aanhoudende stress. In de trainingen ten behoeve van de experimenten in de schuldhulpverlening verwoordden professionals ook wel wat terughoudendheid (Tonnon et al. 2019). Ze weten niet zo goed hoe ze het gesprek aan moeten gaan of woekeren in klantcontact met de tijd. Dit kan terughoudendheid opleveren om psycho-educatie uit te proberen. Wie professionals wil stimuleren om aan de slag te gaan met psycho-educatie doet er goed aan om hen uit te nodigen om uit te zoeken wat het hen kan opleveren. Een effectieve inzet begint bij draagvlak op de werkvloer.

5.4.3 Leid professionals op zodat zij stressgerichte psycho-educatie goed kunnen inzetten

Op basis van de huidige kennis lijkt het van cruciaal belang dat professionals bij de inzet van psycho-educatie een aantal zaken kunnen en in acht nemen. In een voorbereidende training is het van belang dat professionals leren hoe chronische stress gedrag beïnvloedt, dat ze aan cliënten altijd toestemming vragen om het onderwerp te agenderen, dat ze cliënten geen zaken aanpraten en waar nodig doorverwijzen naar gespecialiseerde hulpverlening. Daarbij is het van groot belang dat de professionals de doorwerking van stress bespreken op een manier die de cliënt houvast, hoop en perspectieven biedt.

5.4.4 Zorg dat professionals goed geschoold zijn in gesprekstechnieken en coaching

Een tweede aandachtspunt is de beheersing van de gesprekstechnieken. Bij de toepassing van psycho-educatie in de schuldhulpverlening constateerden de professionals dat cliënten vrij snel emotioneel kunnen worden als de aanhoudende stress geagendeerd wordt. Dit is positief omdat het eraan kan bijdragen dat de cliënten zich echt gezien voelen, maar het vraagt van de professionals ook het vermogen om het gesprek in goede banen te leiden. Het vraagt niet alleen om empathisch te zijn maar vergt ook het vermogen om vanuit de herkenning van de stress de stap naar de strategieën en hulpmiddelen te zetten. Professionals die betrokken waren bij de pilots in de schuldhulpverlening geven aan dat zij soms moeite hadden om na het aansnijden van het onderwerp chronische stress door te gaan naar het uitwerken van de strategieën en/of het bedenken van de gewenste hulpmiddelen (Tonnon et al. 2019). 'Zodra ik er over begin, blijven ze maar praten. Ze worden emotioneel en gaan echt van alles vertellen. Daar heb ik geen tijd voor. Ik kom er dan niet meer op een nette manier tussen.' Om daarin te kunnen voorzien is het dus cruciaal dat professionals gesprekstechnieken zoals motiverende gespreksvoering (Miller en Rollnick 2014) zo goed beheersen dat zij voldoende regie kunnen nemen over het gesprek. Instrumenten om doelen te stellen, kunnen in dit kader ook ondersteunend zijn. Zie daarvoor onder meer ▶ H. 4.

5.4.5 Regisseer de inzet van psycho-educatie gericht op de doorwerking van chronische stress

Bij financiële en sociale problematiek spelen er vaak meerdere vraagstukken. Cliënten krijgen dan te maken met meerdere professionals die er allemaal belang bij hebben dat mensen hun door stress beïnvloede gedrag zo goed mogelijk kunnen reguleren. Het is helpend voor cliënten als er in alle opgaven waar ze voor staan aandacht is voor de doorwerking van stress. Tegelijkertijd vraagt het van de betrokken professionals dat er afstemming is van de momenten en de manieren waarop de stressgerichte psycho-educatie wordt gegeven. De baten van psycho-educatie worden voor cliënten al snel tot een last als elke professional op een andere manier het gesprek aangaat en ze telkens weer een zelfanalyse moeten maken en telkens weer moeten bedenken welke strategieën en hulpmiddelen ze inzetten.

Literatuur

Aldao, A., Nolen-Hoeksema, S., & Schweizer, S. (2010). Emotion-regulation strategies across psychopathology: A meta-analytic review. *Clinical Psychology Review, 30,* 217–237.

Barlow, D. H., & Rapee, R. M. (2014). *10 steps to mastering stress. A lifestyle approach, updated editon.* Oxford: Oxford University Press Inc.

Baumeister, R. F., Vohs, K. D., Aaker, J. L., & Garbinsky, E. N. (2012). Some key differences between a happy life and a meaningful life. *Journal of Positive Psychology, 8*(6), 505–516.

Cohen, G. L., & Sherman, D. K. (2014). The psychology of change: Self-affirmation and social psychological intervention. *Annual Review of Psychology, 65*(1), 333–371.

Crum, A. J., Salovey, P., & Achor, S. (2013). Rethinking stress: The role of mindsets in determining the stress response. *Journal of Personality and Social Psychology, 104*(4), 716–733.

Davis, D. M., & Hayes, J. A. (2011). What are the benefits of mindfulness? A practice review of psychotherapy-related research. *Psychotherapy, 48*(2), 198–2018.

De Vries, S. (2017a). Wat werkt en hoe? Het common factors model als basis voor de psychosociale hulpverlening in het sociaal werk. *Journal of Social Intervention: Theory and Practice, 26*(3), 4–27.

De Vries, J. (2017b). *Exercise as intervention to reduce burnout* (Diss.). Nijmegen: Radboud Universiteit.

De Wit, R. (2017). *Stress in perspectief. De methode voor effectieve behandeling van stressklachten.* Hillegom: SAAM Uitgeverij.

Geist, R., Heinmaa, M., Stephens, D., Davis, R., & Katzman, D. K. (2000). Comparison of family therapy and family group psychoeducation in adolescents with anorexia nervosa. *Canadian Journal of Psychiatry, 45*(2), 173–178.

Gu, J., Strauss, C., Bond, R., & Cavanaugh, K. (2015). How do mindfulness-based cognitive therapy and mindfulness-based stress reduction improve mental health and wellbeing? A systematic review and meta-analysis of mediation studies. *Clinical Psychology Review, 37,* 1–12.

Hammerfald, K., Eberle, C., Grau, M., Kinsperger, A., Zimmermann, A., Ehlert, U., et al. (2006). Persistent effects of cognitive-behavioral stress management on cortisol responses to acute stress in healthy subjects – A randomized controlled trial. *Psychoneuroendocrinology, 31*(3), 333–339.

Jacobson, E. (1987). Progressive relaxation. *The American Journal of Psychology, 100*(3/4), 522–537.

Jain, S., Shapiro, S. L., Swanick, S., Roesch, S. C., Mills, P. J., Bell, I., et al. (2007). A randomized controlled trial of mindfulness mediation versus relaxation training: Effects on distress, positive states of mind, rumination and distraction. *Annals of Behavioral Medicine, 33*(1), 11–21.

Janssen, M., Heerkens, Y., Kuijer, W., Van der Heijden, B., & Engels, J. (2018). Effects of mindfulness-based stress reduction on employees' mental health: A systematic review. *Journal of Evidence-Based Integrative Medicine, 13*(1), ▶ https://doi.org/10.1371/journal.pone.0191332.

John, A. P., Singh, N. M., & Nagarajaiah, C. A. (2016). Impact of an educational module in antidepressant-naive patients prescribed antidepressants for depression: Pilot, proof-of-concept, randomized controlled trial. *Indian Journal of Psychiatry, 58*(4), 425–431.

Koster, U. M. A., & Sterrenborg, M. (2015). *The window of tolerance. Hoe hoog zit jij in je spanning?* Doetinchem: Graviant Educatieve Uitgaven.

Krejtz, I., Nezlek, J. B., Michnicka, A., Holas, P., & Rusanowksa, M. (2016). Counting one's blessing can reduce the impact of daily stress. *Journal of Happiness, 17,* 25–39.

Lazarus, R. S., & Folkman, S. (1984). *Stress, appraisal, and coping.* New York: Springer Publishing Company.

Lesiuk, T. (2008). The effect of preferred music listening on stress levels of air traffic controllers. *The Arts in Psychotherapy, 35*(1), 1–10.

Lyddon, W. J., Clay, A. L., & Sparks, C. L. (2001). Metaphor and change in counseling. *Journal of Counseling and Development, 79*(3), 269–274.

Manzoni, G. M., Pagnini, F., Castelnuovo, G., & Molinari, E. (2008). Relaxation training for anxiety: A ten-years systematic review with meta-analysis. *BMC Psychiatry, 8*(1), 41. ▶ https://doi.org/10.1186/1471-244x-8-41.

Maté, G. (2008). *When the body says no; understanding the stress-disease connection.* Hoboken, NJ.: Wiley.

McGonnigal, K. (2016). *The upside of stress, why stress is good for you and how to get good at it.* New York: Avery publishing group.

Meichenbaum, D. (1985). *Stress inoculation training.* New York: Pergamon Press.

Meichenbaum, D. (2007). Stress inoculating training: A preventative and treatment approach. In P. M. Lehrer, R. L. Woolfolk & W. S. Sime (Eds.), *Principles and practice of stress management* (pp. 497–518). New York: Guilford Press.

Menger, A. (2018). *De werkalliantie in gedwongen kader.* Utrecht: Eburon.

Miller, W. R., & Rollnick, S. (2014). *Motiverende gespreksvoering. Mensen helpen veranderen* (3^e druk). Gorinchem: Ekklesia.

Mulders, L. (2018). *De Window of Tolerance en de kunst van het "in je raampje" blijven.* Geraadpleegd van ▶ https://www.psychologievandaag.com/zelf-doen/de-kunst-van-het-wachten-en-de-window-of-tolerance/.

Ogden, P., Minton, K., & Pain, C. (2006). *Trauma and the body: A sensorimotor approach to psychotherapy.* New York: Norton.

Pelletier, C. L. (2004). The effect of music on decreasing arousal due to stress: A meta-analysis. *Journal of Music Therapy, 41*(3), 192–214.

Puterman, E., Weiss, J., Lin, J., Schilf, S., Slusher, A. L., Johansen, K. L., et al. (2018). Aerobic exercise lengthens telomeres and reduces stress in family caregivers: A randomized controlled trial. *Psychoneurodocrinology, 98,* 245–252.

Regehr, C. (2018). *Stress, trauma, and decision-making for social workers.* New York: Columbia University Press.

Saunders, T., Driskell, J. E., Johnston, J. H., & Salas, E. (1996). The effect of stress inoculation training on anxiety and performance. *Journal of Occupational Health Psychology, 1*(2), 170–186.

Scherder, E. (2014). *Laat je hersenen niet zitten.* Amsterdam: Atheneaum-Polak & Van Gennip.

Scherder, E. (2017). *Singing in the brain. Over de unieke samenwerking tussen muziek en de hersenen.* Amsterdam: Atheneaum-Polak & Van Gennip.

Schott, E., Nave, G., Morgan, A., & Spencer, R. M. C. (2011). Sleep-dependent modulation of affectively decision making. *Journal of Sleep Research, 21*(1), 30–39.

Schultz, J. H., & Luthe, W. (1959). *Autogenic training: A psychophysiologic approach in psychotherapy.* New York: Grune and Stratton.

Sharma, M., & Rush, S. E. (2014). Mindfulness-based stress reduction as a stress management intervention for healthy individuals: A systematic review. *Journal of Evidence-Based Integrative Medicine, 19*(4), 271–286.

Siegel, D. (1999). *The developing mind: Toward a neurobiology of interpersonal experience.* New York: Guilford Press.

Southwick, S. M., Sippel, L., Krystal, J., Charney, D., Mayes, L., & Pietrzak, R. H. (2016). Why are some individuals more resilient than others: The role of social support. *World Psychiatry, 15*(1), 77–79.

Tonnon, S., Jungmann, N., & Van Dam, J. (2019). *Psycho-educatie bij de aanpak van financiële problemen.* Utrecht/Zwolle: Hogeschool Utrecht/Hogeschool Windesheim.

Van Daele, T., Hermans, D., Audenhove, C., & Van den Bergh, O. (2012). Stress reduction through psychoeducation a meta- analytic review. *Health Education & Behavior, 39*(4), 474–485.

Van Laethem, M. (2017). *Reciprocity between work stress and sleep. Perseverative cognition as underlying mechanism* (Diss.). Nijmegen: Radboud Universiteit.

Van der Werf, M. & Schonewill G. (2017). *Opkomst verhogen met een SMS. Een experiment bij de Groningse Kredietbank.* Utrecht: Nibud.

Varvogli, L., & Darviri, C. (2011). Stress management techniques: Evidence-based procedures that reduce stress and promote health. *Health Science Journal, 5*(2), 74–89.

Beloningen

Susanne Tonnon en Nadja Jungmann

6.1 Wat maakt beloningen relevant in een context van chronische stress? – 119

6.2 Wat verstaan we onder beloningen? – 120

6.3 Welke effecten mag je verwachten? – 121
6.3.1 De effecten van beloningen zijn vooral van tijdelijke aard – 121
6.3.2 Beloningen werken beter in combinatie met andere methoden – 122
6.3.3 Beloningen richten op concreet gedrag en direct geven – 123
6.3.4 De hoogte van de beloning doet ertoe – 124
6.3.5 Beloningen kunnen ook negatieve effecten hebben – 125

6.4 De inzet van beloningen bij de gemeente Alphen aan den Rijn – 126
6.4.1 Compensatie en waardering in plaats van beloning – 126
6.4.2 Inbedding in aanpak gericht op geloof in eigen kunnen – 127
6.4.3 Gericht op concrete, kortetermijndoelen – 127
6.4.4 De beloningen hebben geen invloed op de keuze voor doelen of stappen – 128
6.4.5 Ruimte voor maatwerk – 128

6.5 Wat vraagt implementatie? – 129
6.5.1 Ga na bij welke stappen cliënten ondersteuning nodig hebben – 129
6.5.2 Neem de professionals mee in ethische overwegingen – 129
6.5.3 Evalueer het systeem na verloop van tijd en stel bij – 130

Literatuur – 130

© Bohn Stafleu van Loghum is een imprint van Springer Media B.V., onderdeel van Springer Nature 2020
N. Jungmann, P. Wesdorp en T. Madern (Red.), *Stress-sensitief werken in het sociaal domein*,
https://doi.org/10.1007/978-90-368-2433-0_6

Door chronische stress gaan mensen meer bij de dag leven en minder doordachte beslissingen nemen. We krijgen een kortetermijnfocus en hebben meer moeite om ons gedrag te reguleren. Beloningen kunnen in dat kader soms een verschil maken. Zo geeft de gemeente Tilburg bijvoorbeeld bonnen van 15 euro aan jongeren die trouw de op hen gerichte budgetcursus volgen. Ze kunnen daarmee naar de bioscoop of aankopen doen bij een drogist. De betrokken professionals hebben het idee dat het aantal no-shows dankzij de bonnen een stuk lager ligt. De beloningen maken onderdeel uit van het programma 'Fix up your life'. Daarin leren de jongeren onder meer budgetteren (Van Ommeren et al. 2014). De gemeente Utrecht gaat in het kader van het programma 'Utrechters schuldenvrij' experimenteren met beloningen en de gemeente Alphen aan den Rijn heeft in het kader van een pilot 'Mobility Mentoring® informed werken' geëxperimenteerd met waarderingen in de vorm van bonnen. In de pilot is onderzocht of de uitgifte van bonnen voor bijvoorbeeld de bioscoop, kledingwinkel of supermarkt mensen stimuleert om de stappen te zetten die ze, gevangen in een dynamiek van chronische stress, vaak niet of met veel vertraging zetten. Er is in Nederland nauwelijks onderzoek gedaan naar de effecten van beloningen in het sociaal domein. Internationaal onderzoek laat bemoedigende resultaten zien. In *The Behavioral economics guide* 2019 heeft Gneezy (2019) bijvoorbeeld vier manieren uitgewerkt waarop beloningen ondersteuning kunnen bieden aan gedragsverandering: het opbouwen van nieuwe gewoonten, het afbouwen van gewoonten, het direct verstrekken van een opbrengst voor gedrag dat pas op langere termijn iets gaat opleveren en het wegnemen van financiële barrières. Onderzoek in deze context laat in de VS bijvoorbeeld positieve resultaten zien in een op transformatie gericht programma voor arbeidsre-integratie. De bemoedigende resultaten worden zowel geboekt in de deelname aan het programma, het vinden van werk als in de hoogte van het inkomen dat zij weten te verwerven (Nuñez et al. 2015).

Ondanks de positieve resultaten zijn beloningen ook wel een omstreden methode (Popay 2008; Cookson 2008; Ashcroft 2011; Giles et al. 2015). Critici bestempelen beloningen wel als oneerlijk, omdat mensen die hebben voorkomen dat ze in problemen terechtkomen er niet voor in aanmerking komen (Ashcroft 2011). Daarbij tekenen ze aan dat beloningen de intrinsieke motivatie kunnen verlagen of de professional-cliëntrelatie kunnen ondermijnen. Onderzoek naar de effecten van beloningen geeft een onderbouwing voor de inzet ervan met de kanttekening dat er een gedegen ontwikkelproces voor nodig is en beloningen niet altijd het gewenste effect hebben. De werking van beloningen is complex en hangt af van de manier waarop de beloning wordt ingezet, het gedrag dat men wil bevorderen alsook van de populatie en de context waarin de interventie plaatsvindt (Lynagh et al. 2013; Pavetti en Stanley 2016). In dit hoofdstuk wordt verkend wat beloningen kunnen opleveren in programma's en trajecten die gericht zijn op mensen die leven in chronische stress en wat daarbij belangrijke aandachtspunten zijn.

6.1 Wat maakt beloningen relevant in een context van chronische stress?

In een context van chronische stress krijgen mensen het vaak niet voor elkaar om te doen wat hen op de lange termijn verder helpt: voldoende solliciteren, papieren inleveren, de kinderen rust en regelmaat bieden of zich inschrijven als woningzoekende. Beloningen kunnen mensen dan in beweging brengen.

> Aan het begin, moet ik eerlijk zeggen, deed ik het wel voor de bonnen. Toen was m'n motivatie ver te zoeken, toen ging het echt niet zo lekker met me (cliënt pilot Alphen aan den Rijn).

Beloningen kunnen een kortetermijnaanleiding vormen om bepaalde taken te prioriteren. Dit kan mensen die bij de dag leven stimuleren om stappen te zetten die op de korte termijn vooral kosten maar op de lange termijn ook baten opleveren. Wie de langetermijnbaten aan cliënten uitlegt, vindt doorgaans erkenning van het belang. Maar de praktijk leert ook dat het zich bewust zijn van de langetermijnbaten niet automatisch betekent dat cliënten hun voornemens kunnen waarmaken.

> Dat vond ik dus heel raar van mijn crisisperiode: je gevoel is per moment verschillend. Dan zit je hier in een rustige omgeving en dan schrijf je die doelen en dan denk je: 'Jeetje, het is hartstikke makkelijk!' [...] Maar dan kom je thuis en dan krijg je opeens weer die stressdingen. En ik had zoiets van: 'Dat red ik nooit!' (cliënt pilot Alphen aan den Rijn)

Dat mensen die leven in aanhoudende stress niet doen wat wel in hun belang is, kan allerlei achtergronden hebben. Vaak zijn mensen het overzicht kwijt en vinden ze het moeilijk om prioriteiten te stellen.

> Alles gaat mis. Dan overzie je het gewoon niet meer. Want in je hoofd zit alles op één hoop. En waar ga ik beginnen? (cliënt pilot Alphen aan den Rijn)

Kosten kunnen ook een belemmering zijn. Cliënten moeten vaak rondkomen van een klein budget, waardoor ze al gauw tegen financiële barrières aanlopen.

> Het vraagt wel iets van je om in een tijd van chaos je afspraken na te komen, maar juist dat is nodig. Als je in [een dorp] woont en je weet dat je hier [gemeentehuis Alphen aan den Rijn] een afspraak hebt, en je weet dat je een autootje hebt maar je kunt niet tanken, hoe kom je hier dan? Lopend? Heb ik gedaan. Ik heb er 2,5 uur over gelopen. Het is moeilijk om hier te komen! (cliënt pilot Alphen aan den Rijn)

Deelname aan een traject kan ook psychische belasting veroorzaken. Zo vertelde een deelnemer aan de pilot 'Mobility Mentoring® informed werken' in Alphen aan den Rijn dat ze de dag voor een afspraak met haar schuldhulpverlener intens verdriet voelde en last had van pijn op haar borst. De emoties waarmee de afspraken gepaard gingen waren erg vermoeiend. Daar voegde ze aan toe dat het elke keer weer een worsteling was om zich ertoe te zetten om niet af te bellen. Beloningen kunnen een brug slaan tussen enerzijds de langetermijndoelen die organisaties met hun programma's beogen en anderzijds de bij-de-dagfocus en de psychische en materiele barrières waar deelnemers tegenaan lopen.

6.2 Wat verstaan we onder beloningen?

Een beloning kan op allerlei manieren vorm krijgen en worden toegekend. In wezen is een beloning dat wat iemand krijgt als hij of zij bepaald gedrag vertoont. In de literatuur wordt er onderscheid gemaakt tussen sociale en materiële beloningen, beloningen die al dan niet worden aangekondigd en tussen beloningen die je van jezelf of van iemand anders krijgt (Michie et al. 2013).

Een *sociale beloning* is gericht op een gevoel van erkenning en gezien worden. Een glimlach, compliment of aanmoediging kan mensen ertoe aanzetten om iets te proberen of om vol te houden. Een sociale beloning kan dus zowel verbaal als non-verbaal zijn. De grote toegevoegde waarde van een sociale beloning is dat ze direct kan worden gegeven op het moment dat het gewenste gedrag wordt vertoond (Rietdijk 2009). Dat kan deze vorm van belonen heel effectief maken. Een *materiële* beloning bestaat daarentegen uit iets tastbaars. Dat kan een financiële vergoeding zijn, zoals geld of waardebonnen, maar ook materiële zaken, zoals een fiets of een pak luiers. Met enige voorzichtigheid is te zeggen dat financiële beloningen effectiever lijken te zijn dan materiële beloningen (Town et al. 2005).

Een tweede onderscheid tussen beloningen betreft het moment waarop een beloning wordt verstrekt. In het Engels wordt in dat kader onderscheid gemaakt tussen de termen '*incentive*' en '*reward*'. Bij een '*incentive*' is de beloning je vooraf in het vooruitzicht gesteld, terwijl je bij een '*reward*' pas na afloop ontdekt dat je gedrag belonenswaardig was. Vooraf wist je niet dat je een beloning zou krijgen.

Een derde onderscheid heeft betrekking op de gever van de beloning: een ander of jijzelf. Bij belonen zijn we geneigd om aan te nemen dat een ander de beloning uitreikt. Maar onderzoek naar beloningen laat zien dat programma's waarin mensen worden aangespoord om zichzelf te belonen ook effectief kunnen zijn. Bijvoorbeeld het onderzoek waarin jongeren werden uitgenodigd om zichzelf te belonen als ze meer fruit zouden eten (Armitage 2014). De jongeren mochten zichzelf belonen door te gaan shoppen of met vrienden af te spreken wanneer ze die week voldoende fruit hadden gegeten. Een tweede groep jongeren werd geleerd hoe je als-danplannetjes formuleert (bijvoorbeeld: 'Als ik na school thuis kom, dan eet ik een appel.'). Een derde groep kreeg alleen de instructie om meer fruit te eten. De jongeren die zichzelf mochten belonen, haalden vaker hun doelen met betrekking tot fruit eten dan de andere twee groepen.

6.3 Welke effecten mag je verwachten?

Tal van studies laten zien dat beloningen kunnen bijdragen aan het bereiken van doelen in onder meer sociale, medische en educatieve programma's en projecten (Mantzari et al. 2015). Volgens Giles et al. (2014) is het effect van beloningen 1,5 tot 2,5 keer zo groot ten opzichte van de situatie waarin er geen beloning wordt gegeven. De effecten zijn zowel bij eenmalige handelingen vastgesteld, zoals het halen van een vaccinatie, als bij gedrag dat vraagt om langdurige inspanningen en het doorbreken van hardnekkige gewoonten, zoals gezond eten, bewegen en stoppen met roken (Mantzari et al. 2015).

De werking van beloningen kan deels verklaard worden vanuit de kosten en baten van bepaald gedrag. Als mensen een keuze moeten maken, dan baseren ze die onbewust, en ook niet helemaal rationeel, op de door hen verwachtte baten ten opzichte van de inspanning of kosten (Tiemeijer et al. 2009). Als je de dag voor de afspraak met je schuldhulpverlener al wakker ligt van de zorgen, dan kan de belofte van een bon voor nieuwe kinderschoenen net het zetje geven om toch te gaan. Om toch die papieren bij elkaar te zoeken die je het liefst onder in de la laat liggen. Beloningen kunnen extra gewicht in de schaal met baten leggen. Dat is in elke context interessant maar zeker in een context van chronische stress.

Bij deze positieve bevindingen moet de kanttekening worden geplaatst dat beloningen niet vanzelfsprekend in alle programma's en in alle vormen een belofte van succes in zich dragen. De effecten hangen nadrukkelijk af van de context waarin de beloningen worden gegeven, het gedrag dat beloond wordt en de diensten die worden aangeboden (Pavetti en Stanley 2016).

Belangrijke inzichten ten aanzien van de effectiviteit van beloningen zijn:
1. De effecten van beloningen zijn vooral tijdelijk van aard.
2. Beloningen werken beter in combinatie met andere methoden.
3. Beloningen werken beter wanneer ze gericht zijn op concreet gedrag en direct worden gegeven.
4. Het is belangrijk dat de autonomie en competentie van de ontvanger intact blijven.
5. De hoogte van de beloning doet ertoe.
6. Beloningen kunnen ook negatieve effecten hebben.

6.3.1 De effecten van beloningen zijn vooral van tijdelijke aard

Het is aangetoond dat de kortetermijneffecten van beloningen redelijk consistent zijn. Bij veel mensen leeft het idee dat de motivatie van deelnemers verdwijnt zodra de beloningen stoppen. Onderzoek laat een genuanceerder beeld zien. Er lijkt doorgaans sprake te zijn van een geleidelijke afname van het beloningseffect. In een Nederlandse studie kregen mensen met psychische problemen bijvoorbeeld gedurende twaalf maanden een beloning wanneer zij regelmatig hun medicijnen innamen (Noordraven et al. 2018). De patiënten die beloningen ontvingen, namen hun medicatie regelmatiger dan degenen die geen beloning kregen. Het beloningseffect was zes maanden na het stoppen van de beloningen nog te zien. In dit geval verdwenen de effecten dus niet met het stoppen van de beloningen. De algemene tendens lijkt te zijn dat de opbrengst van beloningen geleidelijk afneemt wanneer de beloningen stoppen (Giles et al. 2014; Purnell et al. 2014; Mantzari et al. 2015). Het uitdoven van het effect geldt overigens niet alleen voor beloningen. Het is een algemene beperking van interventies gericht op gedragsverandering. In het algemeen nemen de effecten van interventies in de loop van de tijd af (Giles et al. 2014).

Dat de effecten van beloningen van tijdelijk aard zijn, betekent niet dat de effecten betekenisloos zijn. Zo haalden in New York middelbare scholieren uit gezinnen die meededen aan een beloningsprogramma vaker een diploma (Riccio en Miller 2016). De onderzoekers keken ook of deze scholieren vervolgens vaker doorstroomden naar het voortgezet onderwijs. Dat bleek niet het geval. Het effect van de beloningen was tijdelijk. Maar het gegeven dat meer scholieren hun diploma haalden, is tegelijkertijd een blijvend effect. Als zij op een later moment in het leven verder willen leren, hebben ze in ieder geval de daarvoor benodigde basis. Hoe de effecten van beloningen gewaardeerd worden, hangt dus ook echt af van de programmadoelen. Een tijdelijk effect kan van grote waarde zijn om programmadoelen te realiseren zoals een groter percentage jongeren met een startkwalificatie.

6.3.2 Beloningen werken beter in combinatie met andere methoden

Het gegeven dat beloningen doorgaans vooral een kortetermijneffect hebben, roept de vraag op hoe langdurige effecten bereikt kunnen worden. Het antwoord lijkt te zijn dat het van belang is om de beloningen te combineren met andere manieren van ondersteuning (Gneezy et al. 2011). In het sociaal domein spelen er bij de mensen die hulp zoeken vaak meerdere vraagstukken. Je kunt heel gemotiveerd zijn, maar als je een zwakke gezondheid hebt, dan is het een hele opgave om naar een sollicitatietraining te gaan of je administratie te ordenen. Ondersteuning die gericht is op het verzachten van de gezondheidsproblemen in combinatie met het versterken van de motivatie heeft dan een grotere kans van slagen dan alleen beloningen.

Het belang van een aanpak langs meerdere sporen bleek bijvoorbeeld positief uit te werken in een evaluatie van een programma van de stad New York dat ontvangers van huursubsidie hielp om betaald werk te vinden (Nuñez et al. 2015). Het onderzoek wees uit dat belonen zonder begeleiding nauwelijks effect had. Terwijl een aanpak waarin de beloningen werden aangevuld met begeleiding wel effectief bleek. Deze groep had in alle vier de jaren na de studie vaker werk en een hoger inkomen dan de controlegroep (deelnemers die noch begeleiding, noch beloningen kregen). De groep werkelozen die alleen ondersteuning kreeg, had ook vaker werk en een hoger inkomen dan de controlegroep, maar hun vooruitgang was kleiner dan bij de mensen die ook beloningen kregen. De combinatie van ondersteuning en belonen had dus het grootste effect op het vinden van werk en de hoogte van het inkomen. Beloningen lijken dus een zinvolle toevoeging aan programma's die ook andere vormen van ondersteuning bieden.

Beloningen kunnen de motivatie een kick-start geven waardoor iemand ook andere motivatiebronnen gaat aanspreken. Een van die motivatiebronnen is geloof in eigen kunnen. In de literatuur wordt dit ook wel omschreven als 'self-efficacy'. Het staat voor de mate waarin iemand gelooft dat hij of zij in staat is een doel te bereiken ('Dat kan ik!'). Als mensen geloven dat ze iets kunnen, stellen ze moeilijker doelen en vertonen ze grotere inspanning (Bandura 1992; Locke 1996). Dit levert bij succes meer op. Wat vervolgens weer positief kan uitwerken op het geloof in eigen kunnen. Beloningen kunnen helpen om mensen moeilijker doelen te laten stellen en het proces van het vergroten van het geloof in eigen kunnen te versnellen en te versterken.

Waar succes het geloof in eigen kunnen versterkt, wordt het doorgaans juist beschadigd door herhaalde tegenslagen. Mensen die hulp zoeken bij de schuldhulpverlening hebben vaak jaren van financiële problemen en tegenslagen achter de rug. Ze hebben tevergeefs pogingen gedaan om werk te vinden of schulden terug te betalen. De faalervaringen trekken een wissel op hun geloof in eigen kunnen. Ook de kleinste doelen kunnen dan uitdagend zijn. In zo'n situatie kunnen beloningen mensen motiveren om toch weer eerste stappen te zetten. Een medewerker van de gemeente Alphen aan den Rijn verwoordde deze dynamiek als volgt:

» Deze cliënt is door de bonnen dingen gaan doen die ze eigenlijk helemaal niet durfde. En vervolgens is ze daardoor gaan denken van: 'Hey, eigenlijk kan ik dat prima zelf!' Dus die is toen allemaal stappen gaan zetten, zonder dat ze nog dacht dat dat wellicht bonnen zou opleveren. (professional van de gemeente Alphen aan den Rijn)

Door mensen aan het begin met een beloning te motiveren kan een positieve dynamiek in gang worden gezet. In de sociale psychologie wordt dit proces ook wel omschreven als het effect van 'toegekende vooruitgang' (Nunes en Dreze 2006).

6.3.3 Beloningen richten op concreet gedrag en direct geven

Beloningen zijn effectiever wanneer ze gericht zijn op gedrag in plaats van prestaties (Gneezy et al. 2011). Zo blijkt dat beloningen zeer effectief zijn in het bevorderen van aanwezigheid, zoals het bezoeken van een cursus, maar minder effectief in het bevorderen van bijvoorbeeld studieresultaten. Bij het behalen van doelen die zeer uitdagend en complex zijn, helpt het om leerdoelen te stellen en daarbij tussendoelen te belonen, die op korte termijn haalbaar zijn, en op de weg liggen naar het grotere doel (Latham en Locke 1991). Tussendoelen geven mensen inzicht in hun vooruitgang en geven mensen de mogelijkheid om hun gedrag te evalueren en aan te passen. Als mensen een tussendoel halen, zijn ze niet alleen tevreden over zichzelf, ook hun geloof in eigen kunnen neemt vaak toe, waardoor ze moeilijkere doelen gaan stellen en zich meer gaan inzetten. Zie in dit kader ook ▶ H. 8 over leerdoelen.

Een tweede voordeel van het belonen van gedrag ten opzichte van prestaties is dat de beloning het gedrag sneller kan opvolgen. Er is dan voor de deelnemer een duidelijke koppeling tussen het gedrag en de beloning. Onderzoek laat zien dat beloningen effectiever zijn naarmate ze het te belonen gedrag sneller opvolgen (Holtyn et al. 2017). Dit geldt in het bijzonder voor mensen die neigen naar impulsief gedrag, zoals bij mensen die leven met chronische stress (Bickel en Marsch 2001). Een snelle koppeling tussen gedrag en beloning wordt onder meer toegepast in afkickprogramma's voor drugsverslaafden. Beloningen werken namelijk op dezelfde hersenstructuren in als drugs. In een daartoe ontwikkeld programma verdienen verslaafde deelnemers gedurende de dag geldbedragen die aan het einde van de dag op hun creditcard werden gezet. Op meerdere momenten van de dag kregen ze te horen welk bedrag ze al verdiend hadden en waar ze dat aan te danken hadden. Ze werden beloond voor heel concrete handelingen, zoals op tijd beginnen. Zodra een handeling, zoals punctualiteit, regelmatig vertoond werd, gingen deelnemers door naar een volgende fase, waarin de beloningen werden gegeven voor complexere handelingen en minder frequent werden uitgekeerd. Op deze manier werden deelnemers langzaam richting de arbeidsmarkt geleid (Silverman et al. 2016).

De autonomie en competentie van de ontvanger moeten intact blijven

De zelfdeterminatietheorie leert ons dat we als mens psychologische basisbehoeften hebben. Naarmate die behoeften meer worden vervuld, zijn we meer geneigd om in actie te komen. Onze psychologische basisbehoeften zijn autonomie, verbondenheid en competentie (Ryan en Deci 2000). Bij het verstrekken van beloningen is het van belang dat de ontvanger zo veel mogelijk wordt bediend op deze behoeften. Zo doet het er bijvoorbeeld toe of mensen het idee hebben dat ze zelf kiezen voor deze vorm van gedragsondersteuning (autonomie) en of ze geloven dat ze in staat zijn om de dingen te doen waarvoor ze beloond worden (competentie).

De gemeente Tilburg bedient jongeren in bovenstaande context bijvoorbeeld op hun behoefte aan autonomie door hen de ruimte te geven om zelf te bepalen wat zij van hun bon kopen. Ze kunnen de bon gebruiken om naar de bioscoop te gaan maar ook inzetten om aankopen te doen bij een drogist.

Het concept 'competentie' heeft veel overeenkomsten met het concept 'geloof in eigen kunnen'. Het gevoel van competentie kan worden versterkt door het geven van constructieve en positieve feedback en door bekrachtiging (Ryan en Deci 2000). Het behalen van kleine doelen die vervolgens met een bon of erkenning vanuit de professional beloond worden, geeft de cliënt de boodschap dat hij zich op de goede weg bevindt. Het koppelen van beloningen aan kleine subdoelen helpt de cliënt om een gevoel van competentie te ontwikkelen.

6.3.4 De hoogte van de beloning doet ertoe

Er zijn aanwijzingen dat het effect van een beloning toeneemt met de waarde van de beloning (Mantzari et al. 2015). Daarbij lijkt het erop dat beloningen meer aanslaan bij mensen met een laag inkomen dan bij mensen met een relatief hoog inkomen

(Mantzari et al. 2015). Intuïtief is dat ook wel voorstelbaar: een bon van 10 euro heeft nou eenmaal een andere waarde voor iemand met een netto inkomen van 2.000 euro dan voor iemand die van 1.000 euro per maand moet rondkomen. Een andere verklaring voor het grotere effect bij lagere inkomens lijkt te zijn dat beloningen niet alleen motiveren, maar ook simpelweg een oplossing kunnen bieden voor financiële kosten die gepaard gaan met het nieuwe gedrag, zoals vervoerskosten (Jochelson 2007). Onderzoek naar de prevalentie van stress laat zien dat mensen met een laag inkomen gemiddeld een hoger stressniveau rapporteren dan mensen met hogere inkomens (zie ▶H. 3). Een mogelijke verklaring is dat financiële problemen een oorzaak zijn van de stress. Een beloning kan in die context, mits goed uitgewerkt, een heel waardevolle bouwsteen van stress-sensitief werken zijn.

De hoogte van een beloning kan ook een signaal afgeven over de waarde die aan het beoogde gedrag wordt toegekend. Een kleine beloning kan dan een negatief signaal afgeven. In een experiment van Gneezy en Rustichini (2000) werd aan jongeren gevraagd om te collecteren voor een goed doel. Een groep jongeren deed dit vrijwillig, een andere groep kreeg een kleine vergoeding en een derde groep kreeg een hogere vergoeding. De jongeren die vrijwillig collecteerden, haalden meer op dan de jongeren die een kleine vergoeding kregen. Ze haalden ongeveer evenveel op als de jongeren met een hogere vergoeding. Gneezy en Rustichini (2000) verklaarden dit verschijnsel door een negatieve uitwerking van de lage beloning op het imago van de scholieren. Mensen hebben behoefte aan waardering van anderen, dat wil zeggen: mensen willen een positief imago hebben. De scholieren hoopten dat hun goede daad hen in een positief daglicht zou stellen. Met de invoering van de vergoeding werd echter twijfel gezaaid over hun goede bedoelingen: ze zouden gedreven kunnen zijn door de beloningen in plaats van de goede daad. De beloning kan weliswaar een positief effect hebben gehad op de economische waarde van het gedrag. Maar als het negatieve effect op het imago groter is dan het effect op de economische motivatie, dan is het gezamenlijke effect van de beloning negatief. Het resultaat is dan een lagere motivatie dan voor de invoering van de beloning. Gneezy en Rustichini (2000) bevelen dan ook aan om, als je kiest voor een beloning, ervoor te zorgen dat deze een voldoende waarde vertegenwoordigd.

6.3.5 Beloningen kunnen ook negatieve effecten hebben

Er zijn ook onderzoeken die laten zien dat beloningen een negatief effect kunnen hebben. Gneezy et al. (2011) noemen dit een 'crowding-out effect'. 'Crowding-out' betekent dat verschillende vormen van motivatie elkaar tegenwerken, of verdringen. Dit verschijnsel lijkt beperkt te zijn tot bepaalde situaties, namelijk wanneer er van het begin af aan sprake is van een hoge motivatie, of wanneer het gaat om prosociaal gedrag (Promberger en Marteau 2013).

Gneezy en Rustichini (2000) voerden een experiment uit bij een kinderdagverblijf. Het kinderdagverblijf wilde ouders aanmoedigen om hun kinderen op tijd op te halen en voerde een boete in voor te laat ophalen. Het ging om een kleine boete van ongeveer 3 US dollar per keer. Tegen de verwachtingen in nam het aantal incidenten van te laat ophalen juist toe. Dit averechtse effect bleef ook in stand toen de boete weer werd afgeschaft: het aantal telaatkomers bleef hoger dan voordat de boete was ingevoerd. In dit geval kwam het onverwachte effect van de boete waarschijnlijk tot stand doordat de boete lager was dan ouders hadden verwacht. Hierdoor concludeerden ouders waarschijnlijk dat het kinderdagverblijf te laat ophalen minder erg vond dan zij voordien aannamen. De boete gaf ouders in de periode dat de boete van kracht was ook de kans om hun gedrag af te kopen: kennelijk was het geaccepteerd om te laat te komen, mits de boete werd betaald. En dat beeld bleef in stand, ook toen de boete werd afgeschaft.

Beloningen kunnen veel opleveren, maar alertheid is dus geboden. Ze kunnen in bepaalde situaties ook negatief uitwerken. In het sociaal domein wordt in toenemende mate gewerkt met vrijwilligers en ervaringsdeskundigen. Het besef dat prosociaal gedrag gevoelig is voor een averechts effect van beloningen kan bijvoorbeeld bij deze groep van belang zijn. Zeker daar waar vrijwilligers vergoedingen krijgen die hoger zijn dan de gemaakte onkosten.

6.4 De inzet van beloningen bij de gemeente Alphen aan den Rijn

In de VS worden beloningen nadrukkelijk gezien als een toegevoegde waarde voor stress-sensitieve aanpakken (Pavetti en Stanley 2016; Jungmann en Wesdorp 2017). In Nederland is er zoals eerder aangegeven nog weinig ervaring met beloningen. In de gemeente Alphen aan den Rijn is er in het kader van de eerder genoemde pilot een systeem van waarderingen ingericht dat is gebaseerd op het beloningssysteem van EMPath, de moederorganisatie Mobility Mentoring® (Jungmann en Wesdorp 2017). Het onderzoek heeft geen eenduidig beeld opgeleverd van de toegevoegde waarde van beloningen. Toch is het de moeite waard om kennis te nemen van de opzet. Deze biedt inspiratie voor aanpakken om de waarde van beloningen in het sociaal domein te verkennen.

Het systeem in Alphen aan den Rijn had de volgende kenmerken:
1. In de communicatie wordt gesproken van compensatie en waarderingen in plaats van beloningen.
2. Het beloningssysteem is ingebed in een aanpak die gericht is op vergroten van geloof in eigen kunnen.
3. De beloningen zijn gericht op concrete, kortetermijndoelen.
4. De beloningen hebben geen invloed op de keuze voor bepaalde doelen.
5. Het beloningssysteem biedt enige ruimte voor maatwerk.

6.4.1 Compensatie en waardering in plaats van beloning

De gemeente Alphen aan den Rijn heeft bewust gekozen voor een terminologie die niet draait om 'belonen', maar om 'waarderen' en 'compenseren'. Voor de professionals had de term 'beloning' een paternalistische connotatie: ze associeerden beloningen met 'carrots en sticks', wat in hun ogen niet paste bij de gelijkwaardige verhouding tussen cliënt en professional waarnaar men wil streven. In het kader van het ontwikkelproces van het beloningssysteem zijn met enkele cliënten interviews gehouden. Uit die interviews kwam naar voren dat beloningen in de ogen van de cliënten op twee manieren zouden kunnen bijdragen aan motivatie: enerzijds door het wegnemen van financiële barrières, zoals het betalen van een buskaartje of belkosten, en anderzijds als een vorm van waardering voor hun inspanningen. Cliënten gaven te kennen aanzienlijke inspanningen te leveren om de benodigde stappen te zetten. Een erkenning van deze inspanningen hadden deze cliënten zeer op prijs gesteld. Door te kiezen voor de term Compensatie- en Waarderingssysteem (CWS) wil men de gelijkwaardige relatie tussen cliënt en professional benadrukken en aansluiten op de behoefte van de cliënt. De compensaties en waarderingen worden onder meer ingevuld door de cliënten die een vooraf gedefinieerde stap met succes volbrengen te voorzien van een bon naar keuze, die ingeruild kan worden bij verschillende winkels.

6.4.2 Inbedding in aanpak gericht op geloof in eigen kunnen

De compensaties en waarderingen zijn ingebed in een aanpak waarin er wordt gewerkt aan het versterken van het geloof in eigen kunnen. Belangrijke middelen daartoe zijn de inzet van de Mobility Mentoring® -instrumenten 'Brug naar Zelfredzaamheid' en het 'doel-actieplan'. De compensaties en waarderingen zijn erop gericht om het proces van doelbereiking te versterken. Om de cliënt te steunen in zijn besef dat hij in staat is om zijn doelen te bereiken worden de doelen opgedeeld in zeer concrete, haalbare doelen of stappen. De professional bewaakt de haalbaarheid van de stappen. Om te benadrukken dat compensaties en waarderingen een tijdelijk middel zijn, wordt een specifieke stap maar één keer gewaardeerd met een bon. Het aanvragen van een DigiD wordt alleen de eerste keer beloond, de tweede keer niet meer. De rationale daarachter is dat cliënten de eerste keer een zetje nodig hebben, en dat de toegevoegde waarde van de compensaties en waarderingen daarna afnemen. De meeste stappen die in aanmerking komen voor een compensatie of waardering vallen in de makkelijkste categorie en vallen qua timing in het begin van het traject. Het aantal stappen dat in aanmerking komt voor een beloning neemt dus af in de loop van het traject. Op die manier worden de compensaties en waarderingen geleidelijk uitgefaseerd. In de pilot konden cliënten gedurende een jaar gebruik maken van het CWS.

6.4.3 Gericht op concrete, kortetermijndoelen

Waar in andere programma's gekozen is voor het belonen van mijlpalen die meerdere maanden inspanning vereisen (Riccio en Miller 2016), koos Alphen aan den Rijn ervoor om de compensaties en waarderingen te richten op concreet gedrag dat op korte termijn kan worden uitgevoerd. De bonnen die cliënten konden krijgen, liepen op in waarde met de moeilijkheidsgraad van de actie. Voor het aanvragen van een DigiD stond bijvoorbeeld een bon van 20 euro. Het opstellen van een compleet schuldenoverzicht werd gewaardeerd met een bon ter waarde van 40 euro en tegenover het inleveren van alle stukken die nodig zijn voor het aanvragen van een schuldregeling stond een bon ter waarde van 60 euro. Bij de keuze voor de waarde van de bon was het vooral belangrijk om de laagste waarde niet te laag te kiezen, om zo een positief signaal af te geven over het belang van het gedrag en een 'crowding-out effect' te vermijden.

6.4.4 De beloningen hebben geen invloed op de keuze voor doelen of stappen

Het CWS was zo vormgegeven dat de beloningen geen invloed hadden op de inhoudelijke keuzen van de cliënt voor bepaalde doelen of stappen. De professional die een cliënt begeleide, had een vaste lijst met stappen die in aanmerking kwamen voor een bon, de CWS-lijst. De cliënt kreeg die lijst niet te zien en wist vooraf niet welke stappen voor een waardering of compensatie in aanmerking zou komen. In de begeleiding stelden cliënten zelf hun doelen en ze bepaalden zo veel mogelijk zelf welke stappen zij gingen zetten om deze doelen te bereiken. De stappen werden vastgelegd in hun stappenplan. Pas op het moment dat een stap werd genoteerd die ook op de CWS-lijst staat, vertelde de medewerker dat deze stap de cliënt een bon kon opleveren. Cliënten wisten dus voordat ze stappen gingen zetten of ze daarmee een bon konden verdienen, er was in de pilot dus sprake van een incentive. Maar omdat de keuze voor een stap gemaakt werd voordat de bon werd aangekondigd, werd de cliënt niet gestuurd in zijn keuze. Op die manier werd er zo veel mogelijk ruimte gegeven aan de autonomie van de cliënt.

De cliënt formuleerde met de professional objectieve criteria om te bepalen wanneer de stap als voltooid werd beschouwd. Door duidelijkheid te scheppen over de criteria kwam de medewerker niet in de situatie dat hij zelf moest beslissen of de cliënt de bon verdiend had of niet. Op die manier werd vermeden dat de bonnen een gevoel van machtsafstand en afhankelijkheid opriepen. Positief geformuleerd: de cliënt wist precies wat hij moest doen om de bon te verdienen en werd daarmee bediend op zijn behoefte aan competentie. Tegelijkertijd mocht de cliënt zelf de criteria bepalen op basis waarvan de doelbereiking werd vastgesteld. Hierdoor kon de cliënt zich sterker aan de criteria committeren.

6.4.5 Ruimte voor maatwerk

Afhankelijk van de capaciteit van de cliënt kon een stap ook worden opgedeeld in substapjes. Het aanvragen van een DigiD is voor de ene cliënt een makkie, terwijl het voor de ander een hele uitdaging is. De eerste categorie cliënten zal het aanvragen van een DigiD misschien niet eens in een doelactieplan noteren. In dat geval werd de actie ook niet beloond: deze cliënt heeft de extra prikkel in de vorm van een bon niet nodig. Andere cliënten willen het aanvragen van een DigiD daarentegen misschien wel opdelen in meerdere stappen, zoals iemand uit de omgeving vragen om hierbij te helpen, het lenen van een laptop, het aanvragen en het activeren van de DigiD. Deze cliënt ontving dan net zo goed een bon als cliënten die deze stap in één keer zetten. Het kon ook nodig zijn dat anderen een deel van de actie voor de cliënt uitvoerden. Zolang de cliënt maar een inspanning leverde die in verhouding stond met zijn capaciteiten werd ook deze gedeeltelijke inspanning beloond. Op die manier konden cliënten met verschillende capaciteiten profiteren van het CWS en werd er zo veel mogelijk binnen een vastomlijnd systeem ruimte gemaakt voor maatwerk.

6.5 Wat vraagt implementatie?

De inzet van beloningen is een spannend onderdeel van stress-sensitief werken. Enerzijds is er volop bewijsvoering dat beloningen – juist bij mensen die leven in chronische stress – kunnen helpen om langetermijndoelen te realiseren. Anderzijds laat het wetenschappelijke onderzoek ook zien dat beloningen niet altijd het gewenste effect opleveren, dat ze zelfs contraproductief kunnen uitwerken. Het wisselende beeld in de pilot in Alphen aan den Rijn is daar een voorbeeld van. Organisaties die met beloningen aan de slag willen, doen er in dat licht goed aan om de volgende punten ter harte te nemen.

6.5.1 Ga na bij welke stappen cliënten ondersteuning nodig hebben

Interventies zullen alleen effect hebben wanneer cliënten horden ervaren in het doorlopen van een proces of het zetten van stappen. Om vast te stellen waar en wanneer beloningen van toegevoegde waarde kunnen zijn, helpt het om eerst met cliënten en de uitvoerende professionals in gesprek te gaan. Zij kunnen vertellen waar de belemmeringen liggen. Bij stappen waarin motivatie een rol speelt of waarbij cliënten tegen psychische of materiele kosten aan lopen kunnen beloningen een interessant middel zijn om mensen te helpen om toch te doen wat in hun belang is.

6.5.2 Neem de professionals mee in ethische overwegingen

Bij de inzet van beloningen spelen ook ethische vragen (Ashcroft 2011; Giles et al. 2015). Lokken de beloningen geen misbruik uit? Zijn beloningen niet een vorm van symptoombestrijding? Benadelen beloningssystemen niet de brave burger? Zijn beloningen niet wat paternalistisch? En hoe verhoudt een beloningssysteem zich tot het belang van gelijkwaardigheid in de samenwerkingsrelatie? Om ervoor te zorgen dat professionals de beloningen inzetten zoals beoogd, is het cruciaal dat zij alle ruimte krijgen om vragen te stellen en dat zij worden meegenomen in ethische overwegingen. De grootste kans op een succesvolle implementatie ligt in een proces waarin professionals enerzijds de theoretische uitleg krijgen over hoe beloningen kunnen bijdragen aan het bereiken van de programmadoelen en anderzijds alle ruimte krijgen om kritisch mee te denken.

6.5.3 Evalueer het systeem na verloop van tijd en stel bij

Onderzoek naar de effectiviteit van beloningen laat zien dat deze niet zonder meer effect hebben; 'the devil is in the detail'. Wie aan de slag wil met een systeem van beloningen doet er goed aan om de ontwikkeling zorgvuldig aan te pakken. Een kosteneffectiviteitsonderzoek is het beste middel om antwoord te geven op de vraag of de inzet van beloningen gerechtvaardigd is. Aanwijzingen voor kosteneffectiviteit bevrijdt de interventie uit de maatschappelijke discussie van voor- en tegenstanders. Niemand is tegen een aanpak die effectiever en goedkoper is dan de voorgaande aanpak. Is een effectiviteitsonderzoek niet mogelijk, probeer dan op een kwalitatieve manier in beeld te brengen hoe het beloningssysteem wordt ervaren.

De ontwikkeling van een beloningsysteem is idealiter een iteratief proces. Veranderingen binnen de organisatie of voortschrijdend inzicht kunnen aanpassingen wenselijk maken. Zo gaven de professionals in Alphen aan den Rijn in het begin van het implementatieproces aan vooral behoefte te hebben aan duidelijke, vaststaande kaders, om zo de schijn van willekeur te minimaliseren. Na verloop van enkele maanden gaven de professionals aan meer ruimte te willen voor maatwerk. Zo hadden de professionals graag een klein budget ter beschikking gehad voor stapjes die niet in het beloningssysteem waren opgenomen, maar die bijzonder relevant waren gebleken voor de vooruitgang van hun cliënt. Met een stapsgewijs ontwikkelproces kan het beloningssysteem meegroeien met de capaciteit en de behoefte van de professionals en cliënten.

Literatuur

Armitage, C. J. (2014). Evidence that self-incentives increase fruit consumption: A randomized exploratory trial among high-risk Romanian adolescents. *Prevention Science, 15*(2014), 186–193.

Ashcroft, R. E. (2011). Personal financial incentives in health promotion: Where do they fit in an ethic of autonomy. *Health Expect, 14,* 191–200.

Bandura, A. (1992). Exercise of personal agency through the self-efficacy mechanism. In R. Schwarzer (Ed.), *Self-efficacy: Thought control of action* (pp. 3–38). Washington, DC: Hemisphere Publishing Corp.

Bickel, W. K., & Marsch, L. A. (2001). Toward a behavioral economic understanding of drug dependence: Delay discounting processes. *Addiction, 96*(1), 73–86.

Cookson, R. (2008). Should disadvantaged people be paid to take care of their health? Yes. *BMJ, 337*(7662), 141.

Giles, E., Holmes, M., McColl, E., Sniehotta, F., & Adams, J. (2015). Acceptability of financial incentives for breastfeeding: Thematic analysis of readers' comments to UK online news reports. *BMC Pregnancy Childbirth, 15*(1), 116.

Giles, E. L., Robalino, S., McColl, E., Sniehotta, F. F., & Adams, J. (2014). The effectiveness of financial incentives for health behaviour change: Systematic review and meta-analysis. *PLoS ONE, 9*(3), e90347. ▶ https://doi.org/10.1371/journal.pone.0090347.

Gneezy, U. (2019). Incentives and behavior change. In A. Samson (Ed.), *The Behavioral economics guide 2019 (with an Introduction by Uri Gneezy)* (pp. VI–XI). Londen: Behavioral Science Solutions Ltd. Geraadpleegd via ▶ https://www.behavioraleconomics.com.

Gneezy, U., & Rustichini, A. (2000). A fine is a price. *The Journal of Legal Studies, 29*(1), 1–17.

Gneezy, U., Meier, S., & Rey-Biel, P. (2011). When and why incentives (don't) work to modify behavior. *Journal of Economic Perspectives, 25*(4), 191–210.

Holtyn, A. F., Jarvis, B. P., & Silverman, K. (2017). Behavior analysts in the war on poverty: A review of the use of financial incentives to promote education and employment. *Journal of the Experimental Analysis of Behavior, 107*(1), 9–20.

Jochelson, K. (2007). *Kicking bad habits. Paying the patient. Improving health using financial incentives.* London, UK.: King's Fund.

Jungmann, N., & Wesdorp, P. (2017). *Mobility Mentoring®. Hoe inzichten uit de hersenwetenschap leiden tot een betere aanpak van armoede en schulden.* Den Haag: Platform31.

Latham, G. P., & Locke, E. A. (1991). Self-regulation through goal setting. *Organizational Behavior and Human Decision Processes, 50*(2), 212–247.

Locke, E. A. (1996). Motivation through conscious goal setting. *Applied & Preventive. Psychology, 5*(2), 117–124.

Lynagh, M., Sanson-Fisher, R., & Bonevski, B. (2013). What's good for the goose is good for the gander: Guiding principles for the use of financial incentives in health behaviour change. *International Journal of Behavioral Medicine, 20*(1), 114–120.

Mantzari, E., Vogt, F., Shemilt, I., Wei, Y., Higgins, J. P., & Marteau, T. M. (2015). Personal financial incentives for changing habitual health-related behaviors: A systematic review and meta-analysis. *Preventive Medicine, 75*, 75–85.

Michie, S., Richardson, M., Johnston, M., Abraham, C., Francis, J., Hardeman, W., et al. (2013). The behavior change technique taxonomy (v1) of 93 hierarchically clustered techniques: Building an international consensus for the reporting of behavior change interventions. *Annals of Behavioral Medicine, 46*(1), 81–95.

Noordraven, E., Wierdsma, A., Blanken, P., Bloemendaal, A. F. T., & Mulder, C. (2018). The effect of financial incentives on patients' motivation for treatment: Results of 'Money for Medication', a randomised controlled trial. *BMC Psychiatry, 18*(1), 144–151.

Nunes, J. C., & Dreze, X. (2006). The endowed progress effect: How artificial advancement increases effort. *Journal of Consumer Research, 32*(40), 504–512.

Nuñez, S., Verma, N., & Yang, E. (2015). *Building self-sufficiency for housing voucher recipients, interim findings form the work rewards demonstration in New York city.* New York: MDRC.

Pavetti, L., & Stanley, M. (2016). *Using incentives to increase engagement and persistence in two-generation programs: A review of the literature with key insights.* Washington, DC.: Center on Budget and Policy Priorities.

Popay, J. (2008). Should disadvantaged people be paid to take care of their health? No. *BMJ, 337*(7662), 141.

Promberger, M., & Marteau, T. (2013). When do financial incentives reduce intrinsic motivation? Comparing behaviors studied in psychological and economic literatures. *Health Psychology, 32*(9), 950–957.

Purnell, J. Q., Gernes, R., Stein, R., Sherraden, M. S., & Knoblock-Hahn, A. (2014). A systematic review of financial incentives for dietary behavior change. *Journal of the Academic of Nutrition and Dietetics, 114*(7), 1023–1035.

Riccio, J. A., & Miller, C. (2016). *New York City's first conditional cash transfer program: What worked, what didn't.* New York: MDRC.

Rietdijk, M. M. (2009). *Gedragsverandering in organisaties. Hoe het beste van mensen gedaan te krijgen.* Assen: Van Gorcum.

Ryan, R. M., & Deci, E. L. (2000). Self-determination theory and the facilitation of intrinsic motivation, social development and well-being. *American Psychologist, 55*, 68–78, 54–67.

Silverman, K., Holtyn, A. F., & Jarvis, B. P. (2016). A potential role of antipoverty programs in health promotion. *Preventive Medicine, 92*, 58–61.

Tiemeijer, W. L., Thomas, C. A., & Prast, H. M. (Red.). (2009). *De menselijke beslisser. Over de psychologie van keuze en gedrag.* Amsterdam: Amsterdam University Press.

Town, R., Kane, R., Johnson, P., & Butler, M. (2005). Economic incentives and physicians' delivery of preventive care: A systematic review. *Journal of the Academic of Nutrition and Dietetics, 28*(2), 234–240.

Van Ommeren, C. M., De Ruig, L. S., & Coenen, L. (2014). *Tilburg: Fix up your life. Businesscase preventie en vroegsignalering schulden.* Zoetermeer: Panteia.

Coaching Executieve Vaardigheden

Peter Wesdorp en Nadja Jungmann

7.1 Wat maakt 'Executieve Vaardigheden Coaching' relevant in een context van chronische stress? – 135

7.2 Wat houdt 'Executieve Vaardigheden Coaching' in? – 137
7.2.1 Assessment van executieve functies – 137
7.2.2 Doelen stellen en oefenen – 139
7.2.3 Omgevingsmodificaties – 142
7.2.4 Stappen in 'Executieve Vaardigheden Coaching' – 143

7.3 Wat is er nodig om 'Executieve Vaardigheden Coaching' in te zetten? – 147
7.3.1 Cliënten moeten eigen doelen kunnen stellen – 147
7.3.2 Professionals moeten het concept transformatie begrijpen en omarmen – 147
7.3.3 Er moet voldoende tijd beschikbaar zijn voor de begeleiding – 148
7.3.4 cliënten moeten voldoende gemotiveerd zijn om te werken aan langetermijndoelen – 148

7.4 Welke effecten mag je verwachten? – 150

7.5 Wat vraagt implementatie? – 151
7.5.1 Leid professionals eerst op in motiverende gespreksvoering – 152
7.5.2 Bied inhoudelijke coaching bij borging van 'Executieve Vaardigheden Coaching' – 152
7.5.3 Sta expliciet stil bij de inzet van het assessment als nieuw instrument – 153

Literatuur – 153

© Bohn Stafleu van Loghum is een imprint van Springer Media B.V., onderdeel van Springer Nature 2020
N. Jungmann, P. Wesdorp en T. Madern (Red.), *Stress-sensitief werken in het sociaal domein*,
https://doi.org/10.1007/978-90-368-2433-0_7

In het besef dat chronische stress veel mensen belemmert om tot duurzame koerswijzigingen in het leven te komen, wordt er steeds meer nagedacht over de vraag hoe hulp- en dienstverlening daaraan ondersteunend kunnen zijn (Sitskoorn 2016; Dawson en Guare 2016; Dechausay 2018; Derr et al. 2018; Pavetti 2018). In het hoofdstuk over instrumenten (▶par. 4.1.1) is uitgewerkt dat er, denkend vanuit de doorwerking van chronische stress, vraagtekens geplaatst kunnen worden bij hulp- en dienstverlening die alleen gericht is op het leveren van transacties. Vanuit het begeleid wonen, de re-integratie of de schuldhulpverlening kunnen we cliënten wel helpen aan respectievelijk een huis, baan of kwijtschelding van de schulden. Maar als zij leven in chronische stress is het de vraag hoe duurzaam het effect van de transactie is. Wie naar cliënten kan kijken in termen van beperkte zelfregulatie en onvoldoende ontwikkelde of ter beschikking staande executieve functies realiseert zich dat het geen toeval is dat zij zo worstelen in het leven. Dat zij elke keer weer uitvallen op de arbeidsmarkt, het niet lukt om dat ene certificaat te halen dat hun extra inkomen kan opleveren, en dat de ene partner de volgende afwisselt. Als de probleemanalyse luidt dat bij een (substantieel) deel van de cliënten die worstelen met meerdere vraagstukken naast elkaar het executief functioneren niet optimaal is, dan vraagt dat om meer dan aangrijpen op de problematiek (werkloosheid, schulden). Het vraagt om aangrijpen op de onderliggende veroorzakende factor: beperkingen in het executief functioneren. In de Verenigde Staten is door Peg Dawson en Richard en Colin Guare – internationaal toonaangevende auteurs op het terrein van executieve functies – het concept van Executive Skills Coaching (ESC) ontwikkeld, in het Nederlands EVC: 'Executieve Vaardigheden Coaching' (Guare et al. 2017). In dit concept 'leent' de coach als het ware zijn of haar eigen executieve functies en ervaring aan de cliënt zodat die deze zijn vaardigheden kan oefenen en versterken. De coach fungeert als het ware als de prefrontale cortex van de cliënt. EVC wordt steeds meer ingezet in programma's waarin de hulp- en dienstverlening niet primair is gericht op het verrichten van transacties maar op de onderliggende behoefte aan duurzame transformatie. 'Executieve Vaardigheden Coaching' is gericht op het verbeteren en ondersteunen van het executief functioneren, zodat cliënten in alle levensdomeinen beter in staat zijn om doelen te stellen, plannen te maken, in actie te komen en te monitoren of de ingezette acties leiden tot de beoogde resultaten. De opdracht van professionals is bij transformatie niet om een proces uit te voeren maar om cliënten verder te helpen in het leven. EVC is een middel om dat te bereiken.

Wie inzet op transformatie en in dat kader aan de slag wil met 'Executieve Vaardigheden Coaching' gaat zich afvragen hoe deze aanpak zich verhoudt tot de soms dwingende eisen die vanuit wettelijke en beleidskaders nogal eens aan cliënten gesteld worden. Denk aan het spanningsveld dat EVC berust op de aanname dat cliënten alleen gaan leren en oefenen als dat in dienst staat van zelfgeformuleerde doelen terwijl wettelijke kaders zoals de Jeugdwet en de Participatiewet voorschrijven wat cliënten zoal *moeten* doen. Hoe ga je om met dat spanningsveld? In dit hoofdstuk wordt om te beginnen uitgewerkt wat 'Executieve Vaardigheden Coaching' zo interessant maakt en wat het vraagt om deze coaching in te zetten. In onder meer ▶par. 7.5 over implementatie wordt aandacht besteed aan de zoektocht naar een balans tussen enerzijds 'het moeten' vanuit wettelijke en beleidskaders en anderzijds 'Executieve Vaardigheden Coaching'.

7.1 Wat maakt 'Executieve Vaardigheden Coaching' relevant in een context van chronische stress?

De doorwerking van chronische stress maakt dat het moeilijk is om langetermijndoelen te stellen en ons ertoe te zetten die te realiseren. In het besef dat chronische stress onder meer een wissel trekt op ons inzicht van wat er belangrijk is op de lange termijn, op ons vermogen om te leren en op ons doorzettingsvermogen, is het de vraag waarom we zouden denken dat mensen vaardigheden opdoen als we ze dwingen tot een leerproces. De gemeente kan cliënten wel dwingen om deel te nemen aan een sollicitatie- of budgetcursus. Maar wat gaat dat opleveren als de deelnemende cliënten vooral bezig zijn met de vragen of hun ex 's avonds misschien weer boos voor de deur staat, hoe ze het schoolgeld gaan betalen en als ze niet geloven dat er een werkgever is die op hen zit te wachten of dat ze ooit in staat zullen zijn om echt uit de schulden te komen? Onder 'Executieve Vaardigheden Coaching' ligt de aanname dat cliënten hun positie met name verbeteren als zij werken aan doelen die voor hen betekenisvol zijn. Deze aanname staat op gespannen voet met de inrichting van veel werkprocessen in het sociaal domein waar cliënten van de professional te horen krijgen wat er van hen verwacht wordt. Een tweede aanname onder EVC luidt dat voor de meeste cliënten die gebruikmaken van de publieke hulp- en dienstverlening geldt dat ze hun positie in het leven graag zouden verbeteren. Het is niet zozeer een tekort aan motivatie maar vooral een tekort aan zelfregulatie dat het werken aan een duurzame verbetering in de weg staat. Het verbeteren van het executief functioneren is dan de sleutel tot ontwikkeling op alle levensdomeinen waar problemen spelen. Daarbij rust EVC op de wetenschappelijke inzichten dat we onze executieve functies – ook op volwassen leeftijd – tot op zekere hoogte kunnen verbeteren door veel te oefenen (Sitskoorn 2016; Guare et al. 2017). De wetenschappelijke wereld is nog zoekend naar het antwoord op de vraag in welke mate zwakke executieve functies bij volwassenen kunnen worden versterkt (Ponsioen en Ten Brink 2014; Smidts en Huizinga 2017; Wetenschappelijke Raad voor het Regeringsbeleid (WRR) 2017). In het algemeen geldt dat het brein van volwassenen nog steeds plastisch is en dat oefening tot verbetering leidt (Dawson en Guare 2016; Sitskoorn 2016). Tegelijkertijd kan de ontwikkelstap die gezet moet worden groter zijn dan realistisch is. In dat geval zet 'Executieve Vaardigheden Coaching' in op het ontwikkelen van strategieën om beter om te gaan met de zwakheden die niet (substantieel) te verbeteren lijken. In EVC wordt vaak ingezet op al deze sporen naast elkaar: wegnemen van stress, oefenen en versterken van executieve functies, aanleren van strategieën om met zwakke functies om te gaan en gebruik te maken van sterke functies. 'Executieve Vaardigheden Coaching' is gericht op het verbeteren van wat Harvard wel noemt onze levensvaardigheden (Center on the Developing Child 2016).

In het sociaal domein geven professionals op verschillende manieren invulling aan samenwerking met de cliënt. Zij nemen soms activiteiten over, vertellen cliënten wat ze moeten doen, geven advies of coachen. Deze verschillende invullingen worden soms in combinatie ingezet door een enkele professional maar hangen vaak ook wel nauw samen met een bepaalde rol in het sociaal domein. Zo nemen wijkteamprofessionals nog wel eens iets van een cliënt over en geven ze vaak advies. Terwijl jobcoaches doorgaans

Figuur 7.1 Vormen van samenwerking tussen professional en cliënt

vooral aan cliënten vertellen wat er van hen verwacht wordt. Het gegeven dat de cliënt geen keuze heeft, maakt dat het uitspreken van verwachtingen door veel cliënten gevoeld wordt als 'moeten'. Bij 'Executieve Vaardigheden Coaching' onderzoekt de professional samen met de cliënt mogelijke doelen en oplossingen. Het is niet zo dat de cliënt alles kan bepalen maar er wordt nadrukkelijk gezocht naar wat voor de cliënt betekenisvol is, waar hij of zij heen wil in het leven en wat daarvoor nodig is. Overnemen, vertellen wat cliënten moeten doen, adviseren en coachen. Het zijn volgordelijke posities op het continuüm van directief handelen, casemanagement en de cliënt aan het roer zetten.

Het denken in de posities zoals uitgewerkt in fig. 7.1 is niet bedoeld als een dogma. Ook bij 'Executieve Vaardigheden Coaching' kan een cliënt er behoefte aan hebben dat er een keer iets wordt overgenomen of dat een professional advies geeft. Cruciaal bij EVC is dat de nadruk in de samenwerking op het coachen ligt. De rol van de coach is vooral om de cliënt te laten ontdekken wat zijn of haar doelen zijn en waar hij of zij op moet oefenen of compenseren om tot doelbereiking te komen (Ruiz De Luzuriaga 2015). 'Executieve Vaardigheden Coaching' onderscheidt zich dus van casemanagement in de rol die de professional inneemt. Een casemanager stuurt op de dossiers van zijn of haar cliënten. De casemanager bedenkt per dossier wat er volgens hem of haar moet gebeuren. Een coach volgt de doelen van zijn of haar cliënten. 'Executieve Vaardigheden Coaching' wordt ook wel omschreven als 'gegidste zelfdeterminatie' (Derr et al. 2018).

Voor de cliënt is de betekenis van 'Executieve Vaardigheden Coaching' dat hij of zij dankzij de begeleiding en de gevoelde steun (weer) grip gaat ervaren. Het werken aan betekenisvolle doelen helpt de cliënt om de chronische stress te verlagen, waardoor executieve functies weer meer ter beschikking komen. Dit in tegenstelling tot de dwang om te werken aan de doelen van de professional zoals 'je moet tien keer per maand solliciteren' of 'om een schuldregeling te krijgen moet je in budgetbeheer'. Daarnaast kan het gestaag boeken van progressie naar de eigen doelen een gevoel van aangeleerde hulpeloosheid doorbreken. Aangeleerde hulpeloosheid is een bekend fenomeen in het sociaal domein en belemmert cliënten in het boeken van vooruitgang. Het treedt op wanneer mensen het idee hebben dat ze geen invloed kunnen uitoefenen op hun situatie, dat ze ergens onder lijden zonder er controle over te hebben (Maier en Seligman 2016). Onbedoeld roepen professionals aangeleerde hulpeloosheid op als zij in de samenwerking vooral invulling geven aan 'overnemen' en 'opdrachten geven'. Het ingewikkelde aan aangeleerde hulpeloosheid is dat cliënten feitelijk niet hulpeloos hoeven te zijn. Maar herhaalde faalervaringen of herhaalde ervaringen van het niet hebben van invloed, kunnen ertoe leiden dat mensen passief en moedeloos worden en niet eens meer proberen hun situatie te veranderen. Zij zitten dan passief in de sollicitatietraining of opvoedcursus of doen instrumenteel wat hun wordt opgedragen. Stel, een jeugdhulpverlener spreekt met een ouder af dat deze elke avond voor het slapen het kind tien minuten voorleest. Het effect van dit voorlezen is mede afhankelijk van of het kind voelt dat de ouder een taakje uitvoert of invulling geeft aan betekenisvol contact. Binnen 'Executieve Vaardigheden Coaching' worden geen 'taakjes' gegeven maar bedenkt de cliënt zelf dat voorlezen een bij hem of haar passende manier is om invulling te geven aan het betekenisvolle contact dat voor het kind zo belangrijk is in de ontwikkeling naar volwassenheid. Het werken aan doelbereiking en betekenis geven aan uit te voeren acties kan het gevoel van aangeleerde hulpeloosheid doorbreken en speelt een belangrijke rol in het weer ter beschikking krijgen of verbeteren van de executieve functies.

7.2 Wat houdt 'Executieve Vaardigheden Coaching' in?

Het 'Executieve Vaardigheden Coaching' -concept van Dawson en Guare bestaat uit vier geïntegreerde elementen: een assessment van executieve functies, doelen stellen en oefenen, omgevingsmodificaties en belonen (Dawson en Guare 2016; Guare et al. 2017; Dechausey 2018). Voor de toelichting op de onderbouwing en mogelijke invullingen van beloningen wordt hier verwezen naar ▶H. 6. In deze paragraaf worden de andere drie elementen van 'Executieve Vaardigheden Coaching' uitgewerkt.

7.2.1 Assessment van executieve functies

Om te kunnen werken aan het verbeteren van executieve functies of om strategieën uit te werken om te compenseren op minder goed beschikbare executieve functies is het om te beginnen van belang dat er een analyse wordt gemaakt. Welke functies heeft iemand nodig? Welke functies staan goed ter beschikking en waar zijn er zwakten die verbetering of compensatie nodig hebben? Om deze vragen te kunnen beantwoorden kan er een assessment afgenomen worden. Er zijn verschillende assessments beschikbaar (zie bijvoorbeeld Dawson en Guare 2016; Sitskoorn 2016). Een mooi uitgewerkte en zo in het sociaal domein in te zetten assessment is bijvoorbeeld de Adult Executive Skills Profile V 4.0 die in de VS in Ramsey County, Minnesota wordt ingezet in een programma gericht op arbeidsre-integratie (Martinson en Cook 2018). Dit assessment bestaat uit 37 stellingen op 9 items die de cliënt zelf invult. Van de cliënt wordt gevraagd de stellingen te schalen op een zespuntsschaal variërend van helemaal oneens naar helemaal eens. Door de stellingen te schalen ontstaat er op basis van een eenvoudige optelsom inzicht in welke executieve functies goed ter beschikking staan en welke matig of gering. Professionals die wat langer met het instrument werken, krijgen op een gegeven moment

Tabel 7.1 Toelichting op de executieve functies die worden uitgevraagd in de Adult Executive Skills Profile V 4.0. Bron: Martinson en Cook (2018)

executieve functie	toelichting	voorbeeld van een stelling
organisatie	je weet waar je je spullen laat en je organiseert wat je moet doen	ik organiseer mijn werk voor ik ermee begin
timemanagement	je kunt inschatten hoe lang een taak duurt en bent in staat om te voldoen aan deadlines	ik kan goed inschatten hoe lang het duurt om iets te doen
planning en prioriteren	je weet welke stappen je in welke volgorde moet zetten	ik geef prioriteit aan de belangrijkste dingen als ik veel moet doen
respons-inhibitie	je overziet consequenties voor je praat of handelt	ik denk voor ik spreek
flexibiliteit	je accepteert dat zaken soms anders lopen en anticipeert daarop	ik pas me makkelijk aan als een situatie verandert
emotionele controle	je bent in staat je emoties te reguleren	ik doe wat ik moet doen, ook als ik gefrustreerd ben
metacognitie	je weet hoe je functioneert	ik weet wanneer ik het goed doe
taakinitiatie	het lukt je om in actie te komen zonder vertraging	ik doe wat ik zeg, zonder vertraging en laat het er niet bij zitten
focus	je bent in staat aandacht te geven aan zaken waar je geen zin in hebt	ik blijf werken tot het werk af is
doeloriëntatie	je houdt vast aan je doelen	ik geef langetermijndoelen voorrang op leuke dingen op de korte termijn
werkgeheugen	je weet wat je deed en wat je nog moet doen	ik heb een goed geheugen voor feiten, data en details

bij de eenvoudige optelsommen al direct een beeld van wat een getal bij een bepaalde executieve functie hun leert over hun cliënt. Tabel 7.1 bevat een overzicht van de zaken die uitgevraagd worden met per item een voorbeeld van het soort stellingen die cliënten schalen als ze het assessment invullen.

Het assessment biedt houvast aan zowel de cliënt als de professional. De cliënt krijgt inzicht in de eigen executieve sterkten en zwakten en kan helpen om te prioriteren waar hij of zij aan wil werken. Het assessment helpt daarbij de professionals om te identificeren wat voor soort ondersteuning de cliënt verder gaat helpen. Het assessment is nadrukkelijk niet ontwikkeld als een klinisch of diagnostisch instrument. Het is ook niet ontwikkeld om de executieve functies door de tijd heen te monitoren. Het assessment is een op de cliënt gericht instrument om hem of haar verder te helpen in het ontwerpen van het eigen ontwikkelplan om de langetermijndoelen in het leven te realiseren (Martinson en Cook 2018). Het hier toegelichte assessment kan ingezet worden in een gesprek met een cliënt. Er zijn ook assessments die naast een eigen reflectie van de cliënt bijvoorbeeld ook iemand uit de omgeving uitnodigen om te reflecteren op de inzetbaarheid van de executieve functies van de cliënt (Sitskoorn 2016).

7.2.2 Doelen stellen en oefenen

'Executieve Vaardigheden Coaching' berust op langetermijndoelen die voor de cliënt van betekenis zijn en die de cliënt in principe zelf stelt. Vaak is het daarvoor nodig dat er subdoelen gerealiseerd worden in meerdere levensdomeinen, zoals werken aan beter leren lezen en schrijven, een steviger netwerk opbouwen of betaald werk vinden. Het gegeven dat cliënten die in chronische stress leven vaak bij de dag leven maakt dat er in 'Executieve Vaardigheden Coaching' vaak gebruik wordt gemaakt van instrumenten gericht op doelbereiking zoals 'Stepping Stones to Success', 'The Bridge to Self-sufficiency' of 'My Bridge of Strenght'. ▶Hoofdstuk 4 bevat een toelichting op instrumenten gericht op doelbereiking.

Wanneer de cliënt onder invloed van stress niet voorbij het hier-en-nu kan kijken en geen doelen kan stellen, kan de coach – eventueel op basis van dat assessment van executieve functies – vaststellen of flexibiliteit en emotionele zelfcontrole voor de cliënt lastig zijn. De coach kan daar dan stressmanagementstrategieën voor aanreiken, zodat er ruimte ontstaat om toch over doelen na te denken. Wanneer de stress wordt veroorzaakt door de actuele omstandigheden kan de coach met de cliënt mogelijke oplossingen verkennen. Eventueel kan de coach hierbij meerdere oplossingsrichtingen aanbieden om het besluitvormingsproces van de cliënt te ondersteunen. Voor veel cliënten in het sociaal domein geldt dat aanhoudende geldstress een enorme belemmering kan zijn om na te denken over de dag van morgen. In ▶H. 11 is uitgewerkt welke mogelijkheden er zijn om in ieder geval geldrust te creëren en zo cliënten te ondersteunen in het creëren van ruimte om na te kunnen gaan denken over langetermijndoelen.

Motiverende gespreksvoering is als methode bij uitstek geschikt om met de cliënt op zoek te gaan naar diens (kern)waarden en in dat licht betekenisvolle doelen te bedenken die overeenkomen met deze waarden. De belangrijkste gesprekstechnieken zijn open vragen stellen, reflecteren, samenvatten, bevestigen/bekrachtigen en informeren (Wesdorp et al. 2010; Van der Veen en Goijarts 2012; Van der Pluijm 2018; Claessens en d'Hondt 2019). Door open vragen te stellen wordt de coach deelgenoot van de belevingswereld en het perspectief van de cliënt. Open vragen zetten aan tot denken, tot zelfreflectie en daarmee worden belangrijke executieve functies geoefend. Met reflecties kan de coach teruggeven wat hij of zij gehoord of gezien heeft. Het is een manier om empathie uit te drukken en daarmee een belangrijke manier om stress te verlagen (Ciaramicoli 2016). Het is ook een manier om betekenis te verlenen aan de woorden van de cliënt. Bevestigen of bekrachtigen is een positieve manier van luisteren en kijken naar cliënten. Door in het gesprek de kwaliteiten, inspanningen en positieve eigenschappen te benoemen, wordt het vertrouwen van de cliënt in het kunnen veranderen, versterkt. Samenvatten is een manier om te laten merken dat de coach echt heeft geluisterd en geïnteresseerd is. Een tussensamenvatting kan gebruikt worden om een goede overgang in het gesprek te maken. Bijvoorbeeld de overgang van het stellen van doelen naar het maken van een plan om die doelen te bereiken. Informeren is een techniek waarbij de coach de cliënt – op basis van diens toestemming om informatie te mogen geven – informatie kan geven die (deels) nog niet bij de cliënt bekend is. Bijvoorbeeld informatie over mogelijkheden, over consequenties van keuzen, over voorbeelden van andere cliënten. De technieken moeten gegrondvest zijn in de basishouding, maar zijn tegelijkertijd ook manieren om de basishouding in te vullen. Zo is het bijvoorbeeld logisch dat vanuit een ontlokkende basishouding open vragen worden gesteld. Omdat er al veel over geschreven is, wordt hier volstaan met het kort benoemen van deze technieken. In het kader van de coaching is het essentieel dat de cliënt zijn of haar eigen doelen stelt. Testimonials van andere cliënten en het voorbeeld van ervaringsdeskundigen kunnen cliënten die het lastig vinden om eigen doelen te stellen soms helpen. Het zelfgekozen doel van de cliënt is vooral een motiverende katalysator om executieve vaardigheden te ontwikkelen en het proces van doelbereiking te oefenen (Derr et al. 2018). Met andere woorden: wanneer de gekozen doelen voor de cliënt niet betekenisvol en inspirerend zijn, zal de cliënt zich er ook niet echt voor inzetten en er zich dus ook niet voor inspannen om de vaardigheden te verwerven en te oefenen die nodig zijn om de doelen te bereiken.

Belangrijk is dat 'Executieve Vaardigheden Coaching' pas van start gaat als de cliënt echt gecommitteerd is aan de zelfgeformuleerde doelen. Eventuele ambivalentie – wil ik dit wel echt? kan ik dit wel? – moet daarvoor zijn opgelost. Een ander belangrijk aandachtspunt bij het stellen van doelen is dat het niet bij positief fantaseren over de gedroomde toekomst blijft. Het is ook belangrijk om de gedroomde toekomst te vergelijken (mentaal contrasteren) met de huidige situatie en te bedenken hoe die gewenste toekomst bereikt kan worden. Pas dan ontstaat commitment (Oettingen en Schwörer 2013).

Nadat het doel is bepaald, kunnen coach en cliënt gezamenlijk gaan nadenken over manieren om in actie te komen en te oefenen op het verbeteren van de executieve functies of het compenseren op functies waar om welke reden dan ook (vooralsnog) niet op wordt geoefend. Er kan op verschillende manieren geoefend worden. Zonder uitputtend te zijn worden de volgende manieren hier kort behandeld: implementatie-intenties, mentaal simuleren, correspondentietraining, mentaal contrasteren of het uitwerken van een stappenplan om te oefenen op executieve functies.

1 Implementatie-intenties zijn helder uitgewerkte plannen voor gedrag in bepaalde situaties. Ze worden verwoord in een 'als-dan'-format: ALS ik in situatie X verkeer, DAN vertoon ik gedrag Y (Gollwitzer 1999).

2 Mentaal simuleren of verbeelden is de gedetailleerde oefening van de acties die een persoon zal ondernemen in een probleemsituatie om succesvol als-danplannen in te zetten. Iemand stelt zich levendig voor de gevraagde handeling te verrichten en daarvoor de gevraagde zelfcontrole op te brengen om de gewenste toekomst te bereiken (Taylor et al. 1998).

3 Correspondentietraining is gebaseerd op de notie dat wanneer iemand een verbaal commitment maakt om bepaald gedrag te vertonen op een later moment, daarmee de kans wordt vergroot dat de cliënt dit ook daadwerkelijk gaat doen (Bevill-Davis et al. 2004).

4 Mentaal contrasteren is bedoeld om het effect van implementatie-intenties te versterken. De cliënt wordt dan gevraagd om in detail de gewenste toekomst te beschrijven om vervolgens in detail de belangrijkste obstakels op de weg naar die toekomst te beschrijven en implementatie-intenties te ontwikkelen voor die obstakels (Oettingen en Gollwitzer 2001).

Tabel 7.2 Stappenplan om te oefenen met executieve functies. Bron: Dawson en Guare (2016)

stap	voorbeeld
1. Kies een (dagelijkse) activiteit waarin de zwakke executieve functie naar voren komt	Ik vind het lastig om te starten met sporten (executieve functie: taakinitiatie).
2. Beschrijf je huidige prestatieniveau (nodig om een goed doel te stellen dat haalbaar en uitdagend is)	Ik sport niet.
3. Bepaal je doel (SMART)	Ik wil 30 minuten per dag actief bewegen.
4. Bepaal de deadline; het moment waarop je structureel (een stukje van) het nieuwe gedrag kunt vertonen	Ik wil dat over een maand bereikt hebben.
5. Maak een specifiek plan om het doel binnen de gestelde deadline te behalen	Ik ga iedere avond 10 minuten wandelen. Ik vertel dat aan mijn partner en vrienden. Als ik dat twee weken gedaan heb, mag ik nieuwe wandelschoenen kopen en ga ik 20 minuten lopen. Na weer twee weken koop ik een outfit en ga ik 30 minuten lopen.
6. Bepaal een startmoment	dit weekend
7. Gebruik geheugensteuntjes	Ik gebruik een app op mijn telefoon als geheugensteuntje.
8. Houd je aan het plan of een deel ervan	
9. Kies een beloning	Ik koop nieuwe schoenen en een outfit als ik mijn eerste twee subdoelen haal.
10. Schrijf twee of drie aanmoedigingen op waarin je aangeeft welke voordelen het nieuwe gedrag oplevert	Het is maar 10 minuten en straks een halfuurtje. Vroeger sportte ik ook en toen voelde ik me een stuk fitter. Ik zou me aantrekkelijker voelen als ik wat kilo's kwijtraak door het sporten.

5 Uitwerken van een stappenplan om te oefenen op executieve functies. Deze aanpak is toegelicht in tab. 7.2 met een op Dawson en Guare (2016) gebaseerde uitwerking. De tabel is geen nauwgezet spoorboekje maar geeft inzicht in de routine die cliënten moeten gaan opbouwen in het oefenen van de executieve functies. Verbetering van onze executieve functies vraagt dat we ze bij herhaling inzetten en daardoor werken aan versterking.

Bij het uitwerken van de 'hoe-versterk-ik-mijn-executieve-functiesvraag' kan uiteraard ook gebruik worden gemaakt van meer oplossingsgerichte of progressiegerichte gesprekstechnieken, waarbij centraal staat dat wordt voortgebouwd op eerder succes of succes in andere contexten (Wesdorp et al. 2010; Visser 2018).

In het kader van het coachen op executieve functies is het ook belangrijk dat de cliënt en coach nadenken over een goede match tussen de beschikbare (executieve) vaardigheden en hulpbronnen van de cliënt en de (executieve) vaardigheden, voorwaarden en hulpbronnen die nodig zijn voor de stappen om het doel te bereiken (Dechausey 2018). Zeker wanneer de cliënt zwakke executieve functies moet inzetten om het beoogde doel te bereiken kost dat veel moeite, energie en stress. Vermoeidheid en stress verzwakken de inzetbaarheid van onze executieve functies.

Als het idee leeft dat de beschikbaarheid van de benodigde executieve functie nog te ver weg ligt van het doel waarvoor geoefend gaat worden, kunnen er verschillende strategieën worden bewandeld:
1. Het doel aanpassen omdat het niet bereikbaar is.
2. De taken in het actieplan aanpassen. Stappen kunnen anders, eenvoudiger of kleiner worden gemaakt.
3. Uitwerken hoe aanpassingen in de fysieke of sociale omgeving het omgaan met bepaalde zwakke functie kunnen ondersteunen (zie ▶ par. 7.2.3 over omgevingsmodificatie).
4. Een beloning in het vooruitzicht stellen, zodat de relatie tussen taak en beloning wijzigt en cliënten de moeite die zij moeten doen om het doel te bereiken beter kunnen volhouden (zie ▶ H. 6 over beloningen).

Bij het bespreken van de voortgang kunnen de doelactieplannen als uitgangspunt worden genomen. Wat is gelukt en wat niet? Wanneer doelen behaald zijn, is het belangrijk dat de coach stilstaat bij het succes, dat succes waardeert, eventueel met de cliënt analyseert hoe het gelukt is en voor zover van toepassing de beloning verstrekt. Het zien hoe kleine acties leiden tot succes leidt tot positieve emoties en heeft een zelfversterkend effect.

Spannender wordt het wanneer de cliënt doelen nog niet heeft behaald. Plannen kunnen nog niet behaald zijn omdat het leven soms een onverwachte wending neemt – 'life happens'. Wanneer het om een eenmalige gebeurtenis gaat, kan het bestaande plan wellicht gehandhaafd blijven. Wanneer de cliënt geen goede verklaring heeft of aangeeft het te zijn vergeten of er geen tijd voor te hebben gehad, is er een reden wat dieper te graven. Er is dan reden om strategieën te ontwikkelen om met het 'vergeten en geen tijd hebben' om te gaan en te bezien wat de cliënt de volgende keer anders kan doen. Plannen moeten gezien worden als levende documenten die kunnen veranderen naar de mate waarin cliënten hun kracht ontdekken en meer te weten komen over wat voor hen echt belangrijk is.

7.2.3 Omgevingsmodificaties

Een doel stellen, daarvoor een plan maken, in actie komen en volhouden valt in een dynamiek van chronische stress niet mee. Behalve op het oefenen om executieve functies te versterken zet 'Executieve Vaardigheden Coaching' ook nadrukkelijk in op het realiseren van omgevingsmodificaties (Guare et al. 2017; Dechausay 2018). In *enge* zin betekent dit dat de cliënt wordt uitgedaagd om na te denken over manieren om de omgeving beter te laten aansluiten op de eigen mogelijkheden. Kan de cliënt een taak zodanig aanpassen dat er een kleiner beroep wordt gedaan op een zwakke executieve functie? Kan een cliënt hulp zoeken in zijn omgeving? Kan een cliënt technische oplossingen inzetten? Het kan gaan om aanpassingen in de fysieke of sociale omgeving. Zo kunnen cliënten met een zwakke emotieregulatie bijvoorbeeld nadenken over de vraag hoe zij mensen kunnen vermijden die hen makkelijk op de kast jagen. En zo kunnen cliënten met een zwakke executieve functie om te organiseren nadenken over de manier waarop zij opbergsystemen hanteren om zaken te ordenen. De coach kan hierin adviseren. In *ruime* zin gaat het om aanpassingen in de dienstverlening waardoor er een geringer beroep op executieve functies wordt gedaan. Denk aan de inzet van doelgerichte instrumenten of het anders inrichten van ontvangstruimten zoals uitgewerkt in ►H. 10. Dit betekent: het verlagen van de drempels om een beroep te doen op de dienstverlening, bijvoorbeeld door eenvoudige procedures en goede bereikbaarheid, of flexibele starttijden.

Omgevingsmodificaties kunnen worden ingezet naast en complementair aan het oefenen van nieuw gedrag tijdens de individuele begeleiding (Guare et al. 2017; Dechausay 2018). ◘Tabel 7.3 bevat een overzicht van manieren waarop er bij de verschillende zwakten in executief functioneren voorzien kan worden in omgevingsmodificatie. De tabel bevat een bewerking van suggesties die zijn uitgewerkt door Dawson en Guare (2016). Dawson en Guare hanteren een indeling van executieve functies die licht afwijkt van de indeling die Sitskoorn (2016) hanteert. De tabel overlapt daardoor niet volledig met de uitwerking van de executieve functies zoals opgenomen in ►H. 2.

7.2.4 Stappen in 'Executieve Vaardigheden Coaching'

In de VS heeft de Annie E. Casey Foundation bij drie projecten waarin 'Executieve Vaardigheden Coaching' is ingezet, gekeken wat het oplevert en welke praktijklessen er getrokken kunnen worden (Dechausay 2018). De drie projecten waarbij 'Executieve Vaardigheden Coaching' werden ingezet, waren (1) een project gericht op jonge moeders die begeleid worden bij het zoeken naar werk, het vinden van passende woonruimte en het realiseren van sociale support, (2) een project gericht op het verbeteren van de relatie tussen zwangere tieners en hun ouders en (3) een re-integratieproject gericht op het begeleiden van alleenstaande moeders. De gemeenschappelijke deler in deze drie projecten is dat de coaching werd uitgevoerd in elf concrete stappen met als basis: het uitvoeren van een assessment op de executieve functies en het nadrukkelijk aangaan van een warme relatie met de cliënt. De elf stappen, met een kleine bewerking, zijn hierna weergegeven (Dechausay 2018).

1 Intake met assessment op de executieve functies
- Achtergrondinformatie verzamelen om in stap 3 de 'goodness-of-fit' -analyse uit te kunnen voeren.
- In kaart brengen wat bij de cliënt de drie sterkste en drie zwakste executieve functies zijn (zie ►par. 7.2.1 voor het assessment).
- Echt contact opbouwen, eventueel door samen een daartoe ontwikkelde vragenlijst in te vullen (Getting to know your questionnaire).

2 Aantrekkelijk langetermijndoel identificeren alsmede de randvoorwaarden
- Identificeren van een langetermijndoel en bepalen wat de eerste (voorbereidende) stappen zijn.
- Identificeren welke acties de cliënt moet verrichten om de stappen te volbrengen.
- Identificeren welke voorwaarden ingevuld moeten worden om de acties met succes te kunnen volbrengen (denk aan kinderopvang als je gaat werken).

Tabel 7.3 Bewerking van de suggesties van Dawson en Guare (2016) om te voorzien in omgevingsmodificatie

zwakke executieve functie	voorbeelden van aanpassingen in de fysieke of sociale omgeving
inhibitie (denken voor je doet)	– situaties vermijden waarin impulsiviteit problemen kan veroorzaken (bijvoorbeeld niet naar het casino of café gaan, bepaalde vrienden mijden) – verleidingen verwijderen uit je omgeving (bijvoorbeeld geen ongezond eten in huis hebben) – risico van zwakke inhibitie beperken (bijvoorbeeld creditcard doorknippen, pinpas invriezen) – sociale controle organiseren op doelen die je zelf belangrijk vindt
werkgeheugen	– checklists, geheugensteuntjes, agenda gebruiken – vaste routines ontwikkelen (bijvoorbeeld vaste plaatsen voor spullen zoals sleutels) – anderen vragen je te helpen herinneren – spullen bij de deur leggen zodat je ze niet vergeet
emotieregulatie	– mensen en situaties vermijden die hevige emoties kunnen triggeren – anderen vragen je te helpen met het omgaan met bepaalde situaties door feedback en feedforward te vragen – ontspanningsoefeningen doen – tot 10 tellen in lastige situaties
taak-initiatie	– taken zichtbaar neerleggen zodat je eraan herinnerd wordt ermee te beginnen – afleidingen vermijden – taken opdelen in kleine kortdurende stappen die makkelijker zijn om aan te beginnen – anderen vragen te checken of je begonnen bent
focus	– taken kiezen die passen bij je concentratievermogen op dat moment – afleidingen minimaliseren – hulpmiddelen gebruiken die de concentratie kunnen bevorderen (zoals achtergrondmuziek). – anderen vragen 'toezicht' te houden en feedback te geven
planning/prioritering	– een planning opstellen met deadlines voor deeltaken – een sjabloon voor planning gebruiken – een white-board of post-its of apps gebruiken – iemand vragen om te helpen met plannen
organisatie	– bakjes en opbergsystemen gebruiken – een checklist gebruiken – alles uit je directe omgeving verwijderen wat je niet nodig hebt – iemand vragen om je te helpen met opruimen
time-management	– dagelijkse routines creëren die het plannen in de tijd makkelijker maken – kalenders en roosters gebruiken – je horloge of klok 10 minuten vooruitzetten – herinneringen instellen op je telefoon

◼ **Tabel 7.3** Bewerking van de suggesties van Dawson en Guare (2016) om te voorzien in omgevingsmodificatie (vervolg)

zwakke executieve functie	voorbeelden van aanpassingen in de fysieke of sociale omgeving
flexibiliteit	– rekening houden met onvoorziene omstandigheden – situaties waarin je flexibel moet zijn vermijden – samenwerken met mensen die van tevoren plannen – van tevoren een strategie bedenken hoe je met onverwachte situaties kunt omgaan – anderen laten weten dat je niet houdt van onverwachte dingen
metacognitie	– anderen om feedback vragen
doelgericht gedrag	– zorgen voor geheugensteuntjes – zaken verwijderen die doelgericht gedrag in de weg staan (zoals games, social media, snacks) – bepaald gedrag automatiseren (bijvoorbeeld automatisch sparen) – de hulp van anderen inroepen die je herinneren aan je langetermijndoel
stresstolerantie	– kalmerende muziek gebruiken en je omringen met planten of natuur – drukke stressvolle situaties en omgevingen vermijden – hersteltijd inbouwen na een taak – mensen vragen de stressvolle taak voor je uit te voeren

3 Bepalen van de 'goodness of fit' (oftewel de mate waarin je aankunt wat er van je gevraagd wordt)

- Bepalen in welke mate er een match is tussen de huidige vaardigheden, kracht en hulpbronnen van de cliënt in verhouding tot wat er nodig is om het doel te bereiken.
- Identificeren of de voorwaarden voor het bereiken van het langetermijndoel aanwezig zijn.

4 Identificeren van mogelijke obstakels voor doelbereiking

- Met de cliënt bespreken of er obstakels zijn om het langetermijndoel te bereiken, zoals een verslaving die nog niet onder controle is, een crimineel verleden dat nog kan opspelen door een uit te zitten straf et cetera.

5 Concretiseren, herzien of bijstellen van het langetermijndoel

- Op basis van de informatie die in stap 1 tot en met 4 is verzameld vaststellen of het gestelde doel kan worden bereikt.
- Als het langetermijndoel niet kan worden bereikt en er is geen *work around* mogelijk: een nieuw doel stellen.
- Bij het stellen van een nieuw doel zo dicht mogelijk blijven bij het aanvankelijke doel en een doel operationaliseren dat aansluit op de wensen van de cliënt.

6 Bespreken van lijst mijlpalen die gepasseerd moeten worden
- Bespreken welke mijlpalen gepasseerd moeten worden om het langetermijndoel te bereiken.
- De eerste mijlpaal uitschrijven.

7 SMART-doelen stellen voor mijlpalen
- De cliënt ondersteunen om SMART-doelen te ontwikkelen voor de eerste mijlpaal. Daarbij een tijdspanne van maximaal twee tot vier weken hanteren.
- Indien mogelijk de cliënt motiveren om het SMART-doel met een dierbare te delen als ondersteuning om succesvol te worden.

8 Het SMART-doel opdelen in actieplannen en contact tussen coach en cliënt organiseren
- Opstellen van actieplannen per dag of week (zie voor voorbeelden ▶H. 4 over instrumenten).
- Als een SMART-doel is uitgewerkt, de cliënt vragen stellen zodat de cliënt voor zichzelf de volgorde van de in te zetten acties kan bepalen.
- Uitwerken hoe de coach en de cliënt de voortgang bewaken, hoe vaak er contact is, wanneer en wie dat initieert.

9 Technieken inzetten om de kans op succes te vergoten
- Met de cliënt in kaart brengen wat kan helpen om het actieplan te volbrengen (zoals een beloning aangeboden door de begeleidende organisatie of een beloning die de cliënt zelf organiseert).
- Met de cliënt in kaart brengen wat mogelijke omgevingsmodificaties zijn en uitleggen dat aanpassingen in de omgeving het eenvoudiger kunnen maken om een taak te volbrengen.
- Oefenen op strategieën (op het verbeteren van de noodzakelijke executieve functies).

10 Evalueren van de voortgang en indien nodig het actieplan bijstellen
- Als het actieplan met succes is volbracht een volgend actieplan formuleren.
- Als het actieplan niet met succes is volbracht, evalueren hoe dat komt en indien nodig het doel herzien.
- Als de cliënt bij herhaling niet slaagt in het volbrengen van het actieplan, terugvallen op motiverende gespreksvoering om de cliënt te motiveren voor het nastreven van doelen die voor hem of haar betekenisvol zijn.

11 Geleidelijke afbouw van de coaching
- De coaching geleidelijk afbouwen vanaf het moment dat de cliënt in staat is om volgende stappen zelfstandig te zetten met alleen checks en aanmoedigingen van de coach.
- De tijd tussen de coachingsessies vergroten.
- De ondersteuning die de coach geeft afbouwen door de cliënt de leiding te geven bij het plannen, opstellen van SMART-actieplannen en de uitvoering.

7.3 Wat is er nodig om 'Executieve Vaardigheden Coaching' in te zetten?

Het met succes inzetten van 'Executieve Vaardigheden Coaching' vraagt in ieder geval om vier randvoorwaarden: (1) het programma of project moet voldoende ruimte bieden opdat cliënten eigen doelen kunnen stellen, (2) de professionals moeten in staat zijn om de omslag te maken van voorzien in transacties naar ondersteunen bij transformatie, (3) de professionals moeten voldoende tijd ter beschikking hebben voor de begeleiding en (4) cliënten moeten voldoende gemotiveerd zijn om te werken aan langetermijndoelen die voldoende in lijn zijn met de opdracht van de ondersteunende organisatie.

7.3.1 Cliënten moeten eigen doelen kunnen stellen

Een belangrijke randvoorwaarde om 'Executieve Vaardigheden Coaching' met succes te kunnen inzetten is dat cliënten, in ieder geval in hoge mate, eigen doelen kunnen stellen. Het uitgangspunt van EVC is dat cliënten pas gaan werken aan voor hen betekenisvolle doelen als zij die doelen in hoge mate zelf formuleren. Een programma of (wettelijk) kader dat voorschrijft dat cliënten aan een grote hoeveelheid eisen voldoen, leent zich er dus niet voor. In de VS wordt EVC bijvoorbeeld veel ingezet in programma's gericht op arbeidsre-integratie en het duurzaam verbeteren van de economische positie van de cliënt. Het hoeft geen probleem te zijn dat er vanuit een organisatie eisen gesteld worden, als het er maar niet te veel zijn, als het ontdekken van de eigen langetermijndoelen door de cliënt in de begeleiding centraal staat en als cliënten substantiële ondersteuning krijgen om daaraan te werken. Heel concreet betekent dit ook dat begeleiding vaak langer zal duren dan bij hulp- of dienstverlening die is ingericht op transacties. Bij re-integratie stopt de begeleiding bijvoorbeeld niet zodra iemand werk heeft gevonden, maar in principe pas zodra iemand een plek op de arbeidsmarkt heeft die zeker is en voldoende inkomen oplevert om zonder geldstress rond te komen. Deze stap, van een kortetermijndoel (werk) naar een langetermijndoel (stabiliteit) is niet alleen van betekenis voor de ruimte die de cliënt krijgt om eigen doelen te stellen, maar ook voor de organisatie. Een randvoorwaarde is dat er voldoende tijd is om te voorzien in soms langdurige begeleiding (zie ook ▶ par. 7.3.3).

7.3.2 Professionals moeten het concept transformatie begrijpen en omarmen

De meeste professionals kunnen niet van de ene op de andere dag de omslag maken van voorzien in transacties naar begeleiden van transformatie. Professionals hebben scholing nodig om te 'Executieve Vaardigheden Coaching' in praktijk te kunnen brengen. Het is van belang dat de volgende onderwerpen daarin aan bod komen (Dechausay 2018):

- Kennismaken met relevante inzichten uit de hersenwetenschappen: leren wat executieve functies zijn, hoe stress de inzetbaarheid ondermijnt en de mogelijkheden om de inzetbaarheid (weer) te vergroten.

- Oefenen met gesprekstechnieken die geënt zijn op motiverende gespreksvoering en oplossingsgericht coachen.
- Oefenen met coaching-gesprekssituaties zodat professionals onder meer leren balans te houden in het gidsen en aanreiken van kennis en inzichten en het ruimte geven aan cliënten om eigen doelen te formuleren en eigen actieplannen uit te werken.

Vanuit het besef dat het best een opgave is om je 'Executieve Vaardigheden Coaching' eigen te maken, is er in het Life Long Learning Initiative van Ramsey County in de VS een instrument ontwikkeld dat professionals kunnen gebruiken om te kijken in welke mate zij in contact met cliënten al echt invulling geven aan coaching. Het instrument heet 'Stepping Stones to Coaching Success' en is in samenwerking met de kennisorganisatie Mathematica ontwikkeld. Het is een afgeleide van het in ▶H. 4 behandelde cliëntgerichte instrument 'Stepping Stones to Success' en biedt de professional houvast in het bepalen waar hij of zij zich kan ontwikkelen. Met dit instrument kan de coach zijn professionele situatie – tussen 'novice' en 'master' – in beeld brengen om vervolgens doelen te kunnen stellen en acties te kunnen bepalen om die doelen te bereiken (Derr et al. 2018). Het instrument wordt gebruikt door supervisors en is qua stappen en onderdelen een kopie van het proces dat de coach met de cliënt doorloopt. Een vorm van 'practice what you preach', dus (◯fig. 7.2).

7.3.3 Er moet voldoende tijd beschikbaar zijn voor de begeleiding

'Executieve Vaardigheden Coaching' draagt een belofte in zich van duurzaam succes, maar vraagt ook een investering. De nauwe samenwerking om cliënten te ondersteunen bij het verbeteren van (de beschikbaarheid van) hun executieve functies vraagt beschikbaarheid en toewijding van de coach. Dit betekent tijd voor cliëntcontact. De cliënt bepaalt de doelen en 'Goodness of fit' oftewel de match tussen wat de cliënt kan en wat hij of zij nodig heeft bepaalt de duur en intensiteit van de begeleiding. 'Executieve Vaardigheden Coaching' is geworteld in de aanname dat belemmeringen in het executief functioneren leiden tot opeenstapelingen van sociale en financiële problemen en dat er dus een fundamenteler beweging gemaakt moet worden dan het verstrekken van een transactie in de vorm van kwijtschelding van schulden of iemand voorzien van een eigen huis. Moderne techniek, in de vorm van skypen, whatsappen en andere toepassingen, kan tegemoetkomen aan de inspanningen die nodig zijn voor de dagelijkse begeleiding in het kader van 'Executieve Vaardigheden Coaching'. Een cruciale pijler onder EVC is echte aandacht voor de cliënt op de momenten dat hij of zij dat nodig heeft.

7.3.4 cliënten moeten voldoende gemotiveerd zijn om te werken aan langetermijndoelen

Behalve randvoorwaarden bij de organisatie (beleid en geld) en de professionals (kennis en vaardigheden) ligt er ook een belangrijke randvoorwaarde bij de cliënten: motivatie. Het uitgangspunt van 'Executieve Vaardigheden Coaching' is dat chronische stress cliënten als het

7.3 · Wat is er nodig om 'Executieve Vaardigheden Coaching' in te zetten?

Stepping Stones to Coaching Success

MY NAME _____ DATE __/__/__

Category	Skill		NOVICE	APPRENTICE	JOURNEYMAN	MASTER	
Relationship Skills	ENGAGE	Directive interaction centered on delivering information	○	○	○	○	Facilitates nonjudgmental, future-oriented, goal directed process with customer
		Commonly asks questions that generate limited insight, reflection, or dialogue	○	○	○	○	Asks open-ended questions, uses reflective statements
	FOCUS	Expectations and accountability are compliance-oriented, inconsistent, and/or unclear	○	○	○	○	Provides clear expectations and appropriately holds customer accountable
		Boundaries with customer are loose, inconsistent, and/or unclear	○	○	○	○	Focuses customer interactions and behavior by setting clear and consistent boundaries
	MOTIVATE	Difficulty detecting and/or avoidance addressing ambivalence about change	○	○	○	○	Detects and addresses customer ambivalence about change
		Difficulty with helping customers focus on life changes that are within their control	○	○	○	○	Reinforces customer's ability to make positive changes in their lives, focusing on actions that are within their control
Goal Achievement Facilitation Skills	GOAL	Assigns program tasks that do not reflect a customer's abilities or circumstances	○	○	○	○	Asks customer to articulate a goal that is feasible and meaningful to them
		Assumes that customer understands the benefits of achieving a targeted goal	○	○	○	○	Pauses to help customer visualize and define the desired outcome of a defined goal
	PLAN	Develops vague, open-ended action plans with customer	○	○	○	○	Helps customer articulate specific, time-bound action plans
		Prompts customer to describe steps to achieve their goal	○	○	○	○	Helps customer break the tasks required to meet the goals into smaller, more feasible steps
		Tells customer how to fix their barriers or obstacles	○	○	○	○	Asks customer to identify their internal obstacles to achieving goals and solutions to those obstacles
	REVIEW/REVISE	Limited or no follow up with goal progress	○	○	○	○	Asks customer assess their progress toward goals and revise goals accordingly
Managing the Job	ORGANIZATION	Difficulty managing daily workload	○	○	○	○	Effectively manages daily workload
	TIMELINESS	Tardiness or untimeliness interferes with program operations and/or services	○	○	○	○	Timeliness in completing responsibilities
	PROGRAM KNOWLEDGE	Misunderstands and/or misapplies program processes, rules, and regulations	○	○	○	○	Understands and appropriately applies program processes, rules, and regulations
	RESOURCE-FULNESS	Unable to inform customers about and effectively connect them to appropriate community resources	○	○	○	○	Knowledgeable about community resources and how to effectively connect customers with them
Self-Development	SELF-CARE	Secondary stress and trauma derived from customer interactions and workload consistently interfere with case manager's well-being	○	○	○	○	Consistently addresses and mitigates stress derived from customer interactions and workload; maintains a healthy state of well-being
	PROFESSIONAL GROWTH	Limited or no focused effort on improving knowledge, skills, or abilities relevant to the job and career path	○	○	○	○	Consistently demonstrates effort to improve knowledge, skills, or abilities relevant to the job and career path

Copyright © 2018 Ramsey County Workforce Solutions and Mathematica Policy Research

Figuur 7.2 Stepping Stones to Coaching Success. Bron: Derr et. al. (2018) *Het originele instrument is in verschillende kleuren opgemaakt*

ware gijzelt in het heden. Ze willen hun situatie wel verbeteren maar doordat ze bij de dag leven, moeite hebben om consequenties te overzien en hun emoties en verlangens te reguleren, lukt het niet om de sociale en financiële problematiek achter zich te laten. 'Executieve Vaardigheden Coaching' is van waarde bij cliënten die hun situatie wel willen verbeteren maar daarbij gehinderd worden door beperkingen in hun executief functioneren. Chronische stress kan ertoe leiden dat cliënten zich niet eens meer realiseren dat ze ambities hebben in het leven. Motiverende gespreksvoering is in dat licht een belangrijk instrument om cliënten te ondersteunen in het ontdekken wat ze in het leven willen bereiken. Maar als een cliënt ondanks oprechte ontlokkende motiverende vragen en ontlokkende reflecties niet iets gaat ambiëren, dan ligt de inzet van 'Executieve Vaardigheden Coaching' niet voor de hand.

7.4 Welke effecten mag je verwachten?

'Executieve Vaardigheden Coaching' is een theoretisch goed onderbouwde benadering. Er zijn inmiddels diverse programma's in de VS waarin afscheid is genomen van traditioneel casemanagement en waar cliënten begeleid worden in het stellen en bereiken van de eigen doelen. De aanpak Mobility Mentoring® is waarschijnlijk de best onderzochte aanpak. Maar ook de procesevaluatie van het 'Lifelong Learning Initiative' (LLI)-programma uit Minnesota laat positieve resultaten zien (Martinson en Cook 2018). De opbrengsten van beide aanpakken zijn beschreven in ▶ par. 1.4.2. Ook de beschrijving van ervaringen met drie andere programma's bevat een positieve beoordeling (Dechausay 2018). De drie programma's zijn kort benoemd in ▶ par. 7.2.4. Professionals uit die programma's omschrijven de inzet van 'Executieve Vaardigheden Coaching' als een stap naar 'next level begeleiding' van cliënten. Daarbij wordt in de drie programma's geconstateerd dat EVC best goed geïntegreerd kan worden in relaties die gebaseerd zijn op casemanagement door de professional. Cliënten spreken waardering uit voor de ervaren ondersteuning en interesse in wat zij belangrijk vinden. Professionals ervaren het assessment op sterke en zwakke executieve functies positief en cliënten herkennen doorgaans de uitkomsten van het assessment. Cliënten moeten vaak heel veel acties uitvoeren om echt verder te komen. Door enerzijds veel aandacht te besteden aan het belang van het hebben van langetermijndoelen en anderzijds de acties op te delen in heel kleine stapjes kregen cliënten volgens de betrokken professionals meer rust. De cliënten kregen het vertrouwen dat ze de acties zouden kunnen volbrengen. Het zelf kiezen welke actie ze zouden gaan verrichten, was daarbij ook van waarde. Door 'Executieve Vaardigheden Coaching' hebben de professionals geleerd om kleinere doelen te stellen en acties op te delen in kleinere stappen. Daardoor sluiten doelen en acties beter aan op de mogelijkheden van de cliënten. In de beschrijving van de drie projecten geven de professionals aan dat EVC hen heeft geholpen om een andere rol in te nemen, een rol waarin ze cliënten eigenlijk meer ondersteunen dan voorheen (Martinson en Cook 2018; Dechausay 2018).

Een belangrijke kanttekening die zowel bij de procesevaluatie in Minnesota wordt gemaakt als in de beschrijving van de drie eerder genoemde projecten is dat het voor veel professionals een enorme omslag is om van casemanagement gericht op transacties te gaan werken aan een transformatie die gebaseerd is op door de cliënt geformuleerde langetermijndoelen (Dechausay 2018; Martinson en Cook 2018). Dit betekent concreet dat een beleidswijziging en het vrijmaken van voldoende middelen om 'Executieve Vaardigheden Coaching' in te gaan zetten niet genoeg is. Het is cruciaal dat de betrokken professionals worden opgeleid en de ruimte krijgen om zich deze heel nieuwe manier van coachen eigen te maken. Vanuit de aanpak Mobility Mentoring® wordt er in dat kader aandacht gevraagd voor de eigen overtuigingen van professionals ten aanzien van cliënten. Babcock (2018) wijst op het belang van positieve verwachtingen bij professionals om daadwerkelijk successen te gaan boeken. De verwachtingen die coaches hebben ten aanzien van hun cliënten zijn geworteld in de overtuigingen die zij hebben over de ontwikkelbaarheid van mensen (Schlundt Bodien 2014). Belangrijk is dan ook dat coaches een groeimindset hebben ten aanzien van (zichzelf en) hun cliënten, dat wil zeggen dat zij geloven in de mogelijkheden dat cliënten zich kunnen ontwikkelen als zij daar moeite voor doen en dat zij ook in staat zijn die mindset op hun cliënten over te dragen. Het is ook belangrijk dat coaches zich bewust zijn van de negatieve vooroordelen die er bestaan ten opzichte van de groepen waarvan hun cliënten deel uitmaken. Zijn mensen met schulden dom en is het hun eigen schuld? Zijn bijstandsgerechtigden lui? Zijn mensen met een migratieachtergrond kansloos? Het risico is dat coaches op basis van deze -lang niet altijd gevoelde- vooroordelen vooral de ambitie hebben om te gaan stabiliseren, in plaats van mensen te helpen om doelen te bereiken en stappen vooruit te zetten naar zelfredzaamheid. Daarentegen laat onderzoek zien dat het koesteren en verwoorden van hoge verwachtingen ertoe kan leiden dat cliënten zich harder gaan inspannen om doelen te bereiken en dat dit hen helpt om beter gebruik te maken van gegeven feedback (Yeager et al. 2014). Het ontbreken van daadwerkelijk door de professionals gevoelde hoge verwachtingen, kan een wissel trekken op de te verwachten effecten van 'Executieve Vaardigheden Coaching'.

Een tweede kanttekening is dat de te verwachten resultaten van 'Executieve Vaardigheden Coaching' ook beperkt kunnen worden door de opstelling van ketenpartners (Dechausay 2018). Als cliënten zelf betekenisvolle langetermijndoelen stellen maar voor de realisatie steun nodig hebben van ketenpartners die hoge eisen stellen en vanuit traditioneel casemanagement cliënten in een traject zetten waarin ze moeten doen wat de professional zegt, dan worden de baten van de coaching ondermijnd. Het risico bestaat dat cliënten dan alsnog afhaken.

7.5 Wat vraagt implementatie?

'Executieve Vaardigheden Coaching' is een heel belangrijke en beloftevolle bouwsteen van stress-sensitief werken. Deze coaching grijpt aan op de probleemanalyse dat veel cliënten hun situatie wel willen verbeteren maar daar door de doorwerking van chronische stress niet toe in staat zijn. EVC grijpt aan op de onderliggende verklaring waarom veel cliënten worstelen met een optelsom aan sociale en financiële problematiek. De chronische stress ondermijnt hun levensvaardigheden. De analyse klinkt wellicht logisch, maar de implementatie vergt veel. 'Executieve Vaardigheden Coaching' vraagt een omslag op alle niveaus. Op bestuurlijk en managementniveau vraagt de implementatie een herijking van de doelstellingen en de bereidheid om middelen vrij te maken. Niet langer wordt er gewerkt aan kortetermijndoelen. De door de cliënt zelf gestelde langetermijndoelen worden leidend. Daarbij wordt aangenomen dat er maar weinig cliënten zijn die bewust kiezen voor jarenlange gestapelde sociale en financiële problematiek. Op uitvoeringsniveau vraagt 'Executieve Vaardigheden Coaching' van teamleiders en uitvoerende professionals eveneens een grote omslag. Bestaande doelen vervallen en de cliënten komen (meer) aan het stuur. Professionals die werken binnen een gedwongen kader, zoals de jeugdzorg, re-integratie en in mindere mate de schuldhulpverlening, staan voor de opgave om de dwingende kaders van de onderliggende wetten zo in te zetten dat cliënten in de begeleiding ervaren dat de nadruk ligt op het stellen van langetermijndoelen en begeleiding om deze te bereiken. Organisaties die met 'Executieve Vaardigheden Coaching' aan de slag willen, doen er goed aan om de volgende punten ter harte te nemen.

7.5.1 Leid professionals eerst op in motiverende gespreksvoering

Een belangrijk uitgangspunt van EVC is dat de cliënt op de lange termijn de eigen situatie wil verbeteren. Motivatie is daarbij cruciaal. Omdat chronische stress de oriëntatie op langetermijndoelen vaak ondermijnt, helpt het professionals als zij voordat ze met 'Executieve Vaardigheden Coaching' beginnen goed geschoold zijn in motiverende gespreksvoering. Dit vraagt meer dan een twee- of driedaagse cursus. Goed geschoold betekent dat professionals zijn opgeleid in motiverende gespreksvoering en met welke ondersteuning dan ook zich er echt in hebben bekwaamd. Het valt te overwegen om in dit kader een gespreksformulier te hanteren (Claessens en D'Hondt 2019). Aan de hand daarvan kan er bij de professionals een proeve van bekwaamheid worden afgenomen, zodat objectief wordt vastgesteld in welke mate zij de benodigde basale gesprekstechnieken van motiverende gespreksvoering beheersen.

7.5.2 Bied inhoudelijke coaching bij borging van 'Executieve Vaardigheden Coaching'

Professionals vinden het soms best lastig om te bepalen wat 'Executieve Vaardigheden Coaching' is. Als een cliënt naar een banenmarkt gaat, is het dan EVC als je vraagt welke kleding de cliënt aantrekt, hoe laat de cliënt thuis weggaat en hoe hij of zij daar naartoe gaat? En hoe moet je omgaan met een acute crisis die het actieplan voor die week zo aan de kant schuift? Hoe expliciet moet je zijn over de zwakten en sterkten in de executieve functies. Dechausay (2018) geeft deze voorbeelden van de worstelingen die professionals zoal tegenkomen als ze aan de slag gaan met Executive Skills Coaching. Om professionals de steun te geven die nodig is om hun weg te vinden in deze nieuwe manier van werken is het cruciaal dat de implementatie van 'Executieve Vaardigheden Coaching' ondersteund wordt door onder meer intervisie, coaching en beoordeling van de coaches. Het is van belang dat er per organisatie normen worden ontwikkeld voor wat EVC inhoudt en dat er actief wordt gemonitord in welke mate professionals in staat zijn die in te vullen.

7.5.3 Sta expliciet stil bij de inzet van het assessment als nieuw instrument

In de procesevaluatie van het programma in Minnesota is geconstateerd dat de inzet van het assessment op executieve functies waardevol is maar ook echt nieuw is voor de meeste professionals. Martinson en Cook (2018) raden professionals die ermee gaan werken aan om het assessment eerst zelf eens in te vullen voordat ze er mee gaan werken. Ze hebben dan een beter beeld van wat ze van hun cliënt vragen. Daarbij is een belangrijke randvoorwaarde dat de professionals zich comfortabel voelen bij het praten over executieve functies. Dat ze kunnen uitleggen wat het zijn, waarom ze zo belangrijk zijn en dat chronische stress de inzetbaarheid ondermijnt. Om goed te leren werken met het assessment op executieve functies zijn er vanuit de eerder genoemde procesevaluatie drie interessante webinars beschikbaar:

1. 'Executive function skills: What they are and why they matter' – gegeven door Silvia Bunge, Ph.D
2. 'Using an executive function-informed goal achievement framework to redesign employment and related human service programs' – gegeven door LaDonna Pavetti, Ph.D
3. 'Administering & using the adult executive skills profile' – gegeven door Richard Guare, Ph.D

Alle webinars zijn te vinden op ▸ www.buildingbetterprograms.org.

Literatuur

Babcock, E. (2018). *Harnessing the power of high expectations: Using brain science to coach for breakthrough outcomes.* Boston, MA: Economic Mobility Pathways.

Bevill-Davis, A., Clees, T. J., & Gast, D. L. (2004). Correspondence training: A review of the literature. *Journal of Early and Intensive Behavior Intervention, 1*(1), 13–26.

Center on the Developing Child at Harvard University (2016). *Building core capabilities for life: The science behind the skills adults need to succeed in parenting and in the workplace.* Boston, MA: Center on the Developing Child at Harvard University.

Ciaramicoli, A. P. (2016). *The stress solution. Using empathy and cognitive behavioral therapy to reduce anxiety and develop resilience.* San Francisco, CA: New World Library.

Claessens, J., & d'Hondt, R. (2019). *Praktijkboek motiverende gespreksvoering. Werken aan jouw vaardigheden.* Houten: Ekklesia.

Dawson, P., & Guare, R. (2016). *Slim maar …. Versterk je executieve functies en vergroot je succes. Speciale volwasseneneditie.* Amsterdam: Hogrefe.

Dechausay, N. (2018). *The future of executive-skills coaching and behavioral science in programs that serve teens and young adults, lessons from the Annie E. Casey Foundation's pilot project.* New York, NY: MDRC Center for Applied Behavioral Science (CABS).

Derr, M., McCay, J., & Dunn, R. (2018). *Lifelong learning initiative: Goal4 It! Pro™.* Washington DC: Mathematica Policy Research.

Gollwitzer, P. M. (1999). Implementation intentions. Strong effects of simple plans. *American Psychologist, 54,* 493–503.

Guare, R., Dawson, P., & Guare, C. (2017). *Executive skills coaching with adults affected by conditions of poverty and stress.* Fort Collins, CO: TuaPath LLC.

Maier, S. F., & Seligman, M. E. P. (2016). Learned helplessness at fifty: Insights from neuroscience. *Psychological Review, 123,* 349–367.

Martinson, K., & Cook, R. (2018). *Ramsey county lifelong learning initiative: Implementation report, OPRE Report # 2018-93*. Washington, DC: Office of Planning, Research and Evaluation, Administration for Children and Families, U.S. Department of Health and Human Services.

Oettingen, G., & Gollwitzer, P. M. (2001). Goal setting and goal striving. In A. Tesser & N. Schwarz (Eds.), *Blackwell handbook in social psychology: Intraindividual processes* (Vol. 1, pp. 329–347). Oxford, England: Blackwell.

Oettingen, G., & Schwörer, B. (2013). Mind wandering via mental contrasting as a tool for behavior change. *Frontiers in Psychology, 4*, 562.

Pavetti, L. (2018). *Goal, Plan, Do, Review and Revisie (GPDR/R). An executive function-informed goal achievement framework for use in human service programs*. Washington DC: Center on the Budget and Policy Priorities.

Ponsioen, A., & Ten Brink, E. (2014). *Zelfregulatie. Diagnostiek en behandeling van executieve functies bij kinderen*. Houten: LannooCampus.

Ruiz De Luzuriaga, N. (2015). *Coaching for economic mobility*. Boston: Crittenton Women's Union.

Schlundt Bodien, G. (2014). *Ontwikkel je mindset. Progressiegericht aan het werk*. Culemborg: Van Duuren Psychologie.

Sitskoorn, M. (2016). *IK2, de beste versie van jezelf. Ontwikkel je hersenen en bereik je doelen met het EFFECT-programma*. Deventer: Vakmedianet.

Smidts, D., & Huizinga, M. (2017). *Gedrag in uitvoering*. Amsterdam: Nieuwezijds.

Taylor, S. E., Pham, L. B., Rivkin, I. D., & Armor, D. A. (1998). Harnessing the imagination: Mental simulation, self-regulation, and coping. *American Psychologist, 53*, 429–439.

Van der Pluijm, S. (2018). *Coachen 3.0. Deel 1 Motiverende Gespreksvoering*. Zelhem: Het Boekenschap.

Van der Veen, M., & Goijarts, F. (2012). *Motiverende gespreksvoering voor sociaal-agogisch werk. Coachen bij gedragsverandering*. Houten: Bohm Stafleu van Loghum.

Visser, C. (2018). *Handboek progressiegericht coachen; een praktische gids voor coaches en studenten*. Driebergen: Just-in-Time Books.

Wesdorp, P., Van Hooft, E., Duinkerken, G., & Van Geuns, R. (2010). *Het heft in eigen hand. Sturen op zelfsturing*. Den Haag: Raad voor Werk en Inkomen.

Wetenschappelijke Raad voor het Regeringsbeleid (2017). *Weten is nog geen doen. Een realistisch perspectief op redzaamheid*. Den Haag: Wetenschappelijke Raad voor het Regeringsbeleid.

Yeager, D. S., Purdie-Vaughns, V., Garcia, J., Apfel, N., Brzustoski, P., Master, A., et al. (2014). Breaking the cycle of mistrust: Wise interventions to provide critical feedback across the racial divide. *Journal of Experimental Psychology: General, 143*(2), 804.

Leerdoelen stellen

Arjan van Dam en Gera Noordzij

8.1 Wat maakt leerdoelen relevant in een context van chronische stress? – 156
8.1.1 Het belang van een groeimindset bij chronische stress – 157
8.1.2 Het belang van leerdoelen bij chronische stress – 158

8.2 Wat is de theorie achter groeimindset en leerdoelen? – 159
8.2.1 Groeimindset – 159
8.2.2 Leer- en prestatiedoelen – 160
8.2.3 Streef- en vermijddoelen – 161
8.2.4 Eigenschap of situatiebepaald? – 163
8.2.5 Effectieve leerdoelen – 163

8.3 Welke effecten mag je verwachten? – 164

8.4 Wat vraagt implementatie? – 166
8.4.1 Train professionals – 166
8.4.2 Borg de trainingen opdat professionals niet terugvallen – 166
8.4.3 Geef steun vanuit het management – 167

Literatuur – 167

© Bohn Stafleu van Loghum is een imprint van Springer Media B.V., onderdeel van Springer Nature 2020
N. Jungmann, P. Wesdorp en T. Madern (Red.), *Stress-sensitief werken in het sociaal domein*,
https://doi.org/10.1007/978-90-368-2433-0_8

Om sociale problematiek zoals werkloosheid, problematische schulden of dakloosheid achter je te laten moet je stappen zetten en doelen bereiken. Dit vraagt heel wat van iemand, want juist in een context van chronische stress zijn we minder goed in staat om doelgericht gedrag te vertonen. Om cliënten die in deze dynamiek leven verder te helpen, krijgen zij vaak training en begeleiding aangeboden. Zo worden er bijvoorbeeld budgetcursussen aangeboden om financiële problemen aan te pakken en krijgen mensen die werkloos zijn sollicitatietrainingen aangeboden. Wie de hulp- en dienstverlening effectief wil inrichten staat voor de vraag wat je cliënten in een dergelijke cursus of training aanbiedt.

Het stellen van leerdoelen kan dan een effectieve invulling zijn (Noordzij en Van Hooft 2008). Een *leerdoel* is een doel waarbij je een competentie wilt ontwikkelen (bijv.: 'Ik wil leren een cv te maken'). Dit in tegenstelling tot een prestatiedoel. Dat is een doel waarbij je je competentie wilt laten zien (bijv.: 'Ik wil de komende week vijf vacatures vinden'). Onderzoek in de re-integratie laat zien dat leerdoelen veel kunnen opleveren. In het betreffende onderzoek werd een groep werkzoekenden die in meerderheid (85 %) al langer dan een halfjaar werkloos was en vaak ook schuldenproblematiek had, verdeeld in drie groepen. Elke groep kreeg een workshop aangeboden met een andere invulling: (1) stellen van leerdoelen, (2) stellen van prestatiedoelen en (3) enneagram maken (controlegroep). In de workshop Leerdoelen werden met de deelnemers leerdoelen geformuleerd. In de workshop Prestatiedoelen werden met de deelnemers prestatiedoelen geformuleerd. In de workshop Enneagram werden met de deelnemers naar hun kernkwaliteiten gekeken. De deelnemers en de re-integratieprofessionals wisten niet dat de workshops verschillende invullingen hadden. Na twee maanden bleek dat 33 % van de werkzoekenden die leerdoelen hadden gesteld werk had gevonden, tegenover 9 % van de werkzoekenden die prestatiedoelen hadden gesteld en 7 % van de werkzoekenden die in de controlegroep zaten.

Het stellen van leerdoelen kan cliënten die leven in chronische stress helpen om de stappen te zetten die nodig zijn om hun financiële en/of sociale problematiek achter zich te laten.

8.1 Wat maakt leerdoelen relevant in een context van chronische stress?

Het idee dat er resultaten geboekt moeten worden is voor veel mensen al een stressbron in zichzelf. En zeker als er sprake is van chronische stress geldt voor veel mensen dat ze denken dat er weinig te veranderen valt aan hun situatie en dat ze minder goed in staat zijn om doelen te bereiken.

In de literatuur wordt onderscheid gemaakt tussen een *groeimindset* en een *fixed mindset* (Dweck en Leggett 1988). Bij een groeimindset geloof je dat je jezelf kunt ontwikkelen en veranderen 'als ik hier hard aan werk, word ik er vast wel wat beter in'. Bij een fixed mindset beoordeel je je kunnen als een vaststaand gegeven: 'dat kan ik gewoon niet'. Het blijkt dat de overtuiging dat je jezelf kunt ontwikkelen (groeimindset), en dit vervolgens vertalen in doelen (leerdoelen), helpt om perspectief te bieden en daarmee chronische stress te verminderen. We zullen dit verder toelichten en eerst ingaan op het belang van een *groeimindset* en vervolgens op het belang van *leerdoelen*.

Figuur 8.1 Stressproces

8.1.1 Het belang van een groeimindset bij chronische stress

Het aanpakken van de bronnen van stress (zie fig. 8.1) is doorgaans het meest effectief om stress te verminderen. Om de bronnen van stress aan te pakken is soms praktische hulp nodig, zoals een schuldregeling met kwijtschelding, en vaak zijn nieuwe of verbeterde vaardigheden nodig. Dit laatste geldt zeker ook voor het beter omgaan met stressreacties. Wanneer een groeimindset ontbreekt zal je minder snel of geen acties ondernemen om je vaardigheden te verbeteren (Hong et al. 1999). Het idee dat je niet kunt veranderen of je niet kunt ontwikkelen (fixed mindset) belemmert mensen om stappen te ondernemen die helpen om de stress juist te verminderen. Bijvoorbeeld als je ervan overtuigd bent dat je niet beter kunt worden in het omgaan met geld zal je niet gemotiveerd zijn om een budgetcursus te volgen. Daarmee ontzeg je jezelf de kans om je vaardigheden om beter met geld om te gaan te vergroten.

Een groeimindset helpt dus om vaardigheden te verbeteren die je weer helpen om beter met de bronnen van stress en/of de gevolgen van stress om te gaan. Wanneer je ervan overtuigd bent dat je de benodigde vaardigheden (zoals het doen van ontspanningsoefeningen) kunt verbeteren (groeimindset) zal je hier eerder acties op ondernemen dan wanneer je ervan overtuigd bent dat je je vaardigheden niet kunt verbeteren (fixed mindset). Een groeimindset is dus een belangrijke factor als het om leren gaat; je gaat je eerder inspannen om iets te leren wanneer je ervan overtuigd bent dat je jezelf kunt ontwikkelen.

Het stimuleren van een groeimindset werd lange tijd breed omarmd als effectief voor iedereen. Een recente meta-analyse nuanceert het aanvankelijke optimisme en wijst uit dat het met name bij mensen met een lagere sociaal-economische status effect heeft (Sisk et al. 2018). Dit is interessant in het kader van stress-sensitief werken, aangezien een groot deel van de cliënten in het sociaal domein deel uitmaakt van deze groep. Het ontwikkelen van een groeimindset over je eigenschappen (persoonlijkheid en vaardigheden) kan deze groep enorm helpen.

Bij stress-sensitief werken is het belangrijk om te kijken naar de ideeën die mensen hebben over stress. Het idee dat stress slecht voor je is en dat daar niks aan te doen is (*stress-is-slechtmindset*), is een soort fixed mindset. Daarentegen is het idee dat een bepaalde mate van stress goed kan zijn en je kan helpen (*stress-is-goedmindset*) meer een groeimindset. Dit onderzoek van Crum, Salovey en Achor (2013) toont aan dat het laten zien van korte video's waarin wordt uitgelegd dat stress je kan helpen en daarom goed voor je kan zijn, de mindset over stress kon veranderen. Een stress-is-goedmindset zorgde voor minder chronische stress. Ook laat hetzelfde onderzoek zien dat als je een stress-is-goedmindset hebt, je spanningsniveau vaker optimaal is (niet te veel en niet te weinig spanning), waardoor je betere prestaties levert. Ook bleek dat als je een stress-is-goedmindset hebt, je vaker het gedrag kiest dat helpt om de stressoren aan te pakken en/of doelen te stellen die helpen om de situatie te verbeteren. Om diezelfde reden sta je meer open voor feedback en ga je daar actiever naar op zoek.

Al met al helpt een groeimindset over jezelf en over de stress die je ervaart dus om beter om te gaan met stress en er minder last van te hebben.

8.1.2 Het belang van leerdoelen bij chronische stress

Op het moment dat iemand overtuigd is dat hij zichzelf kan ontwikkelen, is een leerdoel een logische stap. Leerdoelen verminderen chronische stress, omdat ze mensen stimuleren om kleinere en meer haalbare doelen te stellen. Tijdens het in de inleiding van dit hoofdstuk beschreven onderzoek naar het stellen van doelen bij werkzoekenden (Noordzij en Van Hooft 2008), kregen de deelnemers in de workshop Leerdoelen eerst een uitleg over het verschil tussen een leer- en prestatiedoel. Vervolgens werden ze uitgenodigd om voor zichzelf een leerdoel te stellen. Hierdoor werd een doel dat groot was (bijv. het vinden van een baan) en ook vaak stressvol was, vertaald naar kleinere en meer haalbare leerdoelen (bijv. jezelf beter leren presenteren in gesprekken). Een dergelijk kleiner doel is dan vaak minder stressvol.

Hoe kunnen we verklaren dat leerdoelen effectief zijn bij chronische stress? Iedereen wordt geconfronteerd met stress, maar drie factoren blijken beschermend te werken tegen de negatieve gevolgen van stress: (1) gevoel van controle en meesterschap, (2) positieve eigenwaarde en (3) sociale steun (Thoits 2010). Leerdoelen zijn positief gerelateerd aan het gevoel van meesterschap, meer eigenwaarde en sociale steun. Iemand die leerdoelen stelt, heeft meer vertrouwen in eigen kunnen, een positiever beeld van zichzelf, staat meer open voor feedback van anderen en is meer bereid om informatie met anderen te delen, wat weer bevorderend werkt voor het geven en krijgen van sociale steun (Payne et al. 2007; Poortvliet et al. 2007). Met andere woorden: leerdoelen maken iemand zekerder en positiever over zichzelf en meer bereid om hulp te geven en ontvangen. Dit werkt op zijn beurt beschermend tegen de negatieve gevolgen van stress.

Een leerdoel is eigenlijk de praktische vertaling van een groeimindset. Het stellen van leerdoelen in een training of workshop heeft drie belangrijke voordelen. Om te beginnen werden in de workshop Leerdoelen de problemen die mensen hadden (bijv. geen werk) vertaald in concrete en kleinere leerdoelen die meer haalbaar waren.

> **Voorbeeld**
> Een groot prestatiedoel, zoals 'Ik wil een baan vinden' werd vertaald in een kleiner leerdoel, zoals 'Ik wil leren om beter vacatures te zoeken'.
> Dit doel kan nog verder worden uitgewerkt in kleinere leerdoelen zoals:
> - 'Ik wil leren meer verschillende soorten vacatures te vinden'
> - 'Ik wil leren gerichter vacatures te vinden'

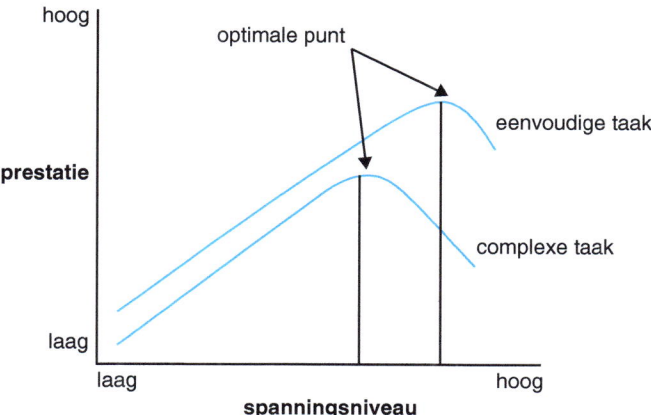

Figuur 8.2 Wet van Yerkes-Dodson

Een tweede voordeel is dat leerdoelen mensen de gelegenheid bieden om er meteen mee aan de slag te gaan in de praktijk. Uit het onderzoek in de re-integratie bleek ook dat na de workshop Leerdoelen deelnemers meer tijd gingen besteden aan het zoeken naar werk. Door direct aan de slag te gaan werd hun geloof in eigen kunnen groter ('Ik ga dit meester worden'). Leerdoelen zijn dus actiegericht en leveren daardoor een bijdrage aan meer vertrouwen in eigen kunnen.

Als laatste sluiten leerdoelen goed aan bij het optimale spanningsniveau. Dit komt doordat effectieve doelen uitdagend zijn. Tijdens de workshop Leerdoelen werd met een deelnemer gezocht naar een uitdagend leerdoel, dat goed aansloot bij de optimale spanning; het leerdoel is niet te moeilijk en niet te makkelijk. Volgens de wet van Yerkes-Dodson worden de beste prestaties bereikt wanneer je spanning optimaal is. Dit punt verschilt per persoon en is ook afhankelijk van hoe moeilijk een taak voor iemand is (zie fig. 8.2). Daarom moet per persoon worden bepaald wat een uitdagend leerdoel is. Door het leerdoel uitdagend te maken wordt de moeilijkheidsgraad bepaald die het best bij iemand past zonder dat de stress te hoog wordt.

8.2 Wat is de theorie achter groeimindset en leerdoelen?

Een groeimindset en leerdoelen hebben een gemeenschappelijke oorsprong als het om de theorievorming gaat. Hierna wordt in grote lijnen de geschiedenis van beide weergegeven en wordt vervolgens dieper ingegaan op de inhoud van de groeimindset en leerdoelen.

8.2.1 Groeimindset

De Amerikaanse psychologe Carol Dweck heeft een belangrijke bijdrage geleverd aan onderzoek naar mindsets en het effect van leerdoelen (Dweck 1986; Dweck en Leggett 1988). Ze onderzocht bijvoorbeeld hoe schoolkinderen met tegenslagen omgaan. Hierbij ontdekte ze dat kinderen al vanaf 4 jaar op twee manieren reageerden op tegenslagen als ze bezig zijn met een moeilijke opdracht. Sommige kinderen geven snel op en willen niet verder gaan. Andere kinderen geven niet op en doen juist extra hun best als het niet lukt. De reactie van de eerste groep is een *hulpeloosheidsresponse* en de reactie van de laatste groep noemde Dweck een *meesterschapsresponse*.

Een hulpeloosheidsresponse ontstaat na blootstelling aan negatieve situaties die niet te beheersen zijn (Seligman 1972). De hulploosheidresponse blijkt ook een voedingsbodem te zijn voor depressies. Dit maakte de meesterschapsresponse des te interessanter; blijkbaar waren er kinderen die zich niet lieten ontmoedigen door tegenslagen en net zolang door gingen totdat het ze lukte. Dweck ging op zoek naar de verschillen tussen deze twee groepen kinderen en ontdekte dat kinderen met een hulpeloosheidsresponse er vaker van overtuigd waren dat ze zich niet verder konden ontwikkelen (je kunt het of je kunt het niet, je hebt talent of geen talent). Ze hadden een fixed mindset:[1] 'mijn vaardigheden en eigenschappen (bijv. IQ) liggen min of meer vast'. Deze kinderen willen vooral laten zien wat ze kunnen en willen voorkomen dat hun gebreken aan het licht komen.

Kinderen met de meesterschapsresponse waren er meer van overtuigd dat vaardigheden en eigenschappen niet vastliggen en dat je die kunt ontwikkelen; een groeimindset. Deze kinderen zijn meer gericht op leren en zichzelf ontwikkelen, ze doen vooral iets omdat ze het leuk vinden en het graag willen leren.

Ook bij volwassenen zie je verschillen tussen mindsets (groei of fixed) terug en dit heeft veel invloed op de motivatie en prestaties. Kort samengevat: de overtuiging dat je jezelf kunt ontwikkelen zorgt er dus voor dat je een situatie minder snel als niet te beheersen inschat. Dit is een heel belangrijk inzicht in het kader van stress-sensitief werken. Wie gelooft dat hij een situatie aankan, zal minder snel last hebben van stress dan iemand die dat niet gelooft. En bij iemand die al stress heeft maar zich (dankzij professionele ondersteuning) gaat realiseren dat hij de situatie kan oplossen, kan de stress juist afnemen. Het werken aan een groeimindset is in dit licht van groot belang om mensen meer grip op de eigen situatie te geven en het is daarmee een element van grote toegevoegde waarde voor stress-sensitief werken.

8.2.2 · Leer- en prestatiedoelen

Dweck ontdekte ook dat kinderen met een fixed mindset vaker *prestatiedoelen* stelden en kinderen met een groeimindset vaker *leerdoelen* (Dweck 1986).

Een *leerdoel* kenmerkt zich door het willen verbeteren van vaardigheden en het willen ontwikkelen van competenties (of vermijden van achteruitgang). Wanneer je leerdoelen stelt, ga je wanneer iets niet lukt juist harder werken en kijken of er een andere manier is om een doel te bereiken. Met andere woorden: 'hard aan het werk gaan en blijven proberen'.

---

1 In het artikel uit 1988 werden de termen *fixed en groeimindset* nog niet gebruikt, het heette toen de 'entity theory' en 'incremental theory'.

Een *prestatiedoel* kenmerkt zich door het demonstreren van je vaardigheden ten opzichte van anderen (of *niet* laten zien wat je *niet* kunt). Wanneer je een prestatiedoel stelt, ga je wanneer het niet lukt vaak minder doen of je begint zelfs niet aan het doel. Met andere woorden: 'laat zien hoe goed je bent of doe niets'. Als je een prestatiedoel stelt, maak je liever geen fouten.

8.2.3 Streef- en vermijddoelen

Deze indeling in leer- en prestatiedoelen is later nog uitgebreid met het onderscheid tussen *streef-* en *vermijddoelen* (Elliot en McGregor 2001). Streven en vermijden komt voort uit het *pijn-plezier-principe*: mensen streven naar zoveel mogelijk plezier en zo min mogelijk pijn.

Wanneer het gaat over het stellen van doelen betekent dit dat het doel is *streven* naar een *gewenste uitkomst* of het *vermijden* van een *ongewenste uitkomst*. Wanneer we de leer- en prestatiedoelen verdelen in de waarde van streven en vermijden krijgen we vier verschillende soorten doelen:

1. *Leer-streef doelen*: met een leer-streefdoel ben je gericht op het verbeteren van je vaardigheden en ontwikkelen van competenties. Je wil graag een positieve ontwikkeling bij jezelf zien en fouten maken zie je als onderdeel van het leerproces. 'Ik wil mijzelf ontwikkelen' is wat je motiveert.
2. *Leer-vermijddoelen*: met een leer-vermijddoel ben je gericht op het voorkomen dat je niet alles leert wat er te leren valt en dat je vaardigheden en competenties achteruit gaan. Je wil graag voorkomen dat je een negatieve ontwikkeling bij jezelf ziet. 'Ik wil niet slechter worden' is wat je motiveert.
3. *Prestatie-streefdoelen*: met een prestatie-streefdoel ben je gericht op succes. Je wil goede resultaten halen en je hebt daarom een voorkeur voor makkelijke taken of iets waar je erg goed ergens in bent. Je wil graag een positieve beoordeling krijgen voor wat je doet. 'Ik wil de beste zijn' is wat je motiveert.
4. *Prestatie-vermijddoelen*: met een prestatie-vermijddoel wil je voorkomen dat je ergens de slechtste in bent; je wilt een negatieve beoordeling voorkomen. Wanneer je het idee hebt dat je iets toch niet begin je er liever niet aan om je zo te beschermen tegen angst en gevaar. 'Ik wil niet de slechtste zijn' is wat je motiveert.

	leren (competentie ontwikkelen)	prestatie (competentie laten zien)
streven (streven naar succes)	leer-streefdoel	prestatie-streefdoel
vermijden (vermijden van falen)	leer-vermijddoel	prestatie-vermijddoel

Over hetzelfde onderwerp (bijv. het vinden van een baan of schulden aanpakken) kunnen dus verschillende doelen gesteld worden. De inhoud van de doelen verschilt wat betreft de *reden* waarom iemand het doel stelt en *wat* hij met het doel wil bereiken. Om dit te illustreren worden hierna voorbeelden van de verschillende doelen gegeven.

Leer-streefdoel
- Ik wil leren hoe ik beter vacatures kan zoeken (*omdat ik hier beter in wil worden*).
- Ik wil leren hoe ik een huishoudboekje kan bijhouden (*omdat ik mezelf wil uitdagen*).

Leer-vermijddoel
- Ik wil alles goed onthouden en opschrijven wat ik vind over vacatures zoeken/wat me wordt verteld in de training (*omdat ik wil voorkomen dat ik iets mis*).
- Ik wil zorgen dat ik niet slechter word in het bijhouden van een huishoudboekje (*omdat ik deze vaardigheid niet kwijt wil raken*).

Prestatie-streefdoel
- Ik wil vijf vacatures vinden deze week (*omdat ik wil laten zien dat ik dit goed kan*).
- Ik wil laten zien dat ik een huishoudboekje kan bijhouden (*omdat ik een goede beoordeling van mijn coach wil krijgen*).

Prestatie-vermijddoel
- Ik wil voorkomen dat ik slechter ben in vacatures zoeken dan anderen (*omdat ik wil voorkomen dat ik slechter presteer dan anderen*).
- Ik wil voorkomen dat anderen denken dat ik slecht ben in het bijhouden van mijn huishoudboekje (*omdat ik wil voorkomen dat mijn coach mij negatief beoordeeld*).

We willen als eerste opmerken dat als je iemand vraagt om een doel te stellen, je in de praktijk voornamelijk prestatie-streefdoelen tegenkomt en soms ook wel leer-streefdoelen. Zowel prestatie-vermijd- als leer-vermijddoelen kom je minder vaak tegen, omdat mensen dit zelden zomaar noemen. Toch bestaan deze doelen bij iedereen; je komt ze eerder tegen als je vraagt waar iemand zich zorgen over maakt of wat die persoon bezighoudt (bijv. 'Als ik maar niet afga', 'Als ik maar niet verder achteruit ga', 'Ik kan dit vast niet leren').

Sommige van de bovengenoemde voorbeelden van doelen zijn positief, zoals 'Ik wil laten zien dat ik een huishoudboekje kan bijhouden' en 'Ik wil vijf vacatures vinden deze week' en lijken op het eerste gezicht prima doelen. Maar prestatie-streefdoelen werken alleen goed als iemand iets al goed kan. Als iemand iets nog lastig vindt (zoals het bijhouden van een huishoudboekje of vacatures zoeken) dan werken leer-streefdoelen altijd beter.

Het onderscheid tussen de verschillende soorten doelen kan een professional wel helpen om alerter te zijn op minder effectieve doelen. Bijvoorbeeld 'Ik wil het nu echt niet verprutsen' (= prestatie-vermijd) en 'ik ga echt beter op mijn geld letten (= prestatie-streef) is minder effectief dan een *leer-streef doel* zoals 'Ik wil leren om minder geld uit te geven'.

8.2.4 Eigenschap of situatiebepaald?

Zowel volwassenen als kinderen hebben over het algemeen een bepaalde voorkeur voor een van de vier doelen. Dit wordt een *doeloriëntatie* genoemd en is te vergelijken met een persoonlijkheidseigenschap die redelijk stabiel is. Een doeloriëntatie kun je vergelijken met andere persoonlijkheidseigenschappen, zoals verlegenheid, vriendelijkheid en ordelijkheid. Deze eigenschappen ontwikkelen we in de loop van ons leven en ze liggen stevig in ons verankerd. Maar dit hoeft niet te betekenen dat ze voor het leven vastliggen. Zo blijkt uit persoonlijkheidsonderzoek dat over een periode van twee jaar persoonlijkheidskenmerken redelijk stabiel zijn. Onze persoonlijkheid verandert in de loop van ons leven wel, maar dit gebeurt meestal geleidelijk.

Toch blijken doelen per situatie te kunnen verschillen en ook blijkt dat de situatie meer bepalend is voor je doel dan je doeloriëntatie. Bijvoorbeeld tijdens een training sociale vaardigheden is een leerdoel vanzelfsprekend (je wilt bijvoorbeeld beter worden in een praatje met anderen maken), maar als je een wedstrijdje tussen collega's houdt is een prestatiedoel meer voor de hand liggend (je wilt dan eerder laten zien dat je beter bent dan je collega's); dat is meestal niet de situatie om het te willen leren.

Het onderscheid tussen de doeloriëntatie als eigenschap en het doel in een bepaalde situatie is van belang als je iemand wilt aanmoedigen om meer leergericht te zijn. Het is dan eenvoudiger om cliënten te vragen om een leerdoel te stellen dan om hun leerdoeloriëntatie te verhogen.

8.2.5 Effectieve leerdoelen

Leerdoelen helpen om stress te verminderen. Daarbij heeft onderzoek ook uitgebreid aangetoond dat leerdoelen (leer-streefdoelen) het meest effectief zijn en dat prestatie-vermijddoelen het minst effectief zijn als het om prestaties gaat (Payne et al. 2007). Leerdoelen blijken ook het meest effectief als het om prestaties op het gebied sport, onderwijs en werk gaat (Van Yperen et al. 2014). Daarom hebben leerdoelen ook de voorkeur als het gaat om resultaten te boeken bij sociale problemen en kunnen we aannemen dat het stellen van *leer-streefdoelen* het meest wenselijk is in stress-sensitief werken.

Maar niet alle doelen (ook als het om prestatiedoelen gaat) zijn effectief (Locke en Latham 2002). Een effectief doel is concreet, uitdagend en heeft een hoge betrokkenheid. Daarom heeft een effectief leerdoel de volgende kenmerken:
- je kunt er iets van leren;
- het is concreet;
- het is uitdagend;
- iemand voelt zich betrokken.

Voorbeelden van leerdoelen uit de workshop in het onderzoek naar leerdoelen:
- 'Ik wil leren welk werk het beste bij mij past.'
- 'Ik wil leren om een eigen sollicitatiebrief te schrijven.'
- 'Ik wil leren mijn sterke punten te benoemen in een sollicitatiegesprek.'

In de workshop Leerdoelen stellen besprak de trainer de leerdoelen met de deelnemers en hielp om de leerdoelen effectiever te maken (aan de hand van bovengenoemde kenmerken). Ook gaven de andere deelnemers feedback op de leerdoelen van elkaar.

Een deelnemer die bijvoorbeeld 'Ik wil leren om een eigen sollicitatiebrief te schrijven' als leerdoel had, kreeg als feedback van een deelnemer dat je dan ook goed moet weten wat een vacature inhoudt. De deelnemer besloot daarom om een extra leerdoel te formuleren: 'Ik wil leren vragen over vacatures te stellen', zodat ze gerichter kon bellen als ze meer informatie over een vacature wilde. Een deelnemer die 'Ik wil leren welk werk het beste bij mij past' als leerdoel had, kreeg als feedback of hij wist welk werk hij leuk vond. Hier had hij niet echt een antwoord op en besloot om het leerdoel aan te passen: 'Ik wil leren welk werk ik leuk vind'.

Als het leerdoel gesteld was, werd bekeken op welke manier (strategieën) je aan het leerdoel kunt werken. Deze strategieën werden vertaald in acties. In de context van stress-sensitief werken kan het daarbij helpend zijn om bijvoorbeeld een doel-actieplan in te zetten waarin de strategie is uitgewerkt (zie ▶H. 4 over instrumenten).

In het eerdergenoemde onderzoek werden de leerdoelen gestimuleerd in een daartoe ingericht leergericht klimaat. De workshopleider maakte voor de deelnemers de volgende zaken heel expliciet:
- de nadruk ligt op oefenen en verbeteren;
- fouten maken mag;
- je leert door goede en slechte voorbeelden (positieve en negatieve modeling);
- we geven elkaar positieve en negatieve feedback.

8.3 Welke effecten mag je verwachten?

Diverse meta-analyses (Cellar et al. 2011; Payne et al. 2007; Van Yperen et al. 2014) hebben laten zien dat leer-streefdoelen leiden tot betere prestaties, omdat ze een positief effect hebben op zelfregulatie en motivatie. Dit is belangrijk in het kader van stress-sensitief werken, omdat chronische stress nou juist een wissel trekt op onze zelfregulatie en motivatie. Daarentegen blijkt uit dezelfde meta-analyses dat vooral prestatievermijddoelen tot mindere prestaties leiden, omdat ze een negatief effect hebben op zelfregulatie en motivatie.

Het onderzoek naar leerdoelen in de re-integratie leert ons dat we de volgende effecten mogen verwachten (Noordzij en Van Hooft 2008):
1. leerdoelen verhogen motivatie;
2. leerdoelen zijn adaptiever omdat ze tot meer strategiebewustzijn leiden;
3. leerdoelen vergroten acties;
4. leerdoelen reduceren angst om fouten te maken;
5. leerdoelen versterken vertrouwen in eigen kunnen.

- Leerdoelen verhogen motivatie

Na het stellen van leerdoelen maakten deelnemers meer plannen. Ze waren meer gemotiveerd om aan de slag te gaan. Met andere woorden: na de workshop kregen de deelnemers meer zin om aan de slag te gaan. Dit positieve effect van het stellen van leerdoelen op motivatie is uitgebreid aangetoond in andere onderzoeken (zie metaanalyse Noordzij et al. 2019).

- Leerdoelen zijn adaptiever omdat ze tot meer strategiebewustzijn leiden

Uit het vervolgonderzoek van Noordzij et al. (2013) bleek dat deelnemers zich meer bewust waren geworden van verschillende mogelijkheden om aan hun doel te werken. Het stellen van leerdoelen maakt creatiever, omdat je iets op verschillende manieren kunt leren (verschillende strategieën). Maar als je een leerstoel stelt, ontdek je ook eerder dat er vaak verschillende dingen zijn die je kunt gaan leren (verschillende leerdoelen) om beter met bepaalde situaties om te gaan. Hierdoor bekijk je een probleem of lastige situatie van verschillende kanten en je ziet dan meerdere mogelijkheden om de situatie te verbeteren.

- Leerdoelen vergroten acties

Na de workshop Leerdoelen maakten deelnemers niet alleen meer plannen, ze gingen ook daadwerkelijk harder aan de slag. Ze besteedden meer tijd aan het zoeken van werk, wat zich vervolgens weer vertaalde in een grotere kans op het vinden van werk. Blijkbaar helpen leerdoelen ook om de juiste acties te gaan ondernemen, omdat leerdoelen tot betere prestaties leiden (zie hierboven). Dit positieve effect van het stellen van leerdoelen is ook aangetoond in veel andere onderzoeken (zie meta-analyse: Noordzij et al. 2019).

- Leerdoelen reduceren de angst om fouten te maken

Uit vervolgonderzoek (Noordzij et al. 2013) bleek dat het volgen van de workshop ook de angst om fouten te maken verminderde. Wanneer je een fout maakt terwijl je bezig bent om iets te leren (bijv. sollicitatiegesprek voeren of leren omgaan met geld) is dit een onderdeel van het leerproces. Wanneer je daarentegen aan anderen (of jezelf) wilt laten zien dat je iets kunt en dat lukt niet, dan heb je gefaald. Dus wanneer je wilt leren om sollicitatiegesprekken te voeren of met geld om te gaan en dat lukt niet, dan ben je nog steeds bezig met leren.

- **Leerdoelen versterken vertrouwen in eigen kunnen**

De belangrijkste bron voor het vergroten van geloof in eigen kunnen is een succeservaring ('mastery experience') (Bandura 1994). Een succeservaring ontstaat als je een *uitdagend* doel bereikt. De angst om fouten te maken verhoogt het spanningsniveau, waardoor je minder grote uitdagingen aangaat (je wilt falen vermijden). Door de kleinere uitdagingen heb je kleinere succeservaringen, waardoor het vertrouwen in eigen kunnen minder hard groeit. Daarnaast verlagen faalervaringen het vertrouwen in eigen kunnen als je een bepaalde prestatie wilt halen. Terwijl een faalervaring als je wilt leren juist je vertrouwen in eigen kunnen kan vergroten ('Ik weet nu in ieder geval hoe het *niet* moet ...').

8.4 Wat vraagt implementatie?

Het stimuleren van een groeimindset en leerdoelen vraagt van professionals vooral dat ze er aandacht aan besteden. Daarbij vinden veel professionals het vaak best een omschakeling om cliënten aan leerdoelen te helpen. Organisaties die met leerdoelen stellen aan de slag willen, doen er in dat licht goed aan om de volgende punten ter harte te nemen.

8.4.1 Train professionals

De meeste professionals moeten echt wel even oefenen op het stellen van leerdoelen. Een training kan hen daarbij helpen. In een training kunnen professionals dan leren wat het onderscheid is tussen leer- en prestatiedoelen en wat de gevolgen van de verschillende doelen zijn. Het helpt hen als er dan ook concreet wordt geoefend met wat een effectief leerdoel is.

8.4.2 Borg de trainingen opdat professionals niet terugvallen

De praktijk heeft uitgewezen dat professionals het lastig vinden om effectieve leerdoelen te stellen. Het stellen van prestatiedoelen met behulp van SMART blijkt voor de meeste professionals aanzienlijk eenvoudiger. De verleiding is dan ook groot om terug te vallen in het stellen van prestatiedoelen als het enthousiasme over leerdoelen is afgenomen. Het borgen van de training door bijvoorbeeld terugkombijeenkomsten is noodzakelijk gebleken.

Na de training hebben deelnemers inzicht in en zelf ervaren *waarom* leerdoelen beter werken dan prestatiedoelen. Hoewel tijdens de training het zelf oefenen met het stellen van leerdoelen vaak lastig wordt gevonden, lukt het ook om hier een beeld van te vormen. Maar de praktijk blijkt vaak weerbarstiger, zeker het stellen van leerdoelen in groepsverband blijkt moeilijker dan men aanvankelijk dacht.

Veel professionals zijn gewend om een-op-eengesprekken te voeren en stellen om praktische en logistieke redenen ook leerdoelen een-op-een. Dit kan zeker werken, maar daarbij is het belangrijk dat de cliënt het leerdoel stelt en niet de professional. Een-op-een leerdoelen stellen kan dus wel werken, maar feedback van deelnemers in vergelijkbare situaties (bijv. werkloosheid of schuldenproblematiek) is nuttig en versterkt het effect van het stellen van leerdoelen.

8.4.3 Geef steun vanuit het management

Het trainen van medewerkers en organiseren van terugkombijeenkomst blijkt een succesfactor en wordt door professionals als zinvol en prettig ervaren. Maar ondersteuning vanuit het management is ook van cruciaal belang. De praktijk leert dat implementatie van leerdoelen het meest effectief is wanneer het management dit ondersteunt en het stellen van leerdoelen zelf ook in de praktijk toepast. Wanneer een leidinggevende zichzelf leerdoelen stelt, openlijk fouten erkent en die met anderen bespreekt, helpt dit professionals om met leerdoelen aan de slag te gaan en dit over te brengen op anderen (Argyris 1991).

Literatuur

Argyris, C. (1991). Teaching smart people how to learn. *Harvard Business Review, 69*(3), 4–15.
Bandura, A. (1994). Self-efficacy. In V. S. Ramachaudran (Ed.), *Encyclopedia of human behavior* (Vol. 4, pp. 71–81). New York: Academic Press.
Cellar, D. F., Stuhlmacher, A. F., Young, S. K., Fisher, D. M., Adair, C. K., Haynes, S., et al. (2011). Trait goal orientation, self-regulation, and performance: A meta-analysis. *Journal of Business and Psychology, 26*(4), 467–483.
Crum, A. J., Salovey, P., & Achor, S. (2013). Rethinking stress: The role of mindsets in determining the stress response. *Journal of Personality and Social Psychology, 104*(4), 716.
Dweck, C. S. (1986). Motivational processes affecting learning. *American Psychologist, 41,* 1040–1048.
Dweck, C. S., & Leggett, E. L. (1988). A social-cognitive approach to motivation and personality. *Psychological Review, 95*(2), 256–273.
Elliot, A. J., & McGregor, H. A. (2001). A 2 × 2 achievement goal framework. *Journal of Personality and Social Psychology, 80*(3), 501–519.
Hong, Y. Y., Chiu, C. Y., Dweck, C. S., Lin, D. M. S., & Wan, W. (1999). Implicit theories, attributions, and coping: A meaning system approach. *Journal of Personality and Social Psychology, 77*(3), 588.
Locke, E. A., & Latham, G. P. (2002). Building a practically useful theory of goal setting and task motivation: A 35-year odyssey. *American Psychologist, 57*(9), 705–717.
Noordzij, G., & Van Hooft, E. A. J. (2008). De invloed van doeloriëntaties op de effectiviteit van re-integratie. *Gedrag & Organisatie, 21,* 209–225.
Noordzij, G., Giel, L., & Van Mierlo, H. (2019). *Goal standard and goal framing as moderators of the motivational and performance effects of induced achievement goals: A meta-analysis.* Paper ingediend voor publicatie.
Noordzij, G., Van Hooft, E. A. J., Van Mierlo, H., Van Dam, A., & Born, M. P. (2013). The effects of a learning-goal orientation training on self-regulation: A field experiment among unemployed job seekers. *Personnel Psychology, 66*(3), 723–755.
Payne, S. C., Youngcourt, S. S., & Beaubien, J. M. (2007). A meta-analytic examination of the goal orientation nomological net. *Journal of Applied Psychology, 92*(1), 128–150.
Poortvliet, M. P., Janssen, O., Van Yperen, N. W., & Van de Vliert, E. (2007). Achievement goals and interpersonal behavior: How mastery and performance goals shape information exchange. *Personality and Social Psychology Bulletin, 33*(10), 1435–1447.

Seligman, M. E. (1972). Learned helplessness. *Annual Review of Medicine, 23*(1), 407–412.
Sisk, V. F., Burgoyne, A. P., Sun, J., Butler, J. L., & Macnamara, B. N. (2018). To what extent and under which circumstances are growth mind-sets important to academic achievement? Two meta-analyses. *Psychological Science, 29*(4), 549–571.
Thoits, P. A. (2010). Stress and health: Major findings and policy implications. *Journal of Health and Social Behavior, 51,* 41–53.
Van Yperen, N. W., Blaga, M., & Postmes, T. (2014). A meta-analysis of self-reported achievement goals and nonself-report performance across three achievement domains (work, sports, and education). *PloS one, 9*(4), e93594.

Schriftelijke communicatie

Tamara Madern en Nadja Jungmann

9.1 Schriftelijke communicatie in een context van chronische stress – 171

9.2 Wat maakt schriftelijke communicatie effectief? – 172
9.2.1 Zo simpel mogelijk, rekening houdend met cognitieve beperkingen – 173
9.2.2 Ondersteunen bij de actie: een duwtje in de goede richting – 177

9.3 Welke effecten mag je verwachten? – 181
9.3.1 Wees positief – 184
9.3.2 Trek de aandacht – 186
9.3.3 Maak contact – 187

9.4 Wat vraagt implementatie? – 188
9.4.1 Sta stil bij de hoofdboodschap – 188
9.4.2 Probeer rekening te houden met inzichten uit de gedragswetenschap – 188
9.4.3 Test en leer – 191

Literatuur – 191

© Bohn Stafleu van Loghum is een imprint van Springer Media B.V., onderdeel van Springer Nature 2020
N. Jungmann, P. Wesdorp en T. Madern (Red.), *Stress-sensitief werken in het sociaal domein*,
https://doi.org/10.1007/978-90-368-2433-0_9

Schriftelijke communicatie zoals brieven, formulieren en voorlichtingsfolders zijn voor organisaties in het sociaal domein, zorgaanbieders, schuldeisers en andere partijen een belangrijk middel om te communiceren. Per brief worden bijvoorbeeld je afspraken bevestigd, word je gewaarschuwd dat je meer moet solliciteren of hoor je welke stukken je moet verzamelen voor de schuldhulpverlening. Formulieren kun je gebruiken om een voorziening aan te vragen en folders kunnen je informeren over zaken die voor jou relevant zijn. Een belangrijke voorwaarde voor effectieve schriftelijke communicatie is dat mensen begrijpen wat er in de brief of folder staat en dat ze begrijpen wat ze op een formulier moeten invullen. Door aanhoudende stress kun je moeite krijgen om de inhoud van schriftelijke informatie te begrijpen of zelfs moeite hebben om brieven of mails te openen. Daarom loont het om als onderdeel van stress-sensitief werken aandacht te besteden aan de opbouw van brieven.

Schriftelijke communicatie kan heel effectief zijn. Het kost relatief weinig en je kunt veel mensen bereiken. Tegelijkertijd zijn er ook de nodige kanttekeningen bij te plaatsen. Schriftelijke communicatie bereikt mensen lang niet altijd en je weet als verzender niet of de ander begrijpt wat je van hem of haar wilt. Mensen maken brieven lang niet altijd open of lezen de folder die je meegeeft niet. Veel schriftelijke communicatie is onbedoeld ambtelijk en daarmee erg lastig te begrijpen als je niet bekend bent met de materie. Het lezen van de brief vraagt dan al veel inspanning, laat staan de acties uitvoeren. Daarbij kan schriftelijke communicatie zelf de nodige stress oproepen door de inhoud van de brief. Bij een uitnodiging voor een gesprek in het kader van de Wet werk en bijstand staat dan bijvoorbeeld onderaan de waarschuwing: 'Als u een uitkering ontvangt bent u verplicht om alle wijzigingen in uw financiële en leefsituatie mét bewijsstukken direct schriftelijk door te geven. Het niet nakomen van deze verplichtingen is een schending van de inlichtingenplicht.' Of een schriftelijke aankondiging van een gerechtsdeurwaarder dat hij geld gaat incasseren waarin staat: 'In dossier 1389546 heeft onze gerechtsdeurwaarder een dagvaarding opgesteld welke wij spoedig zullen betekenen aan u, deze kosten komen voor uw rekening.'

Onderzoek laat zien dat aandacht voor schriftelijke communicatie loont. Zo daalde het aantal dwangmaatregelen dat gerechtsdeurwaarderskantoor Syncasso oplegde na het toevoegen van een visueel voorblad bij de aankondiging van de dwangmaatregelen (het exploot). Dankzij een korte, visuele bijlage met daarin alleen de hoofdzaken beschreven en geen juridische taal, werden debiteuren aangezet tot actie. Ze kwamen meer in actie dan als alleen het exploot werd gegeven. Syncasso vergeleek de resultaten van 5.000 exploten zonder en 5.000 exploten met een visueel voorblad. In de groep zonder visueel voorblad kreeg 29 % uiteindelijk dwangmaatregelen opgelegd, in de groep die het voorblad ontving was dat gedaald naar 19 %. Het voorblad zorgde dus voor 34 % minder dwangmaatregelen (Syncasso 2018).

Om brieven en andere schriftelijke communicatie effectiever te maken hebben veel organisaties de afgelopen jaren ingezet op het versimpelen van het taalgebruik. Dat is noodzakelijk, in Nederland hebben bijna 2 miljoen mensen van 16 jaar en ouder moeite met lezen en schrijven (Israël et al. 2016). Vaak gaat bij de versimpeling de aandacht uit naar het gebruik van eenvoudigere woorden en zinnen. Zo is de aanbevolen richtlijn van de Rijksoverheid taalniveau B1 (Rijksoverheid 2019). Dit niveau is ontleend aan zes taalniveaus: niveau A1 is het laagste niveau en taalniveau C2 is het hoogste. De meeste Nederlanders begrijpen teksten die op taalniveau B1 zijn geschreven. Het is een vorm van eenvoudig Nederlands dat zich kenmerkt door het gebruik van veelvoorkomende woorden en korte, eenvoudige en actieve zinnen. Tegelijkertijd stelt de Rijksoverheid dat veel overheden en bedrijven hun teksten meestal schrijven op taalniveau C1. Dit is voor veel mensen te ingewikkeld. Teksten op B1-niveau hebben een duidelijke titel en tussenkoppen, een actieve schrijfstijl met voorbeelden, eenvoudige woordgebruik en korte en duidelijke zinnen.

Het schrijven op B1-niveau levert veel op maar kent ook een aantal valkuilen. Schrijven op B1-niveau vraagt duidelijke en korte zinnen. Het klopt dat heel lange zinnen moeilijk leesbaar zijn. Heel korte zinnen zijn echter ook lang niet altijd leesbaar (Land 2009). Dat komt doordat de structuursignalen vaak worden weggelaten. Structuursignalen maken de opbouw van een tekst duidelijk en geven de relaties tussen de zinnen en verbanden tussen alinea's aan. Structuursignalen zijn bijvoorbeeld opsommingen (bovendien, ten eerste), tijdsaanduidingen (wanneer, toen, voordat), woorden die oorzaken aangeven (doordat, omdat, want) en samenvattende woorden (kortom, al met al). Zonder deze woorden wordt het begrip van een tekst juist veel slechter (Land 2009).

Effectieve schriftelijke communicatie gaat niet alleen om versimpeling van de tekst, maar vooral over het ondersteunen van de lezer in het licht van het doel van de tekst. Brieven kunnen soms alleen informatie bevatten. Maar vaker vragen ze om een actie van de lezer. Effectieve schriftelijke communicatie gaat dus niet alleen om begrijpelijkheid maar ook om activering.

In dit hoofdstuk wordt verkend wat het bij schriftelijke communicatie kan opleveren als wetenschappelijke gedragsinzichten gericht op activering worden verwerkt. Daarbij wordt er specifieke aandacht gegeven aan de behoeften van mensen die in chronische stress leven. Onder schriftelijke communicatie vallen niet alleen brieven en e-mails, maar alle uitingen waarbij geschreven tekst wordt gebruikt, dus ook websites en folders et cetera. In dit hoofdstuk wordt specifiek aandacht besteed aan de inrichting van brieven, e-mails en langere teksten zoals op websites.

9.1 Schriftelijke communicatie in een context van chronische stress

Iedereen heeft belang bij eenvoudige schriftelijke communicatie die ondersteunend is. Voor mensen die leven in een context van chronische stress is dit nog belangrijker. Een brief of een e-mail vraagt vaak om een actie. Je moet de brief eerst aandachtig lezen, de informatie verwerken, vervolgens de acties plannen en daarna uitvoeren. Chronische stress maakt dat informatie verwerken ingewikkelder wordt. Onder andere doordat het werkgeheugen, onze capaciteit om gedurende korte tijd informatie vast te houden en te bewerken, vaak minder goed functioneert. We vinden het dan lastiger om te begrijpen wat de bedoeling is en haken sneller af. Dat heb je al als je veel aan je hoofd hebt en het gevoel hebt dat er aan alle kanten aan je wordt getrokken: dan wordt een artikel lezen, of dit hoofdstuk, een stuk lastiger. Je neemt de woorden moeilijker in je op. Chronische stress geeft veel mensen een constant gevoel van druk, deze stress belemmert ons in het begrijpen van informatie en in het in actie komen. Door aandacht te besteden aan de begrijpelijkheid en daarbij nadrukkelijk in te zetten op activering kan schriftelijke communicatie zo worden ingericht dat wij allemaal, maar zeker ook mensen die leven in chronische stress, vaker begrijpen wat er staat of worden aangezet tot actie.

Soms is de gevraagde actie helder, bijvoorbeeld het maken van een afspraak met een werkcoach. Soms is de gevraagde actie helder maar bestaat de actie uit veel verschillende ingewikkelde stappen. Het volgen van (complexe) instructies is lastig voor mensen in chronische stress. Denk bijvoorbeeld aan het doen van belastingaangifte; de vraag is simpel: doe aangifte. Maar de stappen die gezet moeten worden zijn best complex. Je moet inloggen op een site, een DigiD tot je beschikking hebben en informatie zoals je jaaropgave opzoeken om de vooraf ingevulde informatie te controleren. In andere situaties moet je niet alleen meerdere stappen zetten maar ook nog opties afwegen en de beste kiezen. Ook dat kan voor mensen in aanhoudende stress een hele opgave zijn.

Stress draagt eraan bij dat we de neiging hebben om opties minder af te wegen en minder goed na te denken over de gevolgen van onze keuzen. Een voorbeeld waarbij dit negatief kan uitwerken zijn brieven over een gemeentepolis. Veel gemeenten bieden de minima een financieel aantrekkelijke zorgverzekering. Wie gebruikmaakt van een dergelijke verzekering heeft bijvoorbeeld een bredere dekking bij zaken zoals fysiotherapie en/of een meeverzekerd eigen risico. De gemeente stuurt mensen die gebruik mogen maken van deze verzekering een brief met het aanbod. Van de lezer wordt verwacht dat hij de polis vergelijkt met zijn eigen polis, checkt of dit aanbod goedkoper is en beter of net zo goed past. Daarbij moet de lezer vaak ook binnen een gemeentepolis nog keuzen maken. Een dergelijke brief doet een groot beroep op de cognitieve capaciteiten van de lezer. Het is dan dus van belang om bij het opstellen van de brief niet alleen rekening te houden met het taalniveau van de ander, maar ook met de moeite die het de ander kost om zich te zetten tot het maken van keuzes. Een brief die eenvoudig oogt, eenvoudig leest en heldere acties bevat, nodigt uit tot actie. Een brief met een overweldigende opmaak nodigt uit om weggelegd te worden, hoe goed de inhoud ook is bedoeld.

9.2 Wat maakt schriftelijke communicatie effectief?

Effectieve schriftelijke communicatie bevat uitingen die zo simpel zijn als mogelijk en zo veel mogelijk rekening houden met de beperkingen van mensen om informatie te verwerken en tot actie te komen. Het zijn uitingen die ondersteunen bij een eventuele gevraagde actie en waarbij het doel en de gevraagde actie helder zijn verwoord. Dit vraagt een aantal helpende elementen. Om te beginnen stelt het eisen aan de opbouw van een brief. De aanbevelingen daartoe zijn uitgewerkt in ▶par. 9.2.1. Een tweede helpend element is als de communicatie zogenaamde duwtjes bevat. Deze duwtjes worden ook wel *nudges* genoemd en zijn elementen die ons aanzetten tot actie. Voorbeelden van breed toepasbare nudges zijn uitgewerkt in ▶par. 9.2.2.

9.2.1 Zo simpel mogelijk, rekening houdend met cognitieve beperkingen

Zo simpel mogelijk betekent niet dat schriftelijke communicatie in jip-en-janneketaal moet worden geschreven. Zoals eerder opgemerkt kunnen te korte zinnen zonder structuursignalen leiden tot het niet begrijpen van de tekst. Effectieve schriftelijke communicatie vraagt vooral van zenders dat zij stilstaan bij wat ze willen zenden en welke actie daarbij van de lezer wordt verwacht. Daarbij helpt het om aandacht te besteden aan de volgende zaken: (1) geef alleen informatie die noodzakelijk is, (2) let op de plek van de hoofdboodschap in de brief, (3) vermijd vakjargon, (4) maak slim gebruik van kopjes, (5) zorg voor voldoende witruimte en een toegankelijk lettertype.

1 Alleen informatie die noodzakelijk is

Een brief is een goedkoop en eenvoudig middel om te communiceren. Tegelijkertijd is het van belang dat mensen niet te veel en te lange brieven krijgen. Een overload draagt bij aan het niet openen van post. In dit licht is het van belang om na te denken over de noodzaak van de communicatie. Een voorbeeld waarbij de noodzaak in twijfel getrokken kan worden zijn de aankondigingen van de nieuwe minimapolissen. Veel gemeenten sturen in september een brief dat er ergens eind oktober of begin november een brief volgt met het aanbod van de minimapolissen van het jaar erop. Deze brief is puur informatie, de lezer kan hier direct niks mee. De lezer wordt eigenlijk opgeroepen goed op te letten of hij in een wel heel breed gespecificeerde periode een tweede brief krijgt. Deze 'aankondigingsbrief' is overbodig en kan onrust brengen 'ik moet niet vergeten dat' of 'heb ik die brief nou al gemist of is die nog niet geweest'.

Een risico van minder brieven willen sturen kan zijn dat er maar één brief wordt gestuurd met heel veel informatie. Lange brieven worden eerder aan de kant gelegd. Een enkele boodschap in een brief is veel overzichtelijker en zorgt voor heldere korte brieven. Het is dus van belang goed na te denken over wat echt belangrijk is om te vertellen.

2 De plek van de hoofdboodschap in de brief

Het komt de begrijpelijkheid van een brief ten goede als de boodschap centraal staat in het onderwerp en de eerste regels. Het onderwerp en de eerste zinnen van een brief en e-mail worden vaak het beste gelezen, belangrijk dus om meteen tot de kern te komen. De eerste regels van een brief worden ook wel gebruikt om de boodschap in te leiden, het risico daarvan is dat lezers direct afhaken. Daarbij is het van belang dat de boodschap direct helder is. Dus in het eerdergenoemde voorbeeld van een minimapolis verdient het onderwerp 'zorgverzekering speciaal voor mensen met laag inkomen' de voorkeur boven een omschrijving zoals 'minimapolis'.

3 Het vermijden van vakjargon

Zo simpel mogelijk vraagt ook dat vakjargon wordt vermeden. Onderzoek laat bijvoorbeeld zien dat een boodschap die in concrete taal is geschreven als 'meer waar' wordt ontvangen dan boodschappen die in abstractere taal zijn opgeschreven (Hansen en Wänke 2010). De concrete taal 'Wie te weinig beweegt, krijgt eerder een hartinfarct' wordt beter begrepen en als meer waar ontvangen dan de abstracte taal 'Bewegingsarmoede werkt risicovergrotend ten aanzien van de kans op een hartinfarct' (Rijksuniversiteit Groningen 2019).

4 Een slim gebruik van kopjes

Een vierde belangrijk aandachtspunt is dat er niet te veel informatie per uiting wordt gegeven en dat er rekening wordt gehouden met de vormgeving. Een groot stuk tekst zonder duidelijke structuur, bijvoorbeeld opsommingen of tussenkopjes, is doorgaans lastiger te begrijpen. Daarom is het gebruik van duidelijke, eventueel vetgedrukte, tussenkopjes van belang. Deze kopjes structureren de tekst. Drie tips voor de tussenkopjes:

- De tussenkopjes vormen de hoofdboodschap van de tekst.
  Als een lezer de tekst scant, zou hij door de kopjes al de belangrijkste boodschappen moeten kunnen lezen. Deze kopjes worden ook wel kernzinkop of boodschapkop genoemd. Bij een brief over de minimapolis zouden tussenkopjes bijvoorbeeld kunnen zijn: 'De polis dekt meer zorgkosten voor minder geld', 'U vraagt de polis online aan', 'Uw oude polis wordt automatisch opgezegd'.
- Zie de tussenkopjes als de oplegger of wegwijzer voor de lezer.
  De tussenkopjes geven de logica van de tekst weer en houden de lezer bij de les. Als je een actie van de lezer verwacht, dan helpt het als die actie ook uit de tussenkopjes blijkt. Denk aan een kopje zoals in het vorige opsommingsonderdeel al even is genoemd: 'U vraagt de polis online aan'. Een tussenkopje kan ook de vorm van een vraag hebben: 'Hoe vraagt u de polis aan?'
- Probeer indien mogelijk de directe voordelen voor de lezer te noemen.
  Dit is extra belangrijk als de lezer veel stress ervaart. Mensen in chronische stress zijn immers meer gericht op het heden dan op de voordelen van een actie voor de lange termijn. Probeer dan ook waar mogelijk het directe voordeel aan te geven. Door dat in een kopje te doen, valt het beter op. Dit vergroot de kans dat een persoon in grote stress begint te lezen. Een voorbeeld daarvan is het eerder genoemde kopje: 'De polis dekt meer zorgkosten voor minder geld'.

5 Voldoende witruimte en een toegankelijk lettertype

Niet alleen de kopjes zijn van belang. Ook witruimte en lettertype doen ertoe. Witregels maken dat een brief rustiger overkomt. Daarnaast doet ook het formaat van de letters ertoe. Kleine letters die dicht op elkaar staan, komen veel heftiger over dan grotere letters met meer wit ertussen. Ook het lettertype waarin de brief is geschreven kan invloed hebben op de ontvankelijkheid van de lezer. Moeilijk leesbare lettertypes geven mensen het gevoel dat de inhoud ingewikkeld is. Dat gevoel draagt bij aan het wegleggen van een brief. Hoeveel het lettertype ertoe doet, werd onder meer duidelijk in een experiment met recepten. Aan twee groepen lezers van een recept werd gevraagd of ze denken dat ze het recept kunnen maken en hoeveel tijd ze daarvoor nodig hebben. De ene groep kreeg het recept te lezen in het lettertype *Arial*, dat redelijk makkelijk te lezen is. De tweede groep kreeg het recept te lezen in het lettertype *Brush script*, dat lastiger

a Schreefloos: bijvoorbeeld Verdana, Arial of Calibri

Stress-sensitief werken

Stress-sensitief werken

Stress-sensitief werken

b Schreefletter: bijvoorbeeld Times New Roman of Brush Script

Stress-sensitief werken

Stress-sensitief werken

Stress-sensitief werken

Figuur 9.1 Voorbeelden verschillende letertypes, zowel met (**a**) en zonder schreef (**b**)

te lezen is. De personen die het recept in Arial lazen, hadden meer vertrouwen in het maken van het recept dan de Brush-lezers en schatten daarbij in dat ze er minder tijd voor nodig hadden (Song en Schwarz 2008).

Toegankelijke lettertypen zijn lettertypen die worden aangeduid als schreefloos. (Voorbeelden daarvan zijn onder meer Arial, Calibri of Verdana.) Lettertypen met een schreef hebben bij sommige letters extra streepjes aan het eind van de letter, onder andere aan de boven en onderkant van de letter I (fig. 9.1).

De hoofdregel: zo simpel mogelijk

Tot slot geldt ook in schriftelijke communicatie dat overdaad schaadt. Schuingedrukte woorden en vetgedrukte woorden werken goed om iets te benadrukken, maar dit effect verdwijnt als te veel woorden in een tekst vet- of schuingedrukt zijn (Mackiewicz 2007).

Woningbouwcorporatie De Key onderzocht, samen met de Hogeschool van Amsterdam, of een versimpelde aanmaningsbrief ervoor zorgt dat huurders vaker contact opnemen voor een betalingsregeling (Goosen et al. 2017). De versimpelde brief bleek op huurders die structureel te laat betalen, de zogenaamde slepers, een positief effect te hebben. Na het lezen van de standaardbrief nam ongeveer 11 % van de slepers contact op, na het lezen van de versimpelde brief nam 16 % contact op. Uit de interviews met huurders bleek bovendien dat de huurders de versimpelde brief vriendelijker en duidelijker vonden.

Naast de bovengenoemde zaken is er nog een aantal adviezen om brieven te versimpelen (Service et al. 2014):
- Wees duidelijk in de acties die je vraagt of aanraadt om te doen en zorg ervoor dat er ook een heldere beschrijving is opgenomen hoe deze acties kunnen worden uitgevoerd.
- Vermeld een duidelijke plek, liefst persoonlijk, waar mensen hulp kunnen krijgen bij de gevraagde actie of meer informatie.
- Schrap alle informatie die niet nodig is om de gevraagde actie uit te voeren.

Versimpelen klinkt eenvoudig, maar blijkt vaak erg lastig. Vaak sluipt er veel vakjargon in onze brieven, hebben we de neiging om te veel informatie te geven en hebben we de gevraagde actie niet helder. Vaak sturen we een brief met informatie en weten we welke informatie we willen geven, maar is de vraag 'wat wil ik dat de lezer hiermee doet?' lastiger te beantwoorden. En dat is nou net de vraag die centraal zou moeten staan bij het opstellen van een brief, e-mail of webpagina. En als het alleen informatie is, dan is het goed om dat ook te vermelden: 'Deze brief bevat informatie, u hoeft op dit moment nog geen actie te ondernemen.'

Een individuele lezer heeft vaak de nodige moeite met brieven die aan een grote groep gestuurd worden. Je moet je herkennen en aangesproken voelen. Dat is bijvoorbeeld het geval bij mailings rondom het minimabeleid. Veel gemeenten kennen een regeling waarbij de gemeentelijke belastingen voor burgers met een lager inkomen worden kwijtgescholden. Ontvangen burgers een Participatiewet-uitkering, dan zijn ze eenvoudig aan te schrijven: 'U hebt recht op kwijtschelding, vraag de kwijtschelding aan.' De groep werkende armen is lastiger aan te schrijven, terwijl deze groep het ook financieel zwaar heeft en in sommige gemeenten is benoemd als belangrijke doelgroep van het minimabeleid. Vaak is bekend in welke postcodegebieden relatief veel mensen met een laag inkomen wonen. Gemeenten maken daar gebruik van, door deze 'postcodegroep' met een brief te attenderen op de regeling. De boodschap is dan echt anders: 'U hebt mogelijk recht op kwijtschelding, doe de check.' De uitwerking daarna is vaak complex. Doorgaans hanteren gemeenten voor dat kwijtscheldingsrecht de ingewikkelde norm van 110 of 120 % van de bijstandsnorm. Maar bij welk bedrag val je daaronder? Goed weten wat je van de lezer wilt en wat je vraagt is dus essentieel. Je zal moeten uitleggen wat 110 of 120 % van de bijstandsnorm concreet betekent en hoe en waar de burger kan nagaan hoeveel zijn inkomen is. Duidelijk is dus dat je bij de burgers met een Participatiewet-uitkering een andere actie wenst, dan bij de burgers met vermoedelijk een laag inkomen. Dezelfde brief sturen naar deze twee groepen leidt tot allerlei verwarring.

Bij schriftelijke communicatie gericht op een persoon is het opstellen van een simpele brief vaak beter te doen. Je schrijft iemand aan met een reden. Door het gebruik van standaardbrieven kan er toch verwarring optreden, zeker als er passages staan die niet relevant zijn voor de lezer. Stel dus altijd de vraag: 'Wat wil ik van de lezer én hoe zet ik dat centraal?' Voorkom dat een standaardbrief bij een individu allerlei vragen oproept.

9.2.2 Ondersteunen bij de actie: een duwtje in de goede richting

In communicatie, zowel verbaal als schriftelijk, wordt vaak uitgegaan van de mens als een rationeel persoon: we wegen de voors- en tegens van opties af en houden daarbij niet alleen rekening met onze kortetermijnbelangen maar ook met onze langetermijnbelangen. We kiezen met andere woorden de meest gunstige optie (Tiemeijer et al. 2009). Het idee dat wij rationeel handelen blijkt maar ten dele waar. Onderzoek laat bij herhaling zien dat we ons maar tot op zekere hoogte rationeel gedragen. We zijn vaak geneigd de optie te kiezen die we het beste kennen, die ons als standaard wordt aangeboden of we kiezen door niets te doen.

Het besef dat we geen rationele wezens zijn, moedigt aan om in brieven meer te doen dan informatie verschaffen. Informatie is objectief wellicht een grond om te gaan handelen, maar veel mensen hebben meer nodig. *Nudging* geeft een antwoord op de vraag hoe we mensen meer kunnen bieden dan informatie. Nudging is het geven van een duwtje opdat de kans groter wordt dat mensen het gewenste gedrag gaan vertonen. Het wordt ook wel omschreven als het sleutelen aan de keuzearchitectuur die mensen aangeboden krijgen. Er wordt niet verteld wat je moet doen, maar opties worden je zo aangeboden dat je meer geneigd bent om te kiezen voor de optie die jou op de lange termijn het verst brengt. De term is in 2008 geïntroduceerd door de wetenschappers Richard Thaler en Cass Sunstein in hun boek *Nudge* (Thaler en Sunstein 2009). Nudging staat voor een vriendelijk duwtje in de goede richting en wordt ook wel omschreven als libertair paternalisme. Libertair omdat je je keuzevrijheid behoudt. Paternalistisch omdat de ontwerper van je keuzearchitectuur keuzen maakt die je in de richting van de verstandige keuze leiden. Dat kan heel letterlijk, door bijvoorbeeld fruit in kantines een meer prominente plek te geven en snoep juist minder prominent (Thaler en Sunstein 2009). Maar vaak is het subtieler.

Bij nudging in schriftelijke communicatie vormt het bevorderen van het gewenste gedrag het doel. Dat gedrag kan van alles omvatten: de kinderen dagelijks voorlezen, je aanmelden voor de gunstige minimapolis of voldoende solliciteren om te voorkomen dat je gekort wordt op je uitkering. Een belangrijk uitgangspunt voor nudging is dat we ons als mens niet consequent rationeel gedragen en dat het ons helpt als we actief aangemoedigd worden om de voor ons – op de lange termijn – verstandige keuze te maken. Dit gegeven maakt dat nudging zo goed past binnen stress-sensitief werken. Het biedt als het ware compensatie voor de kortetermijnfocus die stress bij veel mensen teweegbrengt en het kan ondersteuning bieden bij het consequent kiezen voor de beste optie.

In de literatuur worden er verschillende soorten nudges onderscheiden (Sunstein 2014). Voorbeelden van de meest gebruikte nudges zijn: (1) standaardopties, (2) versimpelen, (3) het gebruik van sociale normen, (4) het gebruik van herinneringen en (5) het uitlokken van simpele als-danplannetjes. Deze worden hieronder met voorbeelden toegelicht. Er is nog niet zoveel onderzoek gedaan naar het effect van nudges in het sociaal domein. Gezien de werkzame bestanddelen in de nudges mag aangenomen worden dat deze daar ook van toegevoegde waarde zijn. Zeker bij mensen die leven in chronische stress en daarmee samenhangend geneigd zijn gedrag te vertonen dat gericht is op directe beloning en korte termijn.

1 Standaardoptie

Een standaardoptie wordt bijvoorbeeld gebruikt als mensen meerdere keuzen kunnen maken en de aanbieder hoopt dat mensen voor een bepaalde optie kiezen. Volgens Sunstein (2014) is dit een van de meest effectieve nudges. De Dienst Uitvoering Onderwijs (DUO) biedt studenten de mogelijkheid om een tegemoetkoming of lening voor hun studie aan te vragen. Voor september 2009 kregen studenten die aan het eind van hun prestatiebeurs nog niet klaar waren automatisch een maximale lening toegekend. Studenten kregen daar een bericht over en konden desgewenst het bedrag aanpassen. Na september 2009 is de standaardoptie aangepast. In plaats van het maximale bedrag kregen de studenten een lening ter hoogte van hun basisbeurs toegekend, tenzij ze dit actief aanpasten. Hierdoor nam het bedrag dat studenten in het eerste jaar na hun prestatiebeurs leenden met 43 % af (Behavioural Insights Netwerk Nederland 2017).

De kracht van de standaard kan ook op andere manieren ingezet worden. Zo vullen mensen sneller een formulier in als er in bijvoorbeeld een e-mail direct wordt verwezen naar een webformulier in plaats van naar een webpagina waarop het webformulier vermeld staat. Deze aanpassing vergrootte de respons op brieven van de Engelse belastingdienst van 19 naar 23 % (Service et al. 2014).

2 Versimpelen

Een tweede effectieve nudge is het versimpelen van bijvoorbeeld aanmeldprocedures voor een programma. Daarbij helpt het als er een handelingswijze wordt gevraagd die aansluit op onze intuïtie. Versimpelen blijkt onder meer heel effectief als een overheid burgers wil aanzetten om bijvoorbeeld belastingen te betalen (John en Blume 2018). In Londen is in dit kader een onderzoek uitgevoerd naar het effect van het versimpelen van de belastingaanslag van een lokaal belastingkantoor bij een groep die in de voorgaande jaren matig betaalde. Er was bovenaan een apart tekstvak opgenomen met de volgende tekst (John en Blume 2018):

> *Belangrijke informatie*
> - Betaal nu je gemeentelijke belasting of je rekening kan verhoogd worden met 127 pond.
> - Doe je eerste betaling voor 1 april 2014.
> - Vertel het ons nu als we je gegevens verkeerd hebben.

De versimpelde brief leidde tot een tijdige volledige betaling door de groep die de versimpelde aanslag kreeg van 47,1 % tegenover 43,3 % in de controlegroep. Dit is een beperkte stijging. Tegelijkertijd bij grote aantallen toch de moeite waard. Als je een brief als deze 10.000 keer uitstuurt, levert het een toename in betaling op bij 350 mensen.

3 Gebruik van sociale normen

Bij deze nudge informeer je mensen over het gedrag van anderen. Daarbij speelt dat wij ons als mens het meest laten beïnvloeden door het gedrag van mensen die dicht bij ons staan of waar we ons mee associëren. Bij belastingdiensten in verschillende landen is

◘ **Tabel 9.1** Uitkomsten experiment belastingdienst van Guatemala met verschillende brieven. Bron: Kettle et al. (2016)

brief	omschrijving	aangiftes in procenten*
1	controlegroep – geen brief	3,9
2	originele brief zoals deze ieder jaar werd verzonden	4,3
3	motiverende brief die startte met de gewenste actie, een duidelijke weergave van het webadres waar mensen heen moesten en een afschrikwekkende boodschap: *'Als je geen aangifte doet kan je in een wettelijke procedure terechtkomen.'*	4,4
4	motiverende brief met sociale norm. Deze was gelijk aan de brief bij groep 3 maar met de toevoeging: *'64,5 % van de Guatemalanen deed in 2013 op tijd aangifte. Je behoort tot de minderheid die nog geen aangifte heeft gedaan voor deze belasting.'*	5,6*
5	motiverende brief met benadrukken van bewuste keuze. Ook deze brief was gelijk aan de brief die groep 3 kreeg, maar met de toevoeging: *'We gaan ervan uit dat het uitblijven van de aangifte een vergissing was. Als u ervoor kiest om alsnog geen aangifte te doen, wordt dat beschouwd als een keuze en kunt u in een wettelijke procedure terechtkomen.'*	5,4*
6	motiverende brief waarbij de lezer werd aangesproken op zijn nationale identiteit. Deze brief was gelijk aan de brief die groep 3 kreeg, maar zonder de oproep om in actie te komen en zonder de afschrikwekkende boodschap. De brief was bovendien vriendelijker van toon, er was een plaatje van de nationale vlag toegevoegd en de volgende zin: *'U bent een burger van Guatemala en Guatemala heeft u nodig. Wees een goede burger en doe aangifte over 2013' …. Gaat u uw land steunen?'*	5

*siginificant verschil.

bijvoorbeeld geëxperimenteerd met brieven waarin mensen met een betaalachterstand werden verzocht om te betalen. Brieven met een sociale norm blijken vaak het meest effectief.

Ter illustratie een experiment in Guatemala (Kettle et al. 2016). In Guatemala waren er zes groepen die een verschillende brief kregen. De ontvangers van brief 4 (motiveren en sociaal) en brief 5 (motiveren en bewuste keuze) deden significant vaker aangifte. In beide brieven was de sociale norm opgenomen (◘tab. 9.1).

Een onderzoek naar manieren om mensen te verleiden meer geld uit te geven aan gezond eten liet zien dat normen sterker uitwerken als we op een soort ranking terechtkomen, dan als ons alleen wordt verteld hoe we ons verhouden tot het gemiddelde (Aldrovandi et al. 2015). Dus je bent eerder bereid om meer geld aan gezond eten uit te geven als je leest dat je tot de 10 % meest ongezonde eters behoort, dan wanneer je leest dat je gemiddeld 500 calorieën meer eet dan gemiddeld. Het betreffende onderzoek liet zien dat de ranking de bereidheid om te betalen voor gezond voedsel met 30 % meer vergrootte dan de mededeling hoe het gemiddelde scoort.

Sociale normen kunnen overigens ook averechts werken als het ongewenste gedrag de norm is of als mensen het al beter doen dan de sociale norm. In een experiment waarbij getracht werd om het energieverbruik van mensen te verminderen, werden brieven verstuurd waarin werd aangegeven hoeveel energie jouw huishouden verbruikt en hoeveel je buren uit de wijk gemiddeld verbruiken. Bij mensen die meer verbruikten dan gemiddeld ging het energieverbruik omlaag, echter bij mensen die minder verbruikten dan gemiddeld ging het energieverbruik omhoog. Dat was niet de opzet van het experiment. Om meer energieverbruik te voorkomen hebben de onderzoekers de brieven voorzien van positieve feedback. Iedereen die minder dan gemiddeld verbruikte kreeg een smiley meegestuurd, dit zorgde ervoor dat het verbruik van die groep stabiel bleef.

4 Gebruik herinneringen

Herinneringen helpen ons om te doen wat we ons hebben voorgenomen. Zeker als we het risico lopen dat we door de chronische stress snel iets vergeten. Een experiment bij de kredietbank Groningen met sms'jes om klanten aan hun afspraak te herinneren leverde een aanzienlijke reductie op van de no-show. Zonder sms liet ongeveer 12 % van de klanten onaangekondigd verstek gaan, in de groep die een herinnerings-sms kreeg was dit percentage 6 (Van der Werf en Schonewille 2017). De GKB becijferde deze opbrengst niet alleen als een positief effect voor de klanten maar ook voor de dienst. De sms'jes leverden in de uitvoering een tijdswinst op van 4,5 uur. Dit betreft met name tijdswinst doordat de klantmanager niet onnodig zit te wachten op de klant.

5 Uitlokken van simpel als-danplan

Implementatie-intenties zijn een goede manier om mensen te ondersteunen om in actie te komen. In actie komen is een van de dingen waar wij in een dynamiek van chronische stress minder goed in zijn. Implementatie-intenties zijn eigenlijk een soort als-danplannetjes. Voorbeelden daarvan zijn: 'Als ik dit tegenkom, dan doe ik …' of 'Als de kinderen thuiskomen van school, dan ga ik meteen met ze zitten voor het huiswerk'. Mensen plannen als het ware vooruit en anticiperen op wat ze willen doen en wanneer dat dan het beste kan. Simpele als-danplannetjes kunnen uitgelokt worden in een gesprek maar ook in brieven of via sites. Zo experimenteerde een werkgever met de impact die het heeft als werknemers met een mail worden uitgenodigd om een griepprik te halen. Een deel van de medewerkers kreeg de mededeling dat ze ergens langs konden gaan zonder aanmelding. Een ander deel kreeg de uitnodiging om ook meteen een datum en tijd in te vullen waarop ze de griepprik wilden halen. De groep die datum en tijd had ingevuld, had uiteindelijk een ruim 4 % hogere vaccinatiegraad (controlegroep had vaccinatiegraad van 33 %) (Milkman et al. 2011). Het zou interessant zijn om mensen met een betalingsachterstand op deze wijze bijvoorbeeld ook eens uit te nodigen voor een budgetgesprek bij een wijkteam.

Nudges zijn niet altijd effectief

Een nudge klinkt makkelijk maar is het niet. Er zijn genoeg experimenten waarbij de nudges weinig effect hadden op de doelgroep (Goosen et al. 2017; Keizer 2016; Madern 2016). Gebruikmaken van een nudge in schriftelijke communicatie vraagt dat de zender zijn doelgroep en het gewenste doelgedrag goed in beeld heeft, een keuze voor een techniek maakt en tot slot de brief met de nudge ook test (Behavioural Insights Netwerk Nederland 2017). Werkt de nudge niet, dan is het goed om te bedenken wat de reden daarvan was. Het kan zijn dat de nudge niet op de doelgroep aansluit, bijvoorbeeld een nudge gericht op online regelen van een aanvraag aan senioren zonder pc, maar er kunnen ook andere redenen zijn. Het kan bijvoorbeeld zo zijn, dat het gewenste gedrag te ingewikkeld is of dat de groep dat gedrag niet als gewenst ervaart.

Nudges kunnen ook in samenhang toegepast worden

Het kan lonen om verschillende nudges samen in een brief in te zetten. Een recent voorbeeld van een succesvolle brief is opgesteld door de gemeente Enschede (Croonen et al. 2017). Samen met het bureau Duwtje heeft de gemeente een aangepaste brief ontworpen om burgers die de betalingsregeling bij Werk en Inkomen niet nakwamen aan te manen. De brief bestond uit twee pagina's. Duwtje verwerkte op de eerste pagina verschillende nudges. Om negatieve emoties (en daarmee inertia oftewel 'kop in het zand steken') te voorkomen werd het woord schulden vermeden, er werd gesproken over een openstaand bedrag. Er werd nadruk gelegd op de keuzen die mensen hebben: betalen of bellen. Door twee opties te bieden, ontstond er een gevoel van keuzevrijheid. Bovendien werden de opties visueel weergegeven. Er was een duidelijke deadline opgenomen waarin een datum werd genoemd waarop burgers moesten betalen. In de standaardbrief werd dit geframed als x-weken na versturen van deze brief en werd geen rekening gehouden met de verwerkingstijd van de bank. Ook de tweede pagina bevatte verschillende nudges. Heel visueel werd uitgelegd hoe je kon betalen en als dat niet lukte, wat je dan moest doen. Daarbij was de volgorde in overeenkomst met digitaal bankieren en met een soortgelijke lay-out.

De aangepaste brief leverde op dat het percentage burgers dat actie ondernam steeg van 37 naar 48 (◘ fig. 9.2).

9.3 Welke effecten mag je verwachten?

De hierboven beschreven studies laten zien dat eenvoudige brieven met nudging effectief kunnen zijn. Belangrijke kanttekeningen daarbij zijn dat dit uiteraard wel vraagt van mensen dat ze in elk geval hun post en e-mail openen én dat de effecten van nudging in sommige experimenten weliswaar behoorlijk zijn, maar dat de context veel uitmaakt. Wat werkt in de ene situatie hoeft niet te werken in een andere situatie. Bovendien moet de gevraagde actie wel realistisch zijn: mensen moeten in staat zijn om de gevraagde actie uit te voeren. Dit geldt eigenlijk voor elke actie die we van mensen vragen: op het moment dat iemand denkt dat de gevraagd actie of verandering te moeilijk is en niet haalbaar daalt direct de kans op succes. Het is dus van belang dat mensen uitgenodigd worden tot acties waarvoor geldt dat ze geloven dat ze die kunnen uitvoeren.

Het belang daarvan begint bij de brief of de mail die verstuurd wordt. Als een boodschap erg ingewikkeld is, de gevraagde acties onduidelijk of mensen heel veel acties moeten uitvoeren, dan is de kans dat mensen in actie komen beperkt. Positief geformuleerd komen mensen in actie als: de gevraagde actie duidelijk is, de persoon denkt de actie te

POSTADRES

Economie, Werk en Onderwijs
Werk en Inkomen
Postbus 20
7500 AA Enschede

BEZOEKADRES

Korte Hengelosestraat 1
7511 JA Enschede

TELEFOON

(0XX) XXXXXX

DATUM
1-11-2016

ONS KENMERK

BEHANDELAAR
Team Debiteuren

ONDERWERP
Aanmaning

Beste Achternaam,

U heeft een bedrag van € … openstaan bij onze afdeling Werk en Inkomen, omdat u de maandelijkse betaling heeft gemist.

Wat te doen?
Om extra kosten te voorkomen, kunt u twee dingen doen:
1. De beste oplossing is het openstaande bedrag **voor 10 november overmaken** naar de rekening van de gemeente. Dan bent u meteen van deze financiële zorg af. Op de achterkant van de brief staat overzichtelijk hoe u kunt betalen.
2. Als u (nu) niet kunt betalen, contact opnemen en bellen naar **(053) 4817800.** Onze collega's zijn op werkdagen bereikbaar van 09:00 tot 17:00 en samen met u gaan wij op zoek naar een oplossing.

Voorkom extra kosten
Wij gaan ervan uit dat u de betaling niet met opzet gemist heeft. Als u niet voor **10 november aanstaande** betaalt of contact opneemt, zien wij dat echter wel als een bewuste keuze en zijn wij genoodzaakt over te gaan tot een dwangbevel. De kosten hiervoor zijn € 70,- en als wij overgaan tot beslaglegging € 115,-. Als een deurwaarder wordt ingeschakeld komen ook deze kosten voor uw rekening.

Voorkom al deze extra kosten en betaal meteen of bel naar **(053) 4817800.**

Met vriendelijke groet,

Namens de Burgemeester en Wethouders van Enschede,
afdelingshoofd Werk en Inkomen,

J.C.R. van Straaten

| Besluit tot terugvordering | Betaal voor 10 november a.s. | Kun je het (nu) niet betalen? Bel ons! **(053) 4817800** | Betaling afgerond |

Figuur 9.2 De aangepaste aanmaningsbrief ontworpen door Duwtje. Bron: ▶ www.duwtje.com, Croonen et al. (2017)

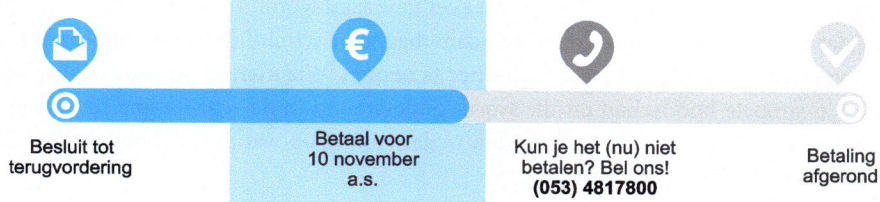

| Besluit tot terugvordering | Betaal voor 10 november a.s. | Kun je het (nu) niet betalen? Bel ons! **(053) 4817800** | Betaling afgerond |

U kunt op 2 manieren betalen:

1. Via de website van uw bank
2. Contant bij de balie van de gemeente

Geld overmaken

Wanneer u via uw bank geld overmaakt, heeft u de volgende gegevens nodig:

Bedrag

Ten name van

Rekeningnummer ontvanger

Omschrijving of kenmerk

kunnen uitvoeren en er niet te veel in een keer gevraagd wordt. In dat kader is het begrijpelijk dat er veel mensen afhaken bij een aanvraag voor schuldhulpverlening waarbij van hen gevraagd wordt om tal van stukken mee te nemen. Wie mensen in actie wil brengen, zendt een simpele boodschap uit die wordt ondersteund in de schriftelijke communicatie. En dat kan. In deze paragraaf worden in aanvulling op wat al is behandeld nog drie concrete aanbevelingen behandeld.

1. Wees positief: ga in de communicatie uit van vertrouwen en een positieve boodschap.
2. Trek de aandacht: maak het visueel waardoor mensen interesse krijgen.
3. Maak contact: we zijn gevoelig voor een persoonlijke benadering.

9.3.1 Wees positief

Als je mensen in beweging wilt brengen is een positieve toon van belang. Zeker als mensen gevoed door aanhoudende stress minder optimistisch zijn, zich meer be- of veroordeeld voelen en meer moeite hebben om in actie te komen. Een positieve toon helpt dan. Je wilt als lezer niet het gevoel hebben dat je wordt beoordeeld. Dat maakt het lezen tot een onaangename ervaring waar je van af wil. Bovendien verscherpt het gevoel beoordeeld te worden bij mensen met grote stress het gevoel van wantrouwen en dat kan er weer toe leiden dat ze de gevraagde acties in twijfel gaan trekken. Vertrouwen geven en positief blijven maakt dat lezers een brief als prettiger ervaren en eerder zullen lezen. Dit vraagt soms maar een heel kleine ingreep. Denk aan het voorbeeld waarin je iemand per brief laat weten dat je hem hebt gemist op de afspraak. Vaak wordt er dan een tekst gebruikt in de trant van *Op 23 mei 2019 had u om 10.00 een afspraak. U bent daar niet verschenen. Ik wil u verzoeken om contact op te nemen voor een nieuwe afspraak.* Een cliënt ontvangt die brief als snel met een andere beleving als na de zin *U bent daar niet verschenen* twee korte tussenzinnen worden toegevoegd: *Dat kan gebeuren. Wellicht bent u de afspraak vergeten of was er een goede reden.* Je ontvangt een brief al snel met een positiever gevoel als de zender blijk geeft van interesse en betrokkenheid bij jouw perspectief.

Dat een positieve toon effect heeft, blijkt onder meer uit een experiment in Engeland (Cabinet Office 2012). HM Revenue and Customs (de Britse Belastingdienst) heeft vier verschillende soorten brieven gestuurd naar artsen die nog belastingverplichtingen hadden. De standaardbrief was gelijk voor elk beroep. Een tweede brief was aangepast aan de dokters en specifiek op hun beroepsgroep gericht. De derde brief was simpeler, korter en directer van toon. In deze brief was ook een zin toegevoegd dat het tot dat moment niet reageren werd opgevat als een vergissing en dat als de arts nu niet reageerde dat gezien zou gaan worden als een actieve keus daartoe. Tot slot de vierde brief, deze was identiek aan de derde brief met alleen een nadrukkelijk morele boodschap. Er was toegevoegd dat de meeste mensen ervan uitgaan dat hun dokter de waarheid verteld. Het meeste effect had het versimpelen en benoemen dat tot nu toe niet reageren als vergissing wordt gezien. Op de algemene standaardbrief reageerde net geen 4 % terwijl op de derde brief iets meer dan 35 % reageerde (zie fig. 9.3).

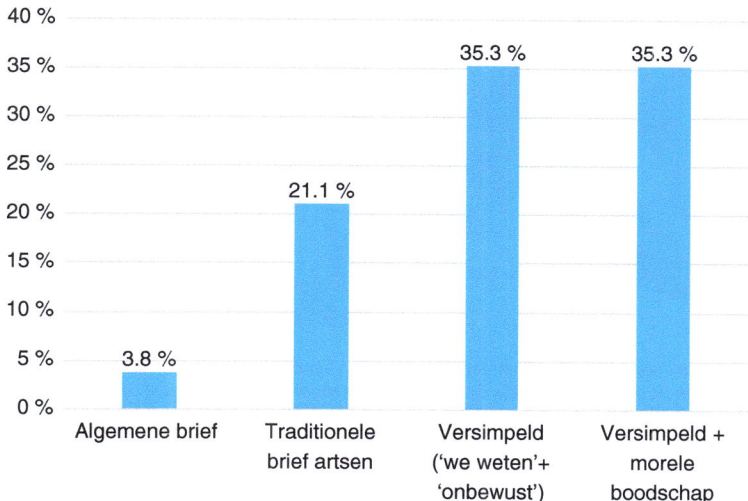

Figuur 9.3 Responspercentage op de aangepaste brieven van HM Revenue and Customs aan artsen. Bron: Cabinet Office (2012)

Dreigen levert niet zoveel op

Positieve brieven leveren vaak meer op. Dit vraagt ook om positieve woorden. Probeer woorden die een negatieve emotie kunnen oproepen zo veel mogelijk te vermijden. Denk aan woorden als fout, moeten, verplichting. Probeer te benadrukken wát maakt dat de acties belangrijk zijn. Vermijd juist negatieve woorden. Straffen en de angst die daarbij opgeroepen wordt, werkt vaak verlammend, zeker als er sprake is van chronische stress. Negatieve feedback of communicatie zorgt juist voor meer stress: 'als ik het niet goed doe dan ….'. Onderzoek laat zien dat dreigende, angstaanjagende boodschappen vooral werken als mensen ook een uitweg zien. Cliënten die te maken hebben met chronische stress kunnen zelf vaak de gevolgen en alternatieven niet zien. Wees daarom terughoudend met zogenaamde *fear appeals*. Dreigen met sancties kan effectief zijn als je een verandering wilt realiseren (Tannenbaum et al. 2015). Maar die effectiviteit is er alleen als de dreiging voldoende concreet is, werkelijk dreigt te gebeuren, impact heeft en volgt op het uitblijven van de gevraagde actie. Bovendien moet de lezer zich vóór het lezen van de *fear appeal* nog niet bewust zijn van de risico's. De boodschap moet de lezer eigenlijk wakker schudden. Als de lezer zich wel al bewust is van de mogelijke sancties, dan is de kans groot dat het lezen leidt tot irritatie. De lezer weet immers al wat geen actie ondernemen teweegbrengt.

Zeker in de hoek van de Participatiewet, de schuldhulpverlening en het gedwongen kader, bestaat nogal eens de neiging om te dreigen. Er zijn dus goede redenen om daar terughoudend mee te zijn. Wie snel dreigt, loopt het risico om vooral weerstand te creëren in plaats van medewerking.

Figuur 9.4 Twee voorbeelden geïllustreerde kaarten van Syncasso. Meer informatie via ▶www.syncasso.nl.
Bron: Keizer (2016) *In de originele versie zijn deze kaarten opgemaakt in aansprekende kleuren*

9.3.2 Trek de aandacht

De effectiviteit van schriftelijke communicatie wordt zeker niet alleen bepaald door de inhoud, ook de vorm doet ertoe. Als je wilt dat je boodschap gelezen wordt, loont het om na te denken over de visuele kant van communicatie. Bij brieven gaat het dan om de opmaak van de brief en de envelop. De eerder gegeven tips zoals voldoende witruimte zijn bijvoorbeeld van invloed. Om aandacht te trekken kan worden overwogen om plaatjes toe te voegen of bijvoorbeeld een handgeschreven toevoeging.

Het effect van plaatjes in een brief of een e-mail is lastig te bepalen. Het maakt sterk uit welke illustratie wordt toegevoegd, wat de boodschap is en wie het leest. Belangrijk is in elk geval dat de gebruikte illustraties ondersteunend zijn, zoals het voorbeeld uit Enschede uit ▶par. 9.2.2. Dan is het grootste effect te verwachten. Gerechtsdeurwaarderskantoor Syncasso onderzocht samen met de universiteit Groningen hoe illustraties van invloed zijn op de effectiviteit van de schriftelijke communicatie (Keizer 2016). Een geïllustreerde kaart die werd toegevoegd bij achterstandsbrieven leverde meer reacties op. Het was echter niet duidelijk of die winst werd geboekt door de illustraties of door het gegeven dat mensen een kleurrijke kaart in plaats van een brief kregen (◘fig. 9.4 en 9.5).

Onderzoek naar het effect van een persoonlijke boodschap laat zien dat we daar gevoelig voor zijn. Bijvoorbeeld onderzoek waarin de belastingdienst een door de behandelend ambtenaar ondertekende post-it op de envelop heeft geplakt van een brief voor ondernemers die hun aangifte nog moesten indienen. De ondernemers die een envelop met post-it ontvingen, deden gemiddeld twee keer zo snel hun aangifte (Behavioural Insights Netwerk Nederland 2018). DUO deed vergelijkbaar onderzoek, zij hebben een stempel toegevoegd aan de envelop voor inwoners van Curaçao die nog een openstaande schuld hadden bij DUO. De envelop met stempel leidde tot anderhalf keer meer reacties (Behavioural Insights Netwerk Nederland 2018). Vergelijkbare effecten werden ook in buitenlandse experimenten gevonden. Zo leverde een handgeschreven post-it op de enveloppe 17 % meer (19 % zonder post-it en 36 % met post-it) respons op bij een enquête van de Ierse belastingdienst (Service et al. 2014).

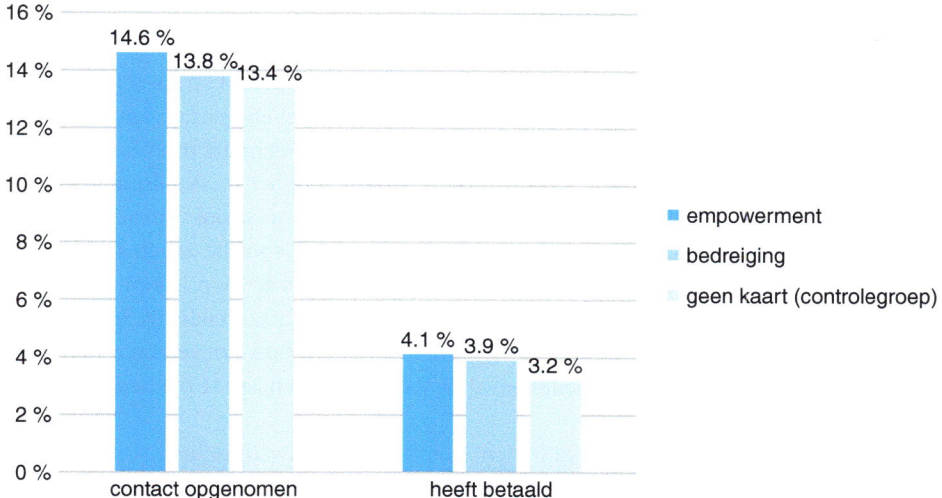

□ **Figuur 9.5** Percentage debiteuren dat contact opneemt of betaalt naar aanleiding van de brief met toegevoegd kaartje. Bron: Keizer (2016)

9.3.3 Maak contact

We zijn gevoelig voor de wijze waarop we benaderd worden. Dat geldt voor ons allemaal, maar zeker als we leven in aanhoudende stress. Een hyperactief stress-systeem heeft de neiging om de omgeving continu te scannen op: voor mij of tegen mij? In die context helpt het als de schriftelijke communicatie uitstraalt dat er interesse is in degene aan wie de brief of e-mail gericht is. Dat persoonlijke aandacht werkt, blijkt onder meer een experiment bij de belastingdienst in België (Neve et al. 2019). Die belastingdienst paste een brief op de volgende wijze aan.

- 'Mijnheer, mevrouw' op de aanmaning werd vervangen door directere en persoonlijkere aanspreken: 'mijnheer naam burger'.
- 'Hoogachtend' werd vervanger door 'met vriendelijke groet'.
- De verwijzingen naar de wetsartikelen werden eruit gehaald.
- De instructies tot betalen kwamen op een opvallende plek en werden deels in het rood afgedrukt.

Bij de formelere standaardbrief betaalde 46 % van de laat-betalers binnen veertien werkdagen en bij de nieuwe, persoonlijkere brieven was dat 54 %. Dit leverde ruim 18 miljoen euro extra op, wat niet gelijk is aan 18 miljoen extra inkomsten. De meeste laat-betalers (ruim 94 %) betaalt binnen het jaar alsnog, maar nu was het geld sneller binnen en met minder werk.

9.4 Wat vraagt implementatie?

Schriftelijke communicatie kan een belangrijke bijdrage leveren aan stress-sensitief werken. Wanneer er geen rekening gehouden wordt met de lezer en vooral vanuit het perspectief van de zender wordt geschreven, dan is de kans aanwezig dat brieven weerstand oproepen, verwarrend werken en stress verhogen. Cliënten in het sociaal domein krijgen vaak veel brieven. Niet alleen van ondersteunende instanties maar ook van schuldeisers, zorgverleners en anderen. Vaak krijgen ze de eerste brief nog voordat ze iemand hebben gesproken. Deze brieven zetten direct de toon. Bij een verkeerde toon haken mensen af. Met brieven en e-mails wil je activeren en motiveren. Dat klinkt makkelijk maar is niet zomaar gedaan. Organisaties die aan de slag willen gaan om hun brieven en e-mails aan te passen doen er goed aan om in ieder geval de volgende zaken aan te pakken.
1. Sta stil bij je hoofdboodschap.
2. Probeer rekening te houden met inzichten uit de gedragswetenschap.
3. Test en leer.

9.4.1 Sta stil bij de hoofdboodschap

Het belangrijkste is om de hoofdboodschap en de gewenste actie centraal te stellen: wat wil je dat mensen gaan doen? Start met het formuleren van de hoofdboodschap, het liefst zo concreet mogelijk. Ga ook na welke acties je dan verwacht van de lezer. Met andere woorden: wat moet hij gaan doen, en daaropvolgend: wat heeft de lezer daarvoor nodig? Houd bij de boodschap rekening met de capaciteiten en situatie van de lezer. Wat kan je van hem vragen en waartoe verwacht je dat hij in staat is? Houd hierbij rekening met de doorwerking van aanhoudende stress. Richtlijnen daarbij zijn onder meer vraag niet te veel, geef helder aan dat er hulp gevraagd kan worden en dat er meer mensen zijn die dat doen.

9.4.2 Probeer rekening te houden met inzichten uit de gedragswetenschap

Simpeler, positiever en nudging, allemaal aspecten die in dit hoofdstuk aan de orde kwamen. Maar hoe ga je daarmee aan de gang? De meeste uitvoerende professionals zijn geen gedragswetenschappers, toch levert werken met deze inzichten veel op. Het Behavioural Insights Team werkt al jaren nauw samen met de praktijk en heeft samen met deze praktijk gekeken hoe de praktijk aan de slag kan met de onderliggende inzichten. Zij zijn gekomen tot het acroniem EAST (Service et al. 2014). Dit staat voor Easy, Attractive, Social en Timely. In het Nederlands is dit vertaald naar het acroniem MAST: Makkelijk, Aantrekkelijk, Sociaal en Tijdig. Dit acroniem wordt gebruikt als een soort scan; als je brieven of e-mails aan deze punten voldoen, is de kans dat ze effectief zijn alweer een stuk groter. Bij alle communicatie-uitingen is MAST een handige check.

Makkelijk

Een eenvoudige brief wordt eerder gelezen dan een moeilijke brief en bovendien wordt de inhoud beter begrepen. Denk bij eenvoudig ook aan de structuren van de tekst, de plek van de hoofdboodschap en de wijze waarop de gevraagde acties worden weergegeven. Makkelijk gaat niet alleen over de brief, maar ook over de gewenste actie. Wil je dat de lezer gaat bellen, zet dan het nummer centraal én zorg voor een goed bereikbare telefoon. Wil je dat de lezer iets online gaat regelen, zet dan duidelijk uiteen welke stappen er van de lezer worden verwacht. Over het algemeen geldt dat een kortere brief beter is, maar als acties van de lezer worden verwacht, dan levert het helemaal uitschrijven van de gewenste stappen juist meer op. Op die manier weet de lezer wat hij moet doen en krijgt hij eerder het gevoel dat hij dat ook daadwerkelijk kan. Dat geldt overigens alleen als dat ook duidelijk uit de lay-out blijkt, door bijvoorbeeld een puntsgewijze opsomming. Als iemand de stappen weet, dan kan hij dat stuk overslaan.

Het loont ook om na te denken over eventuele standaardopties, zijn deze er en staat de standaard dan zo afgesteld dat het voor de lezer zo makkelijk mogelijk is de juiste actie te ondernemen?

> **Tips om (schriftelijke communicatie) makkelijker te maken (Service et al. 2014)**
> - Zorg dat de hoofdboodschap al vroeg naar voren komen, het liefst in de eerste zin of het onderwerp.
> - Maak gebruik van eenvoudige taal (A2/B1).
> - Wees specifiek in welke acties verlangd worden en hoe deze uitgevoerd kunnen worden.
> - Zorg dat mensen weten waar ze terecht kunnen voor vragen.
> - Verwijder alle informatie die niet noodzakelijk is voor het uitvoeren van de gewenste actie of die te maken heeft met de gevolgen van het niet uitvoeren van de actie.
> - Gebruik een goed leesbaar lettertype.
> - Maak de stappen niet te groot en als er sprake is van twee schulden, kijk of er de ruimte is om de schulden na elkaar te laten aflossen.

Aantrekkelijk

Aantrekkelijk gaat in de eerste plaats over de vormgeving van een tekst. Gebruik van tussenkopjes en opsommingen maakt een tekst makkelijker leesbaar, maar ook een stuk aantrekkelijker. Ook kleurgebruik en eventueel passende plaatjes maken dat we een tekst als aantrekkelijker ervaren. We vinden teksten ook aantrekkelijker als we persoonlijk (en positief) aangesproken worden. Als je in contacten iemand altijd met de voornaam aanspreekt, dan komt het onpersoonlijk en vreemd over als je de brief start met de heer of mevrouw. Ter afsluiting een persoonlijke ondertekening helpt ook.

> **Tips om (schriftelijke communicatie) aantrekkelijker te maken**
> - Trek de aandacht, bijvoorbeeld door het gebruik van rode letters.
> - Maak gebruik van kleuren en plaatjes als dat mogelijk is.
> - Maak het persoonlijker, spreek mensen persoonlijk aan.
> - Wijs een casemanager toe en laat hem de brieven schrijven zodat de klant met een persoon te maken heeft.

Sociaal

Mensen zijn geneigd zich te gedragen zoals het hoort en kijken daarbij naar anderen om te weten wat normaal is. Mensen willen voldoen aan de sociale norm die geldt binnen een groep. Ze hebben behoefte aan conformiteit (Cialdini en Goldstein 2004). We worden dan ook constant beïnvloed door andere mensen om ons heen. Hier kan in schriftelijke communicatie gebruik van worden gemaakt. Door aan te geven wat de meeste mensen zouden doen of willen doen, wordt het gewenste gedrag sociaal gemaakt. Mensen zijn daardoor eerder geneigd dat gedrag te vertonen (Service et al. 2014).

Sociale normen zijn de meest bekende manier waarbij er gebruik wordt gemaakt van anderen uit de sociale omgeving. Daarbij is te denken aan zinnen als 'de meeste mensen laten weten als ze niet naar een afspraak kunnen komen'. Het gebruik van bestaande netwerken kan een aanvulling zijn op de communicatie. Denk bijvoorbeeld aan de inzet van scholen bij voorlichting rondom het belang van voorlezen. Een andere manier om gebruik te maken van het sociale aspect is het benadrukken van de bestaande relatie. Refereer bijvoorbeeld aan het gesprek, benoem wat jij gaat doen (wederkerigheid) en geef aan dat jij vertrouwen hebt in de ander.

> **Tips om (schriftelijke communicatie) sociaal te maken**
> - Refereer aan wat de groep doet: de meeste ouders lezen hun kind voor.
> - Maak gebruik van bestaande netwerken.
> - Ga in op de persoonlijke relatie tussen schrijver en lezer.

Tijdig

Houd rekening met de kortetermijnfocus die mensen in aanhoudende stress hebben en ondersteun hen bij het maken van plannen. Onder tijdig vallen drie verschillende componenten: spreek mensen aan op de momenten waarop ze het meest ontvankelijk zijn en herinner hen aan belangrijke zaken, probeer de directe voordelen te vergroten en help mensen met het plannen van hun acties (Service et al. 2014).

Het eerste klinkt misschien wat abstract, maar dit doen we vaak al onbewust. Wij zijn vooral ontvankelijk voor advies en hulp op het moment dat we advies en hulp nodig hebben. We zouden het allemaal raar vinden als de belastingdienst ons in september gaat vertellen dat we voor 1 mei onze belastingaangifte moeten doen. Halverwege maart is een veel logischer tijdstip voor die boodschap. Heel bewust kiezen voor het beste moment is belangrijk. Zo helpt het om bijstandsgerechtigden bijvoorbeeld begin juli nog eens te informeren over de regels omtrent vakantie in de bijstand.

Het vergroten en benadrukken van de voordelen op de korte termijn is ook van belang. We hebben er allemaal baat bij, maar zeker mensen die leven in aanhoudende stress. Het expliciet benoemen van de kortetermijnvoordelen van een minimapolis maakt die polis, ondanks de moeite van het overstappen, toch interessanter. Ook meer rust: 'als u dit nu regelt, dan hoeft u er niet meer aan te denken', kan een goede kortetermijnmotivator zijn. Als de gevraagde actie snel gedaan kan worden, benadruk dit dan. Geef aan hoe het precies moet en hoeveel tijd het kost.

> **Tips om (schriftelijke communicatie) tijdsgebonden te maken**
> - Stuur de schriftelijke communicatie dicht op het moment van de gewenste actie.
> - Herinner mensen aan afspraken, zoals ook tandartsen en ziekenhuizen doen.
> - Help mensen met het plannen van hun acties: hoe en wanneer gaat u betalen en kunt u dat alvast klaarzetten?
> - Verken of er ook voordelen op de korte termijn zijn.

9.4.3 Test en leer

Tot slot: de perfecte brief bestaat niet. Je kunt echter wel in de buurt komen, maar bedenk: wat voor sommige doelgroepen een goede brief is, kan voor een andere doelgroep de plank misslaan. Een verwijzing naar een website kan voor een brief gericht aan een jongere prima zijn, maar iemand van 88 zou daarvan alleen maar meer in de stress kunnen schieten. Het is daarom van belang regelmatig je brieven te testen en feedback te vragen aan de lezers. Durf ook af en toe wat nieuws uit te proberen.

Literatuur

Aldrovandi, S., Brown, G., Wood, D. A., & Alex, M. (2015). Social norms and rank-based nudging: Changing willingness to pay for healthy food. *Journal of Experimental Psychology: Applied, 21*(3), 242–254.

Behavioural Insights Netwerk Nederland (2017). *Rijk aan gedragsinzichten: Editie 2017*. Den Haag: Ministerie van Economische Zaken en Klimaat.

Behavioural Insights Netwerk Nederland (2018). *Gedragstechnieken voor brieven en e-mails*. Den Haag: Ministerie van Economische Zaken en Klimaat.

Cabinet Office (2012). *Applying behavioural insights to reduce fraud, error and debt*. London: Cabinet Office Behavioural Insights Team.

Cialdini, R. B., & Goldstein, N. J. (2004). Social influence: Compliance and conformity. *Annual Review of Psychology, 55*, 591–621.

Croonen, J., Luesink, L., & Sinnema, A. (2017). *Eigen schuld ... of niet? 27 % stijging betalingen door nudge aanmaning gemeente Enschede*. Zutphen: Duwtje.

Goosen, H., Van der Laan, J., Telli, S., Vos, A., & Van Geuns, R. (2017). *Communiceren met huurders met een betalingsachterstand. Een onderzoek naar de effecten van versimpeling en framing van de wik-brief*. Amsterdam: Hogeschool van Amsterdam.

Hansen, J., & Wänke, M. (2010). Truth from language and truth from fit: The impact of linguistic concreteness and level of construal on subjective truth. *Personality and Social Psychology Bulletin, 36*(11), 1576–1588.

Israël, F. J., Kingma, M., Zielman, A. J. W., & Van As, S. (2016). *Aanpak van laaggeletterdheid*. Den Haag: Algemene Rekenkamer.

John, P., & Blume, T. (2018). How best to nudge taxpayers? The impact of message simplification and descriptive social norms on payment rates in a central London local authority. *Journal of Behavioral Public Administration, 1*(1), 1–11.

Keizer, M. (2016). *De psychologie van de wanbetaler: Psychologische inzichten om debiteuren te motiveren om te betalen*. Groningen: Rijksuniversiteit Groningen.

Kettle, S., Hernadez, M., Ruda, S., & Sanders, M. (2016). *Behavioural interventions in tax compliance evidence from guatemala*. (Policy Research Working Paper 7690). Washington D.C.: World Bank Group.

Land, J. (2009). *Zwakke lezers, sterke teksten? Effecten van tekst- en lezerskenmerken op het tekstbegrip en de tekstwaardering van vmboleerlingen*. Delft: Eburon.

Mackiewicz, J. (2007). Audience perceptions of fonts in projected Powerpoint slides. *Technical Communication, 54*(3), 295–307.

Madern, T. (2016). *Gedragsbeïnvloeding: Overstappen naar de collectieve zorgverzekering. Communicatie aan burgers kan anders*. Utrecht: Tamara Madern Advies.

Milkman, K., Beshears, J., Choi, J., Laibson, D., & Madrian, B. (2011). Using implementation intentions prompts to enhance influenza vaccination rates. *PNAS, 108*(26), 10415–10420.

Neve, J., Imbert, C., Spinnewijn, J., Tsankova, T., & Luts, M. (2019). *How to improve tax compliance? Evidence from population-wide experiments in Belgium*. Oxford: University of Oxford.

Rijksoverheid (2019). *Taalniveau B1*. Geraadpleegd op 30 april 2019, van ▶ https://www.communicatierijk.nl/vakkennis/r/rijkswebsites/aanbevolen-richtlijnen/taalniveau-b1.

Rijksuniversiteit Groningen (2019). *Concreet of abstract*. Geraadpleegd op 30 april 2019, van ▶ https://www.rug.nl/language-centre/communication-training/academic/hacv/handboek/schriftelijk/student/stijl/concreet-abstract.

Service, O., Hallsworth, M., Halpern, D., Algate, F., Gallagher, R., Nguyen, S., et al. (2014). *EAST. four simple ways to apply behavioural insights*. Londen: The Behavioural Insights Team.

Song, H., & Schwarz, N. (2008). If it's hard to read, it's hard to do: Processing fluency affects effort prediction and motivation. *Psychological Science, 19*(10), 986–988.

Sunstein, C. (2014). Nudging: A very short guide. *Journal of Consumer Policy, 37*(4), 583–588.

Syncasso (2018). *Visueel exploot leidt tot 34 % minder dwangmaatregelen [nieuwsbericht]*. Geraadpleegd op 19 juli 2019 van ▶ https://www.syncasso.nl/news/visueel-exploot-leidt-tot-34-minder-dwangmaatregelen/.

Tannenbaum, M. B., Hepler, J., Zimmerman, R. S., Saul, L., Jacobs, S., Wilson, K., et al. (2015). Appealing to fear: A meta-analysis of fear appeal effectiveness and theories. *Psychological Bulletin, 14*(16), 1178–1204.

Thaler, R., & Sunstein, C. (2009). *Nudge. Naar betere beslissingen over gezondheid, geluk en welvaart*. Amsterdam: Business Contact.

Tiemeijer, W. L., Thomas, C. A., & Prast, H. M. (Red.). (2009). *De menselijke beslisser. Over de psychologie van keuze en gedrag*. Amsterdam: Amsterdam University Press.

Van der Werf, M., & Schonewille, G. (2017). *Opkomst verhogen met een sms. Een experiment bij de Groningse Kredietbank*. Utrecht: Nibud.

Stress-sensitieve inrichting van ontmoetingsplekken

Nadja Jungmann en Tamara Madern

10.1 Welke inrichtingsaspecten reduceren stress op de werkvloer? – 195
10.1.1 Voorbeelden van elementen die doorwerken op ervaren stress – 197

10.2 Welke inrichtingsaspecten reduceren stress in de gezondheidszorg? – 198
10.2.1 Voorbeelden van elementen die doorwerken op ervaren stress – 200

10.3 Stigmatisering: een extra opgave in het sociaal domein – 202

10.4 Betekenis van voor het sociaal domein – 204
10.4.1 Van veiligheid naar veilig stress-sensitief – 204
10.4.2 Van processen naar hospitality en hostmanship – 206

Literatuur – 207

© Bohn Stafleu van Loghum is een imprint van Springer Media B.V., onderdeel van Springer Nature 2020
N. Jungmann, P. Wesdorp en T. Madern (Red.), *Stress-sensitief werken in het sociaal domein*,
https://doi.org/10.1007/978-90-368-2433-0_10

De omgevingspsychologie houdt zich bezig met het bestuderen van de interactie tussen mensen en hun omgeving (Gifford 2007). Daarbij besteedt zij onder meer aandacht aan de vraag in welke mate een omgeving tegemoetkomt aan de behoeften van de gebruikers. Speciale aandacht wordt daarbij besteed aan eventuele 'misfits'. Een misfit is de omstandigheid waarin de omgeving een groter beroep doet op gebruikers dan in het licht van hun aanpassingsvermogen gevraagd kan worden (Vischer 2007). Het denken in misfits is interessant in de context van het stress-sensitief werken. Chronische stress trekt een wissel op onze cognitieve vermogens zoals geconcentreerd naar iemand luisteren, consequenties overzien of onze emoties en verlangens reguleren. In het sociaal domein vinden contacten met cliënten soms bij hen thuis plaats, maar vaker op plekken waar zij door professionals zijn uitgenodigd. Ze ontmoeten elkaar bijvoorbeeld in een spreekkamer, op een groot plein of bij een grote publieksbalie. Bij de inrichting van dit soort ontmoetingsplekken is veiligheid doorgaans het ijkpunt. Aan ontwerpers wordt gevraagd de ontmoetingsplek zo in te richten dat de professionals zo goed mogelijk beschermd worden tegen de eventuele agressie van de cliënt. Om gemeenten en andere publieke organisaties daarbij te ondersteunen worden programma's ingericht zoals de Veilige Publieke Taak (Agressievrij Werk 2017).

Met het groeiend besef dat chronische stress stevig doorwerkt op ons functioneren, ligt het voor de hand om ook aandacht te gaan besteden aan de inrichting van ontmoetingsplekken. In het kader van het stress-sensitief werken ligt er een belang om te voorkomen dat deze plekken extra stress oproepen. Sterker nog: er ligt een belang om ervaren stress te reduceren om zo de effectiviteit van de dienstverlening te vergroten. Zonder het belang van veiligheid van professionals te bagatelliseren, kunnen ruimten die primair zijn ingericht op het beschermen van professionals onbedoeld ook stigmatiserend werken. Denk aan het gevoel dat je bekruipt als je als cliënt terechtkomt in een omgeving die 'hufterproof' is gemaakt. Een gestigmatiseerd gevoel kan doorwerken op het zelfbeeld van cliënten en, vaak zonder dat de professionals het doorhebben, ook op de manier waarop professionals naar hen kijken. In een op veiligheid ingerichte ruimte is de cliënt al snel niet meer de gelijkwaardige ander maar een potentiële agressor.

Wie gaat nadenken over inrichting in het sociaal domein komt op nieuwe sporen. Als chronische stress eraan bijdraagt dat we moeite hebben om te verwerken wat onze bijstandsconsulent ons vertelt, dan wordt het opeens interessant om de vraag op te werpen hoe de inrichting van de ontmoetingsruimte de focus van de cliënt kan bevorderen. En als een op veiligheid ingerichte balie al snel gevoelens van wantrouwen en stigmatisering oproept, hoe kunnen we dan veiligheid borgen en tegelijkertijd het stigmatiserende effect wegnemen? Steeds meer gemeenten gaan met deze vraag aan de slag. Onder meer de gemeente Alphen aan den Rijn, de Regionale Sociale Dienst Drechtsteden en de schuldhulpverlenende organisatie Stadsring51 hebben eerste beelden van wat dat kan opleveren. Zij verruilden de vooral op de veiligheid gerichte inrichting voor een inrichting die zich richt op een warm onthaal. Gastvrouwen en -mannen vangen cliënten op en wijzen hen de weg. Er zijn prettig ingerichte spreekkamers maar vooral een grote open ruimte met zitjes die weinig formaliteit uitstralen. Alle drie de organisaties constateren dat de nieuwe inrichting bijdraagt aan een behoorlijke afname van het aantal agressie-incidenten (Expertisecentrum Veilige Publieke Taak 2015; Boorsma 2018). Een cliënt van de Stadsring51 verwoordt de beleving van de nieuwe ontvangst als volgt:

» Bij binnenkomst is er een schat van een vrouw, die vroeg gelijk of ik koffie of thee wil, gelijk heel vriendelijk, heel sociaal. En dat geeft een goed gevoel, dat je niet wordt aangekeken van daar heb je er weer een die schulden heeft. Dat is belangrijk want anders voel ik mij weer schuldig en ben ik in staat om zo weer de deur uit te lopen, dan zeg ik laat maar zitten, het hoeft niet meer. Het heeft voor mij heel veel betekenis dat degene bij de balie bij binnenkomst altijd zo vriendelijk is.

Omdat er in het sociaal domein bij de ontvangst van cliënten en de inrichting van ontmoetingsruimten doorgaans nog maar weinig rekening wordt gehouden met de doorwerking van chronische stress is het niet zo eenvoudig concrete, op het sociaal domein toegespitste, adviezen te geven. Tegelijkertijd is er in andere domeinen zoals de zorg of op werkvloeren wel al het nodige onderzoek gedaan naar mogelijkheden om via de inrichting stress te reduceren en in de gezondheidszorg zelfs herstel te stimuleren. De belangrijkste boodschap in dit hoofdstuk luidt: ontvangst en inrichting doen ertoe en in het kader van het stress-sensitief werken is er op dit vlak nog een wereld te winnen.

In de Tweede Wereldoorlog werd het Britse Lagerhuis, de House of Commons, geruïneerd door Duitse bombardementen. Al snel ontstonden er discussies of de inrichting bij de wederopbouw moest worden als voorheen of dat er gekozen moest worden voor een heel andere inrichting. In plaats van rechte banken tegenover elkaar werd er onder meer gepleit voor een rondere opstelling of zelfs een opstelling in de vorm van een hoefijzer. De toenmalige president Churchill beslechtte het debat met de opmerking dat de inrichting van het Lagerhuis had geleid tot het tweepartijenstelsel en daarmee tot de essentie van de Britse democratie. Hij stond erop dat de rechthoekige inrichting behouden werd met de opmerking 'We shape our buildings and afterwards our buildings shape us' (Parliament UK z.d.).

Door in het sociaal domein meer aandacht te besteden aan de inrichting van ontmoetingsplekken kunnen we cliënten die in chronische stress leven wellicht weer net een stapje verder helpen. Datzelfde geldt voor bewuste aandacht aan het voorkomen van gevoelens van stigmatisering. Het belangrijkste doel van dit hoofdstuk is om te inspireren. Om over te brengen dat het de moeite waard is om in het sociaal domein meer te leren over de impact die ontvangst en inrichting hebben op onder meer de stressbeleving van cliënten. De opzet van dit hoofdstuk is als volgt. Om te beginnen wordt ten aanzien van werkvloeren en de gezondheidszorg globaal beschreven welke inzichten er zijn over elementen die stress opwekken of juist reduceren. Er wordt geen compleet overzicht gegeven maar een aantal inzichten die laten zien dat inrichting doorwerkt op ervaren stress. Vervolgens wordt er aandacht besteed aan stigmatisering, de effecten daarvan op cliënten en het belang om daar bij de inrichting en ontvangst aandacht aan te besteden. Net als in de andere hoofdstukken zijn er aan het eind concrete tips en overwegingen opgenomen.

10.1 Welke inrichtingsaspecten reduceren stress op de werkvloer?

Werkstress is steeds vaker de belangrijkste reden voor verzuim. Zo steeg in de periode 2015–2017 het percentage werknemers dat werkstress als belangrijkste reden opgeeft voor verzuim van 16 naar 20 % (TNO 2018). Werkstress ontstaat vaak door een optelsom aan factoren. De hoeveelheid werk, de duidelijkheid van de opdracht die je hebt, de relatie met je leidinggevende en collega's en de mate waarin je invloed mag en kan uitoefenen op je werkzaamheden. Het zijn allemaal factoren die stress kunnen opleveren (Karasek en Theorell 1990; Cooper en Dewe 2004). Lazarus en Cohen (1977) hebben het in dit kader ook wel over de dagelijkse maar in combinatie veel stress gevende beslommeringen. Chronische stress is dan de optelsom van het dagelijkse gevecht met je kind dat geen tanden wil poetsen, de lange file waardoor je te vaak net niet op tijd bent, je lakse collega en kribbige baas. Het geef allemaal stresspiekjes die je bij elkaar te veel worden. Werkstress gaat over de stress die direct aan je werk gerelateerd is. Naast al deze dagelijkse stressgevende beslommeringen kan de inrichting van je werkplek daar ook een rol in spelen (Kaplan 1983; Vischer 2007).

Werkstress kan onderzocht worden door aan mensen te vragen of ze er last van hebben, maar ook door te kijken naar biomarkers, zoals hartslag, bloeddruk of het voorkomen van biologische stoffen. Onderzoek in de VS laat bijvoorbeeld zien dat licht, lucht en uitzicht doorwerken op ervaren stress (Thayer et al. 2010). In het betreffende onderzoek is onderzocht of onderzoek is in kaart gebracht of de verhuizing van een oude naar een nieuwe afdeling bij de dag en het cortisolniveau in de ochtend. Op de oude afdeling waren de verlichting en luchtventilatie slechter dan op de nieuwe afdeling en de ramen waren niet transparant. De nieuwe afdeling scoorde op deze punten veel beter. Het onderzoek wees uit dat de fysieke inrichting van de afdeling direct doorwerkte op de stressreactie van de medewerkers. Op de nieuwe afdeling hadden zij een hogere hartslagvariatie en een lager cortisolniveau in de ochtend. Deze twee uitkomsten duiden op een lager stressniveau. Daarbij is uitgezocht dat de uitkomsten niet werden beïnvloed door ongezonde gewoonten zoals roken, algehele fitheid, alcohol- of cafeïnegebruik. Een interessant gegeven bij dit onderzoek is dat de medewerkers van de twee afdelingen ook zijn bevraagd op stressbeleving. Zij rapporteerden geen lagere ervaren stress op de nieuwe afdeling terwijl de biomarkers wel degelijk verschillen in hartslagvariatie en cortisol lieten zien.

In de omgevingspsychologie over werkvloeren wordt er wel gewerkt met een model van omgevingscomfort. Dit model gaat ervan uit dat werkcomfort (en dus het achterwege blijven van stress samenhangend met de inrichting) rust op drie hiërarchisch geordende behoeften: fysieke, functionele en psychologische behoeften (Vischer 2005). De *fysieke* behoefte gaat over basale behoeften zoals hygiëne en veiligheid. De *functionele* behoefte wordt ingevuld door bijvoorbeeld te voorzien in ergonomisch meubilair en voldoende licht. De *psychologische* behoefte heeft betrekking op gevoelens die we ervaren terwijl we werken, bijvoorbeeld de mate waarin we invloed hebben op de manier of de volgorde waarin we ons werk doen. Het model van omgevingscomfort zegt dat onze productiviteit maximaal is als we op alle drie de categorieën bediend worden. Daarbij hanteert het model als uitgangspunt dat de omgeving waarin je je werk doet de activiteiten die je moet verrichten ondersteunt of juist belemmert (Vischer 2007) (◘ fig. 10.1).

De meeste werkplekken in het sociaal domein zijn ingericht op de wensen en behoeften van de professionals, vaak gericht op veiligheid en overzicht. Bijvoorbeeld spreekkamers met veel glas zodat collega's kunnen zien wat er in de spreekkamer gebeurt. Maar

10.1 · Welke inrichtingsaspecten reduceren stress op de werkvloer?

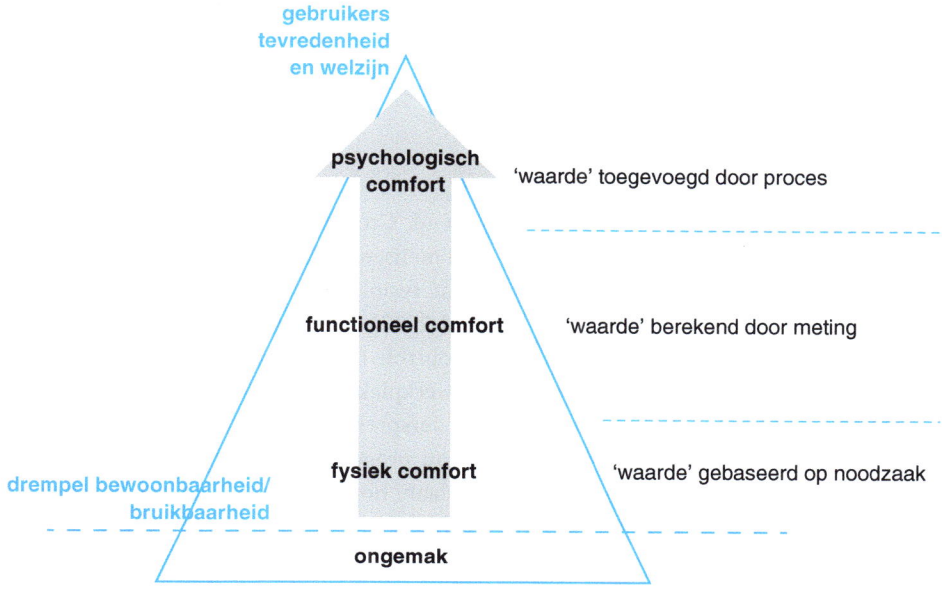

▶ **Figuur 10.1** Model van omgevingscomfort van Vischer. Bron: Vischer (2007)

is dat eigenlijk wel logisch als we proberen om inwoners verder te helpen? Inwoners die in de dynamiek van chronische stress vaak voor een hele opgave staan. Wat zou het ons wellicht opleveren als we bij de inrichting niet alleen de fysieke, functionele en psychologische behoeften van de professionals meenemen maar veel nadrukkelijker ook de behoeften van de inwoners? Achter een grote glazen wand kan iedereen je zien zitten. Dat voelt wellicht veilig voor een professional, maar met een beetje pech is de inwoner meer bezig met het scannen van de omgeving op bekenden dan dat hij of zij in staat is om te luisteren naar wat de professional uitlegt.

10.1.1 Voorbeelden van elementen die doorwerken op ervaren stress

In deze paragraaf wordt een aantal voorbeelden gegeven van elementen in de inrichting van werkplekken die stress kunnen geven. De voorbeelden kunnen dienen als eerste aangrijpingspunten om te verkennen of deze ook positief uitwerken in ontmoetingsruimten in de publieke hulp- en dienstverlening.

Werknemers zijn productiever in daglicht

Diverse onderzoeken laten zien dat werknemers meer comfort ervaren en productiever zijn als zij werken in daglicht dan wanneer ze werken in kunstlicht (Vischer 2007). Zo wijst een onderzoek onder werknemers in Seoul uit dat degenen die uitkijken op bomen aanmerkelijk minder werkstress ervaren dan degenen die dat niet doen (Sop Shin 2007).

Te veel geluid werkt ontregelend

Mensen die moeten werken in grote open ruimten wijzen geluid vaak aan als een belangrijke bron van ontregeling en daarmee een beperking van hun arbeidsproductiviteit (Hedge 1986; Vischer 2007).

Te veel mensen te dichtbij geeft stress

Ook *crowding* wordt aangewezen als stressgevend. Crowding is hoe je het aantal mensen om je heen ervaart (Gifford 2007). Te veel mensen te dichtbij geeft de meesten van ons gevoelens van stress. Crowding beïnvloedt fysiologische stressreacties zoals zweten, een hogere bloeddruk of hartslag (Gifford 2007). De twee psychologische processen die daarvoor zorgen zijn: een verlies van controle (autonomie) en een overdaad aan informatie. In de inrichting van bijvoorbeeld werkplekken kan het effect van crowding beperkt worden door mensen in een ruimte te verspreiden en de perceptie van het aantal aanwezigen te beïnvloeden. In een blog van omgevingspsycholoog over crowding worden onder meer de volgende suggesties gedaan: hoge plafonds, met veel zonlicht en lichte kleuren. Geen lange rechte gangen en een temperatuur die niet te hoog is (Omgevingspyscholoog z.d.).

Planten bevorderen productiviteit

Groen in de vorm van planten en bloemen zijn stimulerend. Proefpersonen die computeropdrachten moeten uitvoeren in een ruimte met planten hebben een 12 % snellere reactietijd dan degenen die dezelfde opdrachten uitvoeren zonder groen om hen heen. Daarbij hadden de proefpersonen met planten om zich heen een lagere systolische bloeddruk, wat wijst op minder stress (Lohr et al. 1996). Uit ander onderzoek blijkt daarbij dat de effecten groter zijn bij proefpersonen die vermoeid zijn of gestrest zijn (Klein Hesselink et al. 2008).

Blauw en groen zijn rustgevende kleuren

Er is ook het nodige onderzoek beschikbaar naar de invloed van kleur op ons welbevinden (Liu et al. 2014; Savavibool et al. 2016). Zo is er onderzoek dat aangeeft dat een rode omgeving met veel visuele complexiteit bijdraagt aan gevoelens van enthousiasme en opwinding. Terwijl blauw en groen juist rust geven (Lengen 2015). Blauw is dan ook voor werkplekken gemiddeld genomen de favoriete kleur bij beide seksen en ongeacht leeftijd (Silver en Ferrante 1995; Hemphil 1996). Onderzoek naar het effect van kleur op onder meer onze bloeddruk, hartslag en ademhaling laat zien dat blauw rust geeft terwijl rood juist opzweept (Dijkstra et al. 2008a).

10.2 Welke inrichtingsaspecten reduceren stress in de gezondheidszorg?

In de gezondheidszorg wordt er steeds meer aandacht gevraagd voor het besef dat een bezoek aan een arts of ziekenhuis vaak al stress in zichzelf oproept (Andrade en Devlin 2015). Dat is niet alleen onwenselijk omdat stress een vervelend gevoel is, maar ook omdat het vertragend werkt op herstel. In plaats van een omgeving die vooral het medisch personeel in staat stelt om ingrepen en behandelingen uit te voeren, wordt er nu steeds meer gewerkt aan het inrichten van een *helende omgeving* (Bovenberg et al. 2010). Dit is een omgeving die zowel ondersteunend is aan de medische handelingen als aan het herstel van de patiënt. In de vorige eeuw werd er in de gezondheidszorg vooral ingezet op steriele omgevingen waarin bacteriën geen kans krijgen. Onderzoek laat zien dat een steriele omgeving weliswaar van groot belang is, maar dat er meer nodig is om een helende omgeving in te richten. Door aandacht te besteden aan zaken als daglicht, planten en geluid knappen patiënten sneller op en gebruiken ze minder pijnstillers. Een helende omgeving is niet alleen bevorderend voor het welzijn van de patiënt, ze draagt ook bij aan besparingen. Niet alleen gebruiken patiënten minder medicijnen en knappen ze sneller op, medewerkers melden zich ook minder vaak ziek (Bovenberg et al. 2010). Herwijer-Gelder schrijft daarover in haar dissertatie (2016): 'Er is sterk bewijs dat ontwerpen die de omgeving meer comfortabel en esthetisch aantrekkelijker maken, stress bij de patiënt doen verminderen en tevredenheid met de kwaliteit van zorg doen toenemen'.

Het gegeven dat een helende omgeving positief uitwerkt op het welzijn van de patiënt en daarbij kan bijdragen aan een kostenbesparing is een interessant spoor voor het sociaal domein. Zoals in de inleiding van dit hoofdstuk al werd aangehaald lag de focus bij de inrichting van ontmoetingsplekken bij sociale diensten en vergelijkbare organisaties lange tijd vooral op een veilige omgeving voor de professional. Dat veel cliënten een bezoek aan een schuldhulpverlener, reclasseringswerker of jeugdhulpverlener als vrij stressvol ervaren, werd eigenlijk niet meegenomen. Om tot een helende omgeving te komen, wordt er in de gezondheidszorg wel gesproken over een ondersteunende inrichting (*supportive design*). Dit concept rust op een door Ulrich (1991) ontwikkelde theorie die zegt dat de stress die een patiënt ervaart mede wordt bepaald door de mate waarin de inrichting de patiënt een gevoel van *controle* geeft, hem of haar op een *positieve wijze afleidt* en toegang geeft tot *sociale steun*. De theorie van Ulrich wordt in de gezondheidszorg veel gebruikt (Andrade en Devlin 2015). Intuïtief is de theorie ook wel goed te doorvoelen. Wie zich inbeeldt dat hij op een zaal met zes patiënten ligt, voelt wel aan dat die omgeving niet direct helend is. Je hebt weinig privacy, veel geluidsoverlast van je buren en zonder dat je voor ze koos zit opgescheept met je medepatiënten (Larsen et al. 2013). ▶Figuur 10.2 bevat een aangepaste weergave van het model van Ulrich (Andrade en Devlin 2015). Een dergelijk model is nog niet beschikbaar voor ontmoetingsplekken in het sociaal domein in het kader van stress-sensitief werken.

De drie elementen in het model werken elk door op de beleefde stress. Zo gaat *controle* in de theorie van Ulrich over onze behoefte om invloed te hebben (Allen en Greenberger 1980). Het ontbreken van een gevoel van invloed of controle kan gevoelens van stress versterken of opwekken. Denk maar aan de situatie waarin je na heel veel dubben de stap zet om hulp te vragen voor je schulden. Als je dan binnenkomt op een groot open plein kan het een hele opluchting zijn als er bij de balie aan je wordt gevraagd of je de intake op dat plein wilt of liever in een spreekkamer. Onderzoeken in de gezondheidszorg laten in dit kader bijvoorbeeld positieve resultaten zien als mensen meer controle krijgen over zaken zoals de hoeveelheid daglicht in hun kamer, wat en wanneer ze eten of de temperatuur

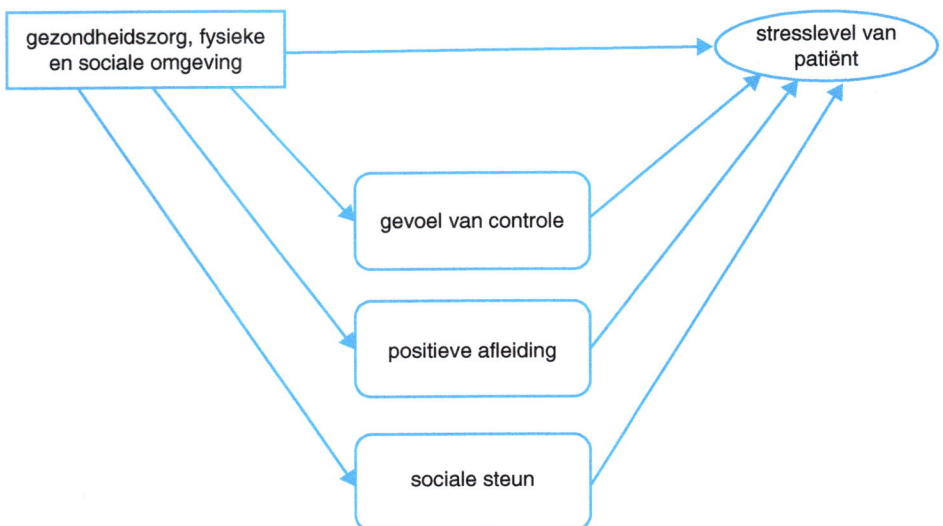

◘ **Figuur 10.2** Aangepaste weergave van Ulrich's theorie van supportive design. Bron: Andrade en Devlin (2015)

in de ruimte waar zij verblijven (Huisman et al. 2012). Zelfs de invloed om zelf te kiezen wat voor soort kunst je aan de muur wilt hebben kan je welzijn en stressbeleving beïnvloeden (Suter en Baylin 2007).

Positieve afleiding helpt mensen om aandacht te besteden aan andere zaken dan hun eigen (stressverhogende) gedachten. Bladen om te lezen, de aanwezigheid van planten, muziek en foto's of kunst aan de muur leiden mensen die in een wachtkamer zitten op een positieve wijze af (Cooke et al. 2005; Dijkstra et al. 2008b; Andrade en Devlin 2015). We zijn allemaal gewend aan tijdschriften bij de huisarts en de tandarts, al dan niet aangevuld met een muziekje, maar wie wacht op een jobcoach of schuldhulpverlener zit niet vanzelfsprekend in een wachtruimte waar afleiding voorhanden is.

Sociale steun werkt ook positief uit op ervaren stress. Een bezoek of verblijf in een zorginstelling wekt minder stress op als dierbaren nabij zijn (Kornblith et al. 2001; Bolger en Amarel 2007; Uchino 2009). In het sociaal domein is het betrekken van sociale steun het meest in gebruik van de drie pijlers uit het model van Ulrich (1991). Wie een wijkwerker of schuldhulpverlener opzoekt, neemt nog wel eens een dierbare mee. Het belang van sociale steun is groot. Wellicht is het de moeite waard om nader uit te zoeken of er toegevoegde waarde is als dit element in het sociaal domein steviger wordt ingezet.

10.2.1 Voorbeelden van elementen die doorwerken op ervaren stress

In deze paragraaf wordt een aantal voorbeelden gegeven van elementen in de inrichting van ziekenhuizen en andere plekken in de gezondheidszorg die stress kunnen geven.

De uitstraling van de wachtkamer beïnvloedt de verwachting over de kwaliteit

Er is onderzoek gedaan naar de vraag hoe de inrichting van een wachtkamer van invloed is op de kwaliteit van de medische zorg die iemand denkt te ontvangen (Arneill en Devlin 2002). Mensen kregen foto's te zien van twee verschillend ingerichte wachtkamers. Het ene type was fris gemeubileerd, licht, er hing kunst aan de muur en de hele uitstraling was warm. Het andere type wachtkamer was donker, slecht gemeubileerd en er hing geen kunst of hoogstens een aantal slechte replica's aan de muur. De deelnemers aan dit onderzoek verwachtten dat de kwaliteit van de medische zorg in de instelling met de warm ingerichte wachtkamers hoger zou zijn dan de medische zorg in de instelling met de andere wachtkamers.

Planten reduceren ervaren stress

In een Nederlands ziekenhuis werden mensen die de röntgenafdeling bezochten wisselend naar drie verschillend ingerichte wachtruimten begeleid: een ruimte met echte planten, een ruimte met plaatjes van planten of een ruimte zonder planten (Beukeboom et al. 2012). De patiënten zaten daar te wachten op bijvoorbeeld een echo of röntgenfoto. De uitkomst van het onderzoek was dat planten de ervaren stress reduceren. De groep die moest wachten in de ruimte zonder planten rapporteerde meer stress dan de andere twee groepen. Het bleek er niet toe te doen of de planten al dan niet echt waren. Ook ander onderzoek in ziekenhuizen wijst uit dat planten kunnen bijdragen aan betere gezondheidsuitkomsten (McCullough 2010). Net als muurschilderingen van een natuurlijke afbeelding of bijvoorbeeld een aquarium (Ulrich 1999). Patiënten schakelen zelfs sneller over naar lagere doses pijnmedicatie als zij liggen op een kamer met afbeeldingen van natuur (Malenbaum et al. 2008).

Zicht op buiten draagt bij aan herstel

Patiënten die naar buiten kunnen kijken, ervaren minder stress (Devlin en Arneill 2003). Daglicht werkt door op fysieke reacties zoals onze bloeddruk, hartslagfrequentie en spierspanning (Ulrich et al. 2008). Wie herstelt in daglicht knapt sneller op en rapporteert een positievere gezondheidsbeleving (Netherlands board for healthcare institutions 2008). Zo blijken patiënten op een intensivecareafdeling zonder daglicht twee keer zo vaak een delirium te krijgen als degenen die op een intensivecareafdeling met daglicht liggen (Cortvriend 2005). In het besef dat daglicht zo belangrijk is, zijn er op de afdeling intensive care van het Stanford Medical Centre namaakramen gemaakt met een diaprojectie die het landschap in 24 uur laat veranderen in wel 650 verschillende lichtveranderingen. Daarbij kunnen ze ook nog het type landschap aanpassen (Devlin en Arneill 2003). Onderzoek laat zien dat het niet alleen om daglicht gaat. Het doet er ook toe wat je ziet. Patiënten die uitkijken op natuur herstellen sneller dan degenen die uitkijken op een blinde muur (Ulrich 1999). Degenen die uitkijken op bomen nemen gemiddeld genomen 30 % minder pijnstillers en worden 30 % sneller ontslagen (Ulrich 1984).

Een vriendelijker bejegening dankzij vanillegeur

Informatie over wat we ruiken bereikt sneller onze hersenen dan informatie over wat we zien of horen (Herwijer-Gelder 2016). Bij een Nederlandse afdeling spoedeisende hulp is onderzocht wat het verspreiden van een vanillegeur kan opleveren. De uitkomst was dat bezoekers de baliemedewerkers positiever beoordeelden en de baliemedewerkers op hun beurt ook de bezoekers positiever beoordeelden. De verspreiding van de vanillegeur had een positief effect op de interpersoonlijke beoordeling (Van 't Hof et al. 2012). Het is bekend dat onplezierige luchtjes een verhoogde hartslag en ademhaling kunnen veroorzaken, terwijl aangename geuren feitelijk de bloeddruk en hartslag kunnen verlagen (Herwijer-Gelder 2016). Zo werd in de wachtkamer van een tandarts de geur van lavendel en citrus als kalmerend ervaren (Dijkstra 2009). Een belangrijke kanttekening bij geuronderzoek is dat aangenaam een subjectieve beleving is. Dat wat de een aangenaam vindt, wordt door de ander als onaangenaam beoordeeld. Zo laat onderzoek naar pijnbeleving zien dat alleen geuren die deelnemers zelf aanmerken als aangenaam dempend werken op pijn door brandende hitte. Geuren die als onaangenaam werden aangemerkt, hadden juist een averechts effect (Villemure et al. 2003).

Minder angst en stress dankzij klassieke of zelfgekozen muziek

Er zijn ook onderzoeken die laten zien dat muziek positief uitwerkt op ervaren stress en pijn (Mazer en Smith 1999; Knight en Rickard 2001). Zo waren patiënten die klassieke muziek hoorden in de wachtkamer minder angstig en gestrest dan de patiënten die geen muziek hoorden of populaire muziek hoorden (Dijkstra 2009). En patiënten die zelfgekozen muziek mochten draaien terwijl zij gehecht werden op een afdeling spoedeisende hulp ervaarden minder pijn (Devlin en Arneill 2003). Meer in het algemeen toont onderzoek aan dat lawaai psychologische stress kan opleveren en herstel kan vertragen (Fields 1998; Ulrich et al. 2008). Zeker als het lawaai onvoorspelbaar is en mensen er weinig controle over hebben (Bell et al. 2001).

10.3 Stigmatisering: een extra opgave in het sociaal domein

De fysieke inrichting is nauw verbonden met een proces waaraan in het sociaal domein doorgaans niet zoveel aandacht wordt besteed: stigmatisering. We reageren op onze omgeving en in dat licht is het van belang dat die omgeving uitstraalt dat we welkom zijn, dat er wordt geloofd in onze intenties en onze mogelijkheden. Als wij denken dat onze omgeving in ons gelooft, boeken we betere resultaten dan als onze omgeving het signaal afgeeft dat ze juist niet in ons geloven. En de signalen kunnen heel subtiel zijn. De vraag 'Denk je dat dat gaat lukken?' als vervolg op de boodschap dat je de komende twee weken veertien sollicitaties moet verrichten, verraadt (onbedoeld) al de verwachting van de jobcoach die deze vraag stelt. Meer over deze effecten is bekend geworden met het onderzoek van Harvard-onderzoeker Shih en haar collega's (Shih et al. 1999). In dat onderzoek werden Aziatisch-Amerikaanse vrouwen in drie groepen verdeeld en werd hun gevraagd om een rekentoets te doen. Daarbij werden twee van de drie groepen subtiel met een stereotype geconfronteerd namelijk: 'Aziaten zijn goed in rekenen' of 'vrouwen zijn slecht in rekenen'. Beide groepen reageerden op het stereotype. De groep die geconfronteerd werd met het positieve vooroordeel (Aziaten zijn goed in rekenen) presteerde beter dan de controlegroep. Terwijl de groep die werd geconfronteerd met het negatieve vooroordeel (vrouwen zijn slecht in rekenen) het stukken slechter deed dan de controlegroep.

We voegen onnodig stress toe als we cliënten ontvangen in een ontmoetingsruimte met hoge balies en beveiligers aan de deur. En ook als we in de vragen die we stellen – onbedoeld – laten merken dat we weinig geloof hebben in hun motivatie en vaardigheden, voegen we onnodig stress toe. In de literatuur wordt het voelen van bepaalde negatieve vooroordelen over de sociale groep waar je toe behoort ook wel omschreven als *stereotype dreiging*. Die dreiging kan voortkomen uit de inrichting van de ontmoetingsruimte maar ook uit de bejegening. Je bent 'klant' bij de sociale dienst, een alleenstaande ouder, een werkloze schuldenaar en misschien ook nog wel laagopgeleid. Het besef dat er misschien wel meer naar dit soort etiketten wordt gekeken dan naar wie daaronder zit, geeft stress. En dat werkt weer door in minder goede prestaties, wat ook weer stress genereert. Er ontstaat een vicieuze cirkel, een *selffulfilling prophecy* (Steele 2010). De doorwerking van stereotype dreiging is vaak subtiel en werkt twee kanten op. Cliënten schamen zich en voelen zich beoordeeld (Plantinga 2019). Maar bij professionals werken etiketten ook door. Negatieve stereotypen beïnvloeden niet alleen de keuze van de architect om een hoge balie voor te stellen. Ze beïnvloeden ook op negatieve wijze de verwachtingen die professionals over hun klanten hebben (Babcock 2018). Uit onderzoek komt bijvoorbeeld naar voren dat de achterblijvende schoolprestaties van niet-westerse allochtone leerlingen niet alleen moeten worden verklaard vanuit taalachterstanden, lager opgeleide ouders of biculturele opvoedingen, maar ook uit het stereotype dat geschetst wordt in media-uitingen over de gemiddeld slechtere schoolprestaties van deze groep (Appel et al. 2015).

De inrichting van de fysieke omgeving, stigmatisering en stereotype dreiging zijn nauw verweven. Welke signalen geeft de fysieke omgeving af over de cliënten die in die omgeving geholpen worden. Is die omgeving hufterproof? Straalt die een structureel wantrouwen uit met camera's en bewakers? Geeft die cliënten het gevoel van afhankelijkheid? Van niet welkom zijn? De Kinderombudsman heeft zich in het verleden druk gemaakt over kinderen, geplaatst in een gesloten Jeugdzorginstelling, die bij een bezoek aan de rechtbank een cel als wachtruimte kregen toegewezen tussen de volwassen verdachten die er voor delicten zaten opgesloten (Kinderombudsman 2013). Maar ook sociale diensten, schuldhulpverleningsorganisaties en instellingen voor maatschappelijke opvang vangen hun cliënten nogal eens op in ruimten die zijn doorspekt met het (subtiele) signaal van de lage verwachting. Of krijgen cliënten het gevoel dat ze welkom zijn, dat er naar hen geluisterd wordt, dat de professionals hen echt willen helpen, dat er geen veroordeling is (Gunnarson en Blohm 2007)? Een cliënt van de Amersfoortse schuldhulpverlening verwoordt de omslag die daar gemaakt is als volgt: 'Vroeger schaamde je je als je schuldhulpverlening nodig had, nu krijg je koffie bij de balie en zeggen ze u tegen je.'

10.4 Betekenis van voor het sociaal domein

Er ligt voor het sociaal domein een opgave om cliënten die hulp zoeken veel nadrukkelijker welkom te heten. Onderzoek van onder meer werkvloeren en in de gezondheidszorg laat zien dat de omgeving waarin wij de ander ontmoeten ertoe doet. Dat het van belang is dat cliënten zich niet gestigmatiseerd en dat professionals in de hele bejegening uitstralen dat ze vertrouwen hebben in de intenties en de vaardigheden van degenen met wie ze samenwerken. In het facility management wordt in dat kader wel gesproken over *hostmanship* oftewel de kunst om mensen een welkom gevoel te geven (De la Mar 2015). Die kunst vraagt een integraal samenspel van inrichting, bejegening, processen en producten van een organisatie. Een beetje een combinatie van bouwstenen die in dit boek worden behandeld, alleen zijn de bouwstenen in dit boek specifiek gericht op de samenwerking met mensen die chronische stress ervaren. Op basis van de in dit hoofdstuk behandelde inzichten lijkt het nuttig om in het kader van het stress-sensitief werken de komende periode in ieder geval na te gaan of we twee stappen kunnen zetten. Kunnen we (1) bij de inrichting van ontmoetingsruimten de stap zetten van veiligheid naar veilig stress-sensitief en kunnen we (2) in de bejegening de stap zetten van procesoptimalisatie naar hostmanship?

10.4.1 Van veiligheid naar veilig stress-sensitief

De veiligheid van de medewerkers is op de meeste ontmoetingsplekken in het sociaal domein een belangrijk, zo niet het belangrijkste, ankerpunt voor de inrichting. Door beveiligers aan te nemen, hoge balies in te richten en spreekkamers waar cliënt en professional ieder via een andere deur naar binnen gaan, hebben we een hufterproof omgeving ingericht waar agressieve cliënten niet zo snel kwaad kunnen. Onbedoeld geven we daarmee ook een signaal af aan al die cliënten die al dagen zenuwachtig zijn voor hun afspraak, die niet agressief zijn maar vooral worstelen met de grote sociale en financiële problemen die het leven hun bracht. Onder het *model van omgevingscomfort* uit het stressonderzoek op werkvloeren ligt de aanname dat er een behoeftepiramide kan worden onderscheiden bij de inrichting van een ruimte, met fysieke, functionele en psychologische behoeften (Vischer 2005). Agressie tegen professionals kan niet geaccepteerd worden en kan bovendien traumatiserend zijn voor degenen die het meemaken. Een stress-sensitievere inrichting betekent dan ook niet dat veiligheid onbelangrijk wordt. Hier wordt de suggesties gedaan om de stap te maken van een veilige naar een veilige stress-sensitieve omgeving. Daarmee wordt bedoeld dat niet alleen de behoeften van de professional leidend zijn bij de inrichting maar dat beide partners die elkaar ontmoeten bediend worden: professionals en cliënten. Beide partners vanuit de verschillende behoeften die zij hebben. Een omgeving die professionals de mogelijkheden biedt om hun werk goed uit te voeren en tegelijkertijd cliënten overduidelijk welkom heet en voorziet in een inrichting die hen verder helpt in de dynamiek waar ze in leven.

In de onderzoeken naar werkstress wordt wel gewerkt met de behoeftepiramide uit het model van omgevingscomfort. Dit model legt een link tussen de inrichting van een ruimte en de resultaten die op een werkvloer geboekt worden (Vischer 2005). Het idee van dit model is dat inrichting van directe invloed is op werkprestaties. De piramide in het model biedt het inzicht dat het belangrijk is om behalve aan veiligheid aandacht te besteden aan de functionele (ergonomische) en psychologische behoeften. In de gezondheidszorg wordt er niet zozeer vanuit de voornoemde piramide gedacht maar vanuit het concept van een *helende omgeving* en de daarbij *ondersteunende inrichting* (Ulrich 1991). Het denken over een helende omgeving rust op theorie die zegt dat de stress die een patiënt ervaart mede wordt bepaald door de mate waarin de inrichting de patiënt een gevoel van *controle* geeft, hem of haar op een *positieve wijze afleidt* en toegang geeft tot *sociale steun*. Herstel versnelt in helende omgevingen door die stress waar mogelijk weg te nemen en in ieder geval geen stress toe te voegen. Het zijn in het sociaal domein wellicht niet de drie elementen uit de ondersteunende inrichting van Ulrich die het verschil gaan maken, maar het helpt wel om concepten zoals de behoeftepiramide (Vischer 2005), helende omgeving en ondersteunende inrichting (Ulrich 1991) als vertrekpunt te nemen voor een theoretisch kader voor de inrichting van ontmoetingsruimten. Het geeft ons woorden en een vertrekpunt om te komen tot bijvoorbeeld een *activerende omgeving* die in ieder geval geen stress toevoegt en waar mogelijk vanaf de eerste stap over de drempel stress wegneemt.

De onderzoeken die in dit hoofdstuk zijn behandeld, laten twee zaken zien. Om te beginnen dat er in het domein van de omgevingspsychologie theorieën beschikbaar zijn die als uitgangspunt kunnen dienen voor de inrichting van een effectieve werkplek of een helende omgeving in de gezondheidszorg. Dat het de moeite waard is om in het sociaal domein omgevingspsychologen op te zoeken en te werken aan een omgevingstheorie gericht op de inrichting van activerende ontmoetingsplekken. Tegelijkertijd laat het onderzoek zien dat dit soort grotere concepten zijn opgebouwd uit soms heel praktische aanpassingen: daglicht, planten, muziek, kleur et cetera. De investeringen om een inrichting aan te passen zijn enorm en passen niet zonder meer in de budgetten van de meeste organisaties in het sociaal domein. Dit hoofdstuk voorziet niet alleen in theorievorming maar geeft ook een groot aantal concrete voorbeelden van stressreducerende elementen in de inrichting. Het doel hiervan is dat ook managers en andere verantwoordelijken die vooralsnog geen budget hebben voor een herinrichting toch kunnen nadenken over kleine stapjes die al gezet kunnen worden. Een vriendelijke dame die koffie aanbiedt bij binnenkomst, een fijne wachtruimte met planten en goede tijdschriften doet ook al iets met de eerste indrukken. Zelfs als je daarna je toch moet melden bij die (te) hoge balie.

TNO heeft voor instellingen in de gezondheidszorg bijvoorbeeld het instrument OAZIS ontwikkeld (TNO Centrum Zorg en Bouw z.d.). De naam van dit instrument staat voor Onderzoek Aantrekkelijkheid Zorgomgevingen. Het is een scan die bestaat uit acht thema's om in beeld te brengen waar aanknopingspunten liggen voor de inrichting van een meer helende omgeving. De thema's in de scan vertegenwoordigen omgevingsvariabelen waarvan wetenschappelijk is aangetoond, of waarvan het zeer aannemelijk is, dat zij een positief effect hebben op het herstel van patiënten alsmede hun welzijn en tevredenheid. De acht thema's zijn privacy en autonomie, ramen en uitzicht, comfort en controle, faciliteiten en voorzieningen, oriëntatie en routing, interieur en natuur en personeel. Hoe mooi zou het zijn als het sociaal domein met een jaar of vijf een eigen omgevingsscan voor ontmoetingsruimten heeft?

10.4.2 Van processen naar hospitality en hostmanship

De medewerkers van de Sociale Dienst Drechtsteden werken niet alleen in een omgeving die veel nadrukkelijker is ingericht op de behoeften van cliënten (Boorsma 2018). Ze hebben ook een training hospitality gekregen en worden aanvullend opgeleid in stress-sensitieve gesprekstechnieken (Agressievrij Werk 2019). De manier waarop we onze omgeving ervaren, is een optelsom van de omgeving en de manier waarop we bejegend worden. In de horeca en het toerisme is in het denken de afgelopen jaren een beweging op gang gekomen die zich niet in de eerste plaats richt op het product dat je koopt, zoals een diner, maar op de beleving van de consumptie (Pine en Gilmore 1999). Er zijn natuurlijk verschillen tussen concepten zoals klantgerichtheid, hostmanship, hospitality en vergelijkbare termen, toch lijkt het denken in deze richting het sociaal domein verder te kunnen helpen. Op veel plekken vragen we cliënten om datgene te doen dat het beste past in het proces dat is ontwikkeld ter ondersteuning van de professional. De beweging – zo rond 2015 – dat mensen vaak een heel uitgebreid intakeformulier voor de schuldhulpverlening moesten invullen is daar onder meer uit te verklaren (Tuzgöl-Broekhoven et al. 2016). Wie vanuit de behoeften van de cliënt gaat kijken naar bejegening kiest niet meer voor uitgebreide intakeformulieren die meer vragen dan de meeste cliënten aankunnen. Het wordt dan interessant om geïnspireerd door onder meer de horeca te gaan denken in concepten zoals hostmanship. Het idee onder dat concept is dat je naar je eigen processen kijkt door de ogen van je cliënt. Het concept dat Gunnarsson en Blohm (2007) hebben uitgewerkt, bestaat uit zes principes die samen een context creëren waarin je je welkom voelt. Vertaald naar het sociaal domein zouden de zes principes als volgt kunnen luiden:

1. *Dienen*: als cliënt ervaar je dat het doel van de ander is om jou verder te helpen met de problemen waar jij mee worstelt (niet om het eigen proces goed uit te voeren).
2. *Verantwoordelijkheid nemen*: als professional voel je de verantwoordelijkheid om de ander verder te helpen. Je besteedt aandacht aan eventuele problemen van cliënten, ook als die niet direct vallen onder jouw formele taakopdracht.
3. *Dialoog*: een gesprek begint met echt luisteren. Het voornaamste doel van de professional in een gesprek is de ander te begrijpen. Dat gaat vóór het eveneens belangrijke doel dat de cliënt de professional begrijpt.
4. *Consideratie*: professionals zijn empathisch. Ze verplaatsen zich in de cliënt. Als cliënt voel je in een gesprek echte aandacht. Een manier om hier invulling aan te geven is door bijvoorbeeld veel te reflecteren (techniek uit motiverende gespreksvoering Miller en Rollnick 2014).
5. *Kennis*: Professionals hebben kennis. Niet alleen over de problematieken waar zij mee te maken krijgen en de wetten die deze problematieken reguleren, maar ook kennis over de cliënten. Professionals weten hoe chronische stress doorwerkt en zijn in staat om daarop aan te sluiten. Door bijvoorbeeld bepaalde instrumenten in te zetten of in de coaching cliënten explicieter uit te nodigen om ook de langetermijnbelangen te doordenken.

6. *Het geheel zien*. Professionals zien zichzelf door de ogen van de cliënt. Ze realiseren zich dat het doorgaans al een hele stap is om hulp te zoeken en dat het niet meevalt om te voldoen aan alle bureaucratische eisen die er vanuit wetten gesteld worden, en dat het niet meevalt om te worstelen met emoties van verlies of andere opgaven.

Hostmanship is een invulling. Een stress-sensitieve manier van werken kan ook op andere invullingen van hospitality of klantgerichtheid geënt worden. Het is in het kader van het stress-sensitief werken vooral belangrijk dat het een vanzelfsprekendheid wordt om te gaan denken en werken vanuit de (on)mogelijkheden en emoties van mensen die leven in chronische stress. In het sociaal domein wordt in de beleidsstukken al langer gesproken over de overgang van systeemwereld naar leefwereld. De bovenstaande principes kunnen in dat licht ook opgevat worden als handvatten om die overgang echt te gaan maken. Ze passen ook in de in dit boek bepleitte overgang van transacties naar transformatie. Het besef dat cliënten behoefte hebben aan echte aandacht is niet nieuw. Het vraagt vooral nadere stappen om wensen zoals transformatie of werken vanuit de leefwereld concreet te maken. Uitwerkingen zoals hostmanship kunnen daar een belangrijke rol bij spelen, in combinatie met het besef dat chronische stress ons doelgerichte gedrag behoorlijk onderuithaalt.

Literatuur

Agressievrij Werk (2017). *Evaluatie programma veilige publieke taak*. Den Haag: Ministerie van Binnenlandse Zaken. Geraadpleegd van ▶ https://www.agressievrijwerk.nl/documenten/rapporten/2017/12/19/evaluatierapport-vpt.

Agressievrij Werk (2019). *Voorkomen is beter dan genezen*. Den Haag: Ministerie van Binnenlandse Zaken. Geraadpleegd van ▶ https://www.agressievrijwerk.nl/documenten/videos/2019/05/14/voorkomen-is-beter-dan-genezen.

Allen, V. L., & Greenberger, D. B. (1980). Destruction and perceived control. In J. Singer & A. Baum (Eds.), *Control and the environment*. Hillsdale, N.J.: Erlbaum.

Andrade, C. C., & Devlin, A. S. (2015). Stress reduction in the hospital room: Applying Ulrich's theory of supportive design. *Journal of Environmental Psychology, 41*, 125–134.

Appel, M., Weber, S., & Kronberger, N. (2015). The influence of stereotype threat on immigrants: Review and meta-analysis. *Frontiers in Psychology, 6*, 1–15.

Arneill, A., & Devlin, A. S. (2002). Perceived quality of care: The influence of the waiting room environment. *Journal of Environmental Psychology, 22*(4), 345–360.

Babcock, E. D. (2018). *Harnessing the power of high expectations: Using brain science to coach for breakthrough outcomes*. Boston: Economic Mobility Pathways.

Bell, P. A., Greene, T. C., Fisher, J. D., & Baum, A. S. (2001). *Environmental psychology*. New York, NY: Taylor & Francis.

Beukeboom, C. J., Langeveld, D., & Dijkstra, K. T. (2012). Stress-reducing effects of real and artificial nature in a hospital waitingroom. *The Journal of Alternative and Complementary Medicine, 18*(4), 329–333.

Bolger, N., & Amarel, D. (2007). Effects of social support visibility on adjustment to stress. Experimental evidence. *Journal of Personality and Social Psychology, 92*(3), 458–475.

Boorsma, P. (2018). Terwijl u wacht? Sociale dienst Drechtsteden ontvangt klanten tegenwoordig in gezellige zitjes in plaats van in kille spreekkamers. *Sprank*, 28–30.

Bovenberg, F., Takkenkamp, J., Vennik, L., & Francken, G. (2010). Helende omgeving draagt bij aan herstel. *Sociale Psychiatrie, 29*(94), 7–14.

Cooke, M., Chaboyer, W., & Hiratos, M. A. (2005). Music and its effect on anxiety in short waiting periods: A critical appraisal. *Journal of Clinical Nursing, 14*(2), 145–155.

Cooper, C., & Dewe, P. (2004). *Stress, a brief history*. Oxford: Blackwell Publishing.
Cortvriend, P. (2005). *The effect of the healthcare environment on patients and staff*. Manchester: European School of Oncology (ESO) & European Health Management Association (EHMA).
De Kinderombudsman (2013). *Rapport 'In de wacht'. Naar aanleiding van klacht en signalen over het verblijf van uithuisgeplaatste kinderen in een cel bij rechtbanken en gerechtshoven*. Den Haag: De Kinderombudsman.
De la Mar, L. (2015). Hospitality en gastvrijheid: Waar draait het om? *Facility Management Magazine, 2015*, 27–29.
Devlin, A. S., & Arneill, A. B. (2003). Healthcare environments and patient outcomes: A review of the literature. *Environment and Behaviour, 35*(5), 680.
Dijkstra, K. (2009). *Understanding healing environments. Effects of physical environmental stimuli on patients' health and well-being* (diss.). Enschede: University of Twente.
Dijkstra, K., Pieterse, M. E., & Pruyn, A. T. H. (2008a). Individual differences in reactions towards color in simulated healthcare environments: The role of stimulus screening ability. *Journal of Environmental Psychology, 28*(3), 268–277.
Dijkstra, K., Pieterse, M. E., & Pruyn, A. T. H. (2008b). Stress-reducing effects of indoor plants in the built healthcare environment: The mediating role of perceived attractiveness. *Preventive Medicine, 47*, 279–283.
Expertisecentrum Veilige Publieke Taak (2015). *Praktijkvoorbeeld. Warm welkom – Gemeente Alphen aan den Rijn*. Den Haag: Expertisecentrum Veilige Publieke Taak. Geraadpleegd via ▶ https://www.agressievrijwerk.nl/documenten/publicaties/2015/11/06/serviceplein-gemeente-alphen-aan-den-rijn.
Fields, J. M. (1998). Reactions to environmental noise in an ambient noise context in residential areas. *Journal of the Acoustical Society of America, 104*, 2245–2260.
Gifford, R. (2007). *Environmental psychology: Principles and practice* (4th ed.). Colville: Optimal books.
Gunnarsson, J., & Blohm, O. (2007). *Hostmanship – De kunst mensen het gevoel te geven dat ze welkom zijn*. Stockholm: Värdskapet Utveckling.
Hedge, A. (1986). Open versus enclosed workspace: The impact of design on employee reactions to their offices. In J. D. Wineman (Ed.), *Behavioural issues in office design*. New York, NY: Van Nostrand Reinhold.
Hemphil, M. (1996). A note on adults color-emotion associations. *Journal of Genetic Psychology, 157*(3), 275–280.
Herweijer-Gelder, M. (2016). *Evidence-based design in Nederlandse ziekenhuizen: Ruimtelijke kwaliteiten die van invloed zijn op het welbevinden en de gezondheid van patiënten*. Delft: TU Delft.
Huisman, E. R. C. M., Morales, E. J., Van Hoof, J., & Kort, H. S. M. (2012). Healing environment: A review of the impact of the physical environment. *Building and Environment, 58*, 70–80.
Kaplan, R. D. (1983). Person-environment fit, past, present en future. In C. L. Cooper (Ed.), *Stress research: Issues for the eighties*. Hoboken, NJ: John Wiley and Sons.
Karasek, R., & Theorell, T. (1990). *Healthy work: Stress, productivity and the reconstruction of working life*. New York, NY: Basic books.
Klein Hesselink, J., Van Bergen, S., Van Cornelissen, E., Duijn, B., Van Hoff, M., & Geuskens, G. (2008). *Met planten aan het werk*. Den Haag: TNO.
Knight, W. E., & Rickard, N. S. (2001). Relaxing music prevents stress-induced increases in subjective anxiety, systolic blood pressure, and heart rate in healthy males and females. *Journal of Music Therapy, 38*(4), 254–272.
Kornblith, A. B., Herndon, J. E., Zuckerman, E., Visocli, C. M., Horwitz, R. L., & Cooper, M. R. (2001). Social support as a buffer to the psychological impact of stressful life events in women with breastcancer. *Cancer, 91*(2), 443–454.
Lasen, L. S., Larsen, B. H., & Birkelund, R. (2013). A companionship between strangers – The hospital environment as a challenge in patient-patient interaction in oncology wards. *Journal of Advanced Nursing, 70*(2), 395–404.
Lazarus, R. S., & Cohen, J. B. (1977). Environmental stress. In I. Altman & J. F. Wohlwill (Eds.), *Human behavior and the environment: Current theory and research*. New York, NY: Spectrum.
Lengen, C. (2015). The effects of colours, shapes and boundaries of landscapes on perception, emotion and mentalising processes promoting health and well-being. *Health & Place, 35*, 166–177.
Liu, W., Ji, J., Chen, H., & Ye, C. (2014). Optimal color design of psychological counseling room by design of experiments and response surface methodology. *PLoS ONE, 9*(3), e90646.
Lohr, V. I., Pearson-Mims, C. H., & Goodwin, G. K. (1996). Interior plants may improve worker productivity and reduce stress in a windowless environment. *Journal of Environmental Horticulture, 14*(2), 97–100.
Malenbaum, S., Keefe, F., Williams, A., Ulrich, R. S., & Somers, T. (2008). Pain in its environmental context: Implications for designing environments to enhance pain control. *Pain, 134*(3), 241–244.

Mazer, S. E., & Smith, D. (1999). *Sound choices: Using music to design the environments in which you live, work and heal.* Carlsbad, CA: Hay House inc.

McCullough, C. (Ed.). (2010). *Evidence based design for healthcare facilities.* Indianapolis: Sigma Theta Tau International.

Miller, W. R., & Rollnick, S. (2014). *Motiverende gespreksvoering. Mensen helpen veranderen.* Ouderkerk aan de IJssel: Ekklesia.

Netherlands board for healthcare institutions (2008). *Quality of the physical health care environment.* [report nr. 617]. Den Haag: Netherlands board for healthcare institutions.

Omgevingspyscholoog (z.d.). *Waarom ervaren we stress als er te veel mensen om ons heen zijn.* Geraadpleegd van ▶ https://www.omgevingspscholoog.nl/crowding/.

Parliament UK (z.d.). *Churchill and the commons chamber.* Geraadpleegd van ▶ https://www.parliament.uk/about/living-heritage/building/palace/architecture/palacestructure/churchill/.

Pine II, B. J., & Gilmore, J. H. (1999) *The experience economy. Work is theater & every business a stage.* Boston: Harvard Business Review Press.

Plantinga, A. (2019). *Poor psychology: Poverty, shame, and decision making* (diss). Tilburg: Tilburg University.

Savavibool, N., Gatersleben, B., & Moorapun, C. (2016). The effects of colour in work environment: A systematic review. *Environment-Behaviour Proceedings Journal, 1*(4), 262–270.

Shih, M., Pittinsky, T. L., & Ambady, N. (1999). Stereotype susceptibility: Identity salience and shifts in quantitative performance. *Psychological Science, 10*(1), 80–83.

Silver, N. C., & Gerrante, R. (1995). Sex differences in color preferences among an elderly sample. *Percept Motor Skills, 80*(3 pt 1), 920–922.

Sop Shin, W. (2007). The influence of forest view through a window on job satisfaction and job stress. *Scandinavian Journal of Forest Research, 22,* 2007.

Steele, C. M. (2010). *Whistling vivaldi: How stereotypes affect us and what we can do.* New York, NY: W.W. Norton and Co., Inc.

Suter, E., & Baylin, D. (2007). Choosing art as a complement to healing. *Applied Nursing Research, 20,* 32–38.

Thayer, F. J., Verkuil, B., Brosschot, J. F., Kampschroer, K., West, A., Sterling, C., et al. (2010). Effects of the physical work environment on psychological measures of stress. *European Journal of Cardiovascular Prevention and Rehabilitation, 17,* 431–439.

TNO (2018). *Arbobalans 2018. Kwaliteit van de arbeid, effecten en maatregelen in Nederland.* Leiden: TNO.

TNO Centrum Zorg en Bouw (z.d.). *OAZIS: Wie, wat, waarom?* Den Haag: TNO.

Tuzgöl-Broekhoven, A., Van den Berg, W., Govers, E., Hanse, D., & Van Zutphen, R. (2016). *Burgerperspectief op schuldhulpverlening. Een onderzoek naar de ervaringen van burgers met gemeentelijke schuldhulpverlening.* Den Haag: Nationale Ombudsman.

Uchino, B. N. (2009). Understanding the links between social support and physical health: A life-span perspective with emphasis on the separability of perceived and received support. *Perspectives on Psychological Science, 4*(3), 236–255.

Ulrich, R. S. (1984). View through a window may influence recovery from surgery. *Science, 244*(4647), 420–421.

Ulrich, R. S. (1991). Effects of interior design on wellness: Theory and recent scientific research. *Journal of Health Care Interior Design, 3,* 97–109.

Ulrich, R. S. (1999). Effects of gardens on health outcomes: Theory and research. In C. Cooper-Marcus & M. Barnes (Eds.), *Healing gardens: Therapeutic benefits and design recommendations* (pp. 27–86). New York: John Wiley.

Ulrich, R. S., Zimring, C., Zhu, X., DuBose, J., Seo, H., Choi, Y., et al. (2008). A review of research literature on evidence-based healthcare design. *Health Environments Research & Design Journal, 1*(3), 31.

Van 't Hof, K., Zandbergen, H. J., Van de Velde, J.-W., & Eysink Smeets, M. (2012). *Vriendelijke geuren op de spoedeisende hulp.* Amsterdam: Landelijke expertisegroep veiligheidspercepties.

Villemure, C., Slotnick, B. M., & Bushnell, M. C. (2003). Effects of odors on pain perception: Deciphering the roles of emotion and attention. *Pain, 106,* 101–108.

Vischer, C. (2005). *Space meets status: Designing workplace performance.* Oxford: Taylor & Francis Routledge.

Vischer, C. (2007). The effects of the physical environment on job performance: Towards a theoretical model of workspace stress. *Stress and Health, 23,* 175–184.

Geldrust

Roeland van Geuns en Nadja Jungmann

11.1 Wat is de samenhang tussen geldproblemen en andere vraagstukken? – 212

11.2 Wat zijn de meest voorkomende bronnen van aanhoudende geldstress? – 215
11.2.1 Een te krap budget voor dagelijkse bestedingen – 216
11.2.2 Er zijn (problematische) schulden waardoor het budget niet uitkomt – 217
11.2.3 Er is voldoende budget maar een tekort aan financiële vaardigheden – 217
11.2.4 Er zijn constant wisselende inkomsten (bij een lager inkomen) – 218

11.3 Welke voorzieningen zijn er beschikbaar om te voorzien in geldrust? – 218
11.3.1 Reguliere voorzieningen – 219

11.4 Wetgeving, nieuwe initiatieven en experimenten gericht op betere resultaten – 224
11.4.1 Er heerst veel onvrede over de snelheid en de mate waarin mensen geldrust krijgen – 225
11.4.2 Een brede schuldenaanpak vanuit de Rijksoverheid – 226
11.4.3 Nieuwe lokale en regionale initiatieven – 228
11.4.4 De balans van wetsvoorstellen en nieuwe initiatieven – 230

11.5 Wat zijn aandachtspunten bij het voorzien in geldrust? – 230
11.5.1 Zorg voor voldoende basiskennis bij sociale professionals – 231
11.5.2 Gebruik vuistregels – 231
11.5.3 Zet pas in op het verbeteren van vaardigheden als cliënten daaraan toe zijn – 232

Literatuur – 232

© Bohn Stafleu van Loghum is een imprint van Springer Media B.V., onderdeel van Springer Nature 2020
N. Jungmann, P. Wesdorp en T. Madern (Red.), *Stress-sensitief werken in het sociaal domein*,
https://doi.org/10.1007/978-90-368-2433-0_11

Chronische stress kan tal van oorzaken hebben, een vechtscheiding, langdurige werkloosheid, zorgen om een opgroeiende puber, alle drie deze zaken tegelijk of een heel andere reden. Toch is het de moeite waard om specifiek aandacht te besteden aan geldstress, zeker als deze langere tijd aanhoudt. De eerste reden daarvoor is dat professionals in het sociaal domein relatief veel te maken hebben met cliënten met aanhoudende geldzorgen. De tweede reden is dat geldrust een belangrijke voorwaarde is om invulling te geven aan een integrale of holistische aanpak maar dat de realisatie doorgaans (veel te) lang duurt. Geldstress traineert de hulp- en dienstverlening op andere domeinen. Voor veel mensen geldt dat ze pas weer ruimte krijgen om te solliciteren, kinderen stabieler op te voeden of aan hun gezondheid te werken als de aanhoudende geldzorgen niet meer allesoverheersend zijn. In de afgelopen paar jaar is er veel kritiek gekomen op de mogelijkheden om financiële problemen aan te pakken. Mensen vinden hun weg niet, er wordt te veel van mensen gevraagd en het duurt te lang (Tiemeijer 2016; Baan et al. 2016; Tuzgöl-Broekhoven et al. 2016; Raad voor Volksgezondheid en Samenleving (RVS) 2017). Het besef dat er meer aandacht moet komen voor de doorwerking van aanhoudende geldstress en dat de aanpak van financiële problemen beter moet worden, is onder meer terug te zien in een toenemend aantal experimenten en initiatieven om te voorzien in geldrust. Onder geldrust wordt de omstandigheid verstaan waarin de financiële situatie van mensen voldoende stabiel is, zij hun vaste lasten structureel weer (kunnen) betalen en zij geen zorgen hebben over hun dagelijkse bestedingen zoals eten, drinken of buskaartjes. Met een ruim budget is geldrust doorgaans makkelijker te organiseren, maar ook bij een beperkt budget met een voldoende buffer kan er sprake zijn van geldrust.

In dit hoofdstuk is uitgewerkt wat de samenhang is tussen geldproblemen en andere vraagstukken. Inzicht in die samenhang helpt om te begrijpen waarom geldrust in het sociaal domein zo belangrijk is. Vervolgens wordt er toegelicht wat veelvoorkomende oorzaken zijn van aanhoudende geldstress en welke voorzieningen er zijn om geldrust te bieden. Er wordt een stroomschema geboden waarmee met relatief weinig kennis is te bepalen waar iemand naartoe kan worden verwezen. In het besef dat er de nodige kritiek is op de uitvoering van onder meer schuldhulpverlening en beschermingsbewind, wordt er ook beschreven op welke manieren er geprobeerd wordt om de aanpak van geldrust te verbeteren. Dit hoofdstuk wordt afgesloten met een aantal aandachtspunten voor wie wil voorzien in geldrust.

11.1 Wat is de samenhang tussen geldproblemen en andere vraagstukken?

Financiële zorgen hangen op allerlei manieren samen met vraagstukken waarvoor mensen ondersteuning zoeken in het sociaal domein. Zo constateren professionals in de geweldshulpverlening dat hun cliënten relatief vaak ook financiële problemen hebben (Bekken 2018). Ditzelfde constateren reclasseringswerkers, jobcoaches en professionals in wijkteams (Jungmann et al. 2014a; TSD 2016; Oomkens et al. 2018). Voor sociale professionals brengt de samenhang vaak een behoorlijke puzzel met zich mee. Geldzorgen zijn prangend, brengen vaak acute vraagstukken met zich mee en werken door op de beschikbaarheid van basisbehoeften zoals ons dagelijks eten. Wie niet genoeg geld heeft om 's avonds een warme maaltijd op tafel te zetten, lukt het vaak niet om serieus in gesprek te gaan met een jeugdhulpverlener die een opvoedkwestie aan de orde stelt. Het is voor sociale professionals dus van belang om ook oog te hebben voor de mogelijke aanwezigheid van geldstress.

Sociale professionals worstelen met de ontembaarheid van geldzorgen. Ze hebben lang niet altijd voldoende kennis over de mogelijkheden om structurele armoede en/of (problematische) schulden aan te pakken, de financiële problematiek kan bijzonder complex zijn en de toegankelijkheid van de voorzieningen laat soms ook nog wel te wensen over. Het gegeven dat er voorzieningen bestaan zoals formulierenbrigades, sociaal raadslieden en schuldhulpverlening betekent niet dat geldzorgen binnen een integrale of holistische aanpak als vanzelfsprekend worden opgelost. Daarbij speelt schaamte ook een rol (Plantinga 2019). Mensen wachten te vaak te lang voordat ze hulp zoeken. De problematiek is dan al zo ver opgelopen dat de oplossing ook lang op zich laat wachten. Onderzoek in de schuldhulpverlening laat in dit licht zien dat mensen gemiddeld vaak al vijf jaar financiële problemen hebben voordat zij hulp zoeken (Jungmann en Anderson 2011). Daarnaast vinden degenen die wel hulp zoeken lang niet altijd direct de weg naar de juiste voorziening, vallen ze relatief vaak voortijdig uit en duurt het ook als ze wel op de goede plek zitten vaak heel lang voordat er echte geldrust komt (Jungmann en Kruis 2014; Tuzgöl-Broekhoven et al. 2018, 2019; Berkhout et al. 2019). Ten slotte lijkt het erop dat schaamte om over geldproblemen te praten niet alleen de betrokkenen zelf belemmert om hulp te zoeken. Ook veel hulpverleners vinden het lastig om het gesprek hierover te voeren. Ze hebben lang niet altijd affiniteit met financiële vraagstukken, weten niet altijd goed hoe ze het onderwerp goed kunnen aansnijden en/of hoe ze mensen adequaat verwijzen. Te vaak wordt er de nodige terughoudendheid gevoeld om over (andermans) geldzaken te praten (Jong 2017).

Het gegeven dat geldzorgen veel voorkomen bij cliënten met sociale vraagstukken en dat de aanpak van geldzorgen vaak lang duurt, werkt in het sociaal domein op tal van terreinen negatief door. Zo laat een cohortstudie waarin dakloze mensen 2,5 jaar worden gevolgd zien dat er in die periode nauwelijks sprake is van schuldreductie (Al Shamma et al. 2015). Het voortbestaan van de schulden beperkt in de maatschappelijke opvang vervolgens de mogelijkheden om door te stromen naar lichtere (en dus goedkopere) woonvormen (Leger des Heils 2017). De stagnatie leidt tot onnodige maatschappelijke kosten en tot opstopping in de maatschappelijk opvang.

Ook in andere delen van het sociaal domein werkt het (voort)bestaan van financiële problemen negatief door. Onderzoek in de re-integratie laat bijvoorbeeld zien dat uitkeringsgerechtigden met schulden veelal minder intensief naar werk zoeken en bovengemiddeld vaak een boete of maatregel opgelegd krijgen (Guiaux en Houwing 2014; UWV 2015; Houwing en Guiaux 2015). Hoewel een hoger inkomen op het eerste gezicht de snelste weg lijkt om uit de schulden te komen, ervaren uitkeringsgerechtigden met schulden vaak veel (geld)stress waardoor ze zich moeilijker tot solliciteren zetten. Daarbij zien ze vaak ook meer belemmeringen dan voordelen van de stap naar werk (Oomkens et al. 2018). Als er beslag ligt op hun inkomen betekent het aannemen van betaald werk bijvoorbeeld vaak extra kosten die zich niet per se vertalen in een hoger besteedbaar inkomen. Als je reis- of parkeerkosten bijvoorbeeld niet of maar gedeeltelijk vergoed worden, ga je er bij beslag op je inkomen niet vanzelfsprekend op vooruit. Daarnaast betekent de stap naar werk vaak dat je aanpassingen moet maken in voorzieningen zoals toeslagen. Die aanpassingen kunnen ertoe leiden dat je te maken krijgt met onvoorziene verrekeningen of dat je door de zogenaamde armoedeval zelfs minder overhoudt dan voorheen. Het lijkt erop dat uitkeringsgerechtigden met financiële problemen vooral proberen om veranderingen in hun financiële situatie te voorkomen, zelfs als ze daar beter van zouden kunnen worden (Van der Laan en Van Geuns 2016).

Naast deze directe doorwerkingen op de hulp- en dienstverlening in het sociaal domein lopen professionals bij het aanpakken van sociale problematiek ook tegen indirecte doorwerking van financiële problematiek aan. Zo laat onderzoek zien dat mensen met financiële problemen die werken gemiddeld genomen vaker ziek zijn en minder productief (Van der Schors en Schonewille 2017). Bij een tijdelijke aanstelling vergroten deze zaken het risico dat het contract niet verlengd wordt. Ander onderzoek laat zien dat financiële problemen negatief kunnen doorwerken op relaties en gezondheid. In Nederland is er eigenlijk geen onderzoek beschikbaar naar de doorwerking van financiële problemen op relaties. Duits onderzoek laat zien dat mensen eenzamer worden door geldzorgen en dat hun sociale netwerk kleiner wordt (Münster et al. 2013). Onderzoeken naar de doorwerking van geldzorgen op gezondheid laten zien dat financiële problemen stevig uitwerken op gezondheid en gezondheidsbeleving (Turunen en Hiilamo 2014). Mensen met financiële problemen hebben bijvoorbeeld vaker lagerugklachten en overgewicht, ze piekeren meer en eten minder gezond (Drentea en Lavrakas 2000; Ochsmann et al. 2009; Münster et al. 2009; Rijnsoever et al. 2012).

Voor jeugdhulpverleners, jobcoaches, reclasseringswerkers, maatschappelijk werkers en andere sociale professionals vormen financiële problemen, en dan met name de daarmee gepaard gaande geldstress, vaak een extra horde om cliënten echt uit de problemen te helpen. Aanhoudende financiële problemen belemmeren een voortvarende aanpak van al die vraagstukken waarvoor mensen een beroep doen op het sociaal domein. Dat financiële problemen zo sterk doorwerken is onder meer op te maken uit onderzoek naar de effecten van een snelle inkomensgroei bij een Amerikaanse indianenstam (Bregman 2014). Dankzij de komst van een eigen casino kregen de stamleden extra inkomsten die opliepen van 500 dollar in 1998 naar 6.000 dollar per jaar in 2001. Bij veel gezinnen maakte deze extra inkomsten een kwart tot een derde uit van het gemiddelde gezinsinkomen. De doorwerking was dat de hoeveelheid gedragsproblemen bij kinderen die de armoede achter zich lieten met 40 % afnam. Daarnaast verbeterden de schoolprestaties van de jongeren in de stam en het drugs- en alcoholgebruik nam flink af (Costello et al. 2003). Op basis van nader onderzoek becijferde de onderzoekers dat een toename van het inkomen met 4.000 euro ertoe leidde dat de jonge indianen op hun 21^e gemiddeld een vol jaar extra onderwijs hadden genoten en 22 % minder kans hadden om op hun 16^e met de politie in aanraking te zijn geweest (Akee et al. 2010). Een van de stamleden verklaart de verbeteringen uit het wegvallen van de geldstress als volgt: 'het helpt ouders om betere ouders te zijn' (Bregman 2014). Het idee om huishoudens die in armoede leven te voorzien van financiële ondersteuning kan vaak op de nodige scepsis rekenen. Er leeft dan bijvoorbeeld de angst dat het geld wordt uitgegeven aan genotsgoederen zoals alcohol of rookwaar. Een meta-analyse van de Wereldbank toont aan dat die angst doorgaans ongegrond blijkt (Evans en Popova 2016).

Door meer aandacht te besteden aan de vraag of er sprake is van geldstress en mensen snel en adequaat te verwijzen, creëren sociale professionals de randvoorwaarde om binnen het eigen domein het maximaal haalbare te realiseren.

11.2 Wat zijn de meest voorkomende bronnen van aanhoudende geldstress?

Geldstress kan allerlei oorzaken hebben. In deze paragraaf worden vier bronnen van geldstress behandeld. Om te beginnen zijn er mensen die een te krap budget hebben voor hun dagelijkse bestedingen. Ze moeten proberen langdurig de eindjes aan elkaar te knopen. Er kan sprake zijn van een (te) laag inkomen. Zeker als ze een plotselinge terugval in inkomen hebben gemaakt die vaak zelf ook de nodige stress met zich mee kan brengen. Denk in dit kader bijvoorbeeld aan mensen die gaan scheiden, hun baan verliezen of ziek worden. Maar ook bij een modaal of hoog inkomen kan het maandelijks puzzelen zijn. Elke tegenslag kan het begin zijn van (problematische) schulden. Waarbij de kans daarop bij hogere inkomens wel een stuk kleiner is. Een tweede groep heeft (problematische) schulden. Ze komen regelmatig net niet uit. In deze groep zitten mensen met een laag inkomen maar ook de midden- en hogere inkomens kunnen door (problematische) schulden een budget hebben dat niet uitkomt. Ook zij moeten elke maand puzzelen. En net als bij de eerste groep kunnen de schulden ook veroorzaakt worden door een plotselinge daling in het inkomen. Vaker dan bij de eerste groep zijn er bij deze groep acute en stressvolle situaties zoals geen geld voor eten of een dreigende afsluiting van telefoon of energie.

Een derde groep heeft geen schulden en een verhouding tussen inkomen en vaste lasten waar ze in principe goed of zelfs prima mee uit kunnen komen. Toch hebben ze vaak geldstress. Het ontbreekt hen aan de financiële vaardigheden of het vermogen om verlangens te reguleren (impulscontrole), waardoor er telkens 'problemen' ontstaan. Dankzij de ruimte in het budget zijn die doorgaans ook wel weer op te lossen.

Een vierde groep met geldstress is de groep die te maken heeft met wisselende inkomsten. Steeds meer mensen werken als zelfstandige. Daarbinnen is er een groep waarin de inkomsten enorm fluctueren. Daarnaast is er een zeer grote groep die een flexibele baan heeft en daardoor maandelijks (sterk) wisselende inkomens. Het plannen in onzekerheid kan ook de nodige geldstress opleveren.

De vier groepen worden hierna nader omschreven. Daarbij is het van belang om in het achterhoofd te houden dat er in de praktijk ook vaak verschillende stressbronnen tegelijk zijn. Wie een te krap budget heeft voor de dagelijkse bestedingen en werkt op een nulurencontract voelt dubbele geldstress. Stress over hoe je deze maand alles betaalt maar ook de stress over hoe het de komende maanden verder moet. Een analyse van de oorzaken van de aanhoudende geldstress kan aanwijzingen bieden om te bedenken wat er nodig is om (meer) geldrust te brengen.

11.2.1 Een te krap budget voor dagelijkse bestedingen

Wie structureel een te krap budget heeft, leeft al snel in permanente geldstress. Dit treft vooral de mensen met een lager inkomen, maar ook mensen met een modaal of hoog inkomen kunnen een te krap budget hebben voor de dagelijkse bestedingen. Het gaat daarbij niet alleen om de hoogte van het meerjarige inkomen, maar ook om wisselingen daartussen. Zo stelde het SCP (Hoff et al. 2016) vast dat mensen die van een bijstandsuitkering leven en (weer) betaald werk krijgen, een risico van 50 % hebben om binnen enkele jaren weer terug te vallen. Veel mensen, met name aan de 'onderkant van het inkomensgebouw' zijn dus (zeer) langdurig aangewezen op een laag tot zeer laag inkomen (Vriend en Knoef 2017). Dat betreft vooral laagopgeleiden maar ook bijvoorbeeld marginale zelfstandigen. Daarnaast zijn er mensen die zijn aangewezen op een uitkering omdat zij niet in staat zijn te werken. De grote meerderheid van deze uitkeringen bevindt zich op of net boven het niveau van het wettelijk minimumloon. Het huishoudinkomen van mensen die arbeidsongeschiktheidsuitkeringen ontvangen is afhankelijk van de vraag of er een tweede inkomen is. Zo niet dan zijn ook deze huishoudens (zeer) langdurig aangewezen op een laag inkomen.

Het leven van een laag tot zeer laag inkomen betekent dat om rond te kunnen komen een beroep gedaan moet worden op aanvullende inkomensvoorzieningen, zoals toeslagen, gemeentelijke regelingen en dergelijke. Tegelijkertijd blijkt dat het niet-gebruik van met name de gemeentelijke voorzieningen nog steeds fors is (Tempelman et al. 2011; Inspectie SZW 2018). Dat betekent dat het voor de betrokken huishoudens dus extra moeilijk is om 'rond te komen'. Een ervaren dan wel absoluut tekort aan geld dreigt in die situatie al vrij snel. Mensen die langdurig van een laag tot zeer laag inkomen leven, lopen een extra groot risico om op een gegeven moment onvoldoende financiële middelen te hebben. Veelal hebben zij namelijk ook geen buffer (kunnen opbouwen). Een op de vijf Nederlandse huishoudens heeft geen spaargeld achter de hand (Van der Schors en Van der Werf 2017). In de praktijk blijkt dat het risico om in deze omstandigheden in de problemen terecht te komen het grootst is voor gezinnen met één kostwinner en in huishoudens met een volwassene en kinderen. Het langdurig moeten leven van een (zeer) laag inkomen leidt dus in veel gevallen op den duur tot een ervaren tekort aan geld. Bij veel van de betrokkenen leidt dat weer tot chronische geldstress.

Naast de lage inkomens is er ook een groep met een hoger inkomen die toch elke maand moet puzzelen om geen schulden op te bouwen. Ze hebben bijvoorbeeld een hoge huur in verhouding tot hun inkomen, moeten alimentatie betalen, hebben bijzondere kosten aan bijvoorbeeld zorg of maken maandelijks geld over aan familie in het buitenland. Bij aanhoudende geldstress wordt vaak gedacht aan de groep met (problematische) schulden. Maar ook wie elke maand moet puzzelen kan daardoor zo in beslag worden genomen dat het aanpakken van andere sociale problemen soms een (te) grote opgave is.

11.2.2 Er zijn (problematische) schulden waardoor het budget niet uitkomt

Bij (problematische) schulden ontstaat geldstress niet alleen door de maandelijkse puzzel om uit te komen maar ook door de druk die schuldeisers, incassobureaus en gerechtsdeurwaarders uitoefenen (Jungmann et al. 2012; Odekerken 2017). Wie eenmaal (problematische) schulden heeft, raakt vaak al snel het overzicht kwijt. Door incassokosten lopen vorderingen snel op. Daarbij blijken schuldeisers en incassopartijen zoals gerechtsdeurwaarders vaak bevoegdheden te hebben waar je niet op rekende. Zo weten lang niet alle Nederlanders dat de overheid bij vorderingen tot 1.000 euro die vorderingen in twee tranches van maximaal 500 euro direct van de rekening mogen laten afschrijven of dat gerechtsdeurwaarders beslag kunnen laten leggen op een bankrekening die daarna al snel een paar weken geblokkeerd is. Incassomaatregelen als deze doorkruisen de budgetplannen die mensen maken om hun situatie aan te pakken. Als je elk dubbeltje moet omkeren en er geen financiële speelruimte is, dan maken onvoorziene incassomaatregelen heel onmachtig. Dit voedt het gevoel van geldstress. Mensen verliezen alle grip op hun situatie. Er ontstaan vaak conflicten met instanties en mensen voelen zich al snel een soort speelbal.

11.2.3 Er is voldoende budget maar een tekort aan financiële vaardigheden

Een derde groep die geldstress ervaart, is de groep waarbij de vaste lasten en andere verplichtingen op zich in het beschikbare inkomen passen. Toch komen ze (met regelmaat) in financiële problemen doordat ze onverstandige keuzen maken of bijvoorbeeld geen of nauwelijks buffer hebben. Volgens het Nibud ben je financieel competent als je invulling geeft aan vier competentiegebieden (Nibud 2018). Het betreft competenties die je niet van nature hebt, maar die je je in een moderne maatschappij als die van ons echt eigen moet maken. De vijf gebieden die het Nibud onderscheidt, zijn weergegeven in
tab. 11.1.

Onderzoek laat zien dat veel Nederlanders over deze competenties beschikken of ze in praktijk brengen. Zo heeft een zeer grote groep Nederlanders geen of een onvoldoende financiële buffer en is dus niet of nauwelijks in staat om financiële tegenvallers op te vangen (Van der Schors et al. 2016; Van der Schors en Van der Werf 2017). Zo'n tegenvaller kan bestaan uit het moeten vervangen van een aantal huishoudelijke apparaten (koelkast, wasmachine, e.d.), maar ook uit plotselinge zorgkosten en als gevolg daarvan het eigen risico, een afrekening van de energie die erg hoog is, kosten van een schoolreisje, et cetera. Wanneer een aantal van dergelijke kostenposten toevallig en onverwacht samenvalt, kan ook dat leiden tot een plotseling (ervaren) tekort aan financiële middelen.

□ **Tabel 11.1** Overzicht van de competenties die het Nibud onderscheidt. Bron: Nibud (2018)

competentie	omschrijving
voldoende inkomsten verwerven om van te leven	Deze competentie gaat over wat je dagelijks nodig hebt. Je verdient of ontvangt voldoende inkomsten om in eigen levensonderhoud te voorzien. Hierbij is het belangrijk dat je rekening houdt met de rechten, plichten en financiële verantwoordelijkheden.
de geldzaken organiseren	Deze competentie gaat over de wijze waarop je overzicht en inzicht genereert. Je houdt bij welke betalingen er gedaan moeten worden, zorgt voor een overzichtelijke administratie en zorgt dat er voldoende overzicht en inzicht is om inkomsten en uitgaven in balans te houden.
verantwoord besteden	Deze competentie gaat over je bestedingen. Je doet alleen uitgaven die passen binnen het beschikbare budget. Deze competentie richt zich vooral op de uitgaven op de korte termijn.
voorbereid zijn op (on)voorziene gebeurtenissen	Bij deze competentie stellen mensen zichzelf niet alleen de vraag of hun bestedingen passen binnen het geld dat ze op enig moment beschikbaar hebben. Ze vragen zich ook af welke belangen ze op de (middel)lange termijn hebben en wat dat van hen vraagt. Ze beoordelen welke verzekeringen noodzakelijk of wenselijk zijn. Zorgen voor een voldoende buffer die past bij hun levensstijl en stellen hun gedrag bij als omstandigheden veranderen.

11.2.4 Er zijn constant wisselende inkomsten (bij een lager inkomen)

Geldstress kan ook voortkomen uit een onzeker inkomen. Zeker bij mensen met een laag inkomen is het lang niet altijd mogelijk om een voldoende buffer op te bouwen. Onzekerheid over toekomstig inkomen kan flinke geldstress opleveren. De stress gaat dan niet over het tekort zoals bij de groep met een budget dat maar net past of de groep met (problematische) schulden. De geldstress gaat dan vooral over de onzekerheid van wat gaat komen en de (beleefde) beperkte mogelijkheden om daar invloed op uit te oefenen. Deze vorm van geldstress speelt onder meer bij mensen die werken op een nulurencontract, flexibele contracten, zelfstandigen en mensen die voor hun inkomen in hoge mate afhankelijk zijn van prestatiebeloning of bonussen.

11.3 Welke voorzieningen zijn er beschikbaar om te voorzien in geldrust?

Wat er nodig is om geldrust te brengen is afhankelijk van de oorzaak van de geldstress. Bij een te krap budget voor de dagelijkse bestedingen zijn andere stappen nodig dan bij (problematische) schulden. Met daarbij de kanttekening dat er in de meeste situaties weliswaar mogelijkheden zijn om (meer) geldrust te brengen, maar dat echte geldrust ook niet altijd binnen bereik ligt. Bijvoorbeeld omdat mensen niet kunnen werken en langdurig moeten rondkomen van een lage uitkering. Of omdat er sprake is van een bijzonder complexe schuldsituatie die vooralsnog niet is op te lossen (Jungmann et al. 2014b). Dit is bijvoorbeeld aan de orde als mensen in gemeenschap van goederen zijn getrouwd en het om welke reden dan ook lang kan duren voordat een scheiding is afgerond. Een schuldregeling met kwijtschelding kan pas ingezet worden als duidelijk is welk deel van de schuldenlast bij welke partner landt.

11.3.1 Reguliere voorzieningen

Er zijn tal van voorzieningen die cliënten aan (meer) geldrust kunnen helpen. Voor sociale professionals is het vaak zoeken in welke situatie zij cliënten naar welke voorziening sturen. Bij de inschatting wat de juiste voorziening is, spelen twee variabelen een belangrijke rol: het al dan niet bestaan van (problematische) schulden en de mate van zelfredzaamheid van de cliënt. Waarbij met zelfredzaamheid in dit kader bedoeld wordt de mate waarin iemand beschikt over de bureaucratische vaardigheden om brieven en websites te lezen, te begrijpen wat er verwacht wordt en daarop in actie te komen. ◘Figuur 11.1 bevat een stroomschema om onder meer aan de hand van de twee voornoemde variabelen te bepalen welke voorziening het meest passend is. Onder dit stroomschema worden de voorzieningen kort toegelicht. Een uitgebreidere toelichting is te vinden in de werkwijzer *Voorzieningen. Naar welke voorzieningen kunt u doorverwijzen?* Deze werkwijzer is te vinden op de site ▶www.schuldenenincasso.nl. Bij twijfel is het zeker bij (problematische) schulden altijd aan te raden om zo snel mogelijk contact op te nemen met de gemeentelijke schuldhulpverlening of lokale of regionale kredietbank. In contact met cliënten komen er ook vaak klachten over de beschikbare voorzieningen aan de orde.

Hieronder zijn de voorzieningen uit het stroomschema in alfabetische volgorde opgenomen. Per voorziening wordt kort toegelicht wat deze inhoudt. Daarbij is het van belang dat in dit schema de belangrijkste voorzieningen staan, maar dat dit overzicht niet uitputtend is.

Bbz (Besluit bijstandsverlening zelfstandigen)

De wettelijke regeling Besluit bijstandverlening zelfstandigen geeft gemeenten de opdracht om mensen die als zelfstandige zijn ingeschreven bij de Kamer van Koophandel financiële steun en begeleiding te geven. Die steun kan bestaan uit een maandelijkse toelage zodat de zelfstandige op bijstandsniveau uitkomt of uit een bedrijfskrediet om een doorstart te maken. Voorwaarde voor hulp op grond van deze regeling is dat het bedrijf levensvatbaar is. Daar is bij de groep cliënten die zich in het sociaal domein meldt lang niet altijd sprake van. Bij het drukken van dit boek werd er nog gewerkt aan een aanpassing van de Wet gemeentelijke schuldhulpverlening. In de internetconsultatie ten behoeve daarvan was opgenomen dat zelfstandigen expliciete toegang gaan krijgen tot gemeentelijke schuldhulpverlening.

Beschermingsbewind

Cliënten die (tijdelijk) niet in staat zijn om hun financiën zelf te beheren kunnen bij een rechtbank om beschermingsbewind verzoeken. Een rechter toetst dan de grond van dat verzoek. Een grond kan zijn dat er te veel schuldeisers zijn die tegelijkertijd allemaal verschillende incassomaatregelen inzetten en dat de cliënt niet meer overziet hoe hij of zij

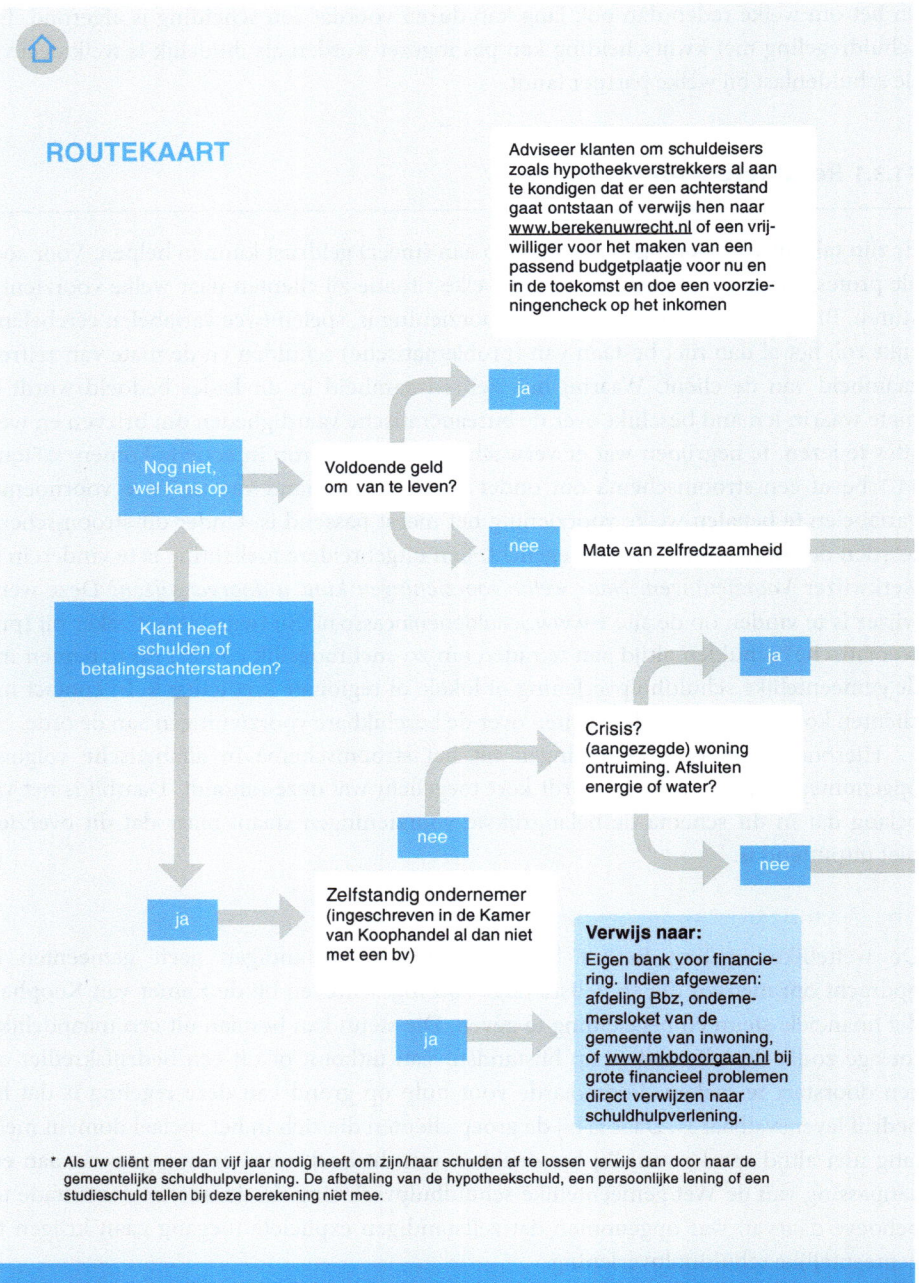

Figuur 11.1 Stroomschema om mensen te verwijzen naar een passende voorziening. Bron: Den Hartogh en Jungmann (2016)

11.3 · Welke voorzieningen zijn er beschikbaar om te voorzien in geldrust?

Verwijs naar:
Zelfhulpsites zoals www.zelfjeschuldenregelen.nl voor overzicht van schulden en aflosplan of www.berekenuwrecht.nl voor voorzieningencheck

Verwijs naar:
Sociaal Raadslieden, juridisch loket of vrijwilligers voor een voorzieningencheck. Verwijs naar financiële spreekuren voor ondersteuning of een budgetcoach voor check op inkomsten en uitgaven

Verwijs naar:
Beschermingsbewind of budgetbeheerder om ernstige financiële problemen te voorkomen. Vrijwilliger om inkomsten op orde te brengen en te houden

Hoog — Gemiddeld — Laag

Verwijs naar:
Gemeentelijke schuldhulpverlening, sociaal wijkteam, (gemeentelijke) kredietbank

ja* Mate van zelfredzaamheid

Voldoende geld om van te leven?

nee

Verwijs naar:
Gemeentelijke schuld-hulpverlening, sociaal wijkteam, (gemeentelijke) kredietbank, Voedselbank

Hoog

Verwijs naar:
Zelfhulpsites zoals www.zelfjeschuldenregelen.nl voor berekeningen en treffen van betalingsregelingen, www.berekenuwrecht.nl voor voorzieningencheck

Verwijs naar:
Sociaal Raadslieden, juridisch loket of vrijwilligers voor een voorzieningencheck en hulp bij betalingsregelingen. Een budgetcoach voor check op inkomsten en uitgaven. Of het volgen van een budgetcursus.

Gemiddeld

Verwijs naar:
Beschermingsbewind of budgetbeheerder om ernstige-financiële problemen te voor komen. Vrijwilliger om inkomsten op orde te brengen en te houden.

Gemiddeld

dat in goede banen moet leiden. De werkzaamheden van een beschermingsbewindvoerder zijn onder meer dat hij of zij betalingsregelingen treft met alle schuldeisers, toeslagen aanvraagt en ervoor zorgt dat bij voldoende inkomen de vaste lasten worden betaald. Een cliënt die eenmaal onder bewind staat, kan daar niet op eigen initiatief weer uit. Dat vraagt altijd een uitspraak van de rechtbank.

Budgetbeheer

Bij budgetbeheer wordt het inkomen van de cliënt gestort naar een budgetbeheerder. Dat kan een private partij zijn waar de cliënt voor betaalt of een publieke voorziening waar geen bijdrage voor wordt gevraagd. De budgetbeheerder betaalt de vaste lasten en stort het restant naar de cliënt. De budgetbeheerder kan ook reserveringen maken. In dat geval krijgt de cliënt per week of per maand leefgeld en extra betalingen voor grotere uitgaven zoals nieuwe kleding of een verjaardagspartijtje.

Budgetcoach

Een budgetcoach gaat met een cliënt zitten om samen het bestedingspatroon van de cliënt door te nemen. Er wordt gezocht naar patronen in bestedingen die wellicht aangepast kunnen worden en er wordt gekeken of de cliënt gebruikmaakt van de voorzieningen waar hij of zij recht op heeft (toeslagen, woonkostenregelingen et cetera).

Budgetcursus

In een budgetcursus leren mensen doorgaans de basale vaardigheden die je nodig hebt om je eigen huishoudfinanciën bij te houden: budget opstellen, toeslagen aanvragen en belastingaangifte doen. Budgetcursussen worden vaak los gegeven door wijkteams en instellingen voor maatschappelijk werk of als onderdeel van een traject bij de schuldhulpverlening.

Gemeentelijke schuldhulpverlening of kredietbank

In de Wet gemeentelijke schuldhulpverlening (Wgs) is vastgelegd dat gemeenten de verantwoordelijkheid hebben om te voorzien in ondersteuning bij (problematische) schulden. Gemeenten hebben grote beleidsvrijheid om te bepalen hoe zij die ondersteuning inrichten. Alle gemeenten bieden in ieder geval trajecten om mensen met problematische schulden een driejarige schuldregeling met kwijtschelding te bieden. Belangrijke voorwaarden om daarvoor in aanmerking te komen zijn doorgaans dat er sprake is van een stabiele woonplek, dat het ontstaan van nieuwe of grotere achterstanden te voorkomen is en dat er geen zwaar ontregelende problematiek zoals een verslaving speelt.

Juridisch loket

Bij het juridisch loket kunnen mensen terecht voor allerhande juridische vragen. Het is een gratis voorziening waar mensen vragen kunnen stellen over bijvoorbeeld de bevoegdheid van incassobureaus of gerechtsdeurwaarders. Als er sprake is van een juridisch geschil komen cliënten met een lager inkomen in aanmerking voor een advocaat via de gesubsidieerde rechtsbijstand. Het juridisch loket kan beoordelen of het inschakelen van een dergelijke advocaat zinvol lijkt en geeft als dat zo is een korting op de eigen bijdrage. Op de website ▶www.hetjl.nl zijn diverse voorbeeldbrieven te vinden die mensen naar onder meer hun schuldeisers kunnen sturen als zij een betalingsregeling willen treffen.

Site ▶www.berekenuwrecht.nl

Op deze site kunnen mensen gegevens over hun inkomenspositie invoeren. Ze krijgen dan een overzicht van de voorzieningen waar zij recht op hebben. Denk in dit kader aan voorzieningen zoals toeslagen of kwijtschelding van gemeentelijke belastingen. Een aantal gemeenten heeft de eigen minimaregelingen aan deze site gekoppeld. Mensen krijgen dan niet alleen een overzicht van de landelijke maar ook van de lokale regelingen waar zij recht op hebben.

Sociaal raadslieden

De sociaal raadslieden geven niet alleen advies maar bieden ook concrete ondersteuning. Ze kunnen bijvoorbeeld hulp bieden als een cliënt het niet eens is met een vordering, als een gerechtsdeurwaarder te veel geld inhoudt of als iemand een betalingsregeling met de woningcorporatie wil treffen. Als mensen voldoende bureaucratische vaardigheden hebben, wordt van hen gevraagd om acties zelf uit te voeren. Voor wie dat te moeilijk is, kan er vaak ondersteuning op maat worden geboden. Het sociaal raadslid gaat dan bijvoorbeeld voor de cliënt bellen met instanties. Sociaal raadslieden zijn niet in alle gemeenten vertegenwoordigd en hanteren een inkomensgrens.

Sociaal wijkteam

In veel gemeenten bieden sociale wijkteams ook hulp bij financiën. Ze helpen mensen te budgetteren, bieden budgetcursussen aan en/of houden administratieve spreekuren. Er zijn ook gemeenten waar het sociaal wijkteam de poort naar de schuldhulpverlening is. Cliënten melden zich dan bij het sociaal wijkteam en maken met een wijkwerker de aanvraag in orde.

Voedselbank

Als er door financiële problemen niet genoeg geld is voor eten, dan kan een voedselbank soms de acute nood verminderen. Voedselbanken hanteren doorgaans een inkomenstoets om te bepalen of iemand recht heeft op een voedselpakket. Ze kijken dan welk bedrag iemand overhoudt nadat van de netto-inkomsten de noodzakelijke uitgaven zijn afgetrokken. Ondersteuning door een voedselbank is in principe tijdelijk.

Vrijwilligers thuisadministratie

Wie moeite heeft om de administratie bij te houden, kan een beroep doen op vrijwilligers. Zij kunnen verbonden zijn aan een wijkteam, schuldhulpverlenende organisatie of een landelijke organisatie zoals Humanitas of schuldhulpmaatje. Vrijwilligers kunnen hulp bieden om weer grip te krijgen op de administratie. Vaak komen vrijwilligers bij mensen thuis om samen de brieven en andere administratieve verplichtingen door te nemen. Afhankelijk van de lokale context en de kennis en ervaring van de vrijwilliger kunnen cliënten vaak ook wel hulp krijgen bij het aanvragen of corrigeren van toeslagen of het corrigeren van gerechtsdeurwaarders als zij te veel inhouden.

> **Verdieping**
> Het stroomschema en het overzicht in deze paragraaf geven eerste handvatten om mensen goed te verwijzen. Tegelijkertijd is de dagelijkse praktijk weerbarstig. Geldstress ontstaat doordat een beschermingsbewindvoerder niet doet wat de cliënt verwacht, een hypotheekverstrekker met een gedwongen verkoop dreigt of de cliënt opeens vreest dat het Centraal Justitieel Incassobureau hem of haar een week naar de gevangenis stuurt voor een boete. Wie op zoek is naar verdiepende informatie kan deze onder meer vinden in de volgende gratis te downloaden publicaties en of gratis te raadplegen websites
> - ▶www.schuldinfo.nl, een website met een schat aan informatie over de bevoegdheden van onder meer schuldeisers en gerechtsdeurwaarders;
> - ▶www.consuwijzer.nl, een website met onder meer informatie voor burgers over wat zij kunnen doen als bijvoorbeeld de energierekening niet klopt;
> - ▶www.huisonderwater.eu of ▶www.bankenoverhypotheken.nl, voor informatie over achterstanden bij hypotheken.

> **De eindjes aan elkaar knopen, de update**
> Op de site ▶www.platform31.nl is een gratis te downloaden publicatie te vinden waarin een lijst vragen en antwoorden is opgenomen. Er is onder meer antwoord op de vraag welke mogelijkheden er zijn om te wisselen van beschermingsbewindvoerder, wat iemand moet doen bij een hypotheekachterstand of wanneer de gemeentelijke schuldhulpverlening een cliënt mag weigeren. Deze publicatie bevat ook een aantal door een advocaat opgestelde voorbeeldbrieven. Onder meer een voorbeeldbrief om een gerechtsdeurwaarder te vragen om het bedrag dat wordt ingehouden opnieuw te berekenen (Jungmann et al. 2017).

11.4 Wetgeving, nieuwe initiatieven en experimenten gericht op betere resultaten

De behoefte aan geldrust is groot. Maar in de praktijk blijkt geldrust vaak lastig te realiseren. Dit levert kritische geluiden op bij cliënten en sociale professionals maar ook bij andere partijen, zoals onderzoekers, Kamerleden, journalisten en landelijke instituten als de Nationale Ombudsman en de Wetenschappelijke Raad voor het Regeringsbeleid (WRR). In deze paragraaf wordt kort beschreven waar de kritische geluiden zich op richten en hoe zowel de Rijksoverheid als partijen op lokaal en regionaal niveau proberen tot oplossingen te komen.

11.4.1 Er heerst veel onvrede over de snelheid en de mate waarin mensen geldrust krijgen

In 2017 won de documentaire *Schuldig* terecht zo ongeveer elke prijs die er door de betrokken journalisten te winnen viel.[1] Een inkijkje in de schuldenproblematiek in Amsterdam Noord liet een groot onvermogen zien. Geldrust was voor alle hoofdpersonen heel hard nodig maar niet zomaar te bereiken. Het kost mensen met (grote) financiële problemen veel moeite om hun weg te vinden naar de juiste instantie, om te doen wat er van hen gevraagd wordt en om het geduld op te brengen dat in Nederland nodig is om uit de financiële problemen te komen. De documentaire maakt inzichtelijk waar ook andere partijen aandacht voor vragen. Zonder uitputtend te zijn worden hierna enkele belangrijke kritiekpunten behandeld.

1 Er zijn te veel en te ingrijpende incassobevoegdheden waardoor beperkte financiële problemen te snel groot worden

In diverse publicaties is aandacht gevraagd voor de impact van incassomaatregelen op de ontwikkeling van (beperkte) schulden (Jungmann et al. 2012; Van der Vlugt et al. 2013; RVS 2017; Schoneveld et al. 2018). Een kleine vordering kan door de bevoegdheden van schuldeisers, incassobureaus en gerechtsdeurwaarders snel oplopen.

2 Er wordt (te) veel gevraagd van mensen die dat door de omstandigheden juist niet kunnen

Met name schuldhulpverlening vraagt op veel plekken van cliënten een enorme inspanning. De verschillen tussen gemeenten zijn weliswaar groot, maar de vereiste dat je voor een aanmelding inzicht hebt in je schuldenlast is geen uitzondering. Met name in de jaren net na de crisis zijn veel gemeenten een groot beroep gaan doen op de zelfredzaamheid van cliënten. Op basis van de beschikbare onderzoeksrapporten ontstaat het beeld dat de eisen aan de voorkant voor een (te) grote groep te hoog zijn (Jungmann en Kruis 2014; Tiemeijer 2016; RVS 2017; WRR 2017). Het (te) grote beroep op de zelfredzaamheid van mensen die mede door de chronische geldstress slechter functioneren lijkt een belangrijke verklaring te zijn voor het beperkte bereik van onder meer deze voorziening.

3 Het duurt als mensen de juiste plek hebben gevonden te lang voor er geldrust komt

Door hoge entree-eisen, trage procedures en grote werkdruk bij schuldhulpverlening en een te groot beroep op de zelfredzaamheid van schuldenaren duurt het vaak erg lang voordat mensen de noodzakelijke geldrust ervaren. Hoewel wachtlijsten bij de entree van schuldhulpverlening formeel vrijwel nergens meer bestaan, is er de facto vaak wel sprake van lang moeten wachten. Vaak moeten mensen eerst een stabiele financiële situatie

---

1 Op de site ▶ https://tinyurl.com/over-Schuldig zijn de zes afleveringen terug te zien. Op de site ▶ https://tinyurl.com/Schuldig-de-podcast zijn zes afleveringen terug te luisteren van de podcast die een jaar na het uitkomen van de serie werd gemaakt.

bereiken voordat wordt verkend of er een schuldregeling met kwijtschelding mogelijk is. Omdat mensen in geldstress daar eigenlijk vaak per definitie niet toe in staat zijn, wordt hiermee een patstelling gecreëerd. Een traject voor een schuldregeling wordt dan niet opgestart omdat er geen financiële stabiliteit is en de financiële situatie wordt niet stabiel omdat de schuldsituatie blijft voortbestaan.

11.4.2 Een brede schuldenaanpak vanuit de Rijksoverheid

De Rijksoverheid heeft zich de kritiek op de schuldhulpverlening aangetrokken. In het regeerakkoord 'Vertrouwen in de toekomst' van Rutte III sprak de coalitie die in oktober 2017 aantrad uit dat zij de armoede en schulden in Nederland wil terugdringen (VVD, CDA, D66 & ChristenUnie 2017). Expliciet werd benoemd dat de coalitie een 'vernieuwende schuldenaanpak en een verbeterd schuldhulpverleningstraject' wenst. De uitwerking van deze wens werd in mei 2018 door Staatssecretaris Van Ark naar de Tweede Kamer gestuurd in de vorm van de *Brede schuldenaanpak* (Kamerstukken II 2017/18 24515). In de Brede schuldenaanpak verwoordt de staatssecretaris, mede namens andere bewindslieden, ruim veertig voorstellen om burgers sneller en beter uit de financiële problemen te helpen. De Brede schuldenaanpak bevat drie actielijnen: het voorkomen van problematische schulden door preventie en vroegsignalering, het ontzorgen en ondersteunen van burgers die hulp zoeken en het realiseren van een zorgvuldige en maatschappelijk verantwoorde incasso in Nederland.

Voor alle drie de actielijnen geldt dat zij bestaan uit een variatie van kleine aanpassingen tot forse wetswijzigingen. Het algemene beeld dat de Brede schuldenaanpak uitstraalt, is ambitie om tot echte stappen te komen in het besef dat dat ook echt nodig is om de aanpak van financiële problemen bij burgers te verbeteren. Daarbij houdt het Kabinet vast aan een lokale verantwoordelijkheid voor de uitvoering bij gemeenten. De inzet van de Brede schuldenaanpak is er vooral op gericht om de randvoorwaarden voor gemeenten te verbeteren. In dat kader worden er tijdelijk wel extra middelen ingezet, maar op structurele basis worden er geen aanpassingen doorgevoerd in de financiering. Een voorbeeld van een beperkte – maar door het veld lang gevraagde aanpassing – is het verlagen van het minimaal openstaande bedrag om een betalingsregeling te treffen bij het Centraal Justitieel Incassobureau van 225 euro naar 75 euro. Daarnaast zijn er een aantal meer ingrijpende wetgevingstrajecten opgestart of in de Brede Schuldenaanpak geïncorporeerd.

Voorbeelden van wetsvoorstellen
1 Aanpassingen Wet gemeentelijke schuldhulpverlening (internetconsultatie Memorie van Toelichting)
- Woningcorporaties, energie- en waterbedrijven en zorgverzekeraars gaan achterstanden actief melden bij gemeenten zodat zij daar op af kunnen gaan.
- Schuldhulpverleners krijgen ruime bevoegdheden om met een enkele handtekening van de schuldenaar inzage te krijgen in achterstanden bij de

overheid en andere gegevens bij bijvoorbeeld UWV, Landelijk Bureau Inning Onderhoudsbijdragen, het Kadaster, de Kamer van Koophandel et cetera.
- Zelfstandigen krijgen expliciete toegang tot gemeentelijke schuldhulpverlening.
- Gemeenten moeten explicietere besluiten nemen over onder meer de toegang, het plan van aanpak en de nazorg.

2 Wetsvoorstel herziening beslag- en executierecht (Kamerstukken II 2018/19 35 225, nr 3)
1. Invoering van een beslagvrij bedrag bij beslag op een bankrekening.
2. Beslag op roerende zaken zoals een auto of inboedel mag alleen nog maar als redelijkerwijs voorzienbaar is dat baten de kosten overstijgen.
3. Modernisering beslagverbod roerende zaken (in de huidige situatie mogen gerechtsdeurwaarders op nagenoeg alle spullen zoals koelkast, wasmachine etc. beslag leggen. Na de modernisering mogen dit soort zaken in principe niet meer geveild worden).

3 Wetsvoorstel vereenvoudiging beslagvrije voet en verbreding beslagregister (Kamerstukken II 24 515, nr 468)
- Er komt een eenvoudigere berekening van het bedrag dat gerechtsdeurwaarders inhouden zodat burgers vaker het bedrag overhouden waar ze recht op hebben (in plaats van een te laag bedrag). Verwachte inwerkingtreding is 1 januari 2021.
- Er is een landelijk beslagregister. Gerechtsdeurwaarders registreren daarin de beslagen die zij leggen. Het Kabinet is voornemens om het beslagregister te gaan verbreden. Grote landelijke uitvoeringsorganisaties als Belastingdienst, UWV, SVB, CJIB, en LBIO, gemeenten, waterschappen gaan dan ook informatie aanleveren en kunnen informatie inwinnen. Doel daarvan is dat al deze partijen een meer gewogen afweging kunnen maken ten aanzien van de vraag of zij in gaan zetten op kostbare dwangmiddelen.

4 Wetsvoorstel incassoregister (Kamerstukken II 2018/19 24 515 nr 489)
- Er wordt een wetsvoorstel voorbereid dat moet gaan voorzien in een landelijk incassoregister. Doel hiervan is landelijke kwaliteitseisen stellen aan incassobureaus. Alleen geregistreerde bureaus mogen dan nog incasseren.
- Met hetzelfde wetsvoorstel wordt ook beoogd om te voorkomen dat incassokosten te snel oplopen.

5 Wetsvoorstel adviesrecht gemeenten bij beschermingsbewind (Kamerstukken II 2018/19 24 515 nr 489)
- Er wordt een wetsvoorstel voorbereid dat gemeenten adviesrecht moet gaan geven als een burger bij een rechter een verzoek indient om onder beschermingsbewind te mogen.

Naast bovenstaande wetgevingsambities wil het Kabinet in het kader van de Brede schuldenaanpak vanaf 2020 ook gaan voorzien in betrouwbare landelijke cijfers over de ontwikkeling van de schuldenproblematiek (Kamerstuk 24 515, nr. 468). In de schaduw van de Brede schuldenaanpak werken de branchevereniging voor schuldhulpverlening en de VNG (Vereniging Nederlandse Gemeenten) aan een basisnorm voor de schuldhulpverlening, zodat het voor burgers en de bij hen betrokken sociale professionals helder wordt waar een burger op grond van de Wet gemeentelijke schuldhulpverlening en andere aanpalende wet- en regelgeving recht op heeft. Mogelijk wordt daarin ook uitgewerkt aan welke kwaliteitsnormen schuldhulpverlening minimaal moet voldoen.

11.4.3 Nieuwe lokale en regionale initiatieven

Naast de inzet van het Kabinet om de aanpak van de schuldenproblematiek te verbeteren proberen ook gemeenten, vrijwilligersorganisaties, bedrijven en andere partijen op allerlei manieren mensen met financiële problemen sneller en beter te helpen. Het realiseren van geldrust is bij veel van de nieuwe initiatieven een belangrijk doel. In deze paragraaf wordt een aantal initiatieven kort besproken. De opsomming in dit hoofdstuk is bij lange na niet uitputtend. Ze geeft een verkennend beeld van de vele manieren waarop er in lokale en regionale initiatieven wordt gewerkt aan geldrust. Vaak is dit in de fase van beginnende schuldenproblematiek. Het is belangrijk te bedenken dat voor veruit de meeste initiatieven geldt dat er geen enkel zicht is op de effectiviteit. Dat er veel initiatieven worden opgestart die op elkaar lijken en dat het veld geen traditie heeft om de effectiviteit in kaart te brengen of kennis te delen en van elkaar te leren (Van Geuns et al. 2016; Tonnon et al. 2018). In dit licht is het misschien niet zo verwonderlijk dat er maar weinig voorbeelden zijn van initiatieven die lokaal of regionaal zijn ontwikkeld en landelijk worden opgeschaald (op basis van de bewezen effectiviteit). Bij organisaties zoals Schouders Eronder, ZonMw en de lectoraten Schulden & Incasso van de Hogeschool Utrecht en Armoede Interventies van de Hogeschool van Amsterdam lopen meerjarige onderzoeksprogramma's om meer zicht te krijgen op de effectiviteit van interventies, aanpakken en werkwijzen.[2] Voor het veld van de schuldhulpverlening ligt er dus nog een flinke opgave om niet alleen initiatieven te ontwikkelen, maar deze ook meer te enten op wetenschappelijke inzichten en te onderzoeken op bewezen effectiviteit.

1 Doorbraakfonds

Het fonds bijzondere noden Amsterdam en de gemeente Amsterdam hebben samen een doorbraakfonds ingericht. Cliënten kunnen daar een beroep op doen als een relatief klein maar complicerend knelpunt de toegang of afronding van een schuldhulpverleningstraject in de weg staat. Denk bijvoorbeeld aan de situatie waarin iemand in een traject voor een schuldregeling zit en een van de kinderen een boete krijgt voor zonder licht fietsen. Het kan gebeuren dat het weekgeld geen ruimte biedt om een dergelijke boete te betalen. Als de boete oploopt, brengt de nieuwe schuld de kwijtschelding aan

---

[2] Meer informatie over de lopende onderzoeken en de resultaten van eerdere onderzoeken is te vinden op de volgende websites Schouders Eronder ▶ https://www.schouderseronder.nl ZonMw ▶ https://tinyurl.com/Vakkundig lectoraat Schulden & Incasso ▶ www.schuldenenincasso.nl lectoraat Armoede Interventies ▶ https://tinyurl.com/lectoraat-Armoede-Interventies.

het eind van de regeling in gevaar. Een kleine boete kan direct grote geldstress opleveren. Met een vergoeding van het doorbraakfonds kan er weer (meer) geldrust worden gecreëerd. Voor meer informatie: ▶ www.fbna.nl.

2 Huishoudboekje

De gemeente Utrecht experimenteert met een digitaal huishoudboekje om de geldstress bij inwoners te beperken. Deelnemers doen vrijwillig mee. Ze laten hun inkomsten storten op een rekening van de gemeente. Deze betaalt de vaste lasten en de inwoner kan via een digitale omgeving meekijken wat de gemeente met het geld doet. Daarbij legt de gemeente per inwoner een buffer van 1.200 euro aan. Dit bedrag kan aangewend worden bij een onvoorziene uitgave (NOS 2019). Bij een klein en precies passend budget, levert een negatieve jaarafrekening van bijvoorbeeld de energie direct geldstress op. De buffer vangt dit op en via het huishoudboekje wordt de buffer weer aangevuld. Het huishoudboekje richt zich vooral op het voorkomen van schuldenproblematiek, door in te zetten op het behouden van geldrust. Een eerste deelnemer laat weten dat het gebruik van het huishoudboekje haar meer geldrust geeft (Bouter 2019).

3 Schuldenambulance

De gemeente Tilburg heeft met het maatschappelijk werk van De Vonk een schuldenambulance ingericht (Anguita 2018). Dit is een gespecialiseerd financieel team dat langsgaat bij mensen met een acute vraag. Professionals in het sociaal domein, huisartsen en anderen kunnen mensen met grote geldstress en een acuut probleem aanmelden. Het team maakt een eerste snelle inventarisatie en gaat ook na wat er op de langere termijn nodig is.

4 Vastelastenpakket

Bij dit initiatief schrijven deelnemers zich in voor een betaling ineens van alle vaste lasten. Vaste lasten worden bij veel mensen op verschillende data in de maand afgeschreven. Met een krap budget is het dan dag in, dag uit puzzelen hoeveel je nog kunt uitgeven. Bij het vastelastenpakket betaal je één keer per maand een vast bedrag. Omdat de vaste lasten gecombineerd worden en de leveranciers meer betalingszekerheid kunnen krijgen, is het idee dat zij bereid zullen zijn korting te geven. Het vastelastenpakket is nog in een opstartfase. Er wordt nadrukkelijk mee beoogd om mensen te voorzien van meer geldrust. Voor meer informatie: ▶ www.vastelastenpakket.nl.

5 FiKks

De app fiKks biedt mensen de mogelijkheid om in contact te komen met een buddy die hulp biedt bij eenvoudige financiële vragen. Bijvoorbeeld de vraag welke rekeningen je echt meteen moet betalen en welke je nog even kunt uitstellen als je niet genoeg geld hebt om alle rekeningen in een keer te betalen. De buddy's zijn mensen die zich vrijwillig hebben aangemeld. Zij worden gescreend en volgen een e-learning voor ze aan de slag mogen. De app fiKks richt zich op beginnende geldstress. Voor meer informatie zie ▶ www.wijgaanhetfikksen.nl.

11.4.4 De balans van wetsvoorstellen en nieuwe initiatieven

Wie de balans opmaakt van alle activiteiten om te voorzien in (meer) geldrust kan twee conclusies trekken. De eerste optimistische conclusie luidt dat er een besef is ontstaan dat geldrust een heel belangrijke pijler is voor een stabiel leven. Zowel in het bedrijfsleven als bij maatschappelijke instellingen als de (Rijks)overheid leeft de wens om de aanpak van schuldenproblematiek te verbeteren. De tweede minder optimistische conclusie luidt dat er anno 2019 vooral heel veel activiteiten zijn zonder dat nog duidelijk is wat die gaan opleveren. De Brede Schuldenaanpak van de Rijksoverheid draagt de belofte in zich dat deze gaat voorzien in een aantal belangrijke randvoorwaarden. Niet eerder liepen er zoveel wetgevingstrajecten naast elkaar en was een Kabinet zo uitgesproken dat zij de aanpak van schulden stevig wil verbeteren. Met een jaar of vier mogen cliënten erop rekenen dat ze als ze in achterstand raken op de vaste lasten actief worden aangemeld bij gemeenten, dat ze bij beslag door een gerechtsdeurwaarder het bedrag krijgen waar ze recht op hebben en dat als ze een beroep doen op de schuldhulpverlening er sneller inzicht is in hun financiële situatie. Maar betekenen deze stappen dat cliënten dan ook snel uit de financiële problemen zijn? Dat vraagt van gemeenten voldoende mankracht terwijl er vooralsnog geen zicht is op een structureel hogere rijksbijdrage. Daarbij vraagt het structureel oplossen van de financiële problematiek dat cliënten in staat zijn om een voldoende inkomen te genereren om hun vaste lasten te voldoen en dan nog (net) voldoende over te houden om van te leven.

Ook op lokaal niveau is er volop bedrijvigheid. Er worden apps ontwikkeld, fondsen ingericht en er is aandacht voor het belang van een tijdige betaling van de vaste lasten. Het zijn mooie initiatieven die veelal laten zien dat het besef dat geldstress ons gedrag ontregelt echt haar weg heeft gevonden. De vraag die voorligt is wat alle initiatieven gaan opleveren en of ze ook in voldoende mate zijn op te schalen. Grote interesse en enige terughoudendheid om te vroeg te oordelen lijken de twee pijlers te zijn om de komende jaren te beschouwen wat de wetsvoorstellen en nieuwe initiatieven gaan opleveren in aanvulling op de voorzieningen die er al zijn.

11.5 Wat zijn aandachtspunten bij het voorzien in geldrust?

Geldrust is makkelijker gezegd dan gedaan. Als sociale professionals zich gaan realiseren dat (een grotere) geldrust cruciaal is om cliënten te begeleiden naar werk, een stabiele opvoeding of andere doelen is er al een hele stap gezet. Organisaties en professionals die zich het belang van geldrust in het sociaal domein realiseren, doen er goed aan om de volgende punten ter harte te nemen.

11.5.1 Zorg voor voldoende basiskennis bij sociale professionals

Het is niet vanzelfsprekend dat sociale professionals voldoende basiskennis hebben over de aanpak van financiële problematiek. In veel sociale opleidingen maken zij daar nauwelijks kennis mee. Dat is een gemiste kans, omdat basiskennis over financiën een grote bijdrage kan leveren aan het creëren van geldrust. Het is aan te bevelen dat elke sociale professional in ieder geval de volgende kennis beheerst:
1. *Kennis over de wijze waarop geldstress negatief uitwerkt op gedrag* (zie onder meer ▶H. 2) alsmede kennis over de wijze waarop geldzorgen vaak samengaan met sociale problematiek (zie ▶par. 11.1).
2. *Basale kennis over de meest voorkomende financiële problemen.* Wie kan checken welke problemen er spelen, kan adequaat doorverwijzen. Een sociale professional hoeft niet te weten wat de oplossing is, maar moet wel de belangrijkste bronnen van geldstress kunnen identificeren (zoals gerechtsdeurwaarders die te veel geld inhouden, het niet gebruiken van voorzieningen zoals toeslagen en/of het scala aan incassobevoegdheden van schuldeisers die telkens weer een zorgvuldig opgesteld budgetplan ondermijnen).
3. *Basale verwijskennis en warme contacten bij de uitvoerende organisaties.* Wie kan constateren welke problemen er spelen, is erbij gebaat als hij of zij ook adequaat kan verwijzen. Dit vraagt basiskennis over de belangrijke voorzieningen, zoals gemeentelijke en wettelijke schuldhulpverlening, sociaal raadslieden en vrijwilligers thuisadministratie. Cliënten zijn ook wel terughoudend om hulp te zoeken omdat zij verhalen hebben gehoord die niet kloppen. Basiskennis over de voorzieningen en de voorwaarden die zij stellen, helpen niet alleen bij een adequate verwijzing maar ook bij het wegnemen van onterechte veronderstellingen. Het risico van niet kloppende veronderstellingen is dat mensen geen gebruikmaken van voorzieningen die ze wel hard nodig hebben. Daarbij helpt het enorm als professionals elkaar kennen en begeleidende professionals zich ervoor inzetten dat mensen op de juiste plek terechtkomen.

11.5.2 Gebruik vuistregels

Wie weinig kennis heeft, helpt zichzelf door enkele vuistregels te gebruiken:
1. Bij twijfel: verwijs naar de gemeentelijke schuldhulpverlening of lokale of regionale kredietbank. Eventueel kan er gebruikgemaakt worden van een schema zoals opgenomen in dit hoofdstuk of een instrument zoals de *financiële signaallijst* (▶ www.mesis.nu) om te beoordelen welke verwijzing nodig is.
2. Check altijd of er sprake is van een crisissituatie zoals een (dreigende) afsluiting van water, elektriciteit of gas of van een uithuiszetting of bij een koophuis gedwongen verkoop. Schakel in deze gevallen onmiddellijk schuldhulpverlening in.

3. Als iemand wordt afgewezen voor een schuldregeling met kwijtschelding betekent dat niet dat er geen oplossing mogelijk is. Het loont om dan in gesprek te gaan met de schuldhulpverlening of sociaal raadslieden om te achterhalen wat er nog wel mogelijk is.

11.5.3 Zet pas in op het verbeteren van vaardigheden als cliënten daaraan toe zijn

Bij veel cliënten geldt dat de geldzorgen al zo lang aanwezig zijn dat zij al langere tijd in chronische stress leven. Betrokken professionals die constateren dat het onder meer schort aan de financiële vaardigheden van de cliënt hebben uit goede bedoelingen vaak de neiging om dan direct te gaan werken aan de verbetering daarvan. Chronische geldstress trekt een wissel op ons leervermogen. In dat licht is het van belang om pas aan de slag te gaan met het verbeteren van vaardigheden als de chronische stress zo onder controle is dat het leervermogen van cliënten (weer) voldoende beschikbaar is. Een aanzienlijk deel van de mensen met financiële problemen heeft licht verstandelijke beperkingen. Vermoedelijk betreft het minimaal 15-25 % van deze groep (Van Dam et al. 2018). Het wegnemen van de geldstress is geen garantie voor het terugkeren van het leervermogen. Een check daarop is dus wel verstandig.

Literatuur

Akee, R. K. Q., Copeland, E., Keeler, G., Angold, A., & Costello, E. J. (2010). Parents' incomes and children's outcomes: A Quasi-experiment using transfer payments from casino profits. *American Economic Journal Applied Economics, 2*(1), 86–115.
Al Shamma, S., Van Straaten, B., Boersma, S., Rodenburg, G., Van der Laan, J., Van de Mheen, D., et al. (2015). *Dakloze mensen in de vier grote steden: Veranderingen in 2,5 jaar. Eindrapportage Coda G4*. Nijmegen: Impuls/IVO.
Anguita, P. (2018, 1 februari). Tilburg in de aanval tegen schulden. *Tilburgers.nl*. Geraadpleegd van ▶ https://www.tilburgers.nl/tilburg-in-de-aanval-tegen-schulden/.
Baan, A., Louwes, K., & Oostveen, A. (2016). *Evaluatierapport wet gemeentelijke schuldhulpverlening*. Utrecht: Berenschot.
Bekken, F. (2018). *Geld en geweld. Armoede en schulden in afhankelijkheidsrelaties*. Amsterdam: SWP.
Berkhout, B., Baan, A., Broeks, L., Jungmann, N., & Wieringa, W. (2019). *Aansluiting gezocht! Verkenning aansluiting minnelijke schuldhulpverlening en wettelijke schuldsanering*. Utrecht: Berenschot.
Bouter, S. (2019, 15 april). In de stress uit angst voor schulden. *NRC*. Geraadpleegd van ▶ https://www.nrc.nl/nieuws/2019/04/15/in-de-stress-uit-angst-voor-schulden-a3956955.
Bregman, R., (2014, 14 mei). Dit unieke onderzoek laat zien wat er gebeurt als je een arme indiaan zomaar 6.000 dollar per jaar geeft. *De Correspondent*. Geraadpleegd van ▶ https://decorrespondent.nl/1161/dit-unieke-onderzoek-laat-zien-wat-er-gebeurt-als-je-een-arme-indiaan-zomaar-6-000-dollar-per-jaar-geeft/44634645-30cd72fe.
Costello, E. J., Compton, S. N., & Keeler, G. (2003). Relationships beween poverty and psychopathology. A natural experiment. *The Journal of the American Medical Association, 290*(15), 2023–2029.
De Jong, J. D. (2017). *Denktank 9: Schulden. "Of ik nou 25 of 26 duizend schuld heb, ik kan het toch niet betalen."* Leiden: Hogeschool Leiden.
Den Hartogh, V., & Jungmann, N. (2016). *Voorzieningen. Naar welke voorzieningen kunt u doorverwijzen?* Utrecht: Hogeschool Utrecht.

Literatuur

Drentea, P., & Lavrakas, P. J. (2000). Over the limit: The association among health, race and debt. *Social Science & Medicine, 50*(4), 517–529.
Evans, D. K., & Popova, A. (2016). Cash transfers and temptation goods. *Economic Development and Cultural Change, 65*(2), 189–221.
Guiaux, M., & Houwing, H. (2014). Schulden en armoede bij uitkeringsgerechtigden. *UWV Kennisverslag 2014-1, 2014*(1), 32–39.
Hoff, S., Wildeboer Schut, J. M., Goderis, B., & Vrooman, C. (2016). *Armoede in kaart 2016*. Den Haag: Sociaal Cultureel Planbureau.
Houwing, H., & Guiaux, M. (2015). Schuldenproblematiek onder uitkeringsgerechtigden. *UWV kennisverslag 2015-1, 2015*(1), 27–32.
Inspectie SZW (2018). *Hobbels op weg naar inkomensondersteuning bereikbaarheid en vaststellen aanvraagproces*. Utrecht: Inspectie SZW.
Jungmann, N., & Anderson, M. (2011). *Vroegsignalering moet en kan*. Nederhorst den Berg: Social Force.
Jungmann, N., & Kruis, G. (2014). *Het verhaal achter de cijfers. De doorstroming van de minnelijke schuldhulpverlening naar de wettelijke schuldhulpverlening*. Utrecht/Amsterdam: Hogeschool Utrecht/Regioplan.
Jungmann, N., Wesdorp, L. P., & Schruer, H. D. L. M. (2017). *De eindjes aan elkaar knopen, update*. Den Haag: Platform31.
Jungmann, N., Moerman, A., Schruer, H. D. L. M., & Van den Berg, I. (2012). *Paritas passé? Debiteuren en crediteuren in de knel door ongelijke incassobevoegdheden*. Utrecht/Den Haag: Hogeschool Utrecht, Sociaal Raadslieden en Koninklijke Beroepsorganisatie van Gerechtsdeurwaarders.
Jungmann, N., Lems, E., Vogelpoel, E., Van Beek, G., & Wesdorp, L. P. (2014a). *Onoplosbare schuldsituaties*. Utrecht: Hogeschool Utrecht.
Jungmann, N., Menger, A., Anderson, M., & Stam, D. (2014b). *Gevangen in schuld. Over de uitzichtloze schuldsituaties van cliënten van de verslavingsreclassering*. Utrecht: Hogeschool Utrecht.
Kamerstukken II 2017/18 24515, nr. 431 pp. 1–12 – Kamerbrief Brede schuldenaanpak.
Kamerstukken II 2018/19 35 225, nr 3 pp. 1–57 – Memorie van Toelichting, Wetsvoorstel herziening beslag- en executierecht.
Leger des Heils (2017). *Doorstroom opvang belemmerd financiële knelpunten*. Almere: Leger des Heils.
Münster, E., Zier, U., Rüger, H., & Letzel, S. (2013). Over-indebtedness, health and social network. In W. Backert, S. Block-Lieb & J. Niemi (Eds.), *Contemporary issues in consumer bankruptcy*. Frankfurt am Main: Peter Lang Foundation.
Münster, E., Rüger, H., Ochsmann, E., Letzel, S., & Toschke, A. M. (2009). Over-indebtedness as a marker of socioeconomic status and its association with obesity: A cross-sectional study. *BMC Public Health, 9,* 286.
Nibud (2018). *Competenties voor financiële zelfredzaamheid. Herziene uitgave 2018*. Utrecht: Nibud.
NOS (2019). *Proef in gemeenten met betalen vaste lasten om schulden te voorkomen*. Geraadpleegd van ▶ https://nos.nl/artikel/2280537-proef-in-gemeenten-met-betalen-vaste-lasten-om-schulden-te-voorkomen.html.
Ochsmann, E. O., Rüger, H., Letzel, S., Drexler, H., & Münster, E. (2009). Over-indebtedness and its association with the prevalence of back pain. *BMC Public Health, 9,* 451.
Odekerken, M. (2017). *Het incasseren van ongenoegen. Deurwaarders en schuldenaren* (diss.). Utrecht: Universiteit Utrecht.
Oomkens, R., Linssen, M., Akkermans, C., Vroonhof, P., Van Geuns, R., De Klaver, P., et al. (2018). *Schulden & werk. Deelrapport I: Bijstandsgerechtigden met schulden*. Panteia: Den Haag.
Plantinga, A. (2019). *Poor psychology: Poverty, shame, and decision making* (diss). Tilburg: Tilburg University.
Raad voor Volksgezondheid en Samenleving (2017). *Eenvoud loont. Oplossingen om schulden te voorkomen*. Den Haag: Raad voor Volksgezondheid en Samenleving.
Schoneveld, D. -J., Baan, A., Berkhout, B., Ten Hoor, J., & Bolkestein, M. (2018). *Effecten van bijzondere incassobevoegdheden en overheidspreferenties*. Utrecht: Berenschot.
Tempelman, C., Houkes, A., & Prins, J. (2011). *Niet-gebruik inkomensondersteunende maatregelen*. Amsterdam: SEO Economisch Onderzoek.
Tiemeijer (2016). *Eigen schuld? Een gedragswetenschappelijk perspectief op problematische schulden*. Den Haag: Wetenschappelijke Raad voor het Regeringsbeleid.
Tonnon, S., Madern, T., Kruithof, M., Stallen, M., Van der Laan, J., Jungmann, N., et al. (2018). *Een verkenning van de kennis die professionals gebruiken in de uitvoering van de schuldhulpverlening en de mate waarin die kennis berust op wetenschappelijke bewijsvoering*. Utrecht/Amsterdam/Leiden: Hogeschool Utrecht/Hogeschool van Amsterdam/Universiteit Leiden.

Transitie commissie sociaal domein (2016). *Vierde rapportage TSD: Eén sociaal domein*. Den Haag: Transitiecommissie Sociaal Domein. Geraadpleegd van: ▶ https://www.transitiecommissiesociaaldomein.nl/documenten/rapporten/2016/03/18/vierde-voortgangsrapportage-tsd-een-sociaal-domein.

Turunen, E., & Hiilamo, H. (2014). Health effects of indebtedness: A systematic review. *BMC Public Health, 2014*(14), 489.

Tuzgöl-Broekhoven, A., Van den Berg, W., Rusman, D., & Van Vliet, C. (2019). *Invorderen vanuit het burgerperspectief. Een onderzoek naar de knelpunten die burgers ervaren bij het invorderen van schulden door de overheid*. Den Haag: De Nationale Ombudsman.

Tuzgöl-Broekhoven, A., Atalikyayi, R., Ten Berge, E., Van den Berg, W., & Hanse, D. (2018). *Een open deur. Onderzoek naar de toegankelijkheid van de gemeentelijke schuldhulpverlening*. Den Haag: De Nationale Ombudsman.

Tuzgöl-Broekhoven, A., Van den Berg, W., Govers, E., Hanse, D., & Van Zutphen, R. (2016). *Burgerperspectief op schuldhulpverlening. Een onderzoek naar de ervaringen van burgers met gemeentelijke schuldhulpverlening*. Den Haag: Nationale Ombudsman.

UWV (2015). *Wie heeft schuld? Een kwantitatieve analyse van schulden bij uitkeringsgerechtigden*. Amsterdam: UWV.

Van Dam, R., Desain, L., Georg, K., & Van Geuns, R. (2018). *LVB en schulden signalen en passende begeleiding*. Amsterdam: Achtergrondinformatie voor schuldhulpverleners.

Van Geuns, R., Jungmann, N., & Anderson, M. (2016). *Schulden uit de knel. Een verkenning van innovaties bij de aanpak van schulden*. Den Haag: Platform31.

Van Rijnsoever, M. P., Tromp, E., Waterlander, W. E., Schütz, F. M., & Steenhuis, I. H. M. (2012). Verschillen in leefstijl en gezondheid tussen mensen met en zonder schulden. *Tijdschrift voor Gezondheidswetenschappen, 89*(1), 43. Vereniging voor Volksgezondheid en Wetenschap.

Van der Laan, J., & Van Geuns, R. (2016). *Schuldenvrij? De weg naar werk*. Amsterdam: Hogeschool van Amsterdam.

Van der Schors, A., & Schonewille, G. (2017). *Personeel met schulden. Een peiling over financiële problemen op de werkvloer*. Utrecht: Nibud.

Van der Schors, A., & Van der Werf, M. (2017). *Geld achter de hand makkelijker maken*. Utrecht: Nibud.

Van der Schors, A., Van der Werf, M., & Boer, M. (2016). *Kans op financiële problemen 2016*. Utrecht: Nibud.

Van der Vlugt, Y. M., Van den Berg, W. C. P., & Van Steenbergen, M. M. (2013). *In het krijt bij de overheid. Verstandig invorderen met oog voor maatschappelijke kosten*. Den Haag: De Nationale Ombudsman.

Vriend, S., Knoef, M., Lammers, M., & Ter Weel, B. (2017). *Inkomensmobiliteit in Nederland, 2001–2014*. Amsterdam: SEO Stichting Economisch Onderzoek.

VVD, CDA, D66 & ChristenUnie (2017). *Vertrouwen in de toekomst. Regeerakkoord 2017–2021*. Den Haag: VVD, CDA, D66 & ChristenUnie. Geraadpleeg van ▶ https://www.kabinetsformatie2017.nl/documenten/publicaties/2017/10/10/regeerakkoord-vertrouwen-in-de-toekomst.

Wetenschappelijke Raad voor het Regeringsbeleid (2017). *Weten is nog geen doen. Een realistisch perspectief op redzaamheid*. Den Haag: Wetenschappelijke Raad voor het Regeringsbeleid.

MIX
Papier aus verantwortungsvollen Quellen
Paper from responsible sources
FSC® C105338

If you have any concerns about our products,
you can contact us on
ProductSafety@springernature.com

In case Publisher is established outside the EU,
the EU authorized representative is:
**Springer Nature Customer Service Center GmbH
Europaplatz 3, 69115 Heidelberg, Germany**

Printed by Libri Plureos GmbH
in Hamburg, Germany